U0125175

中国古代的财政与国家

中国古代の财政と国家

〔日〕渡边信一郎—著

吴明浩
吴承翰—译

社会科学文献出版社
SOCIAL SCIENCES ACADEMIC PRESS (CHINA)

目　录

目 录

图表目录

序　章

一　"百姓不乐"

大唐贞元三年（787），已有数年均是丰收。当年十 3
二月一日，德宗皇帝（779—805年在位）出行前往新店
狩猎，途中他在百姓赵光奇家落脚，想必心情甚佳：

> 贞元三年十二月，上猎于新店，幸野人赵光奇 4
> 家。问曰，百姓乐乎。对曰，不乐。上曰，仍岁颇
> 稔，何不乐乎。对曰，盖由陛下诏令不信于人，所以
> 然也。前诏云，于两税之外，悉无他徭。今非两税，
> 而诛求者殆过之。后诏云，和籴于百姓。曾不识一
> 钱，而强取之。始云所籴粟麦，纳于道次。今则遣致
> 于京西。破产奉役，不能支也。百姓愁苦如此。何有
> 于乐乎。虽频降优恤之诏，而有司多不奉之。亦恐陛

下深在九重，未之知也。上感异之，因诏复除其家。

（《唐会要》卷二七"行幸"条）

皇帝在百姓家中歇脚并与其交谈，百姓却直陈生活困苦之处，这可以说是空前的事迹，况且这番陈诉非常直率、深刻。刚刚于建中元年（780）开始推行的两税法，在地方官的诛求与和籴的实施中陷入危机，皇帝再三颁下的恩典也在承办官员的怠政之下缺乏成效，致使百姓难以维持生计。《资治通鉴》的作者司马光曾指责德宗仅免除了赵氏一家的租税而错过了千载难逢的好机会，未能着手变革官僚体制，推动政治改革。司马光的批评如下：

臣光曰：甚矣唐德宗之难寤也。自古所患者，人君之泽壅而不下达，小民之情郁而不上通。故君勤恤于上而民不怀，民愁怨于下而君不知，以至于离叛危亡，凡以此也。德宗幸以游猎得至民家，值光奇敢言而知民疾苦，此乃千载之遇也。固当按有司之废格诏书，残虐下民，横增赋敛，盗匿公财，及左右谄谀，日称民间丰乐者，而诛之。然后洗心易虑，一新其政，屏浮饰，废虚文，谨号令，敦诚信，察真伪，辨忠邪，矜困穷，伸冤滞，则太平之业可致矣。释此不

为，乃复光奇之家。夫以四海之广，兆民之众，又安
得人人自言于天子而户户复其徭赋乎。

（《资治通鉴》卷二三三贞元三年十二月庚辰条）

"百姓不乐"正是中国古代末期的农民在皇帝面前直
言的、对中国古代社会的概括性表述。正如司马光所指出
的，这是皇帝、官僚与百姓构成的政治社会在长达千年之
久的历史中孕育的产物。其直接内容涉及正规租税、临时
徭役、杂税（赋敛）以及和籴等其他财税收取方式及其
运输的问题。譬如，北魏时和籴的出现，表明当时的历史
背景中横亘着进行对内、对外战争所需的军费筹措及广域
的军粮输送所需的劳动力编制问题。赵光奇的"百姓不
乐"使我们能够想象在历史的背后，有千载以来成千上
万百姓的"不乐"。为了阐明赵光奇所代表的"百姓不
乐"的历史性渊源，包括租税徭役的征收、军事经费、
财物输送等问题在内的财政史研究，以及作为财政前提的
国家研究都是不可欠缺的。

我通过迄今为止对春秋战国至唐宋变革期的农业、农
村社会和土地所有制（渡边信一郎，1986），意识形态和
政治性的社会构成（渡边信一郎，1994），国家的政治决
策过程和礼仪的执行（渡边信一郎，1996），围绕"天
下"展开的国家论（渡边信一郎，2003）等方面的研究，　6

· 3 ·

将战国至隋唐的这一千余年与之后的时代相区别，认为这一时期构成了中国历史上的古代社会。① 本书以这些研究作为基础，通过对汉代至唐宋变革期的财政史研究，试图阐明"百姓不乐"背景下中国古代国家的历史性特质。为了达成这个目标，接下来首先对一些必要的前提性问题做一番探讨。

之所以将战国至隋唐时期定义为古代社会，其根本缘由是在这一时期内，存在接受国家给予的一定量田地，从而承担国家的租税、力役与兵役的分田小农阶层（渡边信一郎，1986）。倘若不以分田小农阶层的存在形态以及国家对他们的支配为研究基础的话，则很难获得对中国历史上古代社会发展的整体性、根本性的认识。财政史研究正是将基于这种支配关系的租税徭役的征收、分配、流通过程作为直接对象，进而得以分析社会与国家之间相互关系的领域。

关于秦汉隋唐时期，除了从古代社会构成体的角度进行的研究，还有很多优秀的财政史研究专著。其中关于秦汉的专著有吉田虎雄《两汉租税研究》（1942）、马大英《汉代财政史》（1983）、山田胜芳《秦汉财政收入研究》（1993）、重近启树《秦汉税役体系研究》（1999）；关于

① 中国学界一般认为古代截至 1840 年鸦片战争。——编者注

六朝的有吉田虎雄《魏晋南北朝租税研究》（1943）、陈明光《六朝财政史》（1997）、王万盈《转型期的北魏财政研究》（2006）；关于唐代的有鞠清远《唐代财政史》（中岛敏译本，1944），杜希德《唐代财政》（Twichett, D. C., 1970），吉田虎雄《唐代租税研究》（1973），日野开三郎《唐代租庸调研究》（1974，1975，1977）、《唐代两税法研究》（1981）、《日野开三郎东洋史学论集》（1982），张泽咸《唐代赋役史草》（1986），陈明光《唐代财政史新编》（1991），李锦绣《唐代财政史稿》（1995，2001），船越泰次《唐代两税法研究》（1996），清木场东《唐代财政史研究（运输篇）》（1996）和《帝赐的构成》（1997），丸桥充拓《唐代北边财政研究》（2006），大津透《日唐律令制的财政结构》（2006）。这些研究大多以租税收入史或断代史为中心。尤其自陈明光（1991）以来，近年的唐代财政史研究都是从收入和支出这两方面展开的真正意义上的财政史研究。然而可以说，几乎没有通观中国古代并从财政史的观点出发分析国家与社会之间的相互关系，进而在考察的视野中纳入对后续社会结构的展望，从而触及中国历史特质的研究。本书即为了突破这一研究现状的瓶颈而做出的一次尝试。

　　关于各个时代的具体实证课题的学术史，将放在正文的各章进行整理，在这里我想就本书的目的对财政史研究

7

相关的几类问题做一番说明。首先，以欧阳修主持编写的《新唐书》卷五一《食货志一》中的历史认识为线索，探索研究的切入点。

二　欧阳修的经济观点

如下所示，欧阳修叙述了自己对经济的构想。

8　　　　古之善治其国而爱养斯民者，必立经常简易之法，使上爱物以养其下，下勉力以事其上，上足而下不困。故量人之力而授之田，量地之产而取以给公上，量其入而出之以为用度之数。是三者常相须以济而不可失，失其一则不能守其二。……唐之始时，授人以口分世业田，而取之以租庸调之法，其用之也有节。盖其畜兵以府卫之制，故兵虽多而无所损。设官有常员之数，故官不滥而易禄。虽不及三代之盛时，然亦可以为经常之法也。及其弊也，兵冗官滥，为之大蠹。自天宝以来，大盗屡起，方镇数叛，兵革之兴，累世不息，而用度之数，不能节矣。加以骄君昏主，奸吏邪臣，取济一时，屡更其制，而经常之法，荡然尽矣。由是财利之说兴，聚敛之臣进。盖口分世业之田坏而为兼并，租庸调之法坏而为两税。至于盐

铁、转运、屯田、和籴、铸钱、括苗、榷利、借商、
进奉、献助，无所不为矣。盖愈烦而愈弊，以至于
亡焉。

　　欧阳修将夏殷周三代与唐代前期视为具有同质结构的　9
国家，而将天宝以后包括欧阳修本人所生活的北宋中期在
内的时代作为崩坏期加以区别。他首先认为，君主，由臣
下、官吏构成的公上，以及以农民为中心的下民是夏殷周
三代以来国家的基本组成。然后，在他的设想中，与作为
劳动力的下民相关的土地授予和以土地生产物为租税收入
来源的财务运作被称为"经常之法"。也就是说，在劳动
力（人之力）、土地生产物（地之产）和财政（用度之
数）这三者的相互依存关系之中，可以看出国家支配的
要义。

　　根据欧阳修的观点，尽管唐代前期不及三代盛世，但
也实现了"经常之法"。因为在唐代前期，农民被授予口
分田和永业田，以这些土地的生产物为基础缴纳作为租税
的租庸调，农民又以府兵身份承担兵役，国家基于一定的
定员管理来发放官僚的俸禄，在有节制、有限度的财政运
转下实现了国家的支配。

　　欧阳修的经济构想意图从与以小农为中心的劳动力
（人之力）相关的土地授予、从这些土地上获得的土地生

产物（地之产）和以土地生产物中缴纳的租税收入为财源的财政运转（用度之数）这三者的相互依存关系中探寻国家支配的根本所在，这正是拙论展开的指导性线索。不过，事先需要对三点内容表达我的保留意见，并提出正文中实证角度的课题。

第一点是，欧阳修将唐代前期的租税征收定义为租庸调。直至今天，日本高中世界史教科书上仍可见这一论述的影响。但据我的研究，从三国到唐代前期的租税，一直都是以租、调、役（力役、兵役）为征收的基本内容。租庸调制则是在玄宗开元年间，随着兵制、徭役制度上发生的质变，以庸物代替正役缴纳的办法普遍化而产生的制度，可以说是从开元末年至德宗建中元年（780）两税法建立的大约五十年间的过渡形态。关于这一点，在以唐代前期律令制下的兵役、徭役制度的形成及其质变为研究课题的本书第二部"魏晋南北朝时期的财政与国家"和第三部"隋唐时期的财政与帝国"的各章有具体的论述。

第二点是，欧阳修将唐代前期的兵制一律定义为府兵制（府卫之制），并将其纳入自己的经济构想。以府兵制概括唐代前期兵制的做法已是今天学界的一般观点，几乎无人质疑这一点（气贺泽保规，1999）。但是，如果以唐代前期的兵制作为始自南北朝时期基于都督府、镇、戍的军制的发展形态来审视，或是上溯到汉代，将戍卒制度以

来的发展纳入考察视野的话，就会发现，我们有必要将以
边境防卫作为基本任务的防人、镇兵方面的兵制视作相对
独立于府兵制的兵制。这个问题牵涉到分田农民层的质
变，同时与租调役制向租庸调制，进而向两税法的转化有
密切的关联。包括军事、祭祀和礼仪在内的行政是中国古
代国家运作的基础，亦如欧阳修的经济构想所论及的，养
兵费用与官僚俸禄一起构成了国家财政支出的两大部分。
徭役、兵役制度是财政史研究的基础领域，对其形态转变
的阐释正是本书贯彻始终的基本课题。作为其中一环的府
兵制、防人制的问题，将在第三部"隋唐时期的财政与
帝国"的第十一章、第十二章和第十三章具体论述。

　　第三点是，该如何把握欧阳修未论及的战国至隋代这
一时段在历史上的定位。这一问题关系到本书所定义的中
国古代的范围和作为财政分析前提的国家支配特质，让我
们在下一节进行讨论。

三　中国古代财政史研究的前提

　　欧阳修没有论及夏殷周三代盛世和唐代前期之间的战　11
国至隋代这大约千年的时段。但在同样由欧阳修主持编写
的《新唐书》卷一一《礼乐志一》中，秦代之后的礼乐
制度被视作三代礼乐制度的崩坏形态，[1]那么秦汉隋唐时

期的经济、财政也有可能被认为处于崩坏期。本书将战国至隋代这一时期看作与唐代基本同质的时代，进而考察其间国家的财政运转体现的国家和农民以及社会之间的相互关系及其发展形态。接下来将以作为中国古代财政史研究前提的国家支配、身份制以及与它们相互关联的土地授予为中心，概述我认为战国至唐代为同质时期的思考依据，并说明作为财政史研究前提的基础性认识。

所谓支配，是对他人意志的控制，即以使他人遵从己方的意志为前提条件，向特定的人发出命令使其服从。对于没有意志可言的家畜和土地等动产、不动产的直接支配本身就是不成立的说法；另外，如果并非以特定的人为对象，那么从本质上来说支配也就无从谈起。这种命令与服从的关系是如何形成的呢？由这个问题进一步产生了历史上支配关系的形成，甚至是国家形成等问题的框架。在这里，暂不言及支配关系的形成问题，只就中国古代国家的命令-服从关系的特点稍做概述。

中国古代国家的命令-服从关系在历史上的具体表现即身份体系。所谓身份，是在前近代社会的支配隶属关系、社会性分工及职业、诸社会性团体等社会性关系中，以对各种人身的制约或被赋予特权的形式表现出来的，其间命令与服从的关系也随之固定下来。在希腊的古典时代，城邦将作为其成员的公民与非成员的奴隶及其他人群

12

区别开来（太田秀通，1979）；在印度中世，属于同一瓦尔那等级体系下的各种姓之间的身份序列由地域社会的习惯（法）所规定（小谷汪之，1996）；在日本近世，村落或职能性团体决定了其成员的百姓身份或职人身份（朝尾直弘，2004）。被排除在这些身份序列之外的人群，有的正如古典希腊的奴隶一样被明确否定拥有所有权。

在中国古代的专制国家，基本上不存在能够决定自身成员及其各种身份的村落共同体或职能性团体（足立启二，1998）。然而，在以使用价值为主要目的的生产和个人的人身依附关系决定社会性质的前近代，无论怎样的社会中都有以特定形态存在的身份关系。在很早就进入基于官僚制的制度国家发达阶段的中国，不同于古典希腊或近世日本那样以共同体、共同团体为媒介而构成的身份制，形成了中国固有的历史性身份体系。

中国古代专制国家的支配关系体现在以国家为媒介的身份体系上，并通过对国家承担的劳役服务及作为其基础的户籍编制而体系化（渡边信一郎，2008a）。

户籍是向国家登记"家"的制度，其区别是"家"属于社会领域，而"户"则属于政治领域。《唐律疏议》卷六《名例律》六"同居"条疏议曰："同居，谓同财共居，不限籍之同异，虽无服者，并是。"由此看来，唐代的同居是指共财产、同生活的团体，与是否同一户籍并无关联。另外《唐律疏议》卷一二《户婚律》上"同居卑幼"条疏议曰："凡是同居之内，必有尊长。尊长既在，子孙无所自专。若卑幼不由尊长，私辄用当家财物者，十匹笞十，十匹加一等，罪止杖一百。"又有《唐律疏议》卷二五《诈伪律》"诈假官"条疏议引选举令曰："官人身及同居大功以上亲，自执工商，家专其业者，不得仕。"根据这几条律令，可见在唐人的认识中，同居即共同生活的组织就被称为家，与是否共有户籍无关。也就是说，除了一个家（共同生活的组织）建立一个户籍的情况以外，还存在一个家被分别登记为数个户籍或几家被共同登记为一个户籍的情况。

古代中国的家是以同居共财的形式共同生活的组织，正如被称为"五口之家"那样，通常是由一对夫妇和未婚孩子组成的一夫一妻小家庭。历代户口统计中平均每户人数是四人至六人的事实也印证了这个说法。从推进分居政策的战国中期的商鞅变法到汉代初期，在法令层面也规定了以一夫一妻小家庭为核心的家与户的一致性。在云梦睡虎地秦简"法律答问"中有记载曰"可谓同居。●户为同居"，即采用了户与共同生活的团体一致的说法。

但早在汉代初期，就已经时常出现被称为大家、中家的社会上层、中层之家，它们包含一些不同代的一夫一妻小家庭，同时在家人之外又有家臣、婢妾、部曲、客女、雇工等非血缘成员，以此共同构成扩大化的家庭（同居共同体）（渡边信一郎，1986：147）。从东汉到隋唐时期的所谓"百口""家内百口""良贱百口"之家，即这种扩大化的家庭。故而在唐律中，正如前文所述，同居（家庭、共同生活团体）并未被认为一定与户的概念一致。

像这样，户、户籍制度在以一夫一妻小家庭为基本单位的同时，把多样而具体的共同生活团体之家导入国家的普遍性制度，换言之，户、户籍制度即一种将社会性单位转变成一元化政治性单位的媒介。经过编户齐民，多样且异质的家成为国家掌握的整齐划一的支配对象，被当作租税、徭役赋课的单位。[2]

户籍上的信息登载手续是由秦汉时期被称为户人、唐代被称为户头的个人，即实际上的家长来办理的。这种方式使得家长、家人及其他共同生活成员的身份明确，也预先确保他们能够服从国家命令。也就是说，通过户籍的编制，被确定了姓名、住址的人，一边履行着对应户籍上的各种劳役义务，一边承担着缴纳租税的责任。由此，国家对个人的支配得以实现，个人的身份得到了实体化。

在乡里社会，人们凭借对户籍内容的篡改或者脱离户籍（逃户、浮浪）来实现对支配、命令的拒绝和抵抗。虽然户通常是登记一个家、一个同居生活组织的制度，但

· 13 ·

在北魏的宗主督护制下，一户可以登记数十家，以减轻或隐瞒应承担的租税，同时也起到了隐蔽宗主支配着数十家之事实的作用。北魏前期的户调制以一户为单位征收赋课，故而对一家一户和数十家一户的不同情况来说，赋课数量有极大的差距。为了应对这种状况，北魏建立了以一夫一妻小家庭为基本单位的民调制和管理行政村落的三长制。古代中国地方官的最大任务就是准确把握民户数量，并使之繁衍生息。因为对地方官来说，支配的成功是通过户籍簿的厚度表现出来的。几乎可以说，户、户籍作为国家与农民，即政治与社会之间的媒介，形成了中国古代支配-隶属关系斗争的主干。

古代中国的身份，基本上是依据能否构成家（同居生活团体）和能否在郡县（州县）被编入户籍这两个标准区分的。满足这两项指标的国家基本成员被称为百姓，这一概念在战国时期随着户籍制度的建立而出现。以户籍和乡土关系为基础的百姓概念的出现，意味着对氏族社会的脱离和国家的形成（渡边信一郎，2005a）。

在古代中国，自战国时期以来，被编为独立的户（为户）及由此对国家产生义务（士、仕、事），成了确定居住地及获得当地受田资格（土地占有资格），从而得到百姓身份，成为国家基本成员的前提。

云梦睡虎地秦简中的魏安釐王二十五年（前252）户

律上记载："自今以来，叚（假）门逆吕（旅），赘壻、后父，勿令为户，勿鼠（与）田宇。三枼（世）之后，欲士（仕）士（仕）之，乃（仍）署其籍曰，故某虑（闾）赘壻、某叟之乃（仍）孙。魏户律。"（《云梦睡虎地秦墓》图112，696—699号简）由此可知最晚在公元前3世纪中叶，户籍编制和耕地、房屋的授予以及出仕之间就已存在相互对应的关系。

这种基于户籍编制（为户）向国家提供的服务与受田之间的关系，在张家山二四七号汉墓出土的西汉《二年律令》、西晋户调式（《晋书》卷二六《食货志》）、唐户令和田令等基本法令中均有记载，是古代中国的基本法则，以下对此稍做梳理。

被认为是汉初吕后二年（前186）制定的《二年律令·户律》中有如下规定：

> 关内侯九十五顷，大庶长九十顷，驷车庶长八十　16
> 八顷，大上造八十六顷，少上造八十四顷，右更八十
> 二顷，中更八十顷，左更七十八顷，右庶长七十六
> 顷，左庶长七十四顷，五大夫廿五顷，公乘廿顷，公
> 大夫九顷，官大夫七顷，大夫五顷，不更四顷，簪袅
> 三顷，上造二顷，公士一顷半顷，公卒、士五、庶人
> 各一顷，司寇、隐官各五十亩。不幸死者，令其后先

择田，乃行其余。它子男欲为户，以受其杀田予之。
其已前为户，而毋田宅，田宅不盈，得以盈。宅不
比，不得。

（《二年律令与奏谳书》310—313 号简，第 216—217 页）

另外，此户律的 318 号简中记载："未受田宅者，乡
部以其为户先后次次编之，久为右。久等，以爵先后。"
乡部根据户籍登记的先后以及爵位的高低来决定田宅授予
的顺序。再者，此户律的 321 号简中规定"受田宅，予
人若卖宅，不得更受"，可知由国家主导的授田以各户民
众的户籍编制为首要条件，以爵位制度为次要条件，于乡
部实施，而且只限一次。

户律中记载的二十等爵制以皇帝为唯一的赐予者，
根据等级的设定，体现皇帝与受爵者之间直接关系的距
离（籾山明，1985）。换言之，这是制造出皇帝与受爵
者之间等级性的个别人身依附关系的制度。《二年律令》
的户律基于对户籍登记者受田限额的设定，在确保无爵
位的公卒、士五、庶人这些基础身份拥有一项（百亩）
土地的同时，也认可了二十等爵拥有者在阶层性身份制
下的土地占有。公卒、士五、庶人保有一项（百亩）土
地的制度，以始自公元前 4 世纪中叶商鞅变法的阡陌制
为实际基础，在《孟子》《礼记·王制篇》等文献中被

赋予意识形态性质，成为三代制度的分田占有制（渡边信一郎，1986），是继承了云梦睡虎地秦简中魏安釐王二十五年户律所规定的对户籍登记者授予田宅土地制度的产物。

《二年律令》的傅律中另有如下规定：

> 不为后而傅者，关内侯子二人为不更，它子为簪袅。卿子二人为不更，它子为上造。五大夫子二人为簪袅，它子为上造。公乘、公大夫子二人为上造，它子为公士。官大夫及大夫子为公士，不更至上造子为公卒。当士为上造以上者以适子，毋适子，以偏妻子、孽子，皆先以长者。若次其父所，以未傅，须其傅，各以其傅时父定爵士之。父前死者，以死时爵。当为父爵后而傅者，士之如不为后者。
> （《二年律令与奏谳书》傅律359—362号简，第233页）

傅籍意味着，对达到一定年龄者（西汉中期之后通常是二十三岁），在根据其职业进行社会性区分编组的同时，给予其做官受爵的资格，并将其作为力役、兵役、户赋等各项赋课的承担者编入国家支配的各种关系（渡边信一郎，1994：110）。此户律规定，适龄群体基于傅籍来为国家服务，而且根据适龄者傅籍时条件的不同，其被

授予的爵位也有所不同。"士"与"仕""事"同音同
义，其具体内容是指获得受爵的资格，承担正役、兵役和
国家的其他各种赋课。这一制度伴随着爵位的阶层性，同
时包含了高级爵位拥有者的阶层特权。在西汉初期，以爵
制下的身份为媒介，基于户籍编制（为户）的受田和基
于傅籍的为国家服务和赋役负担被阶层性地编组起来了。

在汉末三国时期的动乱中，以阡陌制为基础的分
田占有制已然解体，自屯田制下对中原的再开发起，
分田占有制得以重建。西晋初期，实施了占田、课田
制与户调制。《晋书》卷二六《食货志》所引的西晋户
调式规定：

又制户调之式。丁男之户，岁输绢三匹、绵三
斤，女及次丁男为户者半输。

这里所见的"丁男之户"应该认为与句末的"女及
次丁男为户"表述形式一样，等于"丁男为户"（本书第
六章，页边码第 219 页）。尽管正丁户的户调全输与女
丁、次丁户的半输不同，但无论哪种情况，户籍登记者都
是缴纳租税的责任人。西晋并没有如战国、西汉那样明确
的给田制。不过，以夫妇为单位占有百亩，即一顷土地的
占田制，是延续了编户、受田谱系的产物，对均田制的建

立起到了媒介作用（本书第六章）。

始自北魏的给田制，在允许保有口分田的规定中体现了对分田占有制的重建之意（渡边信一郎，1986）。在仁井田升复原的开元二十五年（737）户令中有如下条文：

> 诸户欲析出口为户，及首附口为户者，非成丁，   19
> 皆不合析。应分者，不用此令。
>
> （仁井田升，1933）

据此可知，在唐代进行户籍编制时，除了同居的生活组织（家）需要分割家产的情况之外，只有正丁可以单独立户（为户）。

另外，武德七年（624）令的田令中也有如下规定：

> 武德七年，始定律令。以度田之制、五尺为步，步二百四十为亩，亩百为顷。丁男、中男给一顷。笃疾、废疾给四十亩，寡妻妾三十亩，若为户者加二十亩。所授之田，十分之二为世业，八为口分。世业之田，身死则承户者便授之。口分，则收入官，更以给人。
>
> （《旧唐书》卷四八《食货志上》）

此处只记述了笃疾、废疾者与守寡妻妾在立户情况下增授耕地的规定，但这反映了唐代的给田制一般是以编制户籍（为户）者为基准构建的制度。前文所引欧阳修的观点已经肯定了唐代给田制与租调役（庸）征收制度之间的密切联系。

如上所述，从战国至唐代，户籍的编制被规定为"为户"，而且与给田制度和租税徭役的负担之间有紧密关联。因此，通过户籍的编制，民众作为国家成员获得接受分田和宅地的资格，并经过傅籍或进丁的手续，以承担包括兵役、徭役在内的各种力役义务和缴纳租税等方式服务于国家。登记的户籍种类及其内容决定了民众服务于国家的形态和在国家支配下的身份。反之，也有如太常寺音声人、乐工等特殊身份，其服务于国家的形态决定了所登记户籍的种类，通过户籍编制与服务而形成的命令－服从关系是一种相互依存的关系。[3]

与欧阳修的观点不同，我认为之所以可以说战国至隋唐时期保持着几乎不变的社会形态，是由于其间一直存在一个广泛的分田农民阶层。他们被编入郡（州）县的户籍，经国家对其居住地与同户成员的确认，双方之间的支配关系得以实现。以此为前提，国家给予其一定量的田地，他们从而拥有了百姓身份，承担租税与力役、兵役义务。战国至隋唐时期财政史研究的目的正是阐明"百姓不乐"的背景，即以这些百姓（分田农民阶层）承担的租税、力役、兵役为财源而展开的财政活动及社会再生产的历史性特质。

四　中国古代财政史研究的对象与课题

本书通过分析财政的收入与支出结构的特质、收入与支出的相互关系，即收支均衡调整的形式、支出分配过程，来考察社会与国家之间的相互关系，阐明社会再生产过程和国家支配的特质。以下将分成（一）收入论、（二）支出论、（三）财政性物流与帝国的构成这三个论点，就各自涉及的研究对象和课题进行探讨。

（一）收入论——"量入为出"

如前所述，欧阳修在其经济构想中关于中国古代财政的特质有如下论述。

> 故量人之力而授之田，量地之产而取以给公上，量其入而出之以为用度之数。是三者常相须以济而不可失，失其一则不能守其二。

21

欧阳修以土地生产物的征收作为国家收入的来源，将基于对国家收入的计算以决定支出的行为视作财政（用度）的一般内容。也就是说，财政在中国古代也是由租税收入与经费支出构成的。

租税收入是在维持国家机构的同时，为了保障政治性编组的社会再生产而由国家机构主导的从社会调取的费用。在中国古代，这些费用以铸造的货币、绢帛麻布等纺织物和粟麦等谷物为中心，其中并不包含徭役、兵役。但正如唐代的庸物或资课，也常有徭役、兵役代以实物或铜钱缴纳，从而构成财政问题的情况（宫泽知之，1999）。如此一来，在国家从社会征调的费用中，实际上潜藏着以兵役、徭役等形态被征发的直接个人劳动。如后文关于支出论的阐述，兵役与徭役在社会再生产的过程中发挥着重要作用。本书试图把处于财政收入边缘位置的兵役、徭役也纳入主要分析对象，从而尽力做到对古代中国财政的整体性考察。

宫泽知之指出过一个独特的现象：在史料中，前近代中国的财政通常被称作"财用""国用""用度"等。这里值得注意的是，欧阳修所言财政运转的理想状态是"量其入而出之以为用度之数"。这一论述的基础来自《礼记·王制篇》：

22

　　　　冢宰制国用，必于岁之杪。五谷皆入，然后制国用，用地小大，视年之丰耗，以三十年之通，制国用，量入以为出。

　　所谓"量入以为出"，也就是欧阳修的"量其入而出之"，不仅在古代中国，即使在实施两税法、以"量出制入"为原则的唐代后半期财政中，也是事实上的运作规范。开成元年（836）就任户部侍郎判度支的王彦威即指出，度支指挥下的国家财政是依据"量入以为出"的原则在运作。⁴而"量出制入"真正作为财政运转原则得以确立是在北宋时期，当时军事支出在国家财政中占有压倒性比重（宫泽知之，1999）。也就是说，以两税法的施行为契机，唐宋变革期的财政原则逐渐由"量入为出"向"量出制入"转变。

　　"量入为出"是以收入作为条件或前提来调控经费支出的做法。这与我们平常人家根据工资多少来决定支出的家庭会计方式是一样的。无论以支出作为收入的前提，还是相反以收入作为支出的前提，这两者都是相互依存的关系。对于"量入为出"与家庭会计来说，其特质在于收入被作为支出的前提条件。古代中国的财政，由于以一年一作——同一块耕地一年只收获一次——的农业生产下的简单再生产作为前提，其财政运转自然不得不与"庄宅"（oikos）①的运作模式相同。如果五谷不

---

①　"oikos"出自马克斯·韦伯的《支配社会学》一书，指一种大规模家计式的经营经济模式，本书参考康乐、简惠美译本（《韦伯作品集Ⅲ：支配社会学》，广西师范大学出版社，2004）将其译为"庄宅"。具体阐释可见本书第五章内容。——译者注

丰，即收入不能达成前提条件的话，财政也就无从谈起。因为在"量入为出"的模式下，国家财政的支出部门从属于收入部门。

近代国家的财政是在制定好国家行政所需经费支出的基础上，确保相应的财源。以支出为前提是近代财政的特质。在保障经费的前提下考量收入的来源，以达到收支均衡的目的。这正是预算制度的根基。[5]

在以"量入为出"作为规范的古代中国的财政中，由于经费支出从属于租税收入，故而不存在预算制度，或者说即使有，也只限于大概预估收入这种程度的很简单的做法。因为作为前提条件的收入被农业收获所左右，欠缺稳定性，往往不能满足一年的经费所需。所以国家采取了两种不同的策略。第一种如《礼记·王制篇》所描述的那样，以三十年的漫长周期及其间的积蓄为前提来运作财政。所谓三十年只是个概数，没有必要纠结于数字本身。其本质是以长期性储蓄来保障经费支出，以克服收入不稳定这一弱点，义仓的设立就是一种典型的体现。而长期性储蓄正是庄宅式财政的特质。

第二种如百姓赵光奇和欧阳修所言，尤其是在地方层面，正规租税以外的赋敛征求不息，其数额甚至超过了正规租税。"量入为出"是财政的庄宅式运作，这种庄宅式运作导致了各种各样的赋敛或临时的课税，譬如始自东汉末期，成形于西晋的户调制。另外，在唐代前期的租调役征收体制下，户税、地税、青苗钱等新租税先后出现，最终催生了两税法。尽管新课税种的涌现是由农业结构变化等社会经济史上的原因造成的，但不能否认以"量入为出"为原则的庄宅式财政运转也是一个重要因素。关于这个问题，将特别在本书第七章"户调制的成立"中进行讨论。

（二）支出论——社会性公共事务

财政史研究一般以经费支出作为研究对象。经费是支撑国家机构和作为其工作人员的官僚、官吏集团的再生产以及全体政治社会的再生产活动的费用。虽然欧阳修的经济构想只论及官僚的薪俸和军队的维持，但支出所包含的范围显然超出了这些国家机构而延伸至皇权下由政治所规范的社会再生产（足立启二，1990）。

中国古代国家主导的政治社会的再生产，是通过社会性公共劳动来实现的。所谓社会性公共劳动，是为了维持社会、使其再生产的公共事业，也包括公共劳动的指挥、国务、司法、科学和艺术（渡边信一郎，1993）。在支出论中，特别需要重视的是公共劳动的指挥以及用于一般生产条件下再生产的费用。

一般来说，小农经营即在某一特殊的自然环境和社会情况下，经营农业以获得生产物的个别经营模式。这些生产物中，超过农民直接消费的必要生产物的部分即剩余生产物，这一部分若由第三方进行超经济剥削的话，则成为地租，也就是第三方土地所有在经济上的实现。然而，各种个别经营并不只是因这种特殊劳动过程的完成而实现再生产的。在各种个别经营的特殊直接劳动过程中，只有以共同的一般生产条件为基础，方才能完成特殊的直接劳动，从而维持再生产。

对应直接生产过程的发展阶段，这里所谓的一般生产条件有不同形态，通常指道路、桥梁等交通设施，水利工程，通信防御设施，以及土地、共同团体等。若举具体例证，则譬如秦汉时期被称为阡陌的道路。在规定了阡陌制的青川县出土的战国秦木牍"田律"以及《二年律令》的田律中，在规划构成阡陌制的耕地划分的同时，也规定了对阡陌（道路）、桥梁、陂堤的定期维护，并在背面记录了道路维护劳动的情况。[6] 阡陌是大范围划分耕地的道路，维护阡陌的工作并不算入农业经营的直接劳动过程。但如果阡陌没有得到持续稳定的维护，耕地的区划会变得模糊，也会妨碍农具、种子、生产物等的运输工作，共用阡陌的各个农民经营单位便无法稳定地进行再生产作业。

这一点在水利、通信、运输等基础设施方面也多少适用。《二年律令》的徭律以边境防卫（徭戍），财物和谷物的输送（传送、委输、行粟、载粟），城郭的修补（补

25

缮邑□），道路和桥梁的维护（除道桥），蓄水池的开凿（穿陂池），水渠的维护（治沟渠）等作为徭的内容，规定了需要服役的人群和条件。[7] 在唐代的《水部式》残卷（敦煌伯希和文书 2507）中，记录了灌溉水渠的维护管理、用水和漕运的管理，以及桥梁和关津的管理维护等方面的规定，同时规定了所需经费、吏员和色役、徭役、兵役的人数。尽管这些一般生产条件并不像耕地那样被计入直接生产过程，但倘若停止对其持续维护，则社会上的生产活动便无法进行，或者难以充分进行。在古代中国，为了维持这些一般生产条件而付出的劳动，基本上是通过向农民百姓征发徭役、色役等形式来实现的。

为使一般生产条件持续发挥效用而付出的劳动，不同于为维持农民的生命生活所必要的生活手段的劳动部分，也就是说，为其支出的劳动力超出了必要劳动部分。仅限于这方面而言，从农民的直接再生产的角度来看，这毫无疑问属于剩余劳动。但作为社会或共同团体的成员，每个农民都共享这些一般生产条件，以维持社会再生产。因此，这种劳动作为社会再生产的一个过程，实际上是一种必要劳动，即所谓社会必要劳动。为维持一般生产条件的劳动具有两面性特点：对于个别经营单位而言，它属于剩余劳动部分；但从社会整体角度来看，它是维持社会再生产的必要劳动。

因此出于维持一般生产条件而付出的劳动，对社会再生产来说，是不可或缺的社会必要劳动。从社会性质来看，这种劳动必然超出共享这些生产条件的个体农民经营范围，须通过采用社会性广泛编组的集体劳动形式来实现。但这种社会必要劳动无法自然地编组、集合起来，因为对以"生产资料的分散为前提"的小农经营来说，"对自然的社会性控制或管理"这一方式本质上是不被考虑在内的。下面将要叙述的历史事实就是与这种小农经营生产模式自身所具有的社会性特质相伴相生的。

秦汉隋唐时期，农耕共同体已然解体，彼时的农村社会分裂成了数个阶层，尚未形成新的共同团体。各个农民阶层的物质利害关系并不一致，仅凭社会的部分结合，社会性集体劳动编制无从产生。须由超越农民之间物质利害关系的第三者来主导，才能突破小农经营本质上带有的社会狭隘性，进而调节他们之间的物质利害关系，实现一定的社会编制和集体化。而在古代中国，这个第三者即以皇帝为顶点，直达乡里社会的吏役、色役的权力体系，特别是作为其核心部分的皇帝和官僚集团。他们出自社会但又打造了与社会相对立的权力体系，管理、组织社会必要劳动，即推动社会性公共事务的落实。如此一来，专门掌管国务、社会公共事务的官僚（国家的统治阶层）与专门承担社会必要劳动的一般大众（百姓）之间必然形成一种分工关系。[8] 在秦汉隋唐时期的社会中，这种社会必要劳动是以正卒、戍卒、更卒，正役、杂徭、色役等力役，以及防人、府兵等兵役劳动的形式而被编制、组合起来的，农民正是其基本的承担者。

在历来的研究中，这些力役劳动被认为是典型的国家剥削农民剩余劳动的措施，一般来说这种解释没有错。但倘若仅仅如此考虑的话，则不能整体性地理解力役、兵役劳动在社会层面的特质。由国家征发、组织而成的力役、兵役劳动，如前所述，正是超出农民经营活动的直接再生产所必需的部分，从这个意义上来说属于剩余劳动。然而，如果从这种劳动具体发挥的效用来看，这是以维持一般生产条件为目的的劳动，是为确保作为政治社会的国家得以进行再生产而付出的社会必要劳动，而国家正是共享这些一般生产条件的共同团体中最高级的存在。因此，假如以力役、兵役组织起来的劳动，确实基于其社会有用性而被生产性消费的话，那么这显然是为了确保小农经营的稳定再生产而进行的一般生产条件的创造和维护。皇帝和官僚集团作为社会性集体劳动的组织管理者，也通过这种公共业务确立了自身政治权力的正当性。

不过，由国家所组织的上述社会必要劳动，依其对社会的有用性，未必仅限于以生产为目的的消费方式。如果是为皇帝、官僚修建宫殿、园林、陵墓那样并非出自生产

27

目的的奢侈消费，则对社会不具有用性，只是沦为国家对农民剩余劳动的剥削。[9]在这种剩余劳动的剥削超过一定限度时，不仅会使正常的农业生产愈加困难，而且会使社会自身的再生产难以维持，进而导致王朝和国家的解体。秦朝和隋朝的崩溃即这一历史规律的典型。故而在本书中，对于国家征收租税、征发力役和劳役的行为，我不仅把它视作对剩余劳动的剥削，或者说国家对地租的收取，也将其作为对社会有利的必要劳动，将其根本性社会特质纳入考察视野。[10]

（三）财政性物流与帝国的构成

在皇帝的权力下，社会被政治统合起来，并通过包括社会性共同事务在内的财政运转而实现再生产。这种以财政来维持再生产的政治社会，在社会再生产的过程中形成了独特的结构。我称其为"帝国"（渡边信一郎，1996）。所谓帝国往往拥有广大的疆域，具备某种从中心辐射周边甚至外部的普遍性原理，拥有自中心向周边无限扩展的可能性，以及表现出对外部进行军事扩张的倾向。在中国古代历史中，既具备普遍性原理又同时拥有军事扩张倾向的典型帝国即西汉、隋朝和前期的唐朝。关于可能导致帝国化的普遍性原理，我曾通过分析元旦举行的元会礼仪的结构，总结出了贡物的贡纳制原理，继而阐明了以此贡纳制原理为媒介所形成的皇权与地方政府，与非汉民族，以及

28

与外国之间的政治从属关系得以维系的结构性特征（渡边信一郎，1996）。

本书的课题是，在基于贡纳制原理所构筑的政治从属关系之外，探究古代国家的军事扩张倾向是出于怎样的国内动因而形成的。古代中国的专制国家正是基于国内政治、军事方面的动因而确立了具有中心—周边结构的内在组织，进而通过此中心—周边结构的外向延展而实现帝国化。在古代国家政治、军事的内部组织的各项特有举措中，本书将以设置于首都和边境军事区域的军事组织为中心，考察为双方供给财物的财政性物流。

所谓财政性物流，是相对于市场性流通所使用的概念，后者是伴随着社会分工的发展自然产生的商品流通，前者则主要是基于政治、军事的需要，以中央政府为主体、由政治力量组织的物资流通。市场性流通与财政性物流有概念上的区别，但在现实的流通中两者时常难以区分（宫泽知之，2002）。尽管长安、洛阳、建康等古代中国的首都和政治核心区域都被设置于农业生产的中心地域，但在首都地区，除官僚吏员之外还有大量从全国各地汇集而来的近卫军团士兵等脱产人口，仅仅依靠首都圈供给粮食等生活物资是无法满足需要的，因此首都地区对外部地域的依存度非常高。另外，数十万士兵驻守在广袤的边境地带，负责边疆防卫任务，除屯田所得的收获外，这些军队所需的各种生活物资和驻屯经费也不得不全部依靠外部的供应。那么，为了维持中央政府的运作和辽阔边疆的国防，如何分配、输送这些以生活物资为代表的各种财物，也就是财物的再分配过程和财政性物资流通的编组，就成了必须探明的重要课题。

29　　　在经费和财物向中央与边境的分配过程中，既然财政性物流的编组本质上是政治的产物，自然就会受到国家财政主权形态的规范。中国古代的所有租税首先于最基层的行政机构——县征收，并储存于郡（州）县。这些储存于地方的财物如何被输送至中央、实现中央化，或输送至边境、成为边境上的军事支出？这些措施被中国古代国家在政治上对得自社会的全部收取物的指挥权的内容与实态所左右。古代国家财政主权的形态根据时代变化而不同，统一时期和分裂时期也存在差异。本书试图通过对经费、财物的再分配及其流通过程的分析，阐明以徭役作为运输劳动且不以市场交换作为媒介的物质流通在政治上的编组特性，以及"中心—周边"这一政治经济结构的历史意义，进而把握逐渐帝国化的中国古代国家的特质。

　　　在这里姑且对其做一个简单描绘的话，则中国古代帝国由京师核心区域—内部区域—周边军事区域的层级框架构成，其前提是依赖外部供给粮食、衣料、军资和兵士的京师核心区域、周边军事区域与负责供给这些资源的内部

区域之间的相互依存关系，以及各地域间的分工体制。从
作为承担者的百姓的角度来说，这一体制下，主要来自内
部区域的百姓或作为正丁输送自己生产的财物，或作为士
兵在京师和边境负责军事防卫。这种由百姓担任直接生产
者（租税负担者）、租税运输劳动者以及士兵的体制，是
在战国中期具有划时代意义的商鞅变法时出现的，后基于
汉武帝时期的均输平准法而最终建立，虽然在十六国和南
北朝时期暂时瓦解，但在北魏的华北地区得以重建，继而
在唐代中期的玄宗时期达至鼎盛。德宗时赵光奇直言的
"百姓不乐"，正是这一体制发生根本性转换时来自民众
的历史性证言。

　　接下来，我们的考证就从这一体制最终得以确立的汉
武帝时期开始。

注　释

1.《新唐书》卷一一《礼乐志一》载："由三代而上，治出于一，而　30
　礼乐达于天下。由三代而下，治出于二，而礼乐为虚名。……及
　三代已亡，遭秦变古，后之有天下者，自天子百官名号位序，
　国家制度，宫车服器，一切用秦。其间虽有欲治之主，思所改
　作，不能超然远复三代之上，而牵其时俗，稍即以损益，大抵
　安于苟简而已。其朝夕从事，则以簿书、狱讼、兵食为急，曰

此为政也，所以治民。至于三代礼乐，具其名物而藏于有司，时出而用之郊庙朝廷，曰此为礼也，所以教民。此所谓治出于二，而礼乐为虚名。故自汉以来，史官所记事物名数，降登揖让，拜俯伏兴之节，皆有司之事尔，所谓礼之末节也。"

2. 关于中国古代户籍、籍账的实态，参阅池田温（1979）。关于秦汉时期的户籍、同居、室人，鹫尾祐子（2007）、铃木直美（2008）在研究中推进了对《里耶秦简》《二年律令》等新出土文字资料的利用，开启了新的研究阶段。铃木直美认为，室人和同居分别是在一夫一妻小家庭或一户之内存在多名成年男子情况下的称呼，铃木氏的研究为进一步阐明秦汉时期家族与户籍制度之间的关系提供了非常重要的线索。

   近年来被发现的《长沙走马楼三国吴简》中，有很多记录了嘉禾二年（233）前后户籍信息的简牍，例如"东阳里户人公乘乐茑年十九 茑男弟□年十二"（《长沙走马楼吴简·竹简（一）》4096 号简）、"义成里户人陈市年卅一 妻□年廿三 子男儿年□岁"（同上书，4131 号简），在作为户主的户人之下，记载着里名、姓名、爵位、年龄和家人。可以说，秦汉三国时期的户籍登记方式基本上是一致的。

3. 在这里，只以作为古代国家基本身份的百姓为对象，论述了户籍和授田及其与百姓所承担的国家义务间的关系，并没有论及其他身份。关于百姓内部的士农工商身份、官僚集团内部的各种身份、贱民的各种身份和特殊户籍、受田制的具体面貌等，参阅渡边信一郎（2008a）。

4. 《旧唐书》卷一五七《王彦威传》记载："开成元年，召拜户部侍郎，寻判度支。……尝紫宸廷奏曰：'臣自计司按见管钱谷文簿，皆量入以为出，使经费必足，无所刻削。且百口之家，犹有岁蓄，而军用钱物，一切通用，悉随色额占定，终岁支给，无毫厘之差。倘臣一旦愚迷，欲自欺窃，亦不可得也。'名曰《度支占额图》。"

5. 从字面意思来看，近代国家的财政以"量出制入"为原则。但假如反过来说，同样以"量出制入"为财政运转原则的北宋及之后诸王朝都属于近代化财政的话，则并不正确。北宋以来的"量出制入"是以定额主义（原额主义）为前提条件的财政模式，支出长期被事先固定化，并非每年有弹性地制定。中国前近代的国家财政无论"量入为出"抑或"量出制入"，原本都不是以预算制度为前提的运作形态。

6. 《二年律令与奏谳书》第 189 页，田律 246—248 号简记载："田广一步，袤二百卌步，为畛。亩二畛，一佰（陌）道，百亩为顷，十顷一千（阡）道。道广二丈。恒以秋七月除千佰之大草，九月大除道及阪险，十月为桥，修波（陂）堤，利津梁。虽非除道之时，而陷败不可行，辄为之。乡部主邑中道，田主田道。道有陷败不可行者，罚其啬夫、吏主者黄金各二两。"另外，青川县战国秦木牍正面（李昭和、莫洪贵、于采芑，1982）记载："田广一步，袤八则，为畛。亩二畛，一佰（陌）道，百亩为顷，一千（阡）道。道广三步，高四尺，大称其高，捋高尺，下厚二尺。以秋八月，修封捋，正彊畔，及发千百之大草，九月大除道，及除□，十月为桥，修波（陂）堤，利津梁。鲜草离。非除道之时，而陷败不可行，辄为之。"背面载："四年十二月，不除道者，□一日、□一日……"关于青川木牍的解释以及阡陌制的问题，参阅渡边信一郎（1986）的《阡陌制论》一文。

7. 《二年律令与奏谳书》第 248 页，徭律 411—415 号简记载："发传送，县官车牛不足，令大夫以下有訾（赀）者，以訾共出车牛，及益，令其毋訾者，与共出牛食，约载具。吏及宦皇帝者不与给传送事。委输传送，重车重负日行五十里，空车七十里，徒行八十里。免老、小未傅者、女子及诸有除者，县道勿敢繇使。节（即）载粟，乃发公大夫以下子，未傅年十五以上者。补缮邑院，除道桥，穿波（陂）池，治沟渠，堑奴苑，自公大夫以下，……勿以为繇。市垣道桥，命市人不敬者为之。县弩春秋射各旬五日，以当繇戍，有余及少者，隤后年。兴传（？）32

送（？）为□□□□及发繇戍不以次，若擅兴车牛，及繇不当繇使者，罚金各四两。"

8. 汉末的徐干在《中论·制役篇》（《群书治要》卷四六所引）中，基于对《孟子》的敏锐分析，对政治社会的构成有如此一番论述："夫国有四民，不相干黩。士者劳心，农工商者劳力，劳心之谓君子，劳力之谓小人。君子者治人，小人者治于人，治于人者食人，治人者食于人（《孟子·滕文公章句上》），百王之达义也。"这里是将作为统治集团的君子与被其支配的农、工、商等小人（百姓）区分开来。区分君子与小人的标准则是劳心与劳力，即精神劳动与肉体劳动的社会分工。

9. 不过，有时也存在宫殿或陵墓的修建对共同团体和社会的再生产有重大意义的情况。这些营造工程所需要的劳动是否属于对剩余劳动剥削的这个问题，根据其劳动或其生产物在社会上的功用而具有不同的表现形态。

10. 关于小农经营生产模式与社会再生产所需的必要劳动的问题，另请参阅渡边信一郎（1983）。

第一部　汉代的财政与帝国

小　序

所谓财政，是为了保障由政治所规范的社会再生产活
动而由国家主导的经济、政治措施。因此，可以说财政行
为是随着国家的形成而同步展开的。在古代中国，文献中
首次出现明确的财务活动是在战国初期。鲁国宣公十五年
（前594）的"初税亩"（《春秋·宣公十五年》）即象征
着征收租税的开始。可以说，国家与财政的形成是在春秋
中期走上正轨的，但当时仍未有可作为明确标准的制度。
在战国初期的魏文侯时期（前446—前396），邺城县令西门
豹每年都进行上计。所谓上计，是地方官向中央政府提交的
政治财务报告。[1] 现在可以确认在当时的其他各诸侯国也都实
行了上计制度。可以说，战国时期已经建立起了以年为周期
的财务运作体系。[2] 另外，通过对出土文字资料的研究，佐原
康夫探明了战国时期各诸侯国具有财库性质的府、库的存在，
指出以公元前4—前3世纪为转折期，作为国家财政机构的
财库发展显著（佐原康夫，2002a）。可以认为中国史上的财

政确立于战国时期。不过，有关战国时期财政状况的史料仍很零碎，我们只能对汉代以后的情况进行相对全面的考察。本书将从汉代开始，展开对中国古代财政史的研究。

36

本书第一部将考察确立了中国古代财务运作制度的汉代的财政与国家。第一章以汉代财政的制度性基础——均输平准法为中心，考察通过与市场性流通分离而形成的汉代财务运作及其财政性物流的特质。第二章至第四章将分析运输劳动等关系到汉代社会再生产的各种劳动付出。在汉代的徭役中，有经过傅籍手续的"正"（西汉中期之后规定为二十三岁至五十六岁的男子）所承担的兵役（甲卒）、首都警备（卫士、卫卒）、边境防御（戍卒、徭戍），以及十五岁以上男子所承担的更徭之役。其中第二章考察以更徭为中心的更卒制度，此制度构成了汉代制度性地方徭役。第三章主要考察东汉时期"正"的各种役。第四章则以更徭、正役之外的刑徒、官奴婢的劳动为考察对象，对汉代社会再生产进行整体性分析，并思考其特质。最后，第五章以前面几章有关财务运作制度和社会再生产的考察为基础，对财政史视角下的汉代帝国样貌做出总体性考察。

注　释

1.《韩非子·外储说左下》记载："西门豹为邺令，清克洁悫，秋

毫之端无私利也。而甚简左右，左右因相与比周而恶之。居期
年，上计，君收其玺。豹自请曰：'臣昔者不知所以治邺，今臣
得矣。愿请玺复以治邺，不当，请伏斧锧之罪。'文侯不忍而复
与之。豹因重敛百姓，急事左右，期年，上计。文侯迎而拜之，
豹对曰：'往年臣为君治邺，而君夺臣玺。今臣为左右治邺，而
君拜臣，臣不能治矣。'遂纳玺而去，文侯不受，曰：'寡人曩
不知子，今知矣。愿子勉为寡人治之。'遂不受。"关于上计制
度，参阅镰田重雄（1962）第十章「郡国の上计」。

2. 《吕氏春秋·审分览·知度》记载："赵襄子之时，以任登为中
牟令。上计，言于襄子曰：'中牟有士曰胆、胥己，请见之。'
襄子见而以为中大夫。"另外，《史记》卷七九《范雎蔡泽列
传》写道："昭王召王稽，拜为河东守，三岁不上计。"可知
魏、赵、秦三国存在上计制度。再则，《韩非子·难二》载：
"李兑治中山，苦陉令上计而入多。李兑曰：'语言辨，听之
说，不度于义，谓之窕言。无山林泽谷之利而入多者，谓之窕
货。君子不听窕言，不受窕货，子姑免矣。'或曰……。无术以
知而入多，入多者，穰也，虽倍入将奈何。举事慎阴阳之和，
种树节四时之适，无早晚之失，寒温之灾，则入多。不以小功
妨大务，不以私欲害人事，丈夫尽于耕农，妇人力于织纴，则
入多。务于畜养之理，察于土地之宜，六畜遂五谷殖，则入多。
明于权计，审于地形舟车机械之利，用力少致功大，则入多。
利商市关梁之行，能以所有致所无，客商归之，外货留之，俭
于财用，节于衣食，宫室器械，周于资用，不事玩好，则入多。
入多，皆人为也。若天事风雨时，寒温适，土地不加大，而有
丰年之功，则入多。人事天功，二物者皆入多，非山林泽谷之
利也。夫无山林泽谷之利入多，因谓之窕货者，无术之言也。"
这段话分析了收入得以增加的原因，可见财务报告属于上计的
一部分。

37

第一章　汉代的财政运转
与国家物流

前言

　　到目前为止，汉代国家财政研究的框架可以概括为三类。第一类是加藤繁（1952a）关于西汉时期帝室财政与国家财政分离的开创性研究，其研究阐明了基于少府财政与大司农财政的财务运作制度的实态，并论述了它在历史上的变迁。这一研究方向继而被增渊龙夫（1960）、山田胜芳（1972，1974，1975，1977a，1977b，1978a，1978b，1982，1984）、重近启树（1976）等进一步深化。[1]第二类是阐明均输平准法实际情况的研究方向。关于这一点，山田胜芳（1981，1983，1984a）、影山刚（1970，1982，1984）、越智重明（1983）等进行了财政物流、商业、盐铁专卖等课题的研究，后来藤田胜久（2005b）、大栉敦弘（1988）

陆续阐明了财物运输的组织和运作的形态。[2]第三类是构成收入论的租税徭役研究，这方面以加藤繁为开拓者，之后宫崎市定、吉田虎雄、平中苓次、永田英正、楠山修作、山田胜芳等都留下了为数甚多的成果。[3]另外，佐原康夫（2002b）通过对居延汉简中月俸记录的整理和考察，针对西汉时期的财政、货币经济的形态提出了崭新的课题。

然而，在有关汉代财政史的诸多研究中，尽管山田胜芳的研究论及了多个方面，但各家仍停留在个别性研究的阶段，尚未达到取得整体性认识的程度。为了综合这些研究，进而使对汉代财政史的整体性把握成为可能，有必要进行如下两点研究：①阐明包括帝室财政与国家财政的国家全体财政的收入、支出论，以及国家在财政上的均衡、调整（预算）机能的实态；②在探明中央财政与地方财政的形态及两者之间相互关系的基础上，理解实现于其中的财政性物流的实态。本章试图从上述两点中研究相对滞后的第二点出发，展开对阐明均输平准法实态这一研究方向的探讨，以期在汉代财政史研究中引起些许波澜。而财政上中央与地方间相互关系的明了，不仅可以使财政性物流的特质变得明晰，也关系到一些问题的解决，即财政主权在专制国家手中是如何被行使的，又是如何被一步步集中到中央的。

40

一 围绕均输、平准的研究

——从山田氏和影山氏的争论出发

作为本章论述的线索，接下来从山田胜芳（1981，1983，1984）和影山刚（1970）之间围绕均输、平准的争论开始考察。[4]众所周知，均输、平准是武帝末年实施的财政改革的核心部分。对其实际结构的阐明，关系到从根本上理解汉代国家与社会的形态。因此，尽管迄今关于均输、平准已有很长的学术史，但由于本章并非以直接解释均输、平准作为主题，故而以综合性研究的代表——山田胜芳和影山刚的研究作为讨论的基础。

对于均输平准法中有关运输规定的理解，山田、影山表达了大致相同的观点，都认为其目的是通过对国家财政掌管下的运输的远近、难易和赋课规模的平均化，使税负公平化。其中的争议之处在于三点：①对象财物的性质；②根本意图；③整体性质方面的理解。关于这三点，山田、影山的见解多有分歧，我个人对此概括如下。第一，对于成为均输对象的财物，影山刚参考《盐铁论·本议》，以赋输、贡输、方物为相同概念的用语，认为在这种情况下，贡输是不同于一般性租税的地方特产物品，是关系到高祖十一年（前196）二月制定的一人六十三钱献费制度的财物。第二，关于均输、平准的根本意图，影山刚只着眼于贡输改革。他认为贡输是丰厚的财源，在贡输内容的规格、物品种类方面有统一的规定，并指出帛的大规模储蓄便是其中一例；而与此相对，山田胜芳认为这是为了利用以赋钱为资本的商业运作所得的利润收入来试图重塑财政体系。第三，关于均输、平准的整体性质，影山刚的观点是，均输法以实物财货的储积作为自身目的，从而采用了适合此目的的上述运作形态；相反，山田胜芳则将均输定义为国家主导的商业行为。

山田与影山的见解中各有值得采信的地方，并不能立即判断出谁对谁错。虽然基本史料只是《史记·平准书》、《汉书·食货志》和《盐铁论》的相关诸篇而已，但由于理解不同，影山和山田之间产生了不少意见上的差异。在评论两者的解释之前，首先列出基本史料，并说明我个人的理解。在这里，以最为综合性地记述了均输、平准的《汉书·食货志》中的原文为基础，对比与其史料源流属于同一系统的《史记·平准书》中主要字句的异同，并以此作为展开本章后续论述的关键史料。

（1）汉连出兵三岁，诛羌灭两粤。番禺以西，至蜀南者，置初郡十七，且以其故俗治，无赋税。南阳、汉中以往［案，《史记》"往"下有"郡"字］，各以地比，给初郡吏卒奉食、币物、传车马被具。而初郡又时时小反杀吏，汉发南方吏卒往诛之。间岁万余人，费皆仰大农。大农以均输调盐铁助赋，故能澹之。然兵所过县，县以为訾给毋乏而已［案，《史记》"以为"二字作"为以"，又无一"县"字］。不敢言经赋法矣。［"经"字旧作"轻"，《史记》作"擅"。案，《集解》云，徐广曰："擅一作经。经常也。惟取用足耳。不暇顾经常法则。"今据徐广而改正。"轻""经"形近而误也。］

42

（2）其明年，元封元年。卜式贬为太子太傅，而桑弘羊为治粟都尉，领大农。尽代（孔）仅斡天下盐铁。弘羊以诸官各自市相争，物以故腾跃，而天下赋输或不偿其僦费。乃请置大农部丞数十人，分部主郡国，各往往县置盐铁官［案，"县"字据《史记》而补］，令远方各以其物如异时［案，"如异时"《史记》作"贵时"］商贾所转贩者为赋，而相灌输。置平准于京师，都受天下委输。召工官治车诸器，皆仰给大农。大农诸官尽笼天下之货物，贵则卖之，贱则买之。如此，富商大贾，亡所牟大利，则反本，而万物不得腾跃。故抑天下之物，名曰平准。天子以为然而许之。

（3）于是天子北至朔方，东封泰山，巡海上，旁北边以归。所过赏赐，用帛百余万匹。钱金以钜万计。皆取足大农。

（4）弘羊又请令民得入粟补吏，及罪以赎。令民入粟甘泉各有差，以复终身。不复告缗。它郡各输急处，而诸农各致粟。山东漕益岁六百万石。一岁之中，太仓、甘泉仓满，边余谷。诸均输帛五百万匹，民不<u>益赋</u>而天下用饶。于是弘羊赐爵左庶长，黄金者再百焉。

在解读这几则史料之前，需要事先指出如下问题。包括山田、影山在内的研究均输、平准的学者们主要以史料（2）为中心来考察其后的记载。但是实际上，贯穿这些记载的是画线所示、带"赋"字的六个词。由于均输、平准问题的探讨是在这些"赋"字的基础上展开的，倘若不将记述了事件开端的史料（1）纳入考察视野的话，则不可能充分理解均输、平准。因此，接下来我将解释上述几则史料所反映的均输、平准的整体实施经过。

史料（1）出自《汉书·食货志》，记述了随着汉朝对羌与南越的战争的胜利，汉朝在南部及西南地区设立了十七个新的边郡，新郡的官吏兵卒所需物资钱粮等行政经费由邻近各郡就近提供，另外，这些边郡时常发生叛乱，镇压需要的军事开支由中央大农（大司农）财政负责维持。关于这一点，史料中特别提及大农通过均输"调"配盐铁专卖的财物，以"助赋"来满足军费所需，而军队经过的各县唯恐短缺了军需物资的供给，并"不敢言经赋法"。也就是说，为了维持新设于西南、南方的十七个边郡，围绕所需行政经费及军事经费的调配和支出，尤其以"赋法"为中心，中央（大农）与地方（郡县）之间的财政关系已成为无法忽视的问题。这就是史料（2）所述全面实行均输、平准改革的前提情况。

史料（2）记述了实施均输、平准的直接缘由及具体的对策。桑弘羊给出的改革原因有两条。第一，由于中央各部门分别独自购买财政运转所需物资，市场上发生竞争，使官需物资的物价飞涨。其背景是在大商人主导的商业活动中，官需物资被作为商品来贩运。第二，关于地方来的"赋输"——财物运输方面也存在问题。中央不仅要支付作为赋从天下（全国范围）向中央运送的财物本身的费用，而且需付出更多僦费（运费）。为应对这两个问题，改革方案也具有两重结构。针对第二个问题，新设大农部丞数十人，在各部丞之下将天下郡国分成数十个区域进行统管，又在各统管区域的很多县内设置均输、盐铁官，直接负责"赋输"和盐铁专卖的管理及运输事务。针对第一个问题，特别是由远方郡国输送"赋"之际，中央各部门通过竞争从商人手中购入的物资须作为"赋"

实物上缴。同时在长安设立平准官，负责接收从地方送来的这些"委输"。改革的结果是，在原本运输所需费用成为中央、大农之经费的同时，大农下属的诸官得以独占国内的物资，根据物价的高低进行官需物资的买卖，以此打击大商人阶层一直以来的暴利活动，并抑制国内特别是首都长安附近的物价。

这里应该注意的一点是，可以认为在实施均输、平准的背后，存在中央各部门的财政需要和来自地方的赋的运输所涉及的物流，而这样的财政性物流的调整才是国内整体物流、物价调整的基础所在。汉代物流的轴心与国家财政联系紧密，桑弘羊奏请改革的目的就是试图排挤在承担这种财政性物流的过程中成长起来的大商人们，从而将中央与地方之间的财政物流运作置于中央大农的管控之下。历来的研究似乎并未能充分认识到这一点。的确，战国以来商业发达，但汉代社会的物流基础与财政需要及财物运输密不可分，商业、商品流通的发达也与之联系在一起。因此，实现中央对财政性物流的彻底管理，自然关系到对大商人操控的商品流通与财政性物流之间的隔绝以及对物价腾贵的抑制。

史料（3）（4）记载了实施均输、平准之后的效果。史料（3）记述了直接的成果：武帝的泰山封禅与东方、北方边境的巡行所耗费的财物（赏赐），即帛百余万匹、钱金钜万都由大司农财政支给。史料（4）描述的是在史料（1）的背景下体现的整体效益。基于以下几点，中央的太仓和甘泉仓储蓄充盈，边境也积聚了大量谷物：①根据入粟补吏和入粟赎罪政策，民间向中央甘泉仓输送谷物；②从各郡向急需财政支持的地域移送财物；③由各地大农诸官主导的谷物输送；④来自山东（华北东部）等地的六百万石谷物的漕运；⑤通过均输制输送的绢帛多达五百万匹之巨，使国家不加"赋"而财政充沛。通过史料（3）（4）的记述，可知作为赋被运往中央的财物以绢帛等丝织品为主。

总体而言，均输、平准政策的目的在于维持已出现问题的"赋法"，通过这一政策，原本涉及财政性物流的大商人阶层被撇开，财政性物流被完全置于中央大农的统管之下，从而使得财政主权进一步集中于国家，物流和财政也因此更加活跃。

当以上述概况作为接下来考察的前提时，唐人颜师古的见解颇值一读。由于其见解历来未能受到足够重视，在此特别做出介绍。关于《急就章》"远取财物主平均"条，颜氏的注解如下。

45　　　（a）远方之输赋税者，或以杂物充之。

（b）价有贵贱，倘与京师不等。

（c）又当有转送费用。

（d）不欲劳扰，故立平准均输之官。各就所在受纳，不损于私，而官有利也。

我个人对颜师古注解的理解如下。（a）叙述了实行均输的缘由，指出远处郡国的租税有时改以杂物（布帛等）输纳中央的情况。（b）（c）正是因此而产生的负面影响：（b）是远处郡国的物价与中央物价的不一致导致赋税输纳产生混乱之事，（c）是运输费用方面的问题。颜氏意指，平准是针对（b）所言中央与地方之间物价不均的政策，均输则是为了解决（c）所述运输费问题的对策。（d）进一步记述了因此而设置的均输、平准官吏在地方上负责中央财源的收纳以应对（b）（c）的问题。这样一来，正如颜氏之意，作为政策背景的（a）所指的赋税制度主体并未改变，只是其运作方式发生了变动。虽然还有必要做进一步的细节补充和探讨，但参照上文所引《汉书·食货志》的内容，可以说颜氏的注解几乎正中问题核心。

均输、平准问题牵涉到如何理解在租税征收物和专卖所得的运输与再分配领域中央与地方之间的关系，想要最终探明有关这个问题的争论，必须将之放在更加广阔的视野中来考察。首先应该阐明的是汉代财政运转的特质和以财政性物流为媒介的中央与地方之间的财物分配关系，这正是把握均输、平准问题时的前提条件。因此在接下来的章节中，需要关注的是《汉书·食货志》中所见的"赋法""赋""调""委输"等用语的含义。

二　汉代的中央财政与财政性物流
——中央与地方

46　　西汉时期的国家财政被分为由大司农掌管的一般财政和由少府掌管的帝室财政。进入东汉时期，少府财政——帝室财政融入大司农财政，国家财政的运作得以统一。本节暂且不论少府财政，只以大司农财政为中心来展开对汉代中央财政的考察。在探究汉代中央财政特质之前，首先需要澄清其规模。

　　自加藤繁的研究以来，一般认为西汉宣帝之后的财政规模是四十亿钱（四百万缗）。首先这里存在一个问题，即这是中央大司农财政的规模，还是全国的整体财政规模。关于这一点，历来的解释中颇有含糊不清之处。从史料记述来看，我认为应是前者。先举基本史料，《太平御览》卷六二七引桓谭《新论》有言：

　　　　汉定［案，"定"当作"宣"］以来，百姓赋敛，一岁为四十余万万，吏俸用其半，余二十万万，藏于都内为禁钱。少府所领园地〔案，"地"当作"池"〕作务之入四十三万万〔少府十八亿钱，水衡二十五亿钱〕，以给宫室供养诸赏赐。[5]

与此相关的是，在针对元帝初元元年（前48）珠崖之乱的贾捐之对策中可见到如下记述：

臣窃以往者羌军言之，暴师曾未一年，兵出不逾 47
千里，费四十余万万，大司农钱尽，乃以少府禁钱
续之。

（《汉书》卷六四下《贾捐之传》）

这里举出的对羌战争，应是指宣帝神爵元年（前61）爆发的先零羌叛乱，由此明显可见宣帝时期大司农一年的财政规模为四十亿钱。根据这两条史料我们得以知晓，自宣帝时期至东汉初期，大司农通常的财政规模约为四十亿钱。进入东汉之后，少府财政被大司农财政吸收，国家财政统一。虽然明确显示东汉时期财政规模的史料现已无从得见，但在东汉后期权臣梁冀倒台被没收财产之时，据说多达三十亿钱被充入中央财库，天下租税得以减半〔"收冀财货，县官斥卖，合三十余万万，以充王府，用减天下

· 53 ·

税租之半"（《后汉书·梁统列传·梁冀传》）]。据此可知，至东汉后期财政收入规模大约为六十亿钱，近于西汉后期大司农财政的四十亿钱与少府财政的十八亿钱之和。问题在于，此处的四十亿钱乃至六十亿钱的大司农财政所体现的是怎样性质的财政规模？《新论》言"百姓赋敛"，《梁冀传》则云"天下税租"，乍一看似乎是指包含地方在内的全国整体财政规模。然而，将之视为全国财政规模的话，未免让人感到数额过小。《梁冀传》记载三十亿钱"以充王府"，显然是被收入中央财库之意，因此视之为中央财政的规模或许更加妥当。这样一来，中央财政规模与财源之间的关联便成了重要问题。

构成中央财政的基础财源为献费（赋输、贡输），影山刚将其视为均输、平准的改革对象。《汉书》卷一《高帝纪下》十一年（前196）二月有如下诏令：

48　　　二月，诏曰："欲省赋甚。今献未有程，吏或多赋以为献，而诸侯王尤多，民疾之。令诸侯王、通侯，常以十月朝献，及郡各以其口数率，人岁六十三钱，以给献费。"

此诏中的"及郡各以其口数率，人岁六十三钱，以给献费"一语究竟该如何理解呢？关于这一点，历来有很多看法。吉田虎雄（1942）认为这是有别于算赋（十五岁至五十六岁者每人的负担为一百二十钱）的向丁男征收的人头税，平中苓次（1967a）则认为"六十三钱"应是指口钱二十三钱（由七岁至十四岁者负担）。与此不同的是，山田胜芳（1981）结合对均输、平准中"赋输"的理解，又参考宫崎市定（1957b）的观点，将此献费解释为算赋中的上供部分。[6]尽管献费的财源是否仅有算赋这一点尚且存在问题，但山田氏将献费视为地方向中央的上供部分这一解释是富有启发意义的卓见。算赋是制定于高祖四年（前203）八月的赋税制度。[7]上引诏令曰"欲省赋甚。今献未有程"，显然当时关于赋（献费）尚不存在明确的规定。也就是说，尚未规范化的赋（献费）与算赋有别，至少明白可知的一点是，这是属于地方向中央上供的财物中的一部分。关于献费的财源是否仅有算赋这一点留待后文阐述，接下来先就献费等于上供的观点稍做申说。

既然诏令明言"以其口数率"，那么赋（献费）的计算单位也就是全体人口。[8]据《汉书·地理志》，西汉末年的人口大约为六千万，以每人需缴纳赋（献费）六十三钱相乘可得约三十八亿钱（6000万人×63钱＝378000万钱）。再加上作为田租上供额的山东地区漕运谷物四百万石（以一石一百钱计则相当于四亿钱），总计达四十二亿钱。[9]如此计算所得的数字与西汉后期大司农财政的总额出

49　奇地一致。由于应向中央缴纳的赋（献费）与漕粮总计四十亿钱左右，与大司农财政的总额相同，因此不能将其视为全国性财政规模。在高祖十一年制定关于献费的规定之后并不见记载制度变更的史料，可以认为这作为祖宗之法一直延续到东汉末年。毫无疑问，赋（献费）成为地方租税中的上供部分，构成了中央大司农财政的主干。那么接下来尝试将这里的四十亿钱乃至六十亿钱置于汉代的社会总生产量、社会总生活手段量（必要劳动总量）、社会的总剩余劳动量之上来考察其性质。

　　表1"西汉后期社会总生产"所示的是根据若干史料计算而得的推测值。[10]虽然只是包含一定程度的误差的概数，但姑且可资参考。据此可知，国家收取总量占社会总剩余生产量的比例，即国家对农民的剥削率为60%。关于汉代针对农民的国家剥削，若从《盐铁论·未通》和《汉书·食货志》所载王莽的诏敕来看，田租、口赋再加上更徭的话，则达到了全国收获总量的一半。尽管可能有所夸大，但剥削率达到60%的论断并不算牵强。[11]试将这里的国家收取总量与大司农财政的四十亿钱或六十亿钱做对比，可见大司农财政若为四十亿钱则只占大约8.2%，若为六十亿钱则只占大约10%。如此一来，不仅可以确认大司农财政的四十亿钱乃至六十亿钱只体现了中央的财政规模，我们也了解到汉代的中央财政相对于当时的社会

总生产量、总剩余生产量、国家收取总量而言只有很小的规模。因此可以推测，在国家收取的剩余生产物中，有相当大的一部分是储存于地方郡国的。

表1　西汉后期社会总生产

社会总生产量 A	粟 249000 万石
社会总生活手段量 B	粟 168000 万石
社会总剩余生产量 C	粟 81000 万石
国家收取总量 D	粟 48600 万石
中央财政额 E	粟 4000 万石
各项计算所得	D/C = 60%
	D/A = 19.5%
	E/C = 4.9%
	E/A = 1.6%
	E/D = 8.2%

根据上述考察，已知汉代的中央大司农财政以地方郡国上供的赋（献费）和漕粮为主要财源，规模为四十亿钱至六十亿钱。应当注意的一点是，四十亿钱至六十亿钱的数额并不全是现钱。尽管在汉代，特别是西汉时期的财政都是以钱额为依据进行统一运作的，但其中包含了各种被换算成钱额的财物。例如，居延汉简中即有以下事例：

朱千秋入谷六十石六斗六升大。直二千一百廿三。●出钱千二百。●凡钱三千三百廿三。

> （19.26、90.45、90.64、192.39 接合，
>
> 劳幹，1957：5）
>
> 董次入谷六十六石。直钱二千三百一十。●入钱
> 二千一百八十七。●凡钱四千四百九十七。
>
> （303.3，同上书，第 27 页）

这里记录的账目是将缴纳的谷物与现钱统一换算成钱额。传世文献中也有这样的例证，比如《汉书》卷六五《东方朔传》记载了东方朔将自身的微薄待遇与朱儒做对比时的如下言语：

> 朱儒长三尺余，奉一囊粟，钱二百四十。臣朔长九尺余，亦奉一囊粟，钱二百四十。朱儒饱欲死，臣朔饥欲死。

西汉时期的俸禄是以钱额计算的月俸制。这里是将二百四十钱换算成一袋粟来发放。如本章注释 10 所见，通常一人一月所需粮食为一石半，而一石粟的价格为一百钱。从东方朔话中的内容来看，此处所谓的一袋粟应是两石左右，则一石可换算为一百二十钱。由此可知，即便是俸禄，有时也支付与其钱额相当的实物。虽然汉代财政是通算钱额来进行统一运作的，但绝非只用现钱。显然，四

十亿钱至六十亿钱的数额中包含了将实物换算为钱额的部分。

有关均输、平准方面的记载，如"令远方各以其物如异时商贾所转贩者为赋，而相灌输。置平准于京师，都受天下委输"（《汉书·食货志》）、"往者，郡国诸侯各以其方物贡输，往来烦杂，物多苦恶，或不偿其费。故郡国置输官以相给运，而便远方之贡，故曰均输"（《盐铁论·本议》），以及《急就章》颜师古注解"远方之输赋税者，或以杂物充之"，都表明赋（献费）也包含原本相当于一定钱额的实物，与上述考察足以互相佐证。以此为首要原因，可以断定算赋并非赋（献费）的唯一财源。

让我们再次将目光放到作为中央财政主要财源的赋（献费）上。作为均输、平准之根本而在《汉书·食货志》中六度出现的"赋"，才是所谓献费的主要组成部分。正如上文所见"民不益赋而天下用饶"，由于均输、平准的实施，无须修改制度、增加献费即大体完成了财政改革。也就是说，改革的主要内容不是赋（献费）本身，而是使运输、物流更加顺畅。[12] 每年多达约四十亿钱的地方上供财物是汉代社会物流的主体部分，相关干扰因素必然给社会再生产带来很大影响。尽管我们并不清楚武帝时期献费总额究竟有多少，但可以确定其数据应接近四十亿

51

钱。在武帝时期，由于战争、设立新郡等对外扩张政策和大兴土木，既有的物流形态遭受巨大考验，赋法的维持也毫无疑问成为政治性问题。此时，围绕赋（献费）的物流便需要更加顺畅，均输、平准改革的根本动因就在于此。

52   然而，仅依靠已经定额化的财政性物流的顺畅，这一时期的财政改革还难以宣告完成。必须指出汉代财政中与物流问题紧密相关的如下特质。在汉代，正如我们已知的那样，譬如在东郡储藏千余万钱，在河内郡征收四百万斛田租等事例所示，[13] 地方（郡国）政府从农民手中收取来的剩余生产物基本都贮存于地方。关于这一点上文已有推测，另外藤田胜久（2005b）也通过对漕运机构的分析，指出租粟原则上被存储于地方郡国。进一步而言，关于元朔五年（前124）向朔方郡一带的军事派遣，《汉书》卷二四下《食货志下》有如下记述：

> 又兴十余万人筑卫朔方，转漕甚远，自山东咸被其劳，费数十百钜万，府库并虚。

当时，八十亿钱乃至一百亿钱的财物被从以山东为主的华北中心地带转运至朔方。[14] 这一记载明确表示，地方上储存着相当于中央财政两年到两年半的收入。即使在接二连三的军费支出后，地方仍储存着这样巨额的财物。在这些由地方收取、储备的财物中，按照人口基数分出一定数量向中央上供的钱财即赋（献费）。这表明，汉代财政的根基在于地方郡国，中央大司农财政是由取自地方财物的再分配部分所构成的。也就是说，中央政府的财政主权存在一定的界限，中央集权式的财务行政并没有自上而下一以贯之。

除了上供部分之外，各郡国仍留存有规模庞大的地方性储备。而在均输、平准实施之际，已经定额化的财政性物流变得更加顺畅，中央理所当然地对地方储备进行积极干预。这一点表现在《汉书·食货志》中的"委输"一语。后文将会另起章节从财政性物流的角度对地方性储备和"委输"这个问题进行考察。眼下要讨论的问题是，53 上述以地方上供为基础的中央财政结构开始于何时，即所谓汉代财政的起源问题。

在探究汉代财政起源时，应当注意的是《史记》卷五《秦本纪》孝公十二年（前350）关于商鞅第二次变法的记载：

> 十二年，作为咸阳，筑冀阙，秦徙都之。并诸小乡、聚，集为大县，县一令，四十一县。为田开阡陌。东地渡洛。十四年，初为赋。

　　关于战国时期秦国孝公十四年（前348）定赋一事，《史记索隐》中引用谯周的解释，将之视为军赋的开创，另外有很多学者认为这是算赋的前身。[15]但是，《史记集解》引徐广曰"制贡赋之法也"，明确指出这是制定地方（县）租赋的上供之法。孝公三年（前359）第一次变法中有规定，"民有二男以上不分异者，倍其赋"（《史记》卷六八《商君列传》），可见在孝公十四年以前，秦国已经以农民为直接对象征收赋。即使孝公十四年条中有"初为赋"的记载，也无法认定这是对第一次变法阶段所言之赋的重新规定。因此谯周等人会视其为军赋之开创，但军赋一说并无有力的旁证，很难令人信从。

　　赋包含"贡物"这层古义。[16]例如，《尚书·禹贡》中的"厥赋惟上上错"被伪《孔安国传》注解为"赋谓土地所生，以供天子"，即地方献给天子的贡物之意。另外，《周礼·天官冢宰·大宰》"以八则治都鄙"中有"五曰赋贡，以驭其用"，郑玄对此注曰："赋，口率出泉也。贡，功也。九职之功所税也。"关于规范都鄙关系的八原则之一的"赋贡"，郑玄认为其并非指汉代八岁至十四岁男女每人皆需分担二十三钱的口算或算赋等人口税，而明显是指汉高祖十一年诏令"各以其口数率，人岁六十三钱"所要求缴纳的赋（献费）。[17]秦孝公十四年的定赋是紧随建设都城、施行县制和田制之后进行的措施。基于以上对赋的

54

考察来尝试解释"初为赋"的话，这应是规范作为新地方行政单位的县与首都咸阳之间租赋上供关系的制度，如此理解更加自然，也足以与高祖十一年所言献费是沿袭了商鞅变法完成阶段的赋法这一推论互为印证。

有关汉代以前赋的历史，值得注意的还有《汉书·食货志》的如下记载：

> 至于始皇，遂并天下，内兴功作，外攘夷狄，收泰半之赋，发闾左之戍。

这条著名史料记述了秦始皇为大兴土木而征收高达三分之二的赋课，为进行对外战争而征发多达闾里之半数的戍卒。但问题在于，既然这里的"闾左之戍"是指半数闾里的男丁被征发从军，那么所谓"泰半之赋"就不能被认为是指征收了农民收获的三分之二。作为更加合理的解释，此处的赋应视为献费，即要求地方各郡向中央上供其财物储备的三分之二。[18]这样一来，也就可以将高祖时期关于赋（献费）的规定理解为针对秦朝过分索取地方财政收入的缓和性政策。

高祖十一年的赋（献费）规定，规范了地方向中央上供财物的比重。这项制度可以上溯到奠定秦汉统一国家基础的商鞅变法最终阶段时所制定的赋法。创制之初赋法的具体规定已无从得知，但其后被完成统一的秦帝国所继

55

承，秦帝国一度以此对地方索取高达三分之二（或许是夸张的说法）的财税。进入汉代，高祖将赋法定为汉朝的根本之法，限定各郡每人负担六十三钱，建立起汉代中央财政与地方财政之间固定的再分配关系。而到了武帝时期，频繁的对外战事与土木工程导致财政全面疲敝，使汉初确立的这一再分配关系中的问题暴露无遗。随着规范中央与地方财政关系的赋法的维系成为政治课题，均输、平准便应运而生了。

至此，我们已经可以更加具体地把握汉代财政中地方与中央的关系。

三 汉代的财政性物流
——委输与调均

上一节已论及每年多达约四十亿钱的赋（献费）上供构成了汉代社会物流的主干。但是，汉代的财政性物流并非仅仅如此，而是包含更多的内容。忽视这一点的话，就不可能准确理解均输、平准。《续汉书·百官志三》第二十六"大司农"条的刘昭补注所引王隆《小学汉官篇》① 以及胡广对此的注解，明确体现了汉代财政性物流

---

① 此处可见于《后汉书》，作者为表明该段文字真正的出处，特意写作《续汉书》，下同。——译者注

的其他内容。首先列举这条史料如下：

王隆小学汉官篇曰："调均报度，输漕委输。"
胡广注曰："边郡诸官请调者，皆为调均报给之也。
以水通输曰漕。委，积也。郡国所积聚金帛货贿，随
时输送诸司农，曰委输，以供国用。" 56

王隆是两汉交替时期之人，胡广则生活在东汉中期
（《后汉书》卷八〇上《王隆传》及卷四四《胡广传》）。
尤其胡广是历任大司农、司徒、司空的高级官僚，其注解
的可信度很高。这里他对财政性物流的两种形式做出解
说，其一是调均，其二是委输。联系上一节的内容，接下
来我们首先来看委输的物流形式。

从胡广的注解来看，所谓委输，是出于中央财政的需
要而将储备在郡国的财物送往大司农的制度。这是对委输
基本形式的记载，根据具体的事例，委输可以分为两种形
式：①成为中央经费；②在中央发出的指令下被转运往其
他地方。①是委输的基本形式，其事例以上文所引的
《汉书·食货志》"令远方各以其物如异时商卖所转贩者
为赋，而相灌输。置平准于京师，都受天下委输"最为
典型。由此可知，从地方向中央大司农的财物输送被称为
委输，这不仅指随时的运输，也包含赋（献费）在内。

这一运作形式一直持续到东汉末年。以徐州牧身份割据一方的陶谦令笮融负责监督广陵、下邳、彭城三郡的军粮运输，笮融"遂断三郡委输，大起浮屠寺"（《后汉书》卷七三《陶谦传》），此事即其例证。[19]如此一来，由地方供给中央财政的财物可以被区分为每年多达四十亿钱的定量之赋（献费）及漕粮和随时应中央之需而输送的委输。

接下来看②的情况。例如，刚即位不久的王莽自恃财政充实而欲向匈奴示威，"乃拜十二部将率，发郡国勇士，武库精兵，各有所屯守，转委输于边"。其具体内容是，由山东沿岸至江淮的地区负责三十万军队三百日份额军粮的委输转运。[20]另外，关于东汉安帝时期持续十年之久的对羌战争，据称其"军旅之费，转运委输，用二百四十余亿，府帑空竭，延及内郡"（《后汉书·西羌传》）。从形式上来说，这些情况下的委输近似后文所见的"调均"。

基于以上考察，应当对"委输"的含义做进一步阐释。在委输的用例中，"委输"一般指用车辆进行陆路运输。[21]但作为汉朝的一项制度，"委输"是指将郡国的"委积"（储备）送往中央。譬如，针对《汉书》卷七二《鲍宣传》所言"三辅委输官不敢为奸"的"委输"一语，颜师古注曰："委输谓输委积者也。"那么问题在于"委积"的意思与性质。关于这一点，《周礼·地官·遗

人》及郑玄对此的注解可供参考,如下所示:

> 遗人掌邦之委积,以待施惠,乡里之委积,以恤
> 民之艰陀,门关之委积,以养老孤,郊里之委积,以
> 待宾客,野鄙之委积,以待羁旅,县都之委积,以待
> 凶荒。(郑玄注:委积者,廪人、仓人,计九谷之数
> 足国用,以其余共之,所谓余法用也。职内邦之移
> 用,亦如此也。皆以余财共之。少曰委,多曰积。)

若参考郑玄的注解来分析"委积"之意,则所谓
"委积"不仅出现在国用(中央财政)层面,亦存在于乡 **58**
里、门关、郊里、野鄙、县都等地方层面,即将每年常用
经费——"法用"之外的剩余部分进行储藏,以备救荒
及赈济老弱。据郑注可知,遗人委积(储备)的财物是
粮食。另外,具体负责委积事务者是《周礼·地官》中
的委人,他们掌管薪草木材的储备工作。[22]"遗人"条郑
注中所见"职内",是属于《周礼·天官》的官职,其职
责是管理税收,并将财物情况记于账簿"以待邦之移
用"。这里所见的"移用",郑玄注释为"转运给他"。[23]
参考郑玄对遗人、职内的注解来看,委积之意显然是在中
央、地方储藏谷物和薪草木材等财物以备救荒和赈济老
弱,同时根据其他地方或官府的财政需要而转运供给。

上述对《周礼》中委积的理解也关系到把握汉代现实中的委积。例如，《盐铁论·轻重》中御史与文学之间有如下对话：

> 御史曰："今以天下之富，海内之财，百郡之贡，非特齐楚之畜，赵魏之库也。计委量入，虽急用之，宜无乏绝之时。"
>
> 文学曰："转仓廪之委，飞府库之财，以给边民，中国困于繇①赋，边民苦于戍御。"

作为御史和文学争论背景的"计委量入""转仓廪之委"，明显是指委积与委输。又，《盐铁论·本议》御史大夫有云，"故盐铁均输，所以通委财而调缓急"，这里说的也是委积的转运。

59 再者，东汉乐安王刘鸿在其子成为质帝时，因"乐安国土卑湿，租委鲜薄"而被改封为渤海王（《后汉书》卷五五《千乘贞王伉传》）。关于这里所见的"租委"，李贤注解释为"委谓委输也"。若认为委指委输，则"租委鲜薄"是向中央转送的财物很少之意。但所谓财物转运得少，就意味着更多财物被储藏在王国内，这显然不符

---

① "繇"同"徭"，但史料中二者皆有出现，本书遵从史料原貌，在正文中为便于叙述统一使用"徭"。

合原文的逻辑。由于"租委鲜薄"是在描述财政的贫乏，所以这里的"委"显然应该解释作委积，将此句理解为租税收入和财政储备都很少才是。

另外，东汉末年仲长统针对"远州之县"提出的十六条政策中有一条是"急农桑以委积"（《后汉书》卷四九《仲长统传》所引《昌言·损益》）。这里将委积看作理所当然存在于县层面的制度。上文所引的胡广注云"郡国所积聚金帛货赂，随时输送诸司农，曰委输"，可见在郡国层面，通常储藏的不仅是《周礼》"遗人""委人"条中所言的谷物和薪草木材，还有货币、金、绢布等种类丰富的财物。汉代的地方郡国和中央各官府都存在被称为委积的财政储备，委输即这些财物应中央或其他地方的财政所需而被转运的行为。

有意思的是，《周礼·地官司徒·大司徒》有如下记载：

> 凡建邦国以土圭，土其地而制其域。诸公之地，封疆方五百里，其食者半。诸侯之地，封疆方四百里，其食者三之一。诸伯之地，封疆方三百里，其食者三之一，诸子之地，封疆方二百里，其食者四之一。诸男之地，封疆方百里，其食者四之一。 60

关于"半""三之一""四之一"，郑玄认为这是诸侯国进献给天子贡物的比例，并比照汉朝的制度解释说，

"必足其国礼俗丧纪祭祀之用，乃贡其余，若今度支经用余为司农谷矣"。据此可知，汉代诸侯国的财政收入中，除去各国必需的开支以外，剩余部分作为大司农支配的谷物而贡奉给中央。

因为武帝时期之后的王国实质上与郡县无异，所以郑玄指出的这一点应该也适用于郡的财政制度。那么这样一来，可知在汉代的地方郡国，第一次收取的农民剩余生产物被分为两部分：（1）各郡国财政的必要经费；（2）向中央上供、贡奉的部分。这里的上供、贡奉部分进一步被分为两部分：①以钱额计算的赋，即献费（人口数×六十三钱）；②属于"司农谷"的谷物。应当注意的是，所谓"司农谷"被限定为"度支经用余"。此处与上文所引"遗人"条的郑玄注"委积者，廪人、仓人，计九谷之数足国用，以其余共（供）之，所谓余法用也"中的"余法用"（法用剩余之意）是相同的性质。也就是说，"司农谷"可能并不需要全部上供中央，而是存留在地方、构成委积的一部分。

汉代财政的运作方式是由地方郡国进行农民剩余生产物的第一次收取，其中赋（献费）及漕粮作为上供中央的再分配部分而被转运，剩下的则留存于地方。而在留存的部分中，除地方必要开支的经费以外，其他财物都置于大司农的掌管之下，但被称为委积而在地方储存，原则上是为了用于赈灾和救济老弱。基于均输、平准的施行，国家开始插手这些作为委积而存于地方的财物，积极地将其整合入中央财政并促成物流的活跃。御史大夫所言"均输盐铁，所以通委财而调缓急"（《盐铁论·本议》）即清楚地说明了均输、平准的目的。

如此一来，关于上文暂时搁置的赋（献费）的财源问题，我将在此阐述个人见解。山田胜芳认为赋（献费）的财源是算赋，但即使不能否认其主要财源为算赋，通过以上考察也不能得出赋（献费）的财源必然仅限于算赋的结论。地方以多种名目征收、储积计钱财物，除算赋之外有口赋（口钱）和作为更徭代纳金的过更钱等。赋（献费）的财源正是像这样由地方首先获取的计钱财物，进而以各郡国人口数乘以定额六十三钱所得的部分上供中央并进行财物的再分配。所谓委输，即通过多样化税收来源被储积于地方的委积财物，随时应中央财政的需要而被转运的制度。

再来考察与委输相对的调均（调均报度）制度。上文所引史料中有胡广注曰"边郡诸官请调者，皆为调均报给之也"，此即调均（调均报度）。关于此，《续汉书·百官志》"大司农"条本注如下：

本注曰：掌诸钱谷金帛诸货币。郡国四时上月旦

> 见钱谷簿，其逋未毕，各具别之。边郡诸官请调度
> 者，皆为报给，损多益寡，取相给足。

从这条史料来看，每年春夏秋冬，大司农需接收四次各郡国提交的"月旦见钱谷簿"，即财物的现存余额报告书和各项租税未纳数额报告书。通过这些账簿，大司农得以掌握各地方的财政状况。[24]当边郡各官府发出财政支援请求时，大司农以账簿记录为依据调整各郡国财政的现存数额，命令地方转运财物以满足边郡的财政所需。其财源显然是地方的委积。

如果说委输基本上是应中央财政需求而随时将地方郡国的储备——委积向中央转运的纵向物流，那么，调均作为边郡依赖于大司农的财政扶助而实行的物流形式，则是在大司农的指令下将地方的储备——委积转运至边境的横向物流。但若根据具体史料记载，尝试归纳调均运作方式的话，可以将其分为两种形式：第一种是内郡向边郡的物流；第二种是内郡之间的物流。以下举出具体事例加以说明。

第一，正如以上考察明确揭示的那样，由内郡至边郡的物流是调均的基本形式。其典型例证即本章第一节所引《汉书·食货志》关于均输、平准的史料（1）与史料（4）。史料（1）记述了大农命令新设于南方、西南的十

七个边郡的相邻诸郡向这些新郡提供所需经费，以及为应对新郡不时爆发的叛乱而"以均输调盐铁助赋"来供给军费开支之事。史料（4）则记载了"它郡各输急处，而诸农各致粟"以致"边余谷"之事。虽然史料（1）所言是以盐铁专卖收入作为军费的财源，但从依靠相邻诸郡向新郡提供必要经费一事来看，史料（1）的记载可以视为调均的典型例证。

另外想在这里提及的是调均进一步制度化的事例。事关东北边境，据伏湛所言，"渔阳以东，本备边塞，地接外虏，贡税微薄。安平之时，尚资内郡"（《后汉书》卷二六《伏湛传》）。在接受内郡援助这点上，另有记载云，"旧幽部应接荒外，资费甚广，岁常割青、冀赋调二亿有余，以给足之"（《后汉书》卷七三《刘虞传》），可见河南、河北方面每年通过赋（献费）的委输和调均向幽州地区提供两亿钱以上的经常性财政援助。

大栉敦弘（1988）通过对居延汉简中陆运组织情况的分析，举出从厝、贝丘（以上属清河郡），馆陶、元城、内黄（以上属魏郡），冠军、新野、顺阳（以上属南阳郡），新阳（属汝南郡），□平（属淮阳郡），睢阳（属梁国），郧阳（属汉中郡）等县向居延输送物资的事例，揭示了以内郡诸县为主体的运输机构。再者，佐原康夫（2002b）基于对居延汉简中成为月俸之财源的"都内赋钱""河内赋钱"等的考察，指出边境缺乏的物资不仅依靠均输、平准体系由中央提供补给，也有可能由各郡级单位通融援助。尽管并非都能作为调均的例证，但这些研究清楚揭示了位于今天河南省、河北省的诸郡县向西北边境的定期或不定期转运物流的存在。[25]

第二，关于内郡之间的物流，首先应举的例证是建始四年（前29），汉朝针对黄河决堤所带来的水患，"遣大司农非调，调均钱谷河决所灌之郡"（《汉书·沟洫志》）。虽然缺少具体的描述，不清楚是从何处调均，但想必是由相邻诸郡转运供给。另有东汉安帝永初元年（107）九月，"调扬州五郡租米，赡给东郡、济阴、陈留、梁国、下邳、山阳"；质帝本初元年（146）二月，令九江、广陵二郡"其调比郡见谷，出禀穷弱，收葬枯骸"（《后汉书》卷六《质帝纪》）等事例。[26]仅从现存史料来看，基于内郡之间调均的物流都是为了应对灾害而组织的调发转运，包含租米在内，这一点倒是与《周礼》"遗人"条所言委积的目的一致。

综上所述，规模庞大的财物储备存在于汉代地方郡国，被称为委积，包括纳入中央大司农财政的赋（献费）、漕粮以及作为各郡国必要开支部分的经费。地方需一年向大司农上报四次以委积为主的地方财物现存额。大司农根据这些账簿管理委积，应中央和地方的财政需要而发出财物转运的指令，以此调节全国性财政运转的平衡。一般而言，应中央财政所需而转运的情况称为委输，应郡国（以边郡为主）财政所需而转运财物以维持各郡国间财政收支均衡的情况则称为调均。

在此对上述两节的考察内容稍做总结。汉代国家以田租、算赋、口赋、过更钱等名目收取农民的剩余生产物，这些财物先被统一存放于地方郡国。其中，相当于以各郡人口数乘以六十三钱所得钱额的财物作为赋（献费）被上供中央，构成大司农财政的主干。作为田租被收取的谷物基本储备于地方，成为委积。需要注意的是，关东各地区需每年向首都漕运粮食，开始只有数十万石，到了武帝时期，特别是实行均输、平准时多达六百万石，在西汉后期保持在四百万石的水平。[27] 每年从全国各地向长安输送的相当于四十亿钱的财物与四百万石至六百万石的谷物，共同构成了汉代物流的主要部分。从表面上看，西汉时期的商业流通颇为繁盛，可以说这一盛况的形成与上述财政性物流不无联系。

除郡国的地方必要经费外，谷物、薪草木材等财物也作为委积储备于地方。以此委积作为财源、由地方郡国随时向中央大司农输送钱物的纵向物流即委输，而以中央大司农为指令中枢、调节各郡国间财政水平的横向物流即调均。

汉代财政的特质是，国家收取的农民剩余生产物基本储存（委积）在地方郡国，在此基础上通过赋输、委输、调均等物流制度以满足中央和地方的财政需求，并达到全国整体的财政均衡。尽管中央大司农已建立起财政指挥权，但可以说中央集权式的财务行政尚未得到确立。

结语：回顾均输、平准

65　　在前文基础上，最后简述包括均输、平准在内的汉代国家物流形态的特质，作为本章的总结。

均输、平准实施的大前提是地方郡县收取的农民剩余生产物首先储存于各郡县，即以委积之名储备于地方。均输、平准政策的目的在于使这些剩余生产物能够作为中央财政与边境军费更有效率地流通。均输、平准的直接对象是通过献费（赋输）和委输而由地方向中央上供、转运的财物，西汉后期以每年相当于四十亿钱的财物与四百万石的谷物为主干，形成财政性物流。均输方面，由大司农派出部丞负责中央对输送费用、输送形式的管理，以谋求运输负担的平均化、公平化。平准方面，其目的则是对上供、转运的财物在中央与地方之间的差价和集中于中央之财物的价格波动进行平价调节。[28]因此，从实施的结果来说，财物被集中于中央大司农，对中央各官府的财物供给也由大司农统一管理，还有一部分财物在市场上被出售以谋利。即使均输、平准带有国家主导型商业的色彩，这也并非其本质所在。高效地调配中央财政所需的物资、促使储备于地方的委积大规模流通才是均输、平准的本质，《盐铁论·本议》记载的御史大夫桑弘羊所言"盐铁均输，所以通委财而调缓急"正是一语中的。所谓商业性色彩不过是这种国家物流的一部分外在表现罢了。[29]

值得注意的是，从现存的史料来看，委输和调均是赋输四十亿钱以外的财政性物流方式，其中调均这一形式是武帝时期之后才逐渐散见于史料中的。[30]也就是说，在基于赋输、委输的纵向物流之外，各郡国之间、内郡边郡之间的横向物流是均输、平准施行以后才被积极地促成的。正是均输、平准创造了东汉时期《小学汉官篇》及胡广注释所定义的汉代国家财政性物流的形态。

66

最终，均输、平准使由赋输、委输、调均构成的汉代财政性物流更有效地运作，国家通过中央大司农实现了对地方财政主权（指挥权）的渗透与调整，中央政府对地方赋税征收与农民剩余生产物的指挥权得到了强化。

注　释

1. 关系到帝室财政、山林薮泽问题的假田制及其经营形式的研究尽管颇具规模，但限于本章主旨，在这里姑且不论。此外，探讨汉代财政史的研究尚有越智重明（1982a）和楠山修作（1976）。

2. 另外，稻叶一郎（1980）虽然并非专门针对均输平准的研究，但亦论及桑弘羊财政改革与汉代财政的整体状况。

3. 关于此研究领域的论著很多，在此不一一列举。与本章内容相关者有加藤繁（1952）、平中苓次（1967）、吉田虎雄（1942）、楠山修作（1976）。

4. 另外，越智重明（1983）将均输法的发展分为三个时期进行论述，这一点很独特。

5. 关于这则记载，另有《文选》卷三六王融《永明九年策秀才文》李善注所引桓子《新论》中残留的"汉宣已来，百姓赋钱，一岁余二十万，藏于都内"这句逸文。可见"定"应作"宣"，我的观点亦如是。对此的批判可参阅稻叶一郎（1980）注2。

再者，我认为史料所言"少府所领园池作务之八十三万万"应是"四十三万万"之误，理由如下。据《汉书》卷八六《王嘉传》，"孝元皇帝奉承大业，温恭少欲。都内钱四十万万，水衡钱二十五万万，少府钱十八万万"，可见囊括都内、少府、水衡在内的国家中央财政总额为八十三亿钱。在"园池作务之八十三万万"的"园池作务之"与总额"八十三万万"之间恐怕存在文字脱漏，其间可能记载了少府、水衡的收入额。因此在这里参照《王嘉传》的记载，将"园池作务之"收入理解为少府十八亿钱与水衡二十五亿钱之和的四十三亿钱。

6. 宫崎市定认为，汉朝直辖郡从算赋中分出六十三钱上供，剩余的五十七钱则转为地方财政的份额。

7. 《汉书·高帝纪上》高祖四年条曰"八月，初为算赋"，其中如淳注有云"《汉仪注》：民年十五以上，至五十六，出赋钱。人百二十为一算，为治库兵车马"。

8. 关于这一点，《续汉书·礼仪志上》第四"八月饮酎"条刘昭注所引汉律《金布令》可为旁证。《金布令》规定："皇帝斋宿，亲帅群臣，承祠宗庙，群臣宜分奉请。诸侯列侯各以民口数，率千口奉金四两。奇不满千口至五百口，亦四两。皆会酎，少府受。"酎金是构成少府财政的重要部分，由封国内的人口数决定上供额。对于献费而言，应该也存在同样的律令规定。

9. 《汉书·食货志上》曰："汉兴。……漕转关东粟，以给中都官。岁不过数十万石。孝惠、高后之间，衣食滋殖。文帝即位，躬修俭节，思安百姓。……宣帝即位，……五凤中（耿寿昌）奏言：'故事，岁漕关东谷四百万斛，以给京师，用卒六万人。'"据此可知，武帝末年以后，每年由关东各地向长安转运的谷物以四百万石为定额。若一石以一百钱计，则相当于四亿钱，即中央大司农财政四十亿钱的十分之一。

10. 表1所据史料及计算过程如下所示。

（1）不存在能够据以统一计算出汉代社会总生产量的史料。参考李悝的"尽地力之教"，这是统一体现了生产量、生活手段量、剩余生产量三方面的材料。《汉书·食货志上》载："是时，李悝为魏文侯作尽地力之教。以为地方百里，提封九万顷。除山泽邑居三分去一，为田六百万亩。……今一夫挟五口，治田百亩。岁收亩一石半，为粟百五十石。除十一之税十五石，余百三十五石。食。人月一石半，五人终岁为粟九十石，余有四十五石。石三十，为钱千三百五十。除社闾尝新春秋之祠，用钱三百，余千五十。衣。人率用钱三百，五人终岁用千五百，不足四百五十。不幸疾病死丧之费，及上赋敛，又未与此。"既然是以"地方百里，提封九万顷"作为计算的前提条件，那么可见这里所言的亩是基于一里（300步）的小亩（100步×100步）。另外，虽然汉代的石制有大石和小石之分，但由于这里是以1.5石即一日五升（约1公升）为一人一月的口粮，故而可知相当于汉代的大石制［另可参阅吴慧（1985）］。如果将这里每年亩收1.5石的亩改为汉代大亩（240步×100步），则可得其2.4倍即3.6石。这样一来，与汉代其他史料所见的亩收三石相近。例如《后汉书》卷四九《仲

68

长统传》所引《昌言·损益》云，"今通肥饶之率，计稼穑之入。令亩收三斛，斛取一斗，未为甚多"。再者，《汉书·食货志上》所见晁错上疏曰"今农夫五口之家，其服役者不下二人。其能耕者不过百亩，百亩之收，不过百石"，对此，荀悦在《前汉纪》卷七文帝二年条记为"百亩之收，不过三百石"。根据这些史料，可知：①汉代亩收粟三石（60公升）；②平均一人一年食粟十八石；③平均一人一年衣物需粟十石。

（2）关于户数、人口数、耕地面积，《汉书·地理志下》云："凡郡国一百三。……其三千二百二十九万九千九百四十七顷，可垦不可垦，定垦田八百二十七万五百三十六顷。民户千二百二十三万三千六十二，口五千九百五十九万四千九百七十八。汉极盛矣。"以整数计则为：④户数一千二百万；⑤人口六千万；⑥耕地面积八百三十万顷。

（3）为了推算算赋（十五岁至五十六岁者不论男女一年一人负担一百二十钱）、过更钱（成年男子十五岁至五十六岁者一年一人负担两千钱）的数额，需要考察汉代的人口结构比例。参考近年出土的江陵凤凰山十号汉墓木简《郑里廪簿》中的人口结构，则总人口一百一十三人（+α）中能田者（即劳动者，被认为是十五岁至五十六岁的成年男女）为六十九人（约占60%）（参阅渡边信一郎，1986：21）。据此计算汉代总人口中成年男女人数的话，可得：⑦约三千六百万人（六千万人的六成）。若以男女各占五成，则十五岁至五十六岁的成年男子数为⑧一千八百万人。另外关于过更钱，据已成为主流观点的滨口重国（1966b）所论，"更赋＝过更钱＝缴纳三百钱"。关于更赋请参阅本书第二章"汉代更卒制度再探讨"。

（4）关于粟一石＝一百钱，劳干（1960：58）根据居延汉简及现存史料，推算西汉时期米价通常为一石一百余钱，粟（籼）价为七八十钱，东汉时期的米价则为二百钱，粟价一百钱。另外，下文所引朱千秋、董次的纳谷额为三十五钱，这是据小石制换算所得。

（5）田租为收获量的三十分之一。

基于以上材料将表1的计算过程展示如下：

A. 社会总生产量：粟 3 石×83000 万亩 = 249000 万石

B. 社会总生活手段量：〔18 石（粮食）+10 石（衣物）〕×
6000 万人 = 168000 万石

C. 社会总剩余生产量：A-B = 81000 万石

D. 国家收取总量：

①田租：粟 3 石×83000 万亩÷30 = 8300 万石

②过更钱：2000 钱×1800 万人÷100 钱（石）= 36000 万钱
（石）

③算赋：120 钱×3600 万人÷100 钱（石）= 4320 万钱（石）

因口赋数额很小，又属于少府财政，故未算入其中。①②③总
计 48620 万石，以整数计为 48600 万石。

另外，楠山修作（1976）认为田租是少府（帝室）财政的财
源，而大司农财政的财源则为赋钱，并据赋钱的性质指出汉代
军事国家的本质。这是颇有意义的看法，但楠山氏对以田租为
少府（帝室）财政之财源的史料的解读存在问题，其史料依据
无法令人信服。

11. 《盐铁论·未通》曰："田虽三十，而以顷亩出税。乐岁粒米狼
戾，而寡取之。凶年饥馑，而必求足。加之以口赋、更繇之役，
率一人之作，中分其功。"另外，《汉书·食货志上》云："下令
曰：'汉氏减轻田租，三十而税一。常有更赋，罢癃咸出。而豪
民侵陵，分田劫假。厥名三十，实什税五也。……'" 70

12. 献费又被称为"贡献"，东汉时期为了其运输顺畅也做出了个
别尝试。例如，《后汉书》卷三三《郑弘传》记载："建初八
年，代郑众为大司农。旧交趾七郡，贡献转运，皆从东冶。泛
海而至，风波艰阻，沉溺相系。弘奏开零陵桂阳峤道。于是夷
通，至今遂为常路。在职二年，所息省三亿万计。时岁天下遭
旱，边方有警，人食不足，而帑藏殷积。弘又奏宜省贡献减徭

费，以利饥人。帝顺其议。"可知贡献由大司农掌管。虽然如影山刚所指出的，贡献中也包含地方特产物品，但其主要部分仍是现钱和布帛。另外，《玉海》卷一八五《食货》"会计"条所引卫宏《汉旧仪》曰，"朝会上计律。常以正月旦，受群臣朝贺。天下郡国奉计最贡献"，据上计律，影山氏所指出的内容为地方特产物品的贡献物，是在元旦时与会计报告一同作为贡纳品进奉给朝廷的（渡边信一郎，1996）。《后汉书》卷三四《梁冀传》又云，"其四方调发，岁时贡献，皆输上第于冀，乘舆乃其次焉"，可知当时贡纳特产物品的贡献活动跨越年初及四时，想必是在元旦的上计与四季开始之时举行。

13. 《汉书》卷七六《韩延寿传》记载："（萧）望之迁御史大夫，侍谒者福为望之道。延寿在东郡时，放散官钱千余万。"《后汉书》卷一六《寇恂传》云："乃拜恂河内太守行大将军事。……光武于是复北征燕代。恂移书属县，讲兵肄射。伐淇园之竹，为矢百余万。养马二千匹。收租四百万斛，转以给军。"《后汉书》卷二九《鲍昱传》曰，"后拜汝南太守。郡多陂池，岁岁决坏，年费常三千余万"，可见地方经费之巨。

14. 关于上引史料的"数十百钜万"，《汉书·食货志》同元朔五年条的颜师古注曰"数十万乃至百万万"。"数十万"应是"数十万万"之脱误。所谓数十百是表示数十到百，具体而言是指八九十到百这个范围的概数。《汉书》卷三一《项籍传》载，"籍所击杀数十百人"，对此颜师古注的解说是"数十百人者，八九十及至百也，他皆类此"。因此，数十百钜万即八十万万乃至一百万万（亿）之意。

15. 如加藤繁（1952b）等。西嶋定生（1961）第五章第三节"郡县制的形成与二十等爵制"认为，这是与汉代的口赋、算赋或更赋类似的税制，自商鞅变法时新设的县开始征收。守屋美都雄（1968）则以孝公十四年之纪年为孝公四年或五年之误，认为这是以家为单位课税的户赋。佐竹靖彦（1980）认为这是以口赋为内容的户赋制度的开创。

16. "赋"这个字具有各种含义，其意必须依据前后语境来判断。另外，关于赋的多义性，参阅宫崎市定（1957a）及越智重明（1976b）。

17. 同样在《周礼》大宰之职的"九赋"条下，郑玄对赋的注解是："赋，口率出泉也。今之算泉，民或谓之赋，此其旧名与。乡大夫以岁时登其夫家之众寡，辨其可任者。国中自七尺以及六十，野自六尺以及六十有五，皆征之。遂师之职亦云，以征其财征，皆谓此赋也。"这里首先述及汉代人之中也有称算赋为赋者，继而指出以算赋为赋的叫法并非自古以来就是如此，而是算赋包含了乡大夫的徭役税课在内的赋。郑玄至少没有将赋的含义特定为算赋。

18. 贾谊《新书》卷三《属远》曰："及秦而不然。秦不能分尺寸之地，欲尽自有之耳。输将起上海［案，"上海"为"海上"之倒误］，而来一钱之贱［案，"贱"当作"赋"］耳。十钱之费，弗轻能致也。上之所得者甚少，而民毒苦之甚深。故陈胜一动，而天下不振［案，"不"字疑是衍字］。"这种情况下的赋也应被视为献费。

19. 西汉后期以后，制度上规定由尚书郎一人主管委输与贡献（献费）。据《太平御览》卷二一五所引《汉官仪》云，"尚书郎四人。一主匈奴单于营部，一主羌夷吏民，一主天下户口土田垦作，一主钱帛贡献委输"；《晋书》卷二四《职官志》曰，"尚书郎。西汉旧置四人，以分掌尚书。其一人主匈奴单于营部，一人主羌夷吏民，一人主户口垦田，一人主财帛委输。及光武分尚书为六曹之后，合置三十四人，秩四百石，并左右丞，为三十六人"。另，尚书郎四人的设置始于成帝时期（《续汉书·百官志三》第二十六"少府"条）。

20. 《汉书》卷九四《匈奴传下》记载："莽新即位，怙府库之富欲立威，乃拜十二部将率，发郡国勇士，武库精兵，各有所屯守，转委输于边。议满三十万众，赍三百日粮，同时十道并出。……莽将严尤谏曰，……发三十万众，具三百日粮，东援海代，南取江淮，然后乃备。"

21. 《说文解字注》第十四篇上曰，"输，委输也。从车俞声"，段
    玉裁注云，"委者委随也。委输者，委随输写也。以车迁贿曰
    委输，亦单言曰输"。作为一般性文字解说，这种理解并无不
    妥，但不能适用于对汉朝制度的解释。

22. 《周礼·地官》"委人"条载："委人，掌敛野之赋敛薪刍。凡
    疏材木材，凡畜聚之物，以稍聚待宾客。……军旅共其委积
    薪刍。"

23. 《周礼·天官》"职内"条载，"职内掌邦之赋入，辨其财用之
    物，而执其总，以贰官府都鄙之财入之数，以逆邦国之赋用。
    凡受财者，受其贰令而书之，及会以逆职岁，与官府财用之
    出，而叙其财，以待邦之移用"，郑玄注曰"移用谓转运给
    他"。

24. 汉代以前一年的十月一日至当年的九月末日为一个年度，年度
    内的各郡国财政、政务报告书在次年的正月元旦进呈中央政
    府。此即《续汉书·百官志五》第二十八"郡国"条的本注所
    见"凡郡国……岁尽遣吏上计"中的上计制度。《续汉书·百
    官志五》"县"条的本注进一步记载，"秋冬集课，上计于所属
    郡国"，此处刘昭注曰："胡广曰：'秋冬岁尽，各计县户口垦
    田，钱谷入出，盗贼多少，上其集簿。丞尉以下，岁诣郡，课
    校其功。'"据此可知，从秋季到岁末，各县向上级汇报以下
    事项：①户口、垦田数；②钱谷出纳数；③偷盗事件数量。可
    以认为这些由郡国整理总结内容后向中央提交的报告书即上
    计。因此，通过每年四次的现存财物数额报告和每年度的财务
    报告，中央得以掌握地方的财政状况。关于上计，另请参看本
    章注释12。这方面的先行研究有镰田重雄（1962）第二编第十
    章"郡国的上计"。

25. 关于财物运输是以县为单位还是以郡为单位，大栉氏与佐原氏
    的意见有所不同，这是今后应当深入探讨的问题。另外，居延
    汉简中有来自某乡（县）的"秋赋钱五千"（526.1A，劳幹，

1957：457)、来自荥阳（县）的"秋赋钱五千"（45.1A，同上书，第470页）、来自广乡的"秋赋五千"（21.1A，同上书，第456页）等简上所附的检，前二者在各自的封印上写有作为见证者的里父老、乡有秩、啬夫等人的姓名。可以认为乡里的赋钱在县阶段被取舍为整数，进而根据中央的指令送往居延地区。今后，基于居延汉简对委输、调均的考察理应在大栉氏、佐原氏研究成果的基础上，进一步结合新居延汉简等材料展开更加具体的研究。

26. 虽然史书中没有明确记载为调均，但据笔者所见，汉代史料中有关调均的最早例证是《汉书》卷六《武帝纪》元鼎二年（前115）九月条："诏曰：'……今水潦移于江南，迫隆冬至，朕惧其饥寒不活。江南之地，火耕水耨。方下巴蜀之粟，致之江陵。遣博士中等分循行，谕告所抵，无令重困。……'"
73

27. 参看本章注释9。均输、平准施行期漕粮达到六百万石一事参阅本章第一节所引《汉书·食货志下》。另，关于漕运数量的变迁及漕运问题等方面，藤田胜久（2005b）有详细探讨。

28. 所谓平价，是指市场上由行政指令设定的价格，并非自由决定的市场价格。《汉书·食货志下》描述王莽时期的情况为"诸司市常以四时中月，实定所掌，为物上中下之贾。各自用为其市平，毋拘它所。……万物卬贵，过平一钱，则以平贾卖与民。其贾氏贱减平者，听民自相与市，以防贵庾者"。另外，居延汉简中也有记载，"……粜粟四千石请告入县官。贵市平贾石六钱，得利二万四千……"（20.8，劳幹，1957：33），可见现实中平价确被实行过。

29. 尽管如此，我们却得以由此涉足一个更高层次的问题：以无偿强制征收的财物的分配和消费为轴心的国家物流与以市场关系为背景运行的商品流通这两者之间的相互关系。从平价的设定可见，当时的市场以各个都市为中心独自形成，尚未建立起全国一致的统一市场关系。包含社会分工具体形态在内，这是今后应该深入考察的课题。

30. 关于委输，云梦睡虎地秦简中已可见到记载，"上节发委输，百姓或之县就及移输者，以律论之"（《云梦睡虎地秦墓》图版78，317号简）。

第二章　汉代更卒制度再探讨

——批判服虔和滨口重国的观点 *

前言

第一章阐明的由献费（赋输）、委输、调均所组成的　
财政性物流，其运作原因和运作结果都可以从帝国独特的
架构中找到。而为了阐明这一帝国架构，有必要引入另一
个媒介，即与财政性物流一样由国家征发、驱使的各种直
接的人类劳动。这种直接的人类劳动既是财政的一部分，

---

* 本章内容作为论文首次发表时，我将《后汉书·安帝纪》的"诏除
三辅三岁田租更赋口算"作为唯一例外，但并未就此展开论述。山
田胜芳对此批判道："即使只有一个例子，也存在只能将更赋解释为
过更钱的情况。"因此，"更赋"一词的含义应有一定范围，如西汉
以来将更赋限定为过更钱的用法，以及《盐铁论》中包含了依钱计
算的"更徭租赋"等全体税役义务的用法（这一用法一直保留至东
汉时期）。在本章中，我认为"更赋"的"赋"字为衍文，并增补
判断其为衍文的理由，以作为对这一批判的回答。

也是帝国架构中的重要一环。本章和第三章将对征发百姓的力役、兵役进行分析，在此基础上，第四章将加入对刑徒劳动和官奴婢劳动的论述，从整体上对汉代社会性劳动的组成方式进行考察。国家自社会收取各种财物，在研究了这些财物的分配与流通之后，还应进一步考察由国家组织的各种社会性劳动，如此一来，汉王朝独特的帝国架构便将展现在我们眼前。

汉代的农民除了要承担作为田租和人头税的算赋、口赋等以外，还有各种各样的兵役和力役。这些兵役和力役之中，正卒指二十三岁至五十六岁的男子在首都作为卫士（卒），负责一年的宫殿和官府的警备工作；同样为期一年，负责边境警备工作的被称为戍卒；而在地方郡国，军事勤务由材官（步兵）、轻车（车兵）、楼船（水兵）等负责。此外还有更卒，即每人每年承担一个月的地方徭役。然而，秦汉时期这些兵役与徭役的分工尚未明确，并且随着时间的推移，难免制度变迁，史料也较为有限。因此要阐明这些兵役、徭役的具体情况并不容易。有关这一问题，以滨口重国的研究为开端，二战前后出现了许多优秀的研究，一些问题也逐渐得到整理和解决（见本章补论）。尤其是关于其基础部分的更卒制度，1970年代以后，随着以简牍为代表的新资料的发现与传播，山田胜芳、藤田胜久、重近启树等人的研究使这一问题的相关探

76

讨步入了新的阶段。但也存在研究观点分散、混乱的情况，而且在更卒制度研究中尤为明显。更卒是农民通过直接劳动向国家支付租税，也是国家在社会层面对剩余劳动的组织形态。因此，对更卒制度理解方式的不同会导致对汉代社会的理解出现本质上的差异。本章将以服役方式及其时代变迁作为研究对象，重新考察更卒制度的核心问题，借此重新审视更卒制度的全貌。

一　历来对于更卒制度的理解及基本史料

目前关于更卒制度，有从服役方式、服役期间、服役义务年限、其与更赋的关系等角度出发的各种解释。然而，这些解释基本都以汉末三国时期的注解家如淳和服虔对《汉书》的注解为基础，大致可以分为两种观点。本节将首先列举这两种代表性观点，并试图阐明其中的问题。

探究更卒、更赋制度的先驱是滨口重国（1966b），他的看法代表了诸多一般性的观点。[1]滨口研究了汉末至西晋时期《史记》《汉书》等关联史料的诸多注解，依据服虔"以当为更卒，出钱三百，谓之过更。自行为卒，谓之践更"（《汉书》卷三五《吴王濞传》颜注）的观点，做出了如下解释：在汉代除了正在服兵役的人，一般的庶

77

民有义务每年担任更卒一个月（西汉初期规定为每数年轮流五个月），更卒的义务当然是力役的义务，轮流服役被称为践更，免于服役则被称为过更，按规定过更的代偿金是每免服役一个月缴纳三百钱。另外，滨口还对"更赋"一词的语义进行了探究，指出更赋有两种含义：①更卒的实役代偿金；②更卒的义务。滨口推测，更卒的实役代偿金为其原义，而更卒的义务为引申义，并且他认为最晚在东汉顺帝时期，基本上只对更卒征收更赋，而无强制性的实役。同时，更卒服役的地点在各自籍贯所在地的县内，因此与唐代的杂徭（地方性的徭役）有一定可比性。总的来说，更卒是一年中服役一个月的地方性徭役，或者为免除徭役可缴纳过更钱三百钱；"更赋"一词有过更钱三百钱与更卒义务两重含义，在东汉顺帝时期，二者合一，化作租税形式。

第二种观点以如淳的看法为基础，其代表人物是平中苓次（1967）。[2]平中归纳如淳的观点，整理出汉代履行更（番役）的三种形式：第一种是自身服役，被称为"卒更"；第二种是雇用他人完成服役，被称为"践更"；第三种是以缴纳代偿金的形式免于服役，被称为"过更"。平中认为，单从如淳的注解来看，"更赋"就是过更钱，是戍边三日的更的免役钱。此外，平中将《汉书》卷二《惠帝纪》中记载的军赋的实质内容与作为过更钱的更赋进行比较，认为"军赋"中的"军"字实际上是"更"字的误写，进而提出了军赋即更赋的观点。平中重点关注对更赋的理解，因而十分重视如淳对更卒制度的解释。根据平中和如淳的观点，更卒制度分为卒更、践更、过更三种，其中过更钱即更赋，其实质为一般民丁戍边三日的徭戍。如上所述，在滨口看来，过更钱指更卒一个月力役的免役钱，这与平中对过更钱的理解存在本质区别。

这两种代表性解释中，滨口通过对如淳的观点进行批判性研究，最终支持服虔的观点，滨口的看法逐渐被广泛接受，如今成为普遍性观点。[3]我也认为，仅就对如淳观点的批判来说，滨口的观点是正确的。但是，对于根据服虔的观点理解更卒制度这一点，我抱有疑问。根据服虔和滨口的观点，汉代的更卒制度是除去服兵役以外的其他成年男子（二十三岁至五十六岁）所承担的每一年中一个月的地方性徭役，如果自身服役即践更，缴纳免役钱三百钱免于服役则为过更。对于践更、过更等服役方式，服虔和滨口的观点简洁易懂，看似一针见血，但实际上问题并非如此简单。

服虔和滨口的观点将践更与过更作为两个基本要素，与此相对，如淳和平中将卒更、践更、过更作为组成更卒制度的基本要素。这一差异使两者对过更钱本质的理解也有所区别。但是，这两种观点对更卒制度的认识都存在致命性的不足。首先，包括这两种观点在内的各种历来观点

78

在论证过程中都忽略了《论衡·谢短篇》与汉律逸文中记载的"居更",导致历史事实过于简略。关于更卒制度,需要从整体上对践更、过更、居更,以及作为基础的更等内容进行全面的理解。

其次,服虔和如淳作为汉末三国时期的注解家,做出了截然不同的注解,这表明对于他们来说,更卒制度的样貌已经不再明晰了。因此,他们能依据的只有汉律逸文以及作为直接注解的《律说》。不知为何,历来的研究者大多仅重视注解家的注解,而将《律说》作为辅助性的史料,更无视了汉律本身。由此,要重新探究更卒制度,更妥当的做法或许是将汉律与《律说》作为基本史料,对其展开分析。

79 　　关于更卒制度的汉律逸文,《史记》卷一〇六《吴王濞列传》"卒践更,辄与平贾"后附的司马贞索隐中有如下引用:

　　　　案汉律,卒更有三。践更、居更、过更也。

　　索隐引用的汉律逸文列举了更卒制度中的卒更、践更、居更以及过更。也就是说,更卒制度由四个要素组成,包括践更、居更、过更这三要素,加上卒更这一概括性要素。对此,滨口重国无视汉律逸文,而是按照如淳的错误理解，认为卒更不是实际存在的用语，并将居更等同于践更。对于卒更、践更、居更、过更这四个制度内容，服虔和滨口的观点仅仅解释了其中的践更与过更。与之相对，如淳和平中也仅仅解释了卒更、践更与过更，并将三者并列，无视了卒更的概括性特征。因此，两种观点均未能从总体上还原更卒制度。对于更卒制度，可以从践更、居更、过更，以及立足于这三者间相互关系的总括性概念——卒更开始理解。下面将对《律说》逸文进行分析。

　　虽然如淳也引用了《律说》逸文，但是有两处原文的表述存在微妙差别：

　　（a）《律说》。卒更践更者，居县中，五月乃更也。后从《尉律》，卒践更一月，休十一月也。

　　（《史记》卷一二四《游侠列传·郭解传》集解所引）

　　（b）《律说》。卒践更者，居也。居更县中，五月乃更也。后从《尉律》，卒践更一月，休十一月也。

[《汉书》卷七《昭帝纪》元凤四年（前77）正月条颜注所引]

　　如果不对画线部分的差异进行校订，就无法理解史料。历来的研究并未注意到这一差异。因此，我想分析在包含《律说》在内的《史记》《汉书》的原文和注解中，如淳的观点是如何反映出来的，进而得出我个人的校订观点。

（a）中的《史记·郭解传》集解附记于原文"每至践更，数过，吏弗求"后，很显然是为了注解践更而被引用的。因此注解开头"卒更践更者"的出现是理所当然的。但是（b）中的《汉书·昭帝纪》颜注并不是对践更的注解，而是作为对卒更解释的补充注解被引用的。两条史料分别是对践更和卒更的注释，因此原本同样的内容有了微妙的差异。为了理解这种差异是如何产生的，我想探讨一下如淳观点的整体构成。如淳对《汉书·昭帝纪》元凤四年正月条"逋更赋未入者"做以下注解：

更有三品，有卒更，有践更，有过更。

（1）古者正卒无常人，皆当迭为之，一月一更，是谓卒更也。

（2）贫者欲得顾更钱者，次直者出钱顾之，月二千，是谓践更也。

（3）天下人皆直戍边三日，亦名为更，律所谓繇戍也。虽丞相子亦在戍边之调。不可人人自行三日戍，又行者当自戍三日，不可往便还，因便住一岁一更。诸不行者，出钱三百入官，官以给戍者，是谓过更也。

（4）《律说》。卒践更者，居也。居更县中，五月乃更也。后从《尉律》，卒践更一月，休十一月也。

（5）《食货志》曰，月为更卒，已复为正，一岁屯戍，一岁力役，三十倍于古。此汉初因秦法而行之也。后遂改易，有谪乃戍边一岁耳。 81

（6）遒，未出更钱者也。

如淳指出的三种"更"中，（1）是对卒更的解说，说明了卒更的轮替制度及其义务期间为一个月；（2）是对践更的说明，支付两千钱后可以让代役者服役；（3）是对过更，即戍边三日的代偿钱的说明。对于这三种"更"的注解基本到此为止。但问题在于，（4）的《律说》与（2）的践更的内容截然不同，很显然（2）不是对践更的说明，而是对（1）的卒更一个月的补注。由此，（5）对一岁屯戍制度的沿革进行叙述，是对（3）"过更＝戍边三日代偿钱"观点的补注。

如淳的注原本是《汉书》的注释，收录于晋初期臣瓒所撰《汉书集解音义》，之后流传至唐代（颜师古《汉书》叙例）。《史记·郭解传》集解则是对它的间接引用，并且是节录。原本的注释对象——《汉书》颜注所引原文记载了如淳注全文，因此应将其作为基准。如此可以看出，在裴骃编纂完《史记集解》的刘宋时期，到《律说》被认为是践更的注释为止，其语句产生了混乱。在考察了《汉书》与《史记》引用的两则《律说》与其原本对"卒更"的说明后，可以说《汉书》颜注所引《律说》开头部分的"践"字为衍文。原文内容应如下所述：[4]

　　《律说》。卒更者，居也。居更县中，五月乃更也。后从《尉律》，卒践更一月，休十一月也。

82　　《史记》所引《律说》的开头为"卒更践更者"，可以看出是在原本"卒更者"的基础上混入了"践更"二字。想来在早于刘宋的时代，现行《律说》开头的记载就已经产生混乱，在"卒更者"中混入了后文"卒践更一月"的"践"字，形成了《汉书》中"卒践更者"的内容。另外，误将《律说》视为对践更解说的人在"卒更"后插入"践更"二字，形成了《史记》中"卒更践更者"的内容。

　　以上对还原更卒制度所需的基本史料——律以及《律说》进行了整理。后文中，我将以这一基本史料为主要线索，结合正史以及其他史料中居更、践更的具体实例，试图重现更卒制度的原貌。

二　践更、居更、过更的内容

据我所知，具体记载了践更、居更、过更的史料不过四则。首先，我将列举其中最基本的两则，来探讨践更、居更、过更之间的相互关系。

（a）古人井田，民为公家耕，今量租刍何意。一业使民，居更一月，何据。年二十三傅，十五赋，七岁头钱二十三，何缘。

（《论衡·谢短篇》第三十六）

（b）解出入，人皆避之。有一人独箕踞视之，解遣人问其名姓。客欲杀之。解曰："居邑屋至不见敬，是吾德不修也，彼何罪。"乃阴属尉史曰："是人，吾所急也。至践更 [《汉书》卷九二《游侠传》作"直更"] 时脱之。"每至践更，数过，吏弗求。怪之，问其故，乃解使脱之。箕踞者乃肉袒谢罪。

（《史记》卷一二四《游侠列传》）

（a）叙述了东汉初期剥削体系中的内容：①田租、刍藁的税；②劳役时长一个月的居更（更卒之役）;[5]③七岁至十四岁的口赋二十三钱；④十五岁以上的算赋；⑤二

· 97 ·

十三岁傅籍（正）等。参照这一剥削体系，居更显然指实际的服力役。同时，《律说》中"居更县中"一句也对"更卒"的"更"进行了说明，二者互为印证。云梦睡虎地秦简中，"居"字也采用服实役的意思。例如，司空律中有如下内容：

> 公士以下，居赎刑罪死罪者，居于城旦舂，毋赤其衣，勿枸椟欙杕。
>
> （《云梦睡虎地秦墓》图版68，201号简）

这里所说的居赎，指服城旦、舂这两种劳役以赎罪的行为。这里再次表明了"居"字是服劳役的意思。[6]虽然制度上犯人的劳役和由国家征发的更卒力役有所差异，但"居"字意味着亲自服役，因此两者均是限制人身自由的劳动。关于"更""居""作"三字意思相同这一点，将在下节中提及。滨口重国将《律说》中的"居更县中"解释为在所属的县中服役，未免太过狭隘。滨口忽略了汉律中的居更，因此未能认识到居更是独立的制度用语。在更卒制度的三种"更"中，居更才是指服力役。

（b）为理解践更、过更的意义提供了有力线索。服虔和滨口把践更解释为亲自服役，若按此理解，则义务已经完成，也就没有必要出现文中"每至践更，数过，吏

84

弗求"的内容了，因此践更必定还有其他含义。践更，即《汉书》中的直更。"直"是当值的意思，"践"显然是轮流服役的意思，即在轮到的卒更义务期间内服役。践更的话，需要完成卒更的义务。如果在服役期间以实役完成，则是"居更一月"，这一点在（a）《论衡》中有明确记述。但是在这里，郭解的嘱托请求使这一义务被"脱"了。"脱"的步骤是通过（1）践更→（2）过→（3）吏弗求来完成的。（2）中的"过"是过了卒更的义务履行期间，指过更。过更在法律上有规定，是正当的手续，并不是以不法手段"脱"的意思。因此到这一步为止，可以说还没有完成过更。问题在于（3）的"吏弗求"。当然，这里的"吏弗求"并不是指没有征发力役。力役的征发通常用"发""征"等字来表示，"求"字并不准确。关于这一点，冈白驹一针见血地解释道："吏弗求，不求其顾更钱。向解阴属尉史故也。"（《史记觿》卷一〇）过了卒更的义务期间而未服役的情况下，国家会征收相应的费用。过更就是向国家支付与劳动义务等价的费用。换言之，过更是在出于某些原因无法服役的情况下，过了卒更的义务期间，而通过支付另外的等价费用来履行义务的行为。但是，这里的尉史却并没有要求支付等价的回报。冈白驹的解释可以说是正确的，但是将过更钱视为等价费用的观点受到了如淳观点的影响，稍显不充

85　分。与过更相对的等价费用应该是过更钱。这里"脱"的意思应该是卒更的轮值期间来临时（践更），明明屡次过了服役期间而进行过更，却没有被征收应缴纳的等价过更钱。正是因为没有被征收过更钱，箕踞者才开始抱有疑问。通过逃避缴纳过更钱，尉史才以不正当的手段让他摆脱了卒更的义务。

　　这样一来，汉律所规定的"卒更有三。践更，居更，过更也"的内容已经明了。在卒更的义务履行期内服役为践更，服役者需要以某种形式完成义务。[7]在这一期间内，亲自服役的方式即居更。出于某种原因无法亲自服役，错过了服役期的话，则需要支付等价的过更钱来履行义务，即过更。

三　更卒制度的有关内容

　　根据前文的论述，问题在于践更、居更、过更中的更，即卒更。《律说》对卒更进行说明，即"卒更者，居也。居更县中，五月乃更也。后从《尉律》，卒践更一月，休十一月也"。滨口重国将《律说》解释为：原本是数年间在籍贯所在县服役五个月，后来根据《尉律》的规定，演变为每年服役一个月。[8]"数年间五个月"这一说法不过是毫无根据的推测。如伊藤德男（1959）批判的那样，"数年"是模糊的表述，五年间五个月也好，三年间五个月也好，都在这个范围内。[9]因此在法律规定上没有意义。在滨口重国的解释中，《律说》中"居更"的"更"与"五月乃更"的"更"的意思并不相同。他认为居更指按照卒更的义务期限服役，"五月乃更"则显然指轮流服役五个月。的确，"更"字有"轮流交替"的含义，例如《汉书》卷四九《晁错传》记载，"令远方之卒守塞，一岁而更"，但在《律说》中，可以确定二者表达的都是卒更的义务期。有例子可以佐证，如《汉书》卷七七《盖宽饶传》中有如下内容：

> 及岁尽交代，上临飨罢卫卒，卫卒数千人，皆叩头自请，愿复留共更一年，以报宽饶厚德。宣帝嘉之……

这里记述的是卫卒为了报答卫司马盖宽饶的厚德，在一年的义务期结束之后，自愿再履行一年的义务。"更"在此处显然指一年的义务劳役期。《汉书》卷七四《魏相传》中也有例证：

> 河南卒戍中都官者二三千人，遮大将军，自言愿复留作一年以赎太守罪。

《盖宽饶传》中的"复留共更一年"与《魏相传》中的"复留作一年"显然记述了相同的内容,"更"与"作"为同义词。"作"字的用法可参见中尉(后来的执金吾)王温舒的事例:汉武帝时期建造通天台时劳动者不足,而"请覆中尉脱卒,得数万人作"(《史记》卷一二二《酷吏传》)。这里的"脱卒"与前文《史记·游侠列传》中郭解的卒更脱卒有所不同,应该是指以不正当手段脱逃正役义务的人。这里明确指出,"作"即兵卒的劳役。而正因为"更""作""居"皆为服劳役的意思,《律说》中才解释道:"卒更者,居也。"然而,"更"有"轮替劳役"的意思,指一定期间的劳役义务。[10]这样一来,问题就在于更卒的劳役义务期。

毫无疑问,前文中作为正役的河南府戍卒和卫卒的更为一年。相对于为期一年的正卫的更,卒的更指一个单位的地方性义务劳役期。西汉初期以后,卒更一更的义务劳动期为一个月。对此,董仲舒的进言可以做证:

> 至秦则不然。……又加月为更卒,已复为正,一岁屯戍,一岁力役,三十倍于古,田租口赋,盐铁之利,二十倍于古。……汉兴,循而未改。

> (《汉书》卷二四上《食货志上》)

关于"加月为更卒"中"加"字的含义，有多种解释，我认为伊藤德男（1959）主张的"叠加"最为合适。[11]将更卒的基本单位期——一更一个月进行加算，即二更两个月。在前述郭解的事例中，有"每至践更，数过，吏弗求"的内容。一年一更不符合此处"数过"的文意，半年一次会更为符合。这样一来，只能通过《律说》对这一情况进行解释了。

在"卒更者，居也。居更县中，五月乃更也。后从《尉律》，卒践更一月，休十一月也"中，"卒更"的"更"应是居（劳作）的意思。在县里居更（服役），（当初）每过五个月一更（服役一个月），后来根据《尉律》的规定，卒的践更（义务服役）期为一个月，剩下的十一个月是非服役期。也就是说，当初更卒制度规定每半年就有一个月的义务服役期，后来根据《尉律》的规定，将一年中两个月的义务服役时间改为一个月（见本章补论）。正因如此，《律说》对律文中的更卒制度进行了说明。

下面将根据以上论述，探讨剩下两则更卒事例，首先将史料列出：

（c）其居国以铜盐故，百姓无赋。卒践更，辄与平贾。

（《史记》卷一〇六《吴王濞列传》）

88

（d）文学曰："……故盐冶之处，大傲皆依山川，近铁炭，其势咸远而作剧。郡中卒践更者，多不勘（堪），责取庸代。……"

（《盐铁论·禁耕》）

事例（c）中，吴国铜和盐的产量丰富，财政上较为富裕，因此不对老百姓征收税赋。卒在践更的情况下会被发给代役金，其前提是不征收赋税。由此可以看出吴国对践更者中的过更者是不征收过更钱的。对于践更者来说，在义务履行形式上，只有居更（亲自服役）这一种形式，践更与居更为同义词。因此，吴国会支付与践更者即居更者的劳役相对应的代役金。

（d）的事例叙述了随着汉武帝时期专卖制的施行，在征发劳役时，铁、炭产地附近等偏远山区的劳役十分艰辛，因此在服役义务期到来时，本郡当地的更卒雇用代役者来履行义务。[12]从《律说》的"居更县中"，以及郭解的脱卒事件可以看出，更卒由县尉的属吏即尉史负责，并且在县级层面进行组织，而（d）的事例不仅包括县级层面，也包含了郡级层面的地方性徭役。这一事例也表明，更卒的义务可以通过代役者来完成。恐怕如淳是归纳（c）（d）两则特殊事例，认为践更是指通过支付代役金雇用代役者来完成义务的形态。无须赘言，这是一种误

89

解。如此看来，上述两则事例与之前探讨的内容并无矛盾
之处。

到目前为止的论述有些杂乱，因此我想先对前文论述
进行总结，再开始之后的论述。更卒（卒更、更徭）制
度中，有践更、居更、过更三种形态。卒更指地方性的徭
役义务，而卒更的一更（单位义务期）为一个月。在秦
以及西汉初期，其制度是一年二更，即每半年有一个月的
服役义务期和五个月的非服役期。后来随着《尉律》的
规定改为一年一更，即一个月的服役义务期和十一个月的
非服役期。因而卒更是对义务服役期和非服役期关系的总
体性规定。当地方徭役的义务服役期以一更一个月为单位
来临时，承担这一义务被称为践更，由本人亲自服役被称
为居更，因某种原因错过义务期，以缴纳过更钱履行义务
的被称为过更。

到此为止，更卒制度的基础已经逐渐明晰。下面将通
过分析西汉时期史料中提及的更徭，更加具体地探究更卒
制度的形态。首先列举记载更徭的史料。

（1）景帝末，为蜀郡守。……又修起学官于成
都市中，招下县子弟以为学官弟子，为除更繇
（徭），高者以补郡县吏，次为孝弟力田。

（《汉书》卷八九《循吏传·文翁传》，景帝—武帝初期）

90

（2）庶民农工商贾，率亦岁万息二千，户百万之家则二十万，而更徭租赋出其中。

（《史记·货殖列传》，武帝时期）

（3）加之以口赋更繇之役，率一人之作，中分其功。

（《盐铁论·未通》，武帝—昭帝时期）

（4）贤良曰："卒徒工匠［案，此四字为衍文］，故民得占租鼓铸煮盐之时，……家人相一，父子戮力，各务为善器，器不善者不集（售）。……更繇省约，县官以徒复作，缮治道桥诸发，民便之。今总其原，壹其贾……铁官卖器不售，或颇赋与民。卒徒作不中呈，时命助之。发征无限，更繇以均剧，故百姓疾苦之。……"

（《盐铁论·水旱》，武帝—昭帝时期）

穷尽《史记》、《汉书》、《后汉书》和其他汉代诸文献，与更徭相关的史料也不过四则而已。然而，这些史料已经很详细地表明了更徭的内容。首先，如（1）《汉书·文翁传》所说，更徭的免除权由郡守直接掌握，[13]尤其要注意的是，郡为地方性徭役的最高组织单位。这表明更徭是根据更卒制度进行的徭役。[14]

91　　其次，关于承担更徭的人，（2）《史记·货殖列传》

中的"庶民农工商贾"已经对此做了说明。另外，（1）《汉书·文翁传》中，蜀郡管辖的诸县子弟应该被称为学官弟子。从这些子弟作为入学者的状况来看，他们并非已傅籍的二十三岁以上的正，而应该是符合开始承担算赋的年龄并有志于学的十五岁以上的男子。[15]

关于更徭的承担者，重近启树（1999）认为其范围是十五岁至五十六岁的男子，山田胜芳（1978b、1986）则认为也应包括女子。从各种史料来看，租税输送等力役多为女子所承担，二者都承认一般情况下，女子也是徭役的承担者。但根据到目前为止的讨论，更徭是以更卒制度为基础、将承担者作为卒进行政治性组织的地方性徭役制度，其特点在于定量和可计算，并且与由二十三岁以上成年男子承担的正卫的更相对。因此，我认为重近启树把更徭的承担者理解为只有十五岁到五十六岁的男子是正确的。能够清楚证明这一点的是山田胜芳在研究女子徭役义务时举出的《后汉书·明帝纪》永平九年（66）三月辛丑的诏书：

> 九年春三月辛丑，诏郡国死罪囚减罪，与妻子诣五原、朔方占著，所在死者皆赐妻父若男同产一人复终身。其妻无父兄独有母者，赐其母钱六万，又复其口算。

根据诏敕的内容，并未发现说明女子徭役义务的内容。诏书内容为郡国的死囚在减刑之后，与其妻子迁移至边境地区居住，并登录户籍。如果妻子在移居地死亡，因为妻子是无罪的，所以将免除妻子的父亲或兄弟中一人的终身赋役。如果妻子无父亲和兄弟，只有母亲的话，将免除算赋，并给予相当于终身赋役的六万钱。"口算"包括了口赋和算赋，然而考虑到女子成为母亲时的年龄，实际上应该仅指算赋。这里还明确做出了女子与男子的区分。与男子的终身赋役相当的是六万钱和算赋，因为算赋为男子的赋役，所以以六万钱对应的是除算赋以外的赋役，这并非更卒之役以外的部分。而因为女子不承担更卒，所以与之对应的是给予六万钱。算赋为男女共同承担，更卒仅为男子所承担。制度性编制而成的更卒，其核心是一般的劳役。此外，女子、老人、小孩承担的临时性徭役对应的是紧急事态。我认为这就是汉代徭役劳动编制的实际情况。[16]

关于更徭的具体内容，如（4）《盐铁论·水旱》所述，原本包括道路、桥梁的建设、修筑等劳役，但(2)《史记·货殖列传》中记载更徭从本钱百万钱的利息二十万钱中开支，表明了以钱代纳现象的存在。上述过更的等价费用过更钱是为前提。这样一来，更徭是指由农工商构成的汉代社会的十五岁以上的男性成员所承担的郡县层面的地方性力役，

92

也即根据更卒制度进行政治性编制而形成的更卒之役。

在对汉律、《律说》逸文的探讨过程中，尚存有更卒制度的改定问题。根据《律说》，更卒制度原本为一个月的义务期和五个月的非服役期，后来依照《尉律》改为一个月义务期和十一个月的非服役期。这一改变是何时发生，又是如何发生的呢？下一节将对此进行探讨。

四　由更徭到更赋

西汉时期更卒制度的变化是何时、以何为契机发生 93
的？这又与更赋的出现有何关联？这些是本节要阐明的课题。

首先值得注意的线索是《盐铁论·未通》和《汉书·王莽传》中的"王田诏"。其中指出了国家征收的基本内容为口赋、更徭之役与更赋：

（1）田虽三十，而以顷亩出税，……加之以口赋更繇之役，率一人之作，中分其功。

（《盐铁论·未通》文学曰）

（2）汉氏减轻田租，三十而税一，常有更赋，罢癃咸出。而豪民侵陵，分田劫假。厥名三十，实什税五也。

（《汉书》卷二四《食货志上》王莽"王田诏"）

前者为汉武帝时期对于征收租税的批判性发言，后者则为西汉末期的。此处的问题在于，尽管田租仅为收获量的三十分之一，但加上口赋、更徭之役或者更赋之后，事实上农民需要上交收获量的一半左右。从《盐铁论·未通》中可总结出"田租＋口赋＋更徭之役＝中分"，从王莽诏中可见"田租＋更赋＋分田劫假＝十分之五"。可以看出，前者的口赋、更徭之役与后者的更赋大体一致。[17]

94　　　滨口重国将更赋理解为过更钱，平中苓次则认为更赋是对田租刍藁以外徭役和赋的概括。平中苓次（1967）认为戍边三日之更的过更钱为更赋，而更赋的"更""赋"应分别指徭役和赋的概括。[18] 平中为证明过更钱即更赋，列举了后文中昭帝元凤四年的史料，而为证明"更""赋"的用法列举了"王田诏"，指出汉代史料中所见的更赋有两种用法。由前文的《盐铁论·未通》和王莽"王田诏"的对比可以看出，将"更""赋"分别进行理解的观点是正确的。但是平中也将过更钱看作更赋，而未对二者进行整合性说明。深入思考平中的观点，可以认为更赋大致是徭役、赋的概括性用语，这样理解的话可能更具整合性。为了论证这一点，下文将列举与更赋相关的史料，并对其加以探讨。

（1）四年春正月丁亥，帝加元服，见于高

庙。……赐中二千石以下及天下民爵。毋收四年、五年口赋，三年以前逋更赋未入者，皆勿收。

（《汉书》卷七《昭帝纪》元凤四年条）

（2）凡民有七亡。阴阳不和，水旱为灾，一亡也。县官重责更赋税租，二亡也。

（《汉书》卷七二《鲍宣传》，哀帝期）

（3）汉氏减轻田租，三十而税一，常有更赋，罢癃咸出。而豪民侵陵，分田劫假。厥名三十，实什税五也。

（《汉书》卷二四《食货志上》王莽"王田诏"）

（4）赦陇西囚徒，减罪一等，勿收今年租调。又所发天水三千人，亦复是岁更赋。（李贤注：更谓戍卒更相代也。赋谓雇更之钱也。）

[《后汉书》卷二《明帝纪》中元二年（57）九月条]

（5）其复元氏县田租更赋六岁。

[《后汉书》卷二《明帝纪》永平五年（62）十月诏]

（6）又欲就贱还归者，复一岁田租更赋。

[《后汉书》卷四《和帝纪》永元六年（94）三月庚寅诏]

（7）诏复象林县更赋田租刍藁二岁。

[《后汉书》卷四《和帝纪》永元十四年（102）七月甲寅诏]

（8）诏除三辅三岁田租更赋口算。

[《后汉书》卷五《安帝纪》元初元年（114）

十月乙卯诏]

（9）遣光禄大夫案行禀贷，除更赋。

[《后汉书》卷六《顺帝纪》永和四年（139）

八月癸丑条]

（10）汉中上计程包对曰："……长吏乡亭，更

赋至，仆役棰楚，过于奴虏。……"

[《后汉书·南蛮西南夷列传·板楯蛮夷》

灵帝光和二年（179）]

（11）今田无常主，民无常居。吏食日禀，班禄

未定。可为法制，画一定科，租税十一，更赋如旧。

（《后汉书》卷四九《仲长统传》引《昌言·损益》）

96　　　首先的问题是，更赋出现于昭帝元凤四年以后，散见

于截至（11）《后汉书·仲长统传》的东汉末期的历史文

献中。这意味着"更赋"这一概念在西汉后期以后逐渐

一般化。[19]从（2）"更赋""税租"，（11）"租税""更

赋"，（3）（5）（6）"田租""更赋"，（7）"更赋""田

租""刍藁"可以看出，更赋的内容与田租、刍藁等粮食

征收相对立。毫无疑问，更赋为粮食及粮食相关征收物之

外的赋课物。

接下来，（8）《后汉书·安帝纪》记载"除……田租更赋口算"，乍一看更赋不仅不同于田租，也与口赋、算赋有所差异。滨口重国据此史料，将更赋理解为田租、口赋、算赋以外的概念，即过更钱。根据这一记载，更赋确实可以单独等同于过更钱。但明确表明更赋仅为过更钱的史料仅此一则。因此不如怀疑此处是对更赋的记载错误（见本章补论）。有关这一问题，将其与西汉昭帝期至东汉末期用其他表述方式记载田租、更赋免除的史料进行对比，则更为清晰明了。下面将列举这些史料并进行对比。

（a）且寝初陵之作，止诸缮治宫室，阙更减赋，尽休力役。（师古曰："阙亦谓减削之。更谓更卒也。……"）

　　　　　　　（《汉书》卷八五《谷永传》，西汉成帝期）

（b）今年秋稼为蝗虫所伤，皆勿收租、更、刍藁。

　　　　［《后汉书》卷四《和帝纪》永元九年（97）

　　　　　　　　　　　　　　六月戊辰诏］

（c）诏以三辅比遭寇乱，人庶流冗，除三年逋租、过更、口算、刍藁。

　　　　［《后汉书》卷五《安帝纪》永初四年（110）

　　　　　　　　　　　　　　正月辛卯诏］

97

（d）郡国贫人被灾者，勿收责今年过更。

[《后汉书》卷六《顺帝纪》永建五年（130）

四月辛巳诏]

（e）勿收今年更、租、口赋。

[《后汉书》卷六《顺帝纪》阳嘉元年（132）

三月庚寅诏]

（f）诏太山、琅邪遇贼者，勿收租、赋，复更、算三年。

[《后汉书》卷七《桓帝纪》永寿元年（155）六月诏]

首先，将前面的更赋史料（8）《后汉书·安帝纪》"除……田租更赋口算"的内容与（c）《后汉书·安帝纪》"除三年逋租、过更、口算、刍藁"的内容进行对比，（8）中的更赋很显然与过更钱相对应。如前文所说，（8）的更赋是唯一的例外。这里的"更赋"应该是在誊抄原文"除……田租、更、口算"时，误将"赋"字添加进去了。

通常认为"更赋"这一概念与田租、刍藁等粮食征收相对立，是过更钱、口赋、算赋等以钱进行计算的赋税的总称。这一点在（e）《后汉书·顺帝纪》"更、租、口赋"与（f）《后汉书·桓帝纪》"复更、算"中有所体现。而由于（e）中缺少算赋，（f）中缺少口赋，二者并没有包含所有以钱计算的赋税，所以没有出现"更赋"的表述。前文所述的史料大多将更赋与田租、刍藁进行对比，这表明更赋的概念包含过更钱、口赋、算赋等所有以钱计算的赋税。还有其他史料可以佐证这一点。

（a）《汉书·谷永传》的"阙更减赋"为"阙减更 98 赋"，即削减更赋的意思。即使交换顺序，更赋两字也能说得通，因此两字应有一定独立性。颜师古也单独将"更"字注解为"更卒"。在注解更赋相关史料（4）《后汉书·明帝纪》时，李贤也分别解释了"更"与"赋"。不只唐人，正如本章第一节提及的，如淳在注解（1）《汉书》卷七《昭帝纪》的"遣更赋"时写道："更有三品。……遣，未出更钱者也。"他仅解释了"更"与"遣"的意义。晋灼也在注解"王田诏"的更赋相关内容时，仅对"赋"字做出了解释，即"皆复出口、算"，将其解释为口赋和算赋。显然，从三国时期到唐代的注解家们均将"更""赋"二字分开理解。根据这些注解家的观点，更赋即更与赋（口赋、算赋），并不是一个固定的词语。

不仅是文献史料，哀帝元寿元年（前2）八月，广明乡啬夫客假佐玄呈报的文书中有"谨案张等，更赋皆给"（劳幹，1960：10，465；劳幹，1957：23，505.37A）的内容，表明更赋是有多重含义的。赋是以钱进行计算收取的，在汉代包括两个基本要素，即七岁至十四岁男女每人二十三钱的口赋和十五岁至五十六岁男女每人一百二十钱的算赋。因此，从总体上表示过更钱、口赋、算赋这些以钱计算的赋税的情况时，通常以其中占比最高的过更钱为代表，称为更赋。三者中缺少一个时则以"更、租、口赋""更、算"等方式连称。

接下来的问题是更赋这一用语出现的理由。尽管其用法还未固定，但明显以西汉昭帝时期为界限，更赋作为一个制度用语出现了。关于其原因，我想从以下方面进行思考。值得注意的是，力役史料中所见的"更徭""践更"等用语，仅存在于昭帝始元六年（前81）盐铁会议召开之前。这与昭帝元凤四年以后更赋这一用语的出现是完全符合的。这意味着以昭帝时期为界，更徭原则上转变为过更钱的缴纳。更徭的转化为更赋这一统括了口赋、算赋的用语的出现提供了可能。以昭帝时期为节点，"口赋更徭之役""更徭租赋"向"更赋"转变，其变化基础建立在更卒义务形式的转化上，即由劳动原则转向纳钱原则。那么，这一形式的转化是在何时、因何契机发生的呢？

《汉书·昭帝纪》元凤四年记载，免除元凤三年（前78）以前的未缴纳更赋。因此，这一转变至少发生在元凤年间以前。目前已注意到的是，改元元凤的前一年，即始元六年二月有"诏有司，问郡国所举贤良、文学民所疾苦。议罢盐铁榷酤"的内容，其结果是在七月废止了榷酤。前文引用的《盐铁论·水旱》记载，盐铁和酒的专卖制度的施行导致了更徭征发猛增，乃至成为社会问题。也就是说，盐铁会议所讨论的不仅有作为主题的专卖制度，也包括这一制度派生的各种社会问题。《盐铁论》指出了过多征发力役所引起的各种问题。《汉书》中仅记载了废止酒专卖这一盐铁会议的主要议题，但可以想象，针对盐铁会议引发的一些社会问题，其后应当有一些对策被提了出来。我推断，在始元六年七月宣布废止榷酤前后，针对更徭制度这一盐铁会议上的课题，在次年元凤元年应当实施了改革，这在一定程度上抑制了盐铁专卖引发的更徭乱征，并确定了向纳钱原则的转换。这样一来，在纳钱制度实行三年后，即免除到昭帝成年为止三年期间的未纳更赋，这也才有了之前《汉书·昭帝纪》元凤四年的记载。

　　更徭向纳钱方式转变以后，可以与口赋、算赋统合在一起，而更赋便作为一种制度用语随之诞生了，其实施的契机为昭帝始元六年的盐铁会议。在这以后，"更赋"成为表示过更钱、口赋、算赋的总体性概念。这样一来，除了特殊的劳役征发，百姓基本都以纳钱的方式向国家支付租税。因此，滨口重国将更赋等同于过更钱，以及认为更

100

赋是在顺帝以后才开始租税化的观点，应该说基本上是错误的。

如果把昭帝时期的盐铁会议作为正式向更赋转变的契机来看，前一节指出的《尉律》中关于卒更义务期间的变更——将一年两个月的践更改为一年一个月的践更——应当也是从昭帝时期开始的。从前一节提到的《汉书·食货志》中"加月为更卒"这一董仲舒的进言以及《史记·游侠列传》中郭解的事例来看，武帝时期的践更无疑为一年两个月。并且如前文引用所述，卒更的三种形式中，"践更"一词大致被用到武帝时期为止，更赋出现以后就见不到"践更"一词了。[20]这与更徭的情况是一致的。完成向过更钱的转化以后，卒更的义务也在原则上转变为以纳钱的方式来履行，特别是在征发居更以外的情况下，缴纳过更钱已成为普遍现象。因此，尽管律中有对卒更的规定，但在卒更的服役期来临时，践更已名存实亡了。根据《论衡·谢短篇》的记述，可以看出东汉初期在负责公务的下级小吏这一层面上，居更的由来逐渐模糊起来。如此到了东汉末期，即便博学如服虔也无法理解其含义。虽然难以确认依《尉律》改变卒更义务期这件事是何时发生的，但应与伴随更徭纳钱化出现的更赋的情况如出一辙。[21]

结语

以碎片化的史料为根据加以推论，最终得出有关汉代
更卒制度的结论如下。

更卒制度指十五岁至五十六岁的成年男子作为卒承担
地方徭役，即更徭的制度性组织方式。一次"更"的时
长为一个月，以此作为编制的时间单位。在秦、西汉初
期，更徭的义务为一年二更，即每半年一更（一个月）
来履行劳役义务。"更卒"即以"践更""居更""过更"
三种形式履行一年二更的卒更（更徭）义务。践更指时
长五个月的非服役期后，轮到时长一个月的卒更（更徭）
义务服役期。居更指以实际劳动履行卒更（更徭）义务。
这种情况下，也可以通过雇用代役者履行义务。过更指本
已践更却未赶上力役，或过了义务期而未参与劳动时，需
要缴纳过更钱来履行义务。以昭帝始元六年的盐铁会议为
契机，一年二更改为一年一更，同时以缴纳过更钱为原
则，完成了向纳钱制度的转化。以钱代役使更徭与以往的
口赋、算赋统合。而作为一种整体性概念，"更赋"这一
制度用语开始得到广泛使用。

作为结尾，下面将考察更卒制度组织下社会性劳动的
规模与特征。

更卒制度是由包括商人、手工业者在内的社会全体成员承担的限制人身自由的劳动。与正卫的更，即以二十三岁傅籍之制为基础，由农民承担的一更一年的卫卒、戍卒等兵役义务相比，更卒制度作为一种力役制度具有不同的性质。更卒制度的特色在于，更卒以县作为基本单位，并通过其上级机构的郡首先在地方社会层面进行集中编制。如藤田胜久（2005a）所指出的那样，根据中央徭役的需要，也会临时编制超过郡规模的徭役，但并不存在制度性的中央徭役。这一点与秦汉时期的租赋收取如出一辙，即首先以郡为单位集中于地方收取，再由郡国的贡赋构成中央财政（本书第一章）。在秦汉时期，无论财务构成还是国家对人类劳动的组织，都尚未完成中央集权型的编制。因此必须将秦汉专制国家的形成与权力编制的中央集权化区别开来理解。

从总体上对更卒进行估算的话，其体量是非常庞大的。以西汉末的六千万人口作为基准，假设武帝时期的人口为五千万。假设这五千万人中有 60% 的人在十五岁至五十六岁范围内，即有三千万的成年男女。[22] 更卒的承担者为男子，因而以男女各一半计算，即有一千五百万的更卒义务承担者。其中有最多达八十万的卫边戍卒（北边六十万，南边二十万），五万守卫首都的卫士（卒），可以免除赋役的十余万官吏，还有合计约百万的更卒免除者，但在此处仍将其一并计算。他们一年间需要服役两个月，总量为三千万个月。换算成以年为单位，相当于每年获得二百五十万人的劳动力，即在一整年里约二百五十万人服地方性徭役。这二百五十万人的劳动力集中于一百余个郡国单位中，由各郡太守指挥编制，并消费其劳动力。也就是说，各郡太守所掌握的劳动力指挥权与今天的大企业相比也是有过之而无不及。透过这一指挥权的本质，可以了解秦汉国家的特质。

问题在于劳动的内容。按照藤田胜久举出的具体事例，更卒承担的更徭力役包括：（1）以修筑城墙为代表的道路、仓库、壕沟、官府等城邑建造工作；（2）灌溉工程和河川的治水工程；（3）将郡县内的租税运至郡治所的运输劳动。[23]其中，（3）是租税剥削的附加性收取，是国家进行剩余劳动剥削的重要一环。然而，有必要对（1）（2）进行说明。如序章中所述，虽然这些徭役生产的大部分物品都在农民、手工业者的个别性经营以外，但也起到了统合社会力量，整备各种一般性生产条件，抵御自然和外部威胁，以保障和支持社会再生产的作用。因此，从个别性经营的层面来看，更卒的徭役意味着剩余劳动。但是，从社会再生产的层面来看，这对他们的生活和地方性再生产来说，是不可或缺的必要劳动。与仅由农民承担的正的兵役不同，更卒自然是由各地方社会的所有男

103

性成员承担的义务。由郡太守指挥编制的更卒力役是为了保障社会再生产的必要劳动。

然而，汉代社会是一个分裂为政治支配阶级（意识形态性阶级）——相对脱离于社会的、以皇帝为代表的十余万官吏及其家人——与六千万人的被支配阶级的社会。这个社会以指挥和编制社会必要共同劳动为任务，社会再生产的目的在于对这一阶级关系的维持与再生产。[24]在秦和西汉初期，男子以实际劳动的方式履行义务，更卒本质是限制人身自由的劳动，尽管这是一种对剩余劳动的剥削，但更卒的徭役仍然有积极因素。然而到西汉后期，更赋要求人们缴纳铸币或与之相当的布帛等财物，[25]更卒义务的基本特征开始向剥削剩余生产物转变。对汉代人而言，口赋更徭，或者说更赋是最为沉重的压迫，通过以上分析，我们似乎也能对此产生共鸣。

补论

107　　本章内容曾作为论文发表于 1992 年，其后有大量关于兵役、徭役的秦汉时期出土文字资料被发现和解读。因此，我将在本章后的补论部分对整体徭役制度、更徭与践更两方面的相关史料进行介绍，并对本章内容进行补订。

有关秦汉时期的徭役制度，鹫尾祐子（2009）结合新史料，以更卒和正为中心进行了多方面的探讨。鹫尾认为，秦至汉初，原本的兵卒被转用于徭役，而成为所谓更卒。正是一部分完成傅籍者所承担的义务兵役，这部分傅籍者在东汉时期转变为各种各样的赋敛与征发的对象。虽然我对这一观点的框架和论证过程多有认同，但在对更卒的理解上，我认为还存在问题。鹫尾的论证涉及面广，既有启发性内容，也有需要重新探讨的部分。我先不展开具体的探究工作，在此处想重新讨论一下徭役制度的框架以及更徭和践更的内容，以作为本章内容的补充。

（一）汉代的徭役制度

首先对徭役制度进行整体性考察。在新资料中，《里耶秦简》为我们展示了秦汉时期徭役和兵役制度的框架。目前已被解读的简牍中有如下内容：

廿七年二月丙子朔庚寅，洞庭守礼谓县啬夫卒史嘉、假卒史谷、属尉，令曰，传送委输，必先悉行城旦舂、隶臣妾、居赀、赎责（债），急事不可留，乃兴繇。今洞庭兵输内史及巴、南郡、苍梧，输甲兵当传者多。节（即）传之，必先悉行乘城卒、隶臣妾、城旦舂、鬼薪、白粲、居赀、赎责（债）、司寇、隐官、践更县者。田时殹（也）不欲兴黔首。嘉、谷、

> 尉各谨案所部县卒、徒隶、居赀、赎责（债）、司
> 寇、隐官、践更县者簿。有可令传甲兵，县弗令传之
> 而兴黔首，[兴黔首] 可省小，弗省小而多兴者，辄
> 劾移县、[县] 亟以律令具论，当坐者言名，夬泰守
> 府。嘉、谷、尉在所县上书。嘉、谷、尉令人日夜端
> 行。它如律令。

> （《里耶发掘报告》彩版 31，J1⑯5 正面）

简牍的内容是，将洞庭郡的兵器输送至内史（咸阳）、巴郡、南郡、苍梧郡之时，名叫礼的洞庭郡守对转送、委输相关劳动者的征发命令所做出的规定，即指示迁陵县的负责吏员"传送委输，必先悉行城旦舂、隶臣妾、居赀、赎责（债），急事不可留，乃兴繇"。指示的具体内容为"乘城卒、隶臣妾、城旦舂、鬼薪、白粲、居赀、赎责（债）、司寇、隐官、践更县者。田时殹（也）不欲兴黔首"。

此处规定了洞庭郡迁陵县六类承担劳役的人群：

①县卒（乘城卒）

②县内践更者

③从其他民众中征发的繇

④司寇、隐官

⑤居赀、赎债者

⑥徒隶（隶臣妾、城旦舂、鬼薪、白粲）

首先值得注意的是，这六类人全都分别通过县的簿籍进行管理，根据郡的指示由县进行征发。乡为徭役的征发提供配合（鹫尾祐子，2009），县根据簿籍对这六种劳役进行统合并负责征发，郡守则掌握征发权。 110

在这六种人当中，④⑤⑥属于刑徒或原刑徒。问题在于对民众的征发：①县卒，②县内践更者，③从其他民众中征发的徭。①县卒是由已傅籍的正承担的兵役，并根据法律规定被定期征发（重近启树，1999b）。这些士兵由郡都尉指挥，与汉代的甲卒类似（第四章，页边码第139页）。甲卒有时会被征发去承担运输劳动等徭役。[26]②县内践更者即承担更徭（更卒）人，更徭（更卒）也是定期征发的制度性徭役。在这些制度性的兵役、徭役之外，还有③从其他民众中征发的徭，这是仅在必要时才临时征发的徭役（以下称"临时性征发徭役"）。这三种从民众中征发的徭役和兵役对应了本论中不充分的论述与推测。如③临时性征发徭役所示，《里耶秦简》的一个重大意义就在于明确了徭役的征发顺序。

关于③临时性征发徭役的征发标准，在张家山出土的《二年律令·徭律》中有如下规定：

免老、小未傅者、女子及诸有除者，县道勿敢 111

縣（徭）使。节（即）载粟，乃发公大夫以下子，未傅年十五以上者。补缮邑院，除道桥，穿波（陂）池，治沟渠，堑奴苑，自公大夫以下，……勿以为縣。市垣道桥，命市人不敬者为之。县弩春秋射各旬五日，以当縣戍，有余及少者，赎（頹）后年。兴传（？）送（？）为□□□□及发縣戍不以次，若擅兴车牛，及縣不当縣使者，罚金各四两。

（《二年律令与奏谳书》411—415号简，更改了部分句读）

这里出现的徭有三种：①徭，②徭使，③徭戍。①徭是徭役的泛称，徭使和戍卒称为徭。[27]而在这里，徭与徭使、徭戍并列，因而其意义受到限定。此处的徭指修筑和维持城墙、城壕、道路和桥梁的劳动，在征发对象上也有所限制。②徭使指用车牛等长距离运输粮食的劳动，一般来说，免老、未傅籍的青少年、女子、各类徭役免除者都在征发对象之外。然而在粮食运输上，会征发公大夫以下爵位所有者中十五岁以上未傅籍的青少年。前文所述《里耶秦简》中的武器运送，应该为汉初制度中的徭使。③徭戍也称戍边，即在边境地区轮流承担一年防卫工作的正役。而弩卒参与县里举行的春秋习射时，一个月的参与期可以代替徭戍。

综合《里耶秦简》与《二年律令·徭律》的内容，可以看出从秦统一后到西汉初期，县征发的徭役和兵役共有五种：①徭戍（戍卒），②县卒（甲卒），③徭，④徭使，⑤践更（更徭）。①徭戍（戍卒）与②县卒（甲卒）是由已傅籍的正承担的兵役，以一年为单位进行征发。⑤践更（更徭）的征发对象为男子，是以月为单位、以县为中心的地方性徭役。这些是制度化的徭役和兵役，如前文《里耶秦简》所示，即使在农忙的二月也要进行征发。

③徭和④徭使则是临时性征发徭役，即更徭和徭戍等制度性徭役的补充。它们的征发仅限于必要的时候，并且征发时各有具体的年龄、性别等限制。另外，《徭律》中有"岁上繇员及行繇数二千石"的内容（《二年律令·徭律》416 号简，载《二年律令与奏谳书》），由县统计以年为单位的、包含③徭和④徭使在内的徭役人数，并向郡汇报。根据上计制度，这一数字可能还会被报告给中央政府。

秦汉时期的徭役可以分为制度化的以一年或一个月为劳役期的兵役、力役，以及临时征发的徭役这两种。临时征发百姓时，根据法令有不同的限制，尤其是在农忙期优先征发刑徒劳动和制度性徭役劳动。

112

（二）更徭和践更

接下来将对更徭和践更的内容进行探讨。按本章所述，更徭为十五岁以上男子承担的徭役，从士农工商四民中征发。更徭的特质使其与已傅籍农民的正承担的县卒（甲卒）和徭戍（戍卒）有所不同。鹫尾祐子（2009）利用新史料，列举了乐人、工人等践更的事例，并在区分了更卒的践更与其他践更的基础上展开论述。乐人和工人的践更事例表明更徭是由达到一定年龄的社会全体男性成员所承担的徭役。有关这一点，《二年律令·史律》中有如下规定：

> □□学佴敢擅繇使史、卜、祝学童者，罚金四两。史、卜年五十六，佐为吏盈廿岁，年五十六，皆为八更。六十，为十二更。五百石以下有秩为吏盈十岁，年当脘老者，为十二更，践更。畴尸、茜御、杜主乐皆五更，属大祝。祝年盈六十者，十二更，践更大祝。
>
> （《二年律令与奏谳书》484—486号简）

此处的律规定了以下各类人的践更方式：达到一定年龄和一定官府工作年限的史和卜，附属于大祝的畴尸、茜御、杜主乐，达到一定年龄的祝，五百石以下到有秩的官吏和佐吏。

此处我想探究的问题是，因《二年律令·史律》而首次为人所知的"八更""十二更""五更"究竟是什么意思？有观点认为，这些践更方式并不是更徭的践更，而是工作的轮替制。这一观点不无问题，例如在五百石至二百石官吏之间，有县长（五百石、三百石）、县丞和县尉（四百石、三百石、二百石），那么这些地方官府的干部需要进行"八更"（八轮替制）、"十二更"（十二轮替制）吗？一个县的县长、县丞和县尉的定员各为一人（大县的县尉为两人），这难以与轮替制工作相适应，"五更"（五轮替制）自然也不可能。另外，如果是十二轮替制，一年间的工作日数为三十日。而考课的主要内容为工作日数，因此我对于佐、史等下级吏员的轮替工作制抱有疑问。

这些践更方式应该与更徭和徭役相关。这一点从前文的记述，即对史、卜、祝的学童的不正当徭使做出处罚的规定可以看出。另外，《二年律令与奏谳书》中《奏谳书》第二十一案例中，记载了名为申的廷史因为徭使而在廷尉集议中迟到的事情。[28] 廷史是廷尉府的属吏，虽然目前我们并不清楚其在秦代和汉初的品秩，但在东汉时期为二百石（《续汉书·百官志二》"廷尉"条引《汉

114

官》）。而在西汉时期，就连丞相的孩子也无法免除戍卒（徭戍）的义务（《汉书·昭帝纪》元凤四年正月条如淳注，页边码第80页）。另外，如目前所见，"二百石"的廷史也要被征发进行徭使。如此一来，五百石以下，有秩、佐、史等下级官吏被列入徭使的征发对象应该是很自然的事。这也证明了更徭是除六百石以上的高级官僚以外，所有达到一定年龄的男子应承担的徭役。

践更的劳役期为一个月。这一点从张家山出土的《奏谳书》第十七案例的盗牛案（《二年律令与奏谳书》100—123号简）中可以得到确认：被认为是共犯的名为讲的雍县乐人，因为整个十一月都在咸阳的外乐（太乐所属的下级乐官机构）践更，从而得到了不在场证明。[29]因此，"八更""十二更""五更"的含义应该是"每八个月一更""每十二个月一更""每五个月一更"。也就是说，这三种劳役方式中，"八更"是七个月的非服役期和一个月的劳役期，"十二更"是十一个月的非服役期和一个月的劳役期，"五更"是四个月的非服役期和一个月的劳役期。"八更""十二更"为针对达到五十六岁或六十岁官吏的践更规定，即一年间分劳役四十五日或三十日的优待措施。而"五更"的大祝所属的畴尸、菑御、杜主乐则未限定年龄。"五更"可以说是对青壮年服役方式的规定。如此可以联想到本论中《律说》的服役方式，其内容如下：

> 《律说》。卒践更者，居也。居更县中，五月乃
> 更也。后从《尉律》，卒践更一月，休十一月也。
>
> （《汉书·昭帝纪》颜注所引）

在本论中，我对这条史料进行了校订，并将其解释为：卒更的更是居（劳作）的意思；在县里居更（服役），（当初是）每经过五个月有一更（服役一个月），后来根据《尉律》的规定，卒的践更（义务服役）期为一个月，剩下的十一个月是非服役期。换言之，更卒制度一开始规定每六个月有一个月的义务服役期，适用《尉律》后，从每年两个月的服役期缩短至一个月。但目前看来，这一理解并不充分。

《律说》中的"卒践更一月，休十一月"与《史律》的"十二更"是一致的，即每十二个月有一个月的服役义务期。因此，问题在适用《尉律》之前对"居更县中，五月乃更"的解释。这并非如本论所说的每六个月一更的意思。更恰当的解释似乎应为"每五个月一更"，即每五个月中有一个月的践更义务期。这便是《史律》所说的"五更"。广濑薰雄（2005）已经提出过这种解释，而我也从上述理由出发，认同广濑的观点。

115

汉初之时，百姓的更徭方式与所属大祝的畴尸、酋御、杜主乐相同，通常为"五更"，即每五个月有一个月践更服役期。这样一来，达到五十六岁的史、卜、佐的践更方式为"八更"即每八个月服役一个月；而达到六十岁的史、卜、佐和达到睆老之年者，以及五百石以下有品秩官吏的践更方式为"十二更"，即每十二个月服役一个月。按顺序享受优待后，便迎来了可以免除更徭的免老之岁（无爵位的公卒是六十六岁，对应有秩的不更为六十二岁）。

如果不看具体规定内容，可以发现作为徭役的"八更""十二更"与本书第十章和第十一章所述的北周八丁兵、十二丁兵多有相同。八丁兵是一年服役四十五天，十二丁兵是一年服役一个月，它们后来转变为隋唐前期律令制的二十日岁役。汉代的更徭是否如丁兵制那样采用轮番制，目前还无法确定，但是二者在徭役承担体系上是共通的。这样一来，本章本论将《律说》中提到的汉初服役方式解释为每六个月服役一个月的说法是错误的。根据对《史律》的探讨以及广濑薰雄（2005）的解释，我将其改正为：卒更的更是居（劳作）的意思；在县里居更（服役），（当初是）每五个月中有一更（服役一个月），后根据《尉律》规定，卒的践更（义务服役）期为一个月，剩下的十一个月是非服役期。

116

根据《律说》，汉初的践更方式按照《尉律》的规定从"五更"的方式变为了最优待措施"十二更"。这一时期的变化与免老的年龄从汉初《二年律令》的六十六岁下调至五十六岁有关。本论中，我还将其与更徭的纳钱化联系起来，推测昭帝始元六年的盐铁会议是践更方式转变的契机。这一点与傅籍年龄上调和免老年龄下调的时期一道，应成为今后的论证课题。

最后的问题是践更的含义。如前介绍所说，得益于新出土的文字资料，践更相关史料成倍增加了。据我所知，目前利用这些史料的研究都将践更解释为实际的服役。《史律》的祝在大祝践更，《奏谳书》第十七案例中名为讲的雍县乐人在咸阳的外乐践更。另外，《里耶秦简》中有"践更县者"的内容。如《律说》所述，在郡县登录户籍的百姓主要在县内践更服役。属于大祝、太乐的祝和乐人等拥有特殊技能的人则在所属官府的相关机构践更。如此一来，多认为践更指直接服役。在县内践更的百姓，也应大多是亲自进行劳役。从事实上来说，践更基本与"从事劳役"同义。

然而，如鹫尾祐子所指出，践更的劳役期为一个月。但不一定刚好有适合这一个月的劳役，当没有合适的劳役时，则需要过更，即缴纳过更钱。五百石以下的官吏通常也要缴纳过更钱来过更。如本论所述，在与郭解有关的过

117

更事例中，有"每至践更，数过，吏弗求"的内容，可以看出践更在时间上先于过更。此外，《盐铁论·禁耕》记载："郡中卒践更者，多不堪，责取庸代。"践更义务的履行可以通过代役者完成。一个月的践更期与实际的服役期会有一定的时间差，并且义务践更者和实役服役者也可能不同，因而有必要区分义务服役和实际服役。这是践更与居更的存在意义。践更并非仅指直接在事实上服役。关于这一点还需要进一步探究，但姑且保持本章本论的观点。

注　释

103　1. 虽然每个观点在个别之处有所不同，但基本与服虔和滨口的观点相近，主要列举如下：西田太一郎（1950，1955）、西村元祐（1953）、米田贤次郎（1957）、楠山修作（1976，1990b）、越智重明（1976a，1976b）、山田胜芳（1978b，1986）、藤田胜久（2005c）、重近启树（1999a）。

2. 吉田虎雄（1942）第六节「徭役及び更赋」与如淳和平中的观点相近，吉田基于如淳的观点，对诸学说进行了整理。

104　此外，关于汉代徭役制度的论文，有伊藤德男（1959）。中国方面的研究可以参照本章注释1山田和重近的论文。

3. 本章注释1提到山田胜芳、藤田胜久、重近启树等人专注于研究兵役、徭役制度，他们以服虔、滨口的观点为前提，着眼于秦汉时期卒的具体劳动和编制形态、中央徭役与地方徭役的关系、算与徭役的关系及其历史变迁等方面，并开拓了新的方向。

4. 《律说》应该是在东汉时期完成的。《后汉书》卷四六《陈宠传》记载："汉兴以来，三百二年，宪令稍增，科条无限。又律有三家，其说各异。"另外，《晋书》卷三〇《刑法志》中记述了诸儒所作的律章句，即"后人生意，各为章句。叔孙宣、郭令卿、马融、郑玄诸儒章句十有余家。……天子于是下诏，但用郑氏章句，不得杂用余家"。另一方面，《史记》《汉书》各注解所引用的《律说》中，《汉书》卷一四《诸侯王表》颜师古引张晏注是唯一记载了《律郑氏说》及其作者的。《律郑氏说》是郑玄的律章句，《律说》则多集中于到东汉末期为止的律。东汉以后，有关律的解释学开始兴盛，而《律说》应存在于东汉时期。

5. 解释《论衡》所根据的是黄晖的《论衡校释》。然而关于黄晖将"一业使民"中的"业"改为"岁"这一点，我认为其中没有任何积极意义，因而还是按照原文进行解释。

6. 另有秦始皇陵刑徒墓中出土的十八件瓦文，其中也可见"居赀"一词，例如"杨民居赀武德公士契必"等（袁仲一、程学华，1980）。

7. 有关服役方式，重近启树（1999a）推测道："一年十二个月中，将成年男子作为更徭的赋役承担对象分为十二组，令他们依次轮流服役一个月。"虽然缺乏史料证据，但践更应该也有这种轮替规定。

8. 重近启树（1999a）也认为战国秦汉以后，两汉时期更徭的一般服役方式为每年服役一个月，并且承袭滨口重国的观点，认为间隔五个月轮替服役的旧制在西汉初期很快就被废止了。

9. 伊藤德男认为是每五年五个月，即平均每年一个月。

10. 云梦睡虎地秦简《厩苑律》中也有"为旱者除一更"的内容（《云梦睡虎地秦墓》图版58，80号简），表明"更"指一个义务期间。

11. 伊藤德男认为"加月"是指一年增加两到三个月。

12. 对《盐铁论》的解释主要根据杨树达《盐铁论要释》。

13. 参阅本章注释 1 的越智重明（1976a，1976b）。

14. 重近启树（1999a）认为以武帝时期为时间节点，更徭的征发权从历来的县向郡国转移，而县成为郡国之下执行公务的机关。然而，蜀郡文翁为景帝时期的事例，最晚在汉平定吴楚七国之乱而确立郡县制后，郡国就拥有更徭的编制权，但是也有在此之前就拥有此权力的可能。

15. 批准公孙弘的奏请而设置博士弟子员的诏书，可见于"为博士官，置弟子五十人，复其身。太常择民年十八以上仪状端正者，补博士弟子"（《汉书》卷八八《儒林传》）。其中"复其身"至少是针对十八岁以上博士弟子的徭役免除。这与蜀郡学官弟子免除更徭的情况相同。重近启树（1999a）对这一点做了考证。藤田胜久（2005c）认为，虽然二十三岁是更卒义务期的开始，但有必要将其与正卫义务期放在一起重新研究。

16. 重近启树（1999a）将这种临时性徭役区分为更徭之外的杂役和更徭的变役（"大徭役"）两种。

17. 有关这一点，参阅渡边信一郎（1986）第三章「分田農民論」。

18. 关于更赋还有数种见解。西村元祐（1953）认为，更赋指废除屯戍一年、力役一年制以后新设立的徭役免除钱。楠山修作（1990b）不承认"算赋""更赋"的用语本身，将其分别视为算钱、更之役和赋钱。越智重明（1976a，1976b）认为更赋有戍边之更、正役之更、更卒之更三种。山田胜芳（1989）基本认同更赋等于过更钱的观点，但他认为《盐铁论》的用法有时仍可见于东汉时期。

19. 关于这一点，山田胜芳（1975）已有所提及。但是目前山田采用的是更赋等于过更钱的观点。

20. 关于践更的东汉时期史料，有《续汉书·舆服志下》："今下至贱更小史，皆通制袍、单衣、皂缘领袖中衣，为朝服云。"疑问在于，这里"贱更"是否指践更？着朝服的贱更小史为官府最下级的吏员，指当时被冠以走卒、门更、铃下、伍伯等称呼

106

的卒。他们是被征发正役的人，与中央官府的正卫相对应。请参阅渡边信一郎（1994）第八章「小結——中国古代専制国家論」以及本书第三章。

21. 在本书第一章作为论文初次发表时，我根据滨口的观点将更赋等同于过更钱。但是根据本章探讨，我认为更赋为算赋、口赋、过更钱的统合性称呼，并将第一章的更赋全部订正为过更钱。另一个问题是过更钱的数额。以滨口重国为代表，许多学者一致认为过更钱的数额应为三百钱。但三百钱的更赋似乎难以解释更赋带给汉代人的沉重压力，因此这一问题仍待讨论。

   如前文所示（页边码第91页），《后汉书·明帝纪》永平九年三月辛丑的诏书记载，如果郡国的死刑犯在减刑后与其妻子迁居至边境地区并登录户籍，而妻子于迁居地死亡且妻子无父兄而仅有母亲时，将给予其相当于男子终身赋役免除的六万钱。根据本章的考证，如果将其与更卒之役对应，便同男子二十五岁至五十六岁大致三十年的过更钱数额相当。将六万钱平摊至三十年的话，则一年为两千钱，这是对过更钱为两千钱观点的有力旁证。

   如上，笔者虽然较为认同如淳的平贾二千钱的观点，但现在持保留态度。

22. 有关于汉代的人口构成比，参阅本书第一章注释10，以及第四章的补注（页边码第162页）。

23. 参阅藤田胜久（2005c）。另外，重近启树（1999a）根据云梦睡虎地秦简的《徭律》《厩苑律》，总结出以下劳役内容：①对县城等墙垣、禁苑的堑壕、墙垣和篱藩进行定期修筑和补缮；②县内的牛马饲养等。

24. 关于这一点，参阅本书序章以及渡边信一郎（1983）。另外，关于专制国家的阶级关系和意识形态中阶级的形成特征，请参阅渡边信一郎（1993）。

25. 关于以钱计算的租税"赋"可以由布帛等财物代替一事，请参阅本书第一章。

107

中国古代的财政与国家

117 26. 关于运送劳动，《汉书》卷九九中《王莽传》始建国二年条有如下记载："募天下囚徒、丁男、甲卒三十万人，传众郡委输五大夫衣裘、兵器、粮食，长吏送自负海江淮至北边，使者驰传督趣，以军兴法从事、天下骚动。"

27. 《说文解字》第十二篇下记载："繇，随从也。""繇"字的意思并非主动性活动，而是被动性活动。徭指更徭、徭戍和徭使等包含兵役、力役在内的强制义务劳动。尹湾汉墓出土五号木牍《东海郡吏员考绩簿》中记载了县尉、县丞等东海郡所属各县的长吏在郡外出差的情况，以"右十三人繇"一并记载。这也是将徭使表述为徭的事例（本书第四章）。另外，《史记》卷一一一《卫将军骠骑列传》记载："减陇西、北地、上郡戍卒之半，以宽天下之繇。"此处也将戍卒（徭戍）称为徭。

28. 《二年律令与奏谳书·奏谳书》第二十一案载："今廷史申繇使而后来，非廷尉当，议曰，当非。"（180—196号简）

29. 《二年律令与奏谳书·奏谳书》第十七案载："今讲曰，践十
118 一月更外乐，月不尽一日下总咸阳，不见毛。……毛曰，十一月不尽可三日，与讲盗牛，识捕而复纵之，它如狱。讲曰，十月不尽八日，为走马魁都庸，与偕之咸阳，入十一月一日来，即践更，它如前。"（105、106、110、111号简）

补注　2010年6月25—26日，在本书的再校大致完成之时，我参加了在韩国首尔市成均馆大学举办的中国中世史学会第五届国际学术会议。在25日的会议中，杨振红以"松柏西汉墓簿籍牍考释"为题做了报告。杨振红利用2004年底出土于湖北省荆州市荆州区纪南镇松柏村的三件木牍考察了汉代的赋役制度。这三件木牍于西汉武帝早期的M一号墓中被发掘。杨振红将47号木牍称为"南郡更卒簿"，就更卒制度展开了精彩论述。我期待论文公开发表之后，对其进行更具体的探讨。

在杨振红介绍的47号木牍中记载了南郡十七个县（侯国）的各县卒数、更数以及更人数。从中可以看出整个南郡一

个月用卒 2179 人（"月用卒二千一百七十九"）。更数中有三更、四更、五更、六更、七更、九更，并由各县规定更数。采用三更的县最多，一共有十个。如果将这一木牍当作更卒簿，并且从更的单位服役期为一个月以及更卒的更（轮替）等实际情况来看，除本章所探讨的"五更""八更""十二更"以外，还有多种更的轮替形式。例如三更是将卒编为三组，每三个月一更，即一年服役四个月。而四更为每四个月一更，即一年服役三个月。各县是以什么样的标准来采用更数，并且一年四个月的服役规定在实际中是否真的可能实现，这些都还未知。然而，如果将这一木牍中的记载作为与更卒制度相关的具体事例来看，可知在采用《尉律》以前，更卒轮替方式的多样性超乎我们想象。这批共六十三枚的木牍中，目前仅有四枚公布，因此整体情况还无法知晓。我期待日后配合天长简牍等资料，对这些简牍进行正式考察。

第三章　汉《鲁阳正卫弹碑》小考

——以正卫、更贱为中心

前言

　　在第二章中，我对汉代地方徭役中的更卒、更徭进行了考察。汉代的农家男子在年满二十三岁后，经过傅籍手续被称为"正"。[①]除更徭以外，他们要担任一年卫士，前往首都负责宫殿和官府的警备工作；还要担任一年的戍卒，参加边境警备工作（徭戍），或作为材官、轻车、楼船等负责地方郡县的军事勤务（甲卒）。正役虽以兵役为主体，但不仅限于此，中央和地方官府中最底层的吏员也会承担正役。特别是在东汉初期，建武七年（31）废除边境郡县以外地区的地方军之后，内地郡县的兵役负担减少，正卒基本由地方官府的最底层吏员担任。但有关承担

---

　　　　① 　傅籍者统称正卒。——译者注

正役的地方吏员的实际状况，尚未得到充分阐明。

汉代石刻中有一系列碑文总称为"正卫弹碑"。关于这些以"弹碑"和"弹（单）"为媒介结成团体的习俗，籾山明（1986）和俞伟超（1988）已有专论对其进行了详细的讨论。我对籾山明有关"弹（单）"的探讨并无质疑，但在俞伟超所举弹碑之中，有一方籾山明未能举出的《鲁阳正卫弹碑》。该碑文提到了有关正卫和更贱的内容，可以为考证东汉正役的实际状况及官府运作提供新的线索。但是，俞伟超对鲁阳碑正卫、更贱的理解存在些许问题，需要再加探讨。本章将介绍《鲁阳正卫弹碑》，以其中涉及正卫、更贱的语句为线索，考察构成东汉官府行政最底层的正卒，以阐明处于解体过程中的正役的实际状况。

120

一　关于《鲁阳正卫弹碑》的介绍

《鲁阳正卫弹碑》在 1934 年被发现于河南省鲁山县琴台。据许敬参（1936）所述，该碑残石高四尺四寸，宽一尺四寸二分。因该碑上下部及左侧残缺，故不知碑文标题和立碑时间。现存碑文共有十行，残缺导致每行剩余文字字数不等。如照片中碑文拓本与图纸所示，残石在中央稍下部断裂为两块（图 1）。字体为工整的隶书，由碑

文内容可以判断其年代为东汉后期至末期。据俞伟超
（1988：138）所述，该碑现藏于河南省南阳汉画馆。

图1　汉《鲁阳正卫弹碑》

鲁山县即汉代南阳郡鲁阳县。为区别于其他一系列的
正卫弹碑，在此将该碑称为《鲁阳正卫弹碑》（以下简称

《鲁阳碑》）。首先参照许敬参和俞伟超所作释文，将碑文内容移录如下：

（1）……□□□储。不得妄给他官。君不得取。臣不……

（2）……卑赴其身。历世受灾。民获所欲。不得出赋。官吏……

（3）……府文于侧。纪弹之利。其辞曰。

（4）……弹。国服为息。本存子衍。上供正卫。下给更贱。民用不□。□□

（5）……用□□。防彼君臣。贪婪放散。歃血誓之。浊秽革惮。费小功大。　121

（6）……身。清激□人。举国以安。咸用殖殷。立勋此国。不朽令闻。

（7）……阳淳于翁汉成　阳泉乡啬夫韩牧

（8）……昙　左尉沛国虹赵术德祖　都乡啬夫尹□

（9）……芳君直　右尉河东蒲坂孙□登高　唐乡啬夫张间

（10）……陈　别治掾赵存　瞿乡啬夫□□

因为石碑已经残缺，故而难以知晓碑文的全部内容。

中国古代的财政与国家

但是从碑文的第四行至第六行可知其主要内容如下：①结成弹（即团体）；②团体成员在某种营生中获利；③团体成员据此履行正卫、更贱的义务，以此实现地方社会的安泰及富裕。

首先要探讨的问题是结成弹的主体人员构成。根据主体人员的不同，对碑文内容的理解会产生根本性的差异。我以为，《鲁阳碑》结弹的主体应是第七行至第十行罗列的鲁阳县令以下的左右尉、别治掾、乡啬夫等底层吏员。虽然县令的姓名因为碑文残缺而没有保存下来，但第七行的淳于翕、第八行的昙、第九行的某芳、第十行的陈应该是人名或者表字。他们的名字在文中被列于左右尉之上，应是县令、县丞等县中官员。

我认为，结成弹的主体人员应是县令以下的左右尉、别治掾、乡啬夫等底层吏员。这一判断的理由如下。首先，由后来发现的《侍廷里父老僤买田约束石券》可知，弹的成员会被列于碑文末尾。其次，内容几乎相同的中平二年（185）《昆阳都乡正卫弹碑》（《隶释》卷一五，以下简称《昆阳碑》）中，可见以宋国宁陵县出身的县令某俻为中心"结单言府"，碑末虽然残缺，但仍可见其中列有结成弹的尉曹掾、尉史、有秩等人。《鲁阳碑》第三行中的"府文于侧。纪弹之利"显然说明结弹对郡府有利。第五行的"防彼君臣。贪婪放散。歃血誓之。浊秽

122

革惮"表明县令与左右尉、掾、乡啬夫之间上下级关系
的厘清和革新。从这些方面来看，《鲁阳碑》与《昆阳
碑》同样显示了弹是以县令以下的官吏为成员的。通过
结弹形成的团体对地方官府内部的君臣关系进行革新，这
一现象值得注目。

　　接下来的问题是，该团体以何种营生获得收益。解决
这一问题的关键在于如何理解第四行记载的"国服为息。
本存子衍。上供正卫。下给更贱"。如俞伟超（1988：
148）指出的那样，"国服为息"应是出自《周礼·地官
司徒》"泉府"条："凡民之贷者，与其有司辨而授之，
以国服为之息。"其意为百姓向官府借贷时，由相关部门 123
的官吏酌情批准，而百姓以"国服"的方式缴纳利息。

　　汉末对"国服"的解释共有两种。郑司农认为，借
贷方将国家投入商业的产品作为利息。与此相对，郑玄将
其解释为借贷方将本应义务缴纳给国家的租税作为利息。[1]
实际上，郑玄的理解更接近《周礼》。但是就《鲁阳碑》
来说，郑司农的解释更加贴切，其理由在于《鲁阳碑》
第十行的别治掾。在《周礼》中，泉府的职责之一就是
将自市场获得的租税收入作为本金，收购并储存市场中滞
销的货物，以备不时之需。有关这些买卖，《周礼》规定
"都鄙从其主"。[2]郑司农将这里的"主"解释为"主者别
治大夫也"。不可否认的是，《鲁阳碑》中的别治掾即

《周礼》"泉府"条中郑司农所注的别治大夫。因此可知，负责阳泉乡、唐乡、瞿乡等县城内都乡与城外离（鄙）乡官物借贷和利息收取的应是别治掾。

若将以上理解作为前提，那么《鲁阳碑》中与国服有关的内容可以被理解为：别治掾作为直接负责人，将县中财物借贷给都乡、离乡的百姓，百姓运用这些本金获得收益后，以实际产品的形式缴纳利息。

最后要探讨的问题是，若以此利息为本金，那么正卫、更贱的义务是如何履行的。关于这一点，从残存碑文之中不能直接得到答案。中平二年《昆阳都乡正卫弹碑》中可见"愍夫徭役之不均，……于是乎轻赋口敛，调口口富。结单言府。班董科例。收其口口口口之目，临时慕口，不烦居民"的记载，[3]并得到了郡太守王环、郡丞华林的许可。此处记述了从徭役向雇佣劳动的转变，这是为了解决因贫富阶层分化而产生的徭役赋课不均问题。如山田胜芳指出的，在徭役中作为地方徭役的更卒之役在西汉后期成为赋税，而以兵役为主的正役也在进入东汉后逐渐劳役化，并于东汉末年转变为雇佣劳动关系，最终趋于解体（山田胜芳，1986）。从《鲁阳碑》的情形来看，可以认为，正卫、更贱的义务是通过以所得利息来雇用劳动力而履行的。更进一步的问题是，濒临解体的正卫、更贱义务究竟向我们传递了怎样的信息。

二　正卫与更贱

《鲁阳碑》第四行记载"上供正卫。下给更贱"，即以向民间贷予官物获得的利润为财源，来履行正卫和更贱的义务。由于更贱的"更"字处在碑石的断裂位置，所以在照片之中难以确定这个字，此处遵循了实地看过碑拓的俞伟超的释文。接下来的讨论之中，其正确与否应当可以得到确认。

正卫、更贱之中，关于正卫可以说不存在问题。正卫是乡户籍（户版）所登记的人之中，经过了傅籍手续的二十三岁至五十六岁的农家成年男子所承担的正役这一义务中的一项，即在履行义务期间，有一年需在首都作为卫士负责警备护卫工作。[4]关于更贱则存在些许问题。俞伟超（1988：150）认为更贱就是更卒，将正卫和更卒解释为同属官府的部曲（士兵），并认为《鲁阳碑》中的内容展现了向募兵制转变的趋势。关于这一点我持有不同意见。

如同前文所述，更卒是汉代社会男子所负担的地方徭役，在西汉后期以后遵循缴纳过更钱这一原则，与算赋、口赋一起被统称为更赋（本书第二章）。如此，在东汉后期至末期更卒就不可能成为问题，更不能单纯地把它理解

125

为士兵。那么，更贱的实际情况究竟如何？

关于更贱的实际情况，可见于《续汉书·舆服志下》。在《舆服志》中，对官吏出仕时的着装进行了如下说明：

> 今下至贱更小史，皆通制袍、单衣、皂缘领袖中衣，为朝服云。

《鲁阳碑》中的更贱，应是这里所说的贱更小史。更贱之中的"更"字是在一定期间内进行轮替的意思（本书第二章）。更贱就是从属于汉代诸官府，轮番执行勤务的最底层小吏。

如同前文所考察的，汉代诸官府由三层官吏构成。[5] 上层是皇帝任命的主官和副官，其次是由主官任命的、从事文书工作的属官，构成官府最底层的则是负责"给趋走使令"（《群书治要》卷四六所引徐干《中论》）的卒。比如下列事例：东汉刘平担任全椒县长时，"举孝廉，为全椒长。使掾、吏、卒，五日一来治所，余日令各就农桑"（袁宏《后汉纪》卷九《明帝纪》永平三年条）。[6] 可知县厅舍之中除掾史等属吏之外，另有卒来负责县中行政的琐碎之事。这些县卒的具体形象可以汉末曹魏时期的黄朗为例得知。黄朗的父亲是"本县卒"，经过发奋游学，历任长安令、涿郡太守等职。黄朗本人在担任官府之长的时候"始朗为君长，自以父故，常忌不呼铃下、伍伯，而呼其姓字"（《三国志》卷二三末裴注引《魏略》）。很明显这里的铃下、伍伯就是卒的称谓。

另外，《续汉书·舆服志上》记载了与铃下、伍伯相关的其他属官"武官伍伯，文官辟车。铃下、侍阁、门兰、部署、街里走卒，皆有程品，多少随所典领"。在这些走卒之外，还有亭长之下的亭卒[7]、负责传达公务的侍曹[8]、奔走跑腿的白衣[9]、郡府的门卒[10]、街卒[11]等，他们共同构成了官府的最底层。更贱小史，如《汉书》卷七二《两龚传》中颜师古对白衣所做注释"给官府趋走贱人"所表现的，相当于唐代诸官司之中配属的色役、亭长与掌固等流外官下层的番官。

更贱作为汉代统称为卒的官府最底层吏员，从"卒"这一称呼就可以看出，他们是被强制征发来履行义务的普通百姓。在参照郑玄基于对汉代官府组织形式的理解来给《周礼》做出的注释之后，可以更加透彻地明白这一点。《周礼》中的官府，以王臣—府、史—胥、徒这三个阶层构成。郑玄的注解是，其中王臣相当于汉代二百石以上的命官；"凡府史皆其官长所自辟除"，府、史相当于百石以下的斗食、佐史等秩的小吏、属吏；胥、徒"此民给徭役者，若今卫士矣"。[12]此外，郑玄又在《驳五经异义》

126

中认为"郑驳之云,《周礼》是周公之制,《王制》是孔子之后大贤所记先王之事。《周礼》所谓皆征之者,使为胥徒给公家之事,如今之正卫耳"(《礼记·王制》正义引)。卒为官府最底层的吏的统称,相当于《周礼》中的胥、徒,与官长任命的属吏阶层不同,是强制征发履行正役的百姓。

另外,更贱小史(官府的卒)所承担的劳务是在官长出行之时承担导从、传达公务、奔走跑腿、官府警备护卫等工作,与更卒中的道路、治水工事等单纯的劳役(更徭)有本质区别。并且,东汉时期更卒的义务已经变成了一种赋税。由此也可以想见,承担正役的正是官府中的卒。《鲁阳碑》第四行中"上供正卫。下给更贱"的意思是在中央官府履行卫卒(卫士)的义务,而在地方官府则履行更贱小史(官府的卒)的义务。更贱构成了与卫卒相对的地方正役的一部分,其劳役满足了官府行政对劳动力服务方面的需求,不会单纯地随着兵役的消解而不复存在。

东汉初期的永平(58—75)、章和(87—88)年间,便有地方州郡实行"以走卒钱给贷贫人"。[13]此处的走卒钱除了是走卒义务的免役钱以外不做他想。走卒钱的征收对应这些官府的卒因强制征发而履行的正役,同时表明自东汉初年以来,这项制度已经开始走向解体。《鲁阳碑》勾勒了东汉后期至末期，正卫、更贱转变为雇佣劳动，正役最终迎来解体的画面。

结语

建立《鲁阳碑》的目的在于，将县中财物贷予民间，以其中所获利润作为财源来雇用劳动力，农家成年男子负担正役，作为卫卒履行对中央的义务，而作为更贱小史（官府的卒）来履行地方上的义务。因此以弹（单）为媒介结成团体，试图达成包括县管辖下离乡啬夫阶层在内的县级官府组织的重构，从而有必要革新县令与作为其部下的属吏阶层之间的君臣关系。

最后，将以从《鲁阳碑》得到的启示作为今后深化讨论的几个论点列举如下。第一，作为官府最底层的小史（卒），他们与由官长辟除的属吏阶层不同，是承担徭役的普通百姓。这些官府的卒在六朝至隋唐时期成为色役、番官，不久之后演变为胥吏阶层的组成部分。作为解决晋代士伍问题的一个关键点，其演变过程值得深究。

第二，弹（单）不仅是地方乡村结成团体的习俗的体现，也是调节国家诸多机构内部社会性结合的媒介。它与官府内部的上下关系并存，作为能够革新此上下关系的具有普遍性的社会性结合而出现。它的存在究竟具有何种

128

意义，有必要在籾山明、俞伟超研究的基础上再加以深化。

第三点是官府具有的经济机能。将官物贷予民间收取利润作为财源这一行政手段，与隋唐时期的公廨钱有所关联。在具体探究官府经济机能的同时，必须阐明这些作为经营实体而存在的诸官府所体现的国家特质。

注　释

1. 《周礼·地官司徒》"泉府"条"以国服为之息"有注曰："郑司农云：'……以其所贾之国所出为息也。假令其国出丝絮，则以丝絮偿，其国出缔葛，则以缔葛偿。'玄谓，以国服为之息，以其于国服事之税为息也。"

2. 《周礼·地官司徒》"泉府"条载："泉府掌以市之征布，敛市之不售，货之滞于民用者，以其贾买之物，楬而书之，以待不时而买者。买者各从其抵，都鄙从其主，国人郊人从其有司，然后予之。"

3. 关于《昆阳碑》，参阅籾山明（1986）。

4. 关于正卫，已有许多前人研究，如山田胜芳（1986）、志野敏夫（1984）。关于傅籍，参阅渡边信一郎（1994）第二章「『吕氏春秋』上農篇蠡测」。

5. 参阅渡边信一郎（1994）第八章「小结——中国古代專制国家論」。

6. 此事是对汉代官吏五日一休沐这一规定的颠覆，也是刘平振兴农业的一个广为人知的特别举措。关于五日休沐制度，可见

《汉书》卷四六《万石君传》："建老白首，万石君尚无恙。每五日洗沐归谒亲。"颜师古注："文颖曰：'郎官五日一下。'"

7. 《汉书》卷一《高帝纪上》记载："高祖为亭长，乃以竹皮为冠，令求盗之薛治，时时冠之。"颜师古注："应劭曰：'……求盗者，亭卒。旧时亭有两卒，一为亭父，掌开闭扫除，一为求盗，掌逐捕盗贼。'"

8. 《汉书》卷九二《陈遵传》记载："并入公府，……又日出醉归，曹事数废。西曹以故事适之，侍曹辄诣寺舍白遵曰：'陈卿今日以某事适。'遵曰：'满百乃相闻。'"

9. 《汉书》卷七二《两龚传》记载："……尚书使胜问常，常连恨胜，即应曰：'闻之白衣，戒君勿言也。奏事不详，妄作触罪。'胜穷，亡以对尚书。"颜师古注："白衣，给官府趋走贱人，若今诸司亭长掌固之属。"

10. 《汉书》卷七六《韩延寿传》记载："延寿尝出，临上车，骑吏一人后至，敕功曹议罚白。还至府门，门卒当车，愿有所言。延寿止车问之，卒曰：'……'延寿举手舆中曰：'微子，太守不自知过。'归舍，召见门卒。卒本诸生，闻延寿贤，无因自达，故代卒，延寿遂待用之。其纳善听谏，皆此类也。"

11. 《后汉书》卷八一《范式传》记载："友人南阳孔嵩，家贫亲老，乃变名姓，佣为新野县阿里街卒。式行部到新野，而县选嵩为导骑迎式。"

12. 《周礼·天官冢宰》"府六人，史十有二人"条郑玄注曰："凡府史皆其官长所自辟除。"另有"胥十有二人，徒百有二十人"条郑玄注曰："此民给徭役者，若今卫士矣。"

13. 《后汉书》卷五八《虞诩传》记载："诩上疏曰：'……寻永平、章和中，州郡以走卒钱给贷贫人（李贤注：走卒，伍伯之类也），司空劾案州及郡县，皆坐免黜。……'"

第四章　汉代国家的社会性劳动编制

前言

131　　秦汉时期，国家通过对来自各方劳动力的编制来维持社会的运转，并试图通过社会再生产来贯彻国家的统治与支配。故而在考察秦汉时期的国家与社会形态时，揭示用于实现国家支配与社会再生产的劳动及其社会性组织形态的特性，就构成了这一研究领域的基本问题。

　　在考察劳动的组织编制时，有必要区分出两个层次。一个是诸如农业、手工业等在劳动经营内部进行的个体劳动过程中的劳动编制。这种劳动编制通常由一家之长或经营主来指挥，其劳动所得首先为其经营个体所得并消费。这些劳动的指挥与编制属于私人（私营）领域，通常而言政治并不介入。另一个是超越了个体经营的、于社会层面上被编制起来的劳动。这种劳动通常是由共同体、地方权力甚至国家权力组织起来的。诸如水利设施、通信设施、道路、土木工程等超越了个体与家族经营的劳动编制，其存在基于必要的社会劳动，故而需要政治的介入以调整组织过程中的相互利害关系。此种劳动编制通常也会被制度化。本章想探讨的便是后者，即社会层面的劳动编制。[1]

132

秦汉时期，在支撑国家支配与社会再生产的劳动中，占据核心地位的是徭役劳动。这也是迄今为止学界最为关注的领域，且积累了大量研究成果。但若仅仅关注徭役劳动，那么我们就难以充分理解国家主导的劳动组织的总体特点及其对国家支配和社会再生产整体起到的作用。例如，规模格外庞大的西汉帝陵建造在国家主导的劳动编制中十分具有代表性，《太平御览》卷五五六所引《皇览》记云："发三河、三辅、近郡卒徒十万数，复土。"由此可知，数以十万计的卒（徭役劳动）与刑徒劳动是从以首都长安、洛阳为核心的诸郡被跨区域组织起来的。再比如成帝昌陵邑的营建，按《汉书》卷七〇《陈汤传》记载，其劳动者的构成为"卒、徒、工、庸，以钜万数"。在帝陵的营建中，达到数十万人规模的徭役劳动、刑徒劳动、技术劳动和雇佣劳动被跨区域地征发、组织起来。故而如果仅仅关注徭役劳动，那么我们就无法充分认识国家劳动编制的整体情况，以及通过它达成的国家支配和社会再生产的特质。

在徭役劳动、刑徒劳动、技术劳动和雇佣劳动中，帝陵营造的代表性劳动形态——徭役劳动与刑徒劳动因尤其重要而被《皇览》特别记录下来。这不仅是因为其构成人数众多，且为国家主导的强制劳动，也因为其劳动形态构成了这一时期国家支配与社会再生产的基干。在人数众多的强制劳动形态中，除却徭役劳动与刑徒劳动，还有中央政府及各官府集中储备的大量官奴婢劳动。据我粗略计算，西汉后期的一年间共有一百五十万人承担徭役劳动，数十万人承担刑徒劳动，十数万人承担官奴婢劳动。这三大强制劳动涉及的人口总数可达二百万。

除却主要集中在中央政府的官奴婢劳动，徭役劳动与刑徒劳动大致会被分派给地方各郡县。随着郡县级别的地方劳动、中央劳动与跨越数郡的大区域劳动三个层面的劳动需要，这三大强制劳动在中央政府和地方政府的指挥下被组织起来，其承担者通常被充作单纯的劳动力。在强制劳动无法满足上述劳动需要之时，便由雇佣劳动来补充。单纯劳动力则在接受官吏监督的技术劳动者（工）的技术指导之下从事各种劳动。

本章试图通过对中国古代三大强制劳动方式——徭役劳动、刑徒劳动以及官奴婢劳动——在国家层级上编制形态的考察，来阐明秦汉时期的国家支配与社会再生产的情况和特征。

一 徭役劳动及其编制

（一）内徭与外徭

让我们从三大强制劳动的中坚劳动形态，也是涉及人数最为庞大的徭役劳动开始考察。秦汉时期史料中的"徭役"具有多重含义。[2]所谓徭役，指的是从登录于户籍的国家基本成员——编户与百姓中征发的卒所完成的各种义务劳动。其中不仅包括作为地方性力役的更徭（更卒），还有以边境警备为主的戍卒（徭戍），保卫中央政府及各官府的卫卒（卫士），以及以走卒为代表的中央、地方官府的基层官吏。

从汉代徭役劳动形态中可以看出以下特点：一是力役、兵役、吏役三者尚未分离；二是相当于唐代二十日正役的充作中央政府劳动需要的中央力役尚未分离出来。诚如各家研究所指出的，这一时期的兵役、吏役、中央力役、地方力役尚混为一体。但是这并不意味着此时的徭役是毫无秩序的。汉代的徭役是在一定理论划分之下被制度化的，其中最主要的划分就是内徭与外徭。

134

比如《史记》卷二五《律书》记载，文帝时期，为实现对匈奴的和平政策，"故百姓无内外之繇，得息肩于田亩"。这说明了"内外之繇"的存在。此外，元帝永光三年（前41）冬恢复了盐铁官与博士子弟的定员，而其理由是："以用度不足，民多复除，无以给中外繇役。"（《汉书》卷九《元帝纪》）此处的"中外繇役"与《律书》中的"内外之繇"相同。问题是，内外（中外）如何区分。

陈直（1979：68）将《史记·律书》的"内外之繇"解释为"汉时更卒、正卒，谓之内繇，戍卒谓之外繇"，并指出参照了《汉书》卷二九《沟洫志》的"卒治河者为著外繇六月"。但是陈直并没有进一步论证更卒、正卒与内繇，仅仅列举了外繇的用例。所谓戍卒，指二十三岁到五十六岁的男子（即正、正卒）在其义务期间所服的一年兵役。故而陈直这种将正卒与戍卒截然分为内外的理解是不可取的。关于正卒与戍卒的区别与关系，有必要重新进行更具体的考察。

陈直将戍卒视作负责边境警备的兵役，将外繇理解为外边的繇役。戍卒的职责确为负责边境地区的警戒工作。对于陈直所参照的《汉书·沟洫志》"卒治河者为著外繇六月"，三国时期的魏人如淳、孟康以及唐人颜师古的注释亦持相同观点。在解释外繇时，如淳参考了

《律说》中戍边的相关规定，孟康指陈"外繇，戍边也"，颜师古则将其比为"繇戍"。[3]此三说一致将外繇视为一年更替制的守备边境的戍卒（戍边、繇戍，关于这一点后文详述）。外繇之中确实包含一年交替制度的戍卒。

但是，不仅是边境地区的警戒工作，戍卒还要负责首都长安的警备工作。高祖七年（前200）十月，在刚落成的长乐宫举行的初次元会仪礼上，据《汉书》卷四三《叔孙通传》所载，参加者中即有"廷中陈车骑、戍卒、卫官，设兵张旗志"。此外，据《汉书》卷七四《魏相传》所载，"河南卒戍中都官者二三千人"曾申请延长一年的义务期。得以参加元会仪礼并负责长安中央诸官府警备工作的河南郡戍卒，便是一年更替制下每年从诸郡派往长安并负责中央诸官府警备工作的卫卒。对于一直以来被认为并无"内外之繇"的文帝治世，贾山叙述道："陛下即位，……减外繇卫卒，止岁贡。"（《汉书》卷五一《贾山传》）加之昭帝元平元年（前74）二月的诏敕云，"天下以农桑为本。日者省用，罢不急官，减外繇，耕桑者益众，而百姓未能家给，朕甚愍焉"，并进一步指示要降低口赋钱的额度。上溯此处"减外繇"的措施，仅有始元四年（前83）七月诏中的"诸给中都官者，且灭之"一例。所谓"给中都官者"，便是负责中央诸官府警备工作的卫卒。以诏敕为权威依据，卫卒显然是被视为外徭的。

如上所言，不仅是边境地区的警备工作，成卒还要负责中央诸官府的警备工作。负责中央诸官府警备工作的成卒、卫卒则被称为外徭。由此可知，"中外徭役""内外之徭"的"中" "内"并非指中央或内地，而外徭的"外"也并非专指边外、边境地区。

若要将负责中央诸官府警备工作的成卒、卫卒合理解释为外徭，则此处的内外、中外必须理解为郡内郡外、郡中郡外。至于内徭，目前欠缺能够指陈其具体情况的史料。毕竟不同于外徭，徭役本就是在郡县内部编制而成的，因而其情况本身是不言自明的。在考察汉代的徭役编制之时，必须时时留意徭役编制的根基是地方郡县，[4] 而非以中央政府或国家的内外作为基准。在汉代人的意识中，判断徭役的基准是自身所在的郡县。在郡县内部即可完成的徭役是内徭（中徭），而首都长安的徭役也好，边境地区的徭役也好，都是需要在郡外履行的，因此是外徭。下文便以这种内外徭的区分为基准，就汉代的徭役劳动展开考察。

（二）郡内徭役——更徭与正徭

在整个两汉时期，朝廷都设置了郡（国）作为地方的上一级统治机构。西汉后期以后，郡国的数量稳定为百

余个。郡内编制而成的徭役中，有被称为更徭（更卒）
的力役与被称为正（正徭、正卒）的主要承担郡内兵役、
吏役的徭役。首先让我们从更徭（更卒）开始探讨。[5]

更徭是由十五岁至五十六岁男子所承担的力役，以一
更一个月为劳动单位编制而成。[6]至西汉昭帝时期为止，更
徭的义务服役周期为五个月中有一更一月，即一个月的义
务劳动期加上四个月的休息期。[7]但以昭帝始元六年（前
81）的盐铁会议为契机，编制方式改为十二个月一更。
此后，一年一更的更卒制度一直持续到东汉末期。　　　137

在履行一更一月的劳动义务之时，具体而言，更徭又
有践更、居更、过更三种形态。践更指的是在轮到一更一
月的义务期时承担劳动义务，而以雇佣劳动的形式雇用他
人完成劳动义务是被允许的。践更期间在本籍地所在县内
亲自履行劳动义务则是居更。出于某些理由并不实际服役
且超过义务劳动期的，则被称为过更，需缴纳过更钱
（更钱）。可以推测，如果一个月的践更期间有未从事劳
动的日子，则会依其天数征收过更钱（更钱）。

此外，随着昭帝始元六年更卒制度的改定，一更一月
的更徭义务原则上转变为过更钱（更钱）的缴费模式，
特别是如果没有被实际征发徭役，通常情况下则以纳钱缴
费的方式履行义务。由此，过更钱（更钱）便与其他缴
费式人头税，即口钱（口赋，由七岁至十四岁的男女承

担，一年二十三钱）、算钱（算赋，由十五岁至五十六岁的男女承担，一年一百二十钱）一起统称为更赋。

从西汉后期到东汉，国家登记在册的总人口数约为五千万至六千万。承担更徭的是十五岁到五十六岁的男子，假设登记人口的一半为男子，则全国约有共二千五百万至三千万男子。我们再假设这些男子中有 60% 为十五岁至五十六岁的更徭承担者，那么全国的更徭承担者总数可能会达到一千五百万至一千八百万。如果把这个数量应用到一年一更的更卒制度上，那么其总劳动人数约可达到每月一千五百万至一千八百万，一百二十五万至一百五十万则是整年从事更卒劳动的劳动人数。[8] 若就各郡而言，则构筑起了一个能够保持约一万数千人更卒动员量的体制。

近年来的一个争论点是女子是否承担更徭。关于这一点，甘肃省武威市旱滩坡墓葬出土的东汉后期木简上记有"民占数以男为女，辟更繇，论为司寇"（钟长发，1993）。[9] 这一规定几乎可上溯至西汉时期，由此可知女子并不负担更徭。不过，女性承担各种徭役的事实可以在其他史料中得到确认。因此，构成更徭核心的应是男性，而女性徭役是被临时编制起来的，并未在制度中固定下来。[10]

在郡内被编制起来的徭役中，除参与治水、土木工程等单纯劳动的更徭以外，还有被称为正（正徭、正卒）

138

的徭役编制。汉代有"民年二十三为正，一岁而以为卫士，一岁为材官骑士"（卫宏《汉旧仪》，孙星衍校）的记载。二十三岁至五十六岁男子（正）所承担的代表性徭役是同样为期一年的卫士，以及材官、骑士等地方兵役。外徭的卫士将在后文详述。内徭中需要考察的是为期一年的材官、骑士的兵役。

汉王朝从立国伊始便设有在首都长安编成的南北二军（中央军）与在各郡国编成的地方军。构成地方军的主要兵种便是材官与骑士。其以"汉兴，……天下既定，踵秦而置材官于郡国，京师有南北军之屯"（《汉书》卷二三《刑法志》）而设立，武帝平越时又增设了楼船兵。统筹指挥这些地方军的便是郡都尉（王国为中尉）。

东汉建立不久后这些地方军便被废止。首先，光武帝建武六年（30）八月废止了内郡的郡都尉，紧接其后，次年建武七年三月又以诏敕废止了边郡的地方军。关于其理由，《后汉书·光武帝纪》云："今国有众军，并多精勇，宜且罢轻车、骑士、材官、楼船士及军假吏，令还复民伍。"《后汉书·光武帝纪》李贤注所引《汉官仪》中，在叙述高祖命天下郡国设置轻车、骑士、材官、楼船后，又说这些军士"各有员数",[11]可以认为这些材官、骑士有定员限制且在编籍时与民籍有所区分，其与军假吏被同时废除即旁证。若如此说，那么《汉旧仪》中材官、骑士

139

通常为成年男子在三十三年义务期内需承担的为期一年的兵役的记述是否有误呢？

《汉旧仪》的记述并无错误。武帝于元光二年（前133）在马邑谷的对匈奴伏击战中虽然动员了"车骑、材官三十余万"，但最终因为被匈奴单于察觉而以失败告终。武帝在其后的作战总结中提到了"发天下兵数十万"（《汉书》卷五二《韩安国传》）。这数十万的轻车、骑士、材官并不都是军吏。我们假定武帝时期登记在册的总人口有五千万，其中男子占半数，有二千五百万人。若二十三岁至五十六岁的男子占其中的 50%，则有一千二百五十万人。义务期的三十三年中有一年的兵役期，故而平均下来一年约有三十八万人的现役部队。虽然这不过是个概数，但可以认为马邑伏击战中动员的轻车、骑士、材官，基本上已经是国家能够动员起来的所有兵力了。可以想象，身处三十三年义务期中而被征发服役一年的兵士们除轻车、骑士、材官、楼船军外，还作为卒被编制起来并接受军吏的指挥。而轻车、骑士、材官这些有定额的军吏，或从卒之中被选拔出来，或自愿成为职业军人。[12]

作为卒被征发的兵士一般称为甲卒。统筹郡（国）一级军事的是郡都尉（在王国则为中尉）。《汉书》卷一九《百官表》上载郡都尉的执掌云："佐守典武职、甲卒。"则甲卒明显是一般兵士在被编制成为轻车、骑士、材官、楼船之前的称呼。

甲卒见于各种史料，而徭役制度下的甲卒有以下一 140
例。建元元年（前140）二月，武帝以大赦之恩，除赐民
爵一级外，还有"年八十复二算，九十复甲卒"之事
（《汉书·武帝纪》）。这是为了方便百姓照顾老人而免除
其家人的租税负担。此处所见的甲卒明显与兵役免除相
关，是郡都尉统领的地方军兵卒。

还有一例，是晁错给文帝的进言，即"今令民有车
骑马一匹者，复卒三人。车骑者，天下武备也，故为复
卒"（《汉书·食货志上》），此处所见的卒，颜师古注引
如淳之说首先叙述了其自身的观点，即"复三卒之算钱
也"，其后又引别家之说，记云"或曰，除三夫不作甲卒
也"。所谓"复卒"并不是指算赋的免除。女性也要承担
算赋，因此如若免除算赋，当如武帝建元元年之例，即写
作"复算"。此外，有名的居延汉简"礼忠简"中有"用
马五匹直二万"（37.35），由此可知一匹服役用马值四千
钱，而三人头的算赋也不过三百六十钱，尚不足马钱的十
分之一。由于晁错"车骑者，天下武备也，故为复卒"
这一对"复卒"理由的明确表述，如淳所引"或曰"中
将卒视为兵役（甲卒）的主张也是合情合理的。虽然这
不是甲卒制度存在的直接证据，但如果考虑到武帝建元元
年之事，那么我们可以推断郡国兵一般被称为甲卒，根据

郡国地理环境的不同而被分别编为轻车、骑士、材官与楼船。

东汉初期内郡的地方军被废止之后，甲卒转变为以正承担的徭役这一形式继续存在。特别具有代表性的是供职于地方官府的走卒、伍伯等。有汉一代，供职于地方官府的官吏有三级。最上级是由皇帝直接任命并派遣至地方的郡太守、都尉、郡丞，以及县令、县尉、县丞等所谓长吏。中级是由郡太守、都尉以及县令等能够独自行使任命权的各官府长官编制而成的属吏阶层，即被称为掾、史、干、书佐等的书记官。构成最低一级的是"贱更小史"（《续汉书·舆服志下》）。他们被从编户百姓中征召，履行交替当值（即更，详见本书第三章）的义务。东汉明帝在对其出生地元氏县的百姓与官吏施行优待措施的诏敕中有"劳赐县掾吏，及门阑走卒"语，即明确将掾、吏与门阑、走卒区分开来并分别将其作为元氏县中层与下层官员的代表（《后汉书·明帝纪》永平五年条）。

在构成地方官府最低一级的"贱更小史"中，有负责承担官府的运营、警卫和长官的日常生活（趋走）及警卫的铃下、门阑、门卒、白衣、侍曹、侍阁、伍伯、辟车，有负责街道与城外警卫警察工作的街里走卒、亭卒，还有承担驿站（通信设施）工作的驿卒等。从其工作内容来看，这些都是从兵役中衍生出来的。与甲卒相同，这

· 166 ·

些构成了正所承担的内徭（正徭）基本工作。在地方军被废止的东汉时期，"贱更小史"所承担的劳役应当就是以正徭为核心的。然而，一如走卒钱的征收所示，这一劳役从东汉初期开始逐渐向缴费式与雇佣劳动式转化。至东汉末期，从各地设立的正卫弹碑中可以看出，这一劳役形态已面临巨大危机。

最后，让我们以西汉后期为中心，对以上涉及多方面的考察进行总结。汉代地方郡县编制而成的内徭中，有十五岁至五十六岁男子（更卒）于一年内交替服役的为期一个月的更徭，二十三岁至五十六岁男子（甲卒）在服役期内被征召的为期一年的兵役，以及被称为走卒的负责承担地方官府劳役、警卫工作的"贱更小史"。全国一整年内的更徭人数约为一百五十万，正的甲卒人数约有数十万。总计约万人的内徭整体承担了维护地方治安的兵役、支持地方行政最基层工作的吏役，以及治水、灌溉、建造道路和通信设施等力役。除了这些内徭，汉代男性还要承担被称为外徭的兵役与劳役。关于这一点，我们将在下一小节详细展开。

142

（三）郡外徭役——中央需求与跨区域需求

郡外徭役中有戍卒与卫卒的兵役，以及财物运输的劳役。

让我们从兵役开始探讨。上文所引卫宏《汉旧仪》

卷下记载道："民年二十三为正,一岁而以为卫士,一岁为材官骑士。"此外,董仲舒在给武帝的进言中指出,秦代以来弊端之一便是"又加月为更卒,已复为正,一岁屯戍,一岁力役,三十倍于古"(《汉书·食货志上》),此处仅指出了一岁的屯戍,并未言及卫士。这是否意味着为期一年的卫士(卫卒)与一年交替的屯戍(戍卒)并不相同,正负担的郡外徭役实际上有两种、累计两年呢?

如果结论先行,那么答案并非两种两年,而是在两种之中任选其一履行为期一年的劳役义务。如前文所述,负责中央官府警卫工作的河南郡的卒是"河南卒戍中都官者"(《汉书》卷七四《魏相传》),即戍卒与卫卒实为一物。戍卒中负责边境守备工作的兵士被称为"戍边""屯戍",而负责中央官府警备工作的则被称为卫卒。因中央官府警卫能够带来荣誉,而边境守备的条件极为艰苦,所以在今天的我们看来,无法将二者等同视之。但是在汉代史料中,作为戍卒的两种形态,"戍边"、"屯戍"与卫卒被视为同一事物是不争的事实。如果从正在郡外履行徭役的立场来看,那么"戍边"、"屯戍"与卫卒相同,均是为期一年的外徭。不过我们可以推测,究竟由谁来承担"戍边"、"屯戍"或卫卒,其选拔是存在一定标准的。

二十三岁到五十六岁男子在其作为正的三十三年义务期内,有一年要承担内徭,即地方兵役(甲卒)或者吏役；还有一年要作为戍卒承担外徭，即边境警备工作（兵士）或中央官府警备工作（卫卒），合计要承担为期两年的劳役。中央政府的警卫工作是基于中央政府需求编制而成的外徭，边境守卫工作则是为了抵御外敌入侵、保家卫国，在中央政府的指令下，被跨区域编制起来的外徭。

与甲卒相同，如果假定全国登记在册的人口总数为五千万，那么在三十三年义务期内履行一年劳役的戍卒的年平均可动员人数约为三十八万，若依西汉末期的六千万人口计算，那么就有约四十五万。就全国范围而言，地方郡国兵有数十万人，负责首都与边境地区警卫工作的约有数十万人，总计有将近一百万的士兵被配置。行军编成时郡国兵也会被动员起来，因此即便仅就年平均可动员兵力进行编制，中央政府也可以动员起一百万人的军队。武帝元鼎五年（前 112）南粤、西羌叛乱时动员起来南方楼船军二十余万人，以及西北边境的骑士、戍卒六十余万人，合计八十余万兵士，便是一例（《汉书·食货志下》）。

在中央政府指令下跨区域编制起来的徭役中，除"戍边""屯戍"的戍卒以外，还有每年定期或者临时编制而成的负责财物运输的劳动，这也被视为外徭。如第一章中阐明的，整个两汉时期，田租、算赋、口赋、过更钱等由编户百姓负担的租税都会首先聚积在各郡县。中央政府会以赋（献费）的形式要求郡国将相当于各郡国人口数乘以六十三钱金额的现钱、布帛等财物贡纳至中央，这些便构成了中央财政。此外，中央政府还会根据自身需要随时向郡国征收财物（委输），或者根据边郡或内郡的财物需求，下达在内郡—边郡间或者内郡—内郡间运送财物的指令（调度），由此实现跨区域的财物编制。在这一财物的跨区域编制中，外徭被利用起来并构成了被称为徭或者徭使的徭役。

尹湾汉墓出土木牍中有一份《东海郡吏员考绩簿（五号）》。五号木牍中，从第一段第一列到第十列中有以"右九人输钱都内"为总括的一系列记载。[13]这是东海郡所属各县尉、县丞九人向长安输送赋（献费）一事的记录。与此相仿，从第一段第十一列到第二段第七列中有以"右十三人繇"（第二段第七列）为总括的一系列记载，记录了县尉、县丞等东海郡所属各县的长吏率领包括刑徒在内的卒、卫士至郡外完成任务一事。其具体内容如下：向上谷郡送交罚戍（三次三人）、向敦煌送交徒民（一次一人）、向少府所属保宫送交刑徒（一次一人）与卫士（一次一人）并送上计（三次三人）、向河南郡等雇运买卖物资（三次三人）以及内容不明者（一次一人）。[14]

滕昭宗（1996）将这些内容归纳为外徭的相关记述，但没有提供明确证据。这一记事叙述的是县长吏履行其职

144

责的情况，并未直接提及征召于外徭的人及其编制方式。但是就其主要的工作内容，即向长安输送赋物、向中央和边境地区送交刑徒和卒等而言，则与上文概括的外徭基本一致。从五号木牍的记述中我们能够确认以下内容：①外徭除了向中央以及边境地区派遣卫士、戍卒以外，还包括向长安、郡外地区输送赋物、物资以及与财物采购、上计相关的一系列劳役；②这些外徭都以县为基本编制单位；③作为外徭，除却运输劳动，可以看出卒的劳役内容有被以边境警备为中心的刑徒劳动替代的倾向。

　　如第一章所见，每年有相当于四十亿钱的财物与四百万石至六百万石谷物从全国各地输送至首都长安，这构成了汉代物流的基干部分。此外大量进行的是向边郡地区的军事物资输送。以军事物资为首的财政性物流便是定期或临时跨郡域编制起来的徭役劳动，这便形成了外徭的骨干。

　　在临时编制起来的外徭中，更有跨越数郡的治水工程。让我们以成帝河平元年（前28）治理黄河决堤为例。是年，黄河于魏郡馆陶和东郡的金堤决堤，泛滥形成了波及周边四郡三十二县的前所未有的大灾害。为应对这一自然威胁，中央政府除下令征发河南郡以东的五百只漕船来让当地居民避难外，还征发了为期三十六天的徭役劳动（卒）以完成堤防工程。该如何看待此时征发起来的卒的劳役？对此，成帝直接采取了"卒治河者为著外繇六月"

的处理（《汉书·沟洫志》）。但这句话当做何理解呢？

关于这句话，有三个人留下了注释。[15]首先，三国时期魏的如淳解释道："《律说》，戍边一岁当罢，若有急，当留守六月。今以卒治河之故，复留六月。"基于负责边境守备的戍卒虽然为一年交替制，但若遇到紧急情况，有六个月劳役延长期的汉律解说，如淳认为因治理黄河，此时卒被留下并延长了六个月的劳役期。与此相对，孟康认为："外繇，戍边也。治水不复戍边也。"就外繇系守备边境的戍卒这一点而言，两者并无异见。不同的是，如淳认为，为了治理黄河，卒被动员起来延长了六个月的劳役期，与此相对，孟康则认为因为已被调配去治理黄河，故而这些卒不会被再次派往边境进行守备。唐人颜师古则对如、孟二说均持反对态度，并进一步解释道："如、孟二说皆非也。以卒治河有劳，虽执役日近，皆得比繇戍六月也。著谓著于簿籍也。"很明显，颜师古亦将外繇称作繇戍，并将其视为守备边境的戍卒。在这一点上，三人的观点是一致的。区别在于，颜师古认为，为了回报治理黄河的功劳，尽管劳动天数较短，但也将其等同视为守卫边境戍卒六个月的劳役量并将其登记在外繇的管理簿上。颜师古将"著"理解为登记于账簿之上的说法当是可靠的。

我们无法贸然赞同以上三说对于外繇的理解。三者都

146

以外徭为戍边、徭戍并将之限定于守卫边境的戍卒。外徭并不仅限于守卫边境的戍卒，也包括卫卒。这一点上文已做出说明，此处不再赘述。应当注意的是，这是一场波及四郡三十二县的跨区域大天灾。一如用来让受灾民众避难的五百只漕船是由河南郡以东征召而来一事所示，我们可以推测，被征发起来的为期三十六日的徭役劳动是以受灾的四郡三十二县为中心跨区域编制起来的。也就是说，堤防的修造由跨越数郡被征发、编制而成的应急徭役劳动完成。而应当赋予这一郡外跨区域劳动编制以及短期集中的强制劳动形式以怎样的地位，在当时应是一个大问题。

我们或许可以将这一郡外跨区域劳役编制本身等同于外徭，为期三十六日的短期集中劳动则相当于外徭六个月的劳动并被登记于管理簿上。因此，在对外徭的理解加以修正后，我以为颜师古之说是妥当的。而在这一过程中逐渐明晰起来的本质性问题并不在于对语句的单纯解释，而在于中央政府与地方郡国之间涉及数郡的跨区域劳动编制尚未被充分纳入制度这一点。如果是发生于一郡之内的水利工程，那么全部调动郡内的卒即可完成。在这种情况下，征发的自然是制度上已有的更徭。然而如果是涉及数郡的跨区域工程，则会由中央临时派出谒者等，根据实时需求进行劳动编制。[16]广布于中都官（京师各官署）与郡县地方官府之间的徭役劳动的跨区域编制在制度上并不完备，这是一个本质性的问题。可以说，这个问题不仅限于劳动编制，而且贯穿了以劳动编制为典型的整个行政架构。跨区域行政制度广布于中央政府与地方郡县政府之间，其不成熟及临时性是我们考察专制国家特质时的重要论题。

在河平元年的黄河治水中，跨区域徭役劳动编制被视作外徭。如果就作为汉代内徭、外徭区分标志的劳动编制的实际情况而言，这是个适当的定位。尽管仍然存在跨区域编制不成熟的问题，内徭与外徭的区分标准仍得以维持。

二 刑徒劳动及其编制

在供给社会性劳动需要的强制劳动中，除徭役劳动外，还有刑徒劳动。最典型的便是营建秦始皇陵与阿房宫时在全国范围内动员起来的七十余万刑徒（《史记·秦始皇本纪》始皇帝三十五年条）。汉代亦然，诚如上文所提到的，帝陵的营建会动员包含卒与刑徒在内的数十万人。如果不能具体把握刑徒劳动的编制情况，我们就无法充分理解劳动的社会性编制。

以文帝十三年（前 167）废止肉刑为转机，汉代的劳役刑作为替代肉刑的有期刑而被整顿并完备起来。景帝之

后至东汉为止的劳役刑构成如下刑罚体系：从为期五年的
髡钳城旦刑开始递减，包括完城旦刑（四年）、鬼薪刑
（三年）、司寇刑（二年）三种完刑，以及刑期分别为一
年、半年、三个月的三种作刑（戍罚作）。[17]

除帝陵、宫苑、官府的营建，水利工程，以及道路、
桥梁等通信交通设施的建造以外，刑徒劳动还会把劳动力
分配到中央设置于各郡国的地方派出机构——铁官、铸钱
官等官府手工业部门，或者把劳动力分配到负责首都治安
的司隶校尉手下，令其担任兵卒。刑徒劳动与卒承担的徭
役劳动组合在一起，满足了汉代社会对各种劳动的需要
（陈直，1980）。

148

让我们先来确认刑徒劳动的总量。班固在《汉书·
刑法志》末尾概览西汉后期（昭帝到平帝）的刑罚情况，
指出平均每千人中有一个死刑犯（0.1%），犯耐罪（司
寇二年刑）到右趾（五年刑）罪行的犯人是其三倍有余
（0.3%），每年有数万死刑犯，劳役刑徒则有数十万人。
如果我们机械地将汉末国家登记人口数计为六千万，那么
死刑犯约有六万人，刑徒则约有十八万人。除班固提及的
二年至五年的劳役刑，尚有较轻的三个月到一年的戍罚作
刑（作刑）。如果把这些也计算在内，那么可以认为刑徒
的总人数在二十万至三十万。这些刑徒被收监于全国各地
两千余所监狱中，从事各种劳役。西汉末期，地方有 103

个郡（王国）官府和 1587 个县（道、侯国）官府，总计 1690 个，平均下来每处地方官府约有一处监狱，平均每处监狱收监约一百人的刑徒。

这数十万刑徒被"输之司寇，编之徒官"（《汉书》卷四八《贾谊传》）并被编入"徒隶簿"（《水经注》卷一六"谷水"条所引《文士传》）等簿籍。可以推知，中央政府根据各郡国每年年末上计的集簿充分掌握各地方刑徒聚积的情况。班固所言应该就是基于这些被收集于中央政府的集簿内容。与编户百姓承担的徭役不同，刑徒劳动可以随时征用而无须顾虑季节与年龄。这些刑徒劳动同样会根据中央、地方与跨区域的三种需求形态，与卒等劳动一道被编制起来。以下便就这三种形态分别进行探讨。让我们首先从中央需求说起。

（一）中央需求及其编制

149　　在西汉首都长安，二十六个中央官府设有被称为诏狱的特设监狱（中都官二十六诏狱）。至于收监于中都官诏狱的刑徒总人数，史无明载。不过，据说武帝时期杜周出任廷尉时，廷尉狱与中都官诏狱中收有六万到七万人，更有说十万人有余的（《史记》卷一二二《酷吏列传》）。这是个极端的例子。我们很难认为这些人都是被判劳役刑的犯人，但可以将这一数字视为聚集在首都的刑徒人数上限。换言之，我们可以推测，通常有数万刑徒被收监于二十六诏狱中。

表 2 为根据沈家本考证列出的二十六诏狱中已辨明的十八处诏狱一览表。沈家本的考证尚有推敲余地，不过我们暂时以此为依据展开讨论。[18]表中最直观的信息便是二十六诏狱基本是以少府为中心的制造型官府。这些制造型官府的业务范围涵盖了宫殿与官厅的营造、皇帝与官僚朝服祭服的制作，以及公务饮食、武器管理、宫苑与治水工程的管理等方面，它们是维持以皇帝和官僚为中心的中央政府自身再生产的政府部门。聚集于二十六诏狱的刑徒正是为了定期满足这些中央政府的直接需求而被编制起来的。

当中央政府对劳动的需要超过一般的定期需求时，除二十六诏狱的刑徒以外，还会调动并编制首都周边各郡的卒与刑徒，其规模会扩展到全国范围。在上文提到的帝陵营造中，"三河〔河内、河东、河南〕、三辅〔京兆、左冯翊、右扶风〕、近郡卒徒十万数"（《太平御览》卷五五六引《皇览》）的劳动力被编制起来。在营建长安城城墙时，曾分别在惠帝三年（前 192）春以及五年（前190）正月两次调动组织长安周边方圆六百里（约 250 千米）内男女共计十四万五千人的劳动力，与此同时，还在三年六月调动了全国诸侯王与列侯的两万徒隶。

150

表 2 西汉中都官二十六诏狱中的十八处一览

狱名	所属官府	职掌
①郡邸狱	大鸿胪（典客）	
②别火狱	大鸿胪（典客）	改火，浚井户
③左右都司空狱	宗正	治水，管理罪犯
④内宫狱	宗正（元属少府）	管理度量衡
⑤若卢狱	少府	藏兵器
⑥考工（共工）	少府	器械制作
⑦居室（保宫）	少府	
⑧永巷（掖庭）	少府	
⑨暴室	少府	
⑩导官	少府	谷物调制
⑪水司空	水衡都尉	
⑫家令（太子家狱）	詹事	
⑬寺互	中尉（元属少府）	
⑭都船	中尉	治水
⑮未央厩	太仆	
⑯东市狱	京兆尹	
⑰西市狱	左冯翊	
⑱北军狱	中垒校尉（中尉）	

资料来源：沈家本《历代刑法考·狱考》。

袁仲一、程学华（1980）整理了秦始皇帝陵、咸阳宫、林光宫、阿房宫遗址出土的 1119 件（443 种）带有文字的砖瓦、陶器碎片后将其分为以下几类：①使用刑徒的中央官署制陶作坊陶文（696 件 196 种）；②使用徭役的官营制陶作坊陶文（79 件 33 种）；③都邑郡县市亭制

陶作坊陶文（53 件 28 种）；④民间私营制陶作坊陶文
（92 件 54 种）；⑤其他（199 件 132 种）。由此可知，有
秦一代，陵墓、宫殿的修造是由经组织的刑徒劳动、徭役
劳动以及民间劳动完成的。

　　①中央官署制陶作坊陶文中记有制作官府的名称。其
中，有属于少府的左司空、右司空、左水、右水、寺水、
宫水、北司，属于将作大匠的大匠、大水，属于中尉的都
船，等等。这些官府延续至西汉的二十六诏狱。此外，②
使用徭役的官营制陶作坊陶文中记有县名和人名，可知这
是以县为单位征调编制而成的陶工们制作的。这些县大多
位于陕西省内，其次则多位于甘肃、河南、山西。尽管陶
文的数量有限，但我们仍然可以看出秦朝基于中央需求的
劳动编制具有几乎和西汉帝陵营建相同的组织结构。

　　时至东汉，中都官二十六诏狱被废止，而使用刑徒劳
动并在制造型官府中居核心地位的将作大匠的规模亦被缩
小（滨口重国，1966g）。然而就目前所见史料来看，基
于中央需求的刑徒劳动编制规模反而扩大了。明确体现这
一点的便是洛阳南郊发现的刑徒墓出土的砖文（中国科
学院考古研究所洛阳工作队，1972；富谷至，1998）。砖
文中记载了刑徒所属监狱的郡县名、所服刑名、死亡年月
日等。由此我们得以窥见在东汉首都洛阳组织起来的刑徒
劳动的冰山一角。522 座刑徒墓中出土了 820 余块砖文，

151

虽然其全貌尚未面世，但据说其中有 4 件属于少府若庐的刑徒，其他则属于从 39 个郡国 167 个县的监狱中征调而来的刑徒。已面世的 40 件砖文拓本中的地名以河南洛阳、颍川舞阳、南阳武阴等今河南省属地为中心，还包括陕西、山西、山东、江苏、安徽、湖北诸省之地。由此可知，一个以县狱为征调单位的全国性编制被建立起来。[19] 而这样一个基于中央需求的全国编制之所以能够实现，应当与洛阳处于交通网络的中心，人员物资的流通与聚集相较长安更为便利有极大关系。《水经注》卷一六"谷水"条所引顺帝阳嘉元年（132）的碑文记载，永建六年（131）九月诏敕下令动工的太学营建工程动用了十一万二千名工徒。东汉后期从全国各地征调编制而成的刑徒劳动规模由此可见一斑。

（二）地方需求、跨区域需求及其编制

从洛阳出土的东汉刑徒砖中我们可以明确得知刑徒以郡或县为基本单位聚集。"高祖以亭长为县送徒骊山"（《史记》卷八《高祖本纪》）一事亦显示了县是刑徒劳动全国性编制的基本单位。隋人萧吉《五行大义》卷二二《论诸官》引用的翼奉著述在举述郡府诸部局（曹）之一的尉曹时解释道："尉曹以狱司空为府，主士卒狱闭通亡。"所谓狱司空，主要是设置于县一级的狱官（《续

汉书·百官志》"司空"条刘昭注补引应劭《汉官仪》），负责管理刑徒。据翼奉所言，西汉后期的郡府中亦设有狱司空，其与尉曹协同管理刑徒。至于尉曹，则不仅限于甲卒、更卒（士卒），刑徒亦在其管辖范围之内。中央政府的宰相府（三公府）中同样分别设有与郡县相同的诸部局，三公府的尉曹亦"主卒徒转运事"（《续汉书·百官志》"太尉"条）。县、郡、三公府的地方与中央官府中分别设有尉曹以管理徭役劳动与刑徒劳动。

刑徒由郡县的地方官府特别是尉曹和狱司空进行管理，说明地方一级的劳动需求是由以郡县为组织单位的更卒、刑徒完成的。比如东汉时期在太原郡开凿的漕运路便是一例。永平年间（58—75），在开凿从都虑至羊肠仓的漕运路时，即便太原郡的官吏与民众积极参与力役，也仍然连续多年未能竣工。于是在建初三年（78），中央政府派遣邓训作为谒者负责监督这一工程，并将漕运改为陆运，"全活徒士数千人"（《后汉书》卷一六《邓训传》）。这一事例告诉我们，太原郡内的运河开凿工程中动用了郡内刑徒、徭役承担者数千人，但当以郡为主体的工程进展遇到困难时，便会转为由中央管辖。此外，《隶释》卷四《蜀郡太守何君阁道碑》中载有"蜀郡太守平陵何君遣掾临邛舒鲔，将徒治道，造尊楗阁表五十五丈，用功千一百九十八日，建武中元二年六月就道"一事，这也是与维持郡内交通道路有关并将刑徒劳动组织起来的事例。再有，据《水经注》卷一九"渭水"条引《三辅黄图》所载，"〔渭〕桥之南北有堤激立石柱。柱南京兆主之，柱北冯翊主之。有令丞，各领徒千五百人"。这是使用刑徒劳动进行桥梁定期维护的事例。然而就我所知，以县为单位编制刑徒劳动的事例完全没有史料留存。这恐怕与更徭在县一级的具体事例几乎没有留存一样，从中可以想见史料记载的不平衡性。

相比之下，有较多史料留存的是基于跨越数郡的跨区域需求而被编制起来的刑徒劳动。首先是最为著名的《开通褒斜道摩崖石刻》（《金石萃编》卷五）。石刻记载："永平六年（63），汉中郡以诏书受广汉、蜀郡、巴郡徒二千六百九十人，开通褒余道。"其内容是"作桥格六百卅三间、大桥五，为道二百五十八里〔约 107 千米〕，邮亭、驿置，徒司空，褒中县官寺并六十四所，最凡用功七十六万六千八百余人"的跨区域大工程。这一工程的负责人是汉中郡太守，但工程涉及范围广，需要调动三个郡的刑徒，因此需要皇帝的诏敕许可。调动郡内徭役与刑徒劳动的郡内区域性工程可以由郡太守、县令自行决定并组织完成，但跨区域工程则需要皇帝的许可。太原郡的漕运路开凿工程亦是如此，在工程主体转变为中央并在改漕运为陆运之时，同样需要章帝的许可。

除此之外，元光年间（前134—前129），黄河于瓠子决堤，面对这一波及广大地区的灾害，"天子［武帝］使汲黯、郑当时，兴人徒塞之"（《史记》卷二九《河渠书》）。此外，据马第伯《封禅仪记》所载，光武帝在建武三十二年（56）二月泰山封禅时，"二月九日到鲁，遣守谒者郭坚伯，将徒五百人，治泰山道"；同月十二日又投入刑徒一千人修路（《续汉书·祭祀志上》刘昭注补引应劭《汉官》）。此外，章帝在元和元年（84）巡幸南方至江陵、宛一带时，"命司空，自将徒，支柱桥梁"（《后汉书·章帝本纪》）。这两个事例都是与皇帝行幸相关的道路、桥梁大范围施工，而非基于地方自身的建设需求。此外，组织起来的刑徒分属各郡县，工程成果亦惠及当地居民，故而在此我们将其包含在跨区域编制之中。

　　刑徒劳动跨区域编制的特质在于：与徭役劳动的跨区域编制相同，作为工程主体的官府、官僚并未得到制度化，而是根据需要，以皇帝临时派遣的官僚为主体，调动组织所在地区的刑徒、徭役劳动并完成工程。换言之，中央政府与地方郡县政府之间尚缺乏一种成熟的跨区域行政体系，以承担需要调动跨区域劳动力的水利、道路桥梁、通信设施等工程任务，这种任务的承担者大多根据需要临时组织起来。

　　通观整个两汉时期，我们可以说：截至武帝时期，社

154

会性劳动编制主要由编户百姓担任的卒通过各种徭役劳动完成。而以武帝时期为分界点，西汉后期刑徒劳动的比重逐渐增加；至东汉后期，这一倾向进一步加强。特别是基于中央需求与跨区域需求的社会劳动，至东汉时期完全转为由刑徒劳动承担。由此我们可以看出，从西汉至东汉，汉代国家社会性劳动编制由徭役劳动向刑徒劳动转变的倾向。

三　官奴婢劳动及其编制

官奴婢指犯罪者本人或连坐的家人、亲属，以及同伍（五人组）内连坐的邻居等，其原身份被国家剥夺从而变成奴婢。高祖十年（前197），高祖出征之际发生了"信[韩信]乃谋与家臣夜诈诏赦诸官徒奴，欲发以袭吕后、太子"的大事（《史记》卷九二《淮阴侯列传》）。从中我们得知中央诸官府聚集了足以构成一定兵力的大量官奴婢与刑徒。

关于官奴婢的数量，西汉后期的贡禹指出："诸官奴婢十万余人戏游亡事，税良民以给之，岁费五六钜万[五六亿钱]。"（《汉书》卷七二《贡禹传》）贡禹提议解放这些奴婢，给予其庶人身份以代替关东地区的戍卒去负责北方边境的警备工作。这十余万官奴婢理应配属于中都官府。除这些配属于中都官府的官奴婢以外，尚有"太仆牧师诸苑三十六所，分布北边、西边。以郎为苑监，官奴婢三万人，养马三十万匹"（《汉书·景帝纪》中元六年条如淳注引《汉仪注》）。据说王莽时期有多达数十万人因私自铸钱受到连坐而成为官奴婢并被送至钟官（铸钱官，《汉书》卷九九《王莽传下》地皇二年条）。虽然这是比较极端的例子，但我们可以想见，西汉后期，以长安的各个官府为中心，有十数万官奴婢被聚集起来。

　　这十数万官奴婢被配发至中央各官府。除上文提到的太仆与钟官以外，还有丞相府中负责管理时刻的官奴婢（孙星衍校订《汉旧仪》卷上），上林苑中负责饲养鹿的官奴婢（同上书卷下），负责宫廷饮膳的太官、汤官各配发的官奴婢三千人（《太平御览》卷二二九引《汉旧仪》），等等。这些官奴婢的劳动内容与其配属官府的执掌相关。此外，还有一些官奴婢负责维持官府本身的运转。西汉末期的傅太后曾命谒者廉价收购各官府的婢，在买到负责长安城内治安工作的执金吾（中尉）府的官婢八人时为人告发（《汉书》卷七七《毋将隆传》）。我们很难想象配属于执金吾的官婢承担的劳役内容与执金吾的执掌相关。执金吾的官婢应当是从事维持执金吾府日常运转相关的劳役工作。由此可知，其余各官府亦配有用于杂役的官奴婢。总而言之，官奴婢主要配属于中央各官府，

156

从事与所属官府执掌相关的或维持官府自身运转的劳役工作。

需要考虑的问题是，如何维持这一由十数万官奴婢与数万刑徒组成的、人数总计达二十万的劳动力群体。贡禹提到官奴婢十万余人每年需要五六亿钱，但实际上不止这些。伴随着武帝元鼎三年（前 114）杨可告缗令的实施达到顶点，全国范围内以商人为中心的中产及以上家庭的财物、奴婢、田土被大量没收，特别是奴婢的没收量以千、万为单位计算，形成了"其没入奴婢，分诸苑养狗马禽兽，及与诸官。官益杂置多，徒奴婢众，而下河漕度四百万石，及官自籴乃足"（《汉书》卷二四《食货志下》）的局面。一个汉代兵士的年谷物消费量约为二十石，[20]因此算来四百万石可以支撑的人口约为二十万。武帝时期这次自关东地区（以河南、河北二省为中心）而来的、总量达四百万石的谷物调送作为先代旧例被制度化，一直持续到西汉后期。为输送谷物，关东地区被调动的卒（外徭）达六万人（《汉书》卷二四《食货志上》宣帝五凤年间耿寿昌上奏）。从武帝中期至西汉后期，首都长安聚157 集了近二十万人规模的官奴婢与中都官刑徒，他们在基于中央需求的劳动编制下完成诸般劳动，而支持其生存和再生产的是由六万人规模的徭役劳动（外徭）从关东地区调送而来的多达四百万石的谷物。[21]

结语 汉代社会性劳动编制的特性

汉代国家主导的社会性劳动编制以每年规模达一百五十万人的、从编户百姓征召而来的徭役劳动，分布于全国两千余处监狱、规模达数十万人的刑徒劳动，以及主要集中在首都中央诸官府、规模数万人的刑徒和十数万官奴婢的强制劳动为基本构成要素。除此之外，国家还以"徭役"的形式编制了总计七八十万人规模的兵役，其中包括充作地方郡国兵役、吏役的每年数十万人规模的甲卒（正）与承担边境和中央诸官府警卫工作的每年数十万人规模的戍卒。

这多达二百万人规模的强制劳动在西汉时期十二三万人、东汉时期约十五万人的官僚、官吏指挥下，根据中央、地方、跨区域的三种劳动需求被编制起来。以下便以对这一社会劳动编制整体特性的考察作为本章结语。

需要指出的第一点是，不论徭役还是刑徒，社会性劳动的编制都以县或郡为基本单位聚集、编制而成。地方力役的更徭以县内就役（居更）为制度骨干，刑徒则主要由县的狱司空管理。因徭役以郡县为中心编制而成，所以在郡县内即可完成的徭役被称作内徭，在郡外——包括首都地区在内——完成的徭役则被称为外徭。这种划分标准

158 不仅存在于基于郡县层面需求的地域性劳动编制中，亦贯穿了基于中央需求的全国性或跨区域性劳动编制。徭役劳动与刑徒劳动在郡县层面形成了比较稳定的制度规范。

以郡县为主轴的社会性劳动的聚积、编制和以此为基础的全国性、跨区域性劳动编制的情况与租税的收取、蓄积，或者说中央财政的编制情况完全相同。整个两汉时期，田租、算赋、口赋、过更钱等编户百姓承担的租税都首先聚积于郡县，中央政府再以赋（献费）的形式要求各郡国将相当于各自人口数乘以六十三钱金额的现钱、布帛等财物贡纳至中央，这些便构成了中央财政。此外，中央政府还会根据自身需要随时向郡国征收财物（委输），或者根据边郡或内郡的财物需求，下达在内郡—边郡间或者内郡—内郡间运送财物的指令（调度），由此实现跨区域的财物编制。在这一财物的跨区域编制中，外徭被利用起来并构成了与兵役相对的正（卒）的徭役。有汉一代，人（社会性劳动力）与物（财物）首先在地方郡县进行聚集与编制，行政的基干为地方官府所掌握。

需要指出的第二个问题是中央需求及其劳动编制的特性。在将作大匠、少府等制造型官府的指挥下，配属于各官府的十数万官奴婢和配发给二十六诏狱的数万中都官徒经过劳动编制，满足了以皇帝、官僚和中央诸官府为首的直接的中央需求。当这些通常的劳动编制无法满足需要

时——比如营建帝陵、宫殿、城墙时——便会以首都周边
诸郡县为中心，组织全国性的徭役劳动、刑徒劳动。以官
奴婢和中都官徒为核心，基于中央需求的劳动编制形成了
比较稳定的制度规范。

　　最后，最应当注意的一点是跨区域编制的特性。位于
中央与地方郡县之间的各种跨区域需求，如跨越数郡的水
利工程以及通信、交通工程的劳动编制，是在中央所派谒
者的指挥和监督下，调动组织本地的徭役劳动、刑徒劳动
和雇佣劳动而完成的。尽管跨区域劳动需求经常性存在，
但只有遇到大范围灾害或皇帝巡幸等特殊时机，跨区域劳
动才会被临时编制起来。也就是说，居于连接中央与地方
郡县的中间层面的跨区域劳动编制，尚未形成成熟的制
度。这就像三明治中间被捣碎的鸡蛋糊填满，不具备足够
的组织性。

　　行政的基干在于地方官府。居于中央与地方郡县政府
之间跨区域行政存在的不成熟问题，并不限于社会性劳动
编制，比如在流通与交易中也存在同样问题。地方的郡或
县设有市，首都则设置有多个市。自战国以来，郡县与中
央的交易、流通管理制度便已完备。但是在汉代，以六个
方言区为背景，郡县与中央之间存在十四个跨区域流通圈。
应对这一跨区域流通圈的行政机构未能形成完备的制度，
王莽时期有过一次初步制度化尝试，但以失败告终。所谓

十三州亦是地方官的监察机构,并非跨区域行政所设置的机关。其后,州虽然转变为跨区域行政机关,但到了六朝时期便已蜕变为几乎与郡没有区别的地方行政机关了。

以唐末节度使的行政领域为开端,发展到宋代以后的路、省时,跨区域行政终于在某种程度上实现了。但是,从顺应宋代以后社会发展的角度而言,跨区域行政本身不完备的问题仍然未被解决。跨区域行政的不完备性究竟如何存在于现实之中,为何会不完备,又是基于何种社会性、结构性问题而保持不完备的状态?在探讨整个中国前近代专制国家的特性时,这些问题具有重要意义,并不局限于汉代。这也正是拙论探讨汉代社会性劳动编制时发现的一个值得深究的基本问题。

注　释

160　1. 关于这一点,参见本书序章以及渡边信一郎(1983)。
　　2. 关于此处所谓的徭役,自战前滨口重国的古典式研究以来,积累了大量研究成果。此处不一一进行介绍与批判,仅叙述一些个人见解。只不过,在此想特别介绍一下对拙论影响较大的两位学者的研究。山田胜芳(1993a)的研究可谓今日秦汉财政史研究的集大成之作。以其第四章为中心,山田进行了与拙论相关的讨论与学术史梳理。重近启树(1999)的第四章与第六章也是全面考察力役、兵役的大作。重近的研究还包括与赋制、徭役免除等相关的各种研究。尽管与山田、重近二位学者的研究存在诸多不同看法，但限于篇幅，在此不一一展开。

此外，为从根本上把握劳动社会性编制的特质，县以下即乡里社会层级的劳动编制情况亦构成一极重要的课题，本章在此不做展开。

3. 《汉书·沟洫志》"卒治河者为著外繇六月"条下颜师古注云："如淳曰：'《律说》，戍边一岁当罢，若有急，当留守六月。今以卒治河之故，复留六月。'孟康曰：'外繇，戍边也。治水不复戍边也。'师古曰：'如、孟二说皆非也。以卒治河有劳，虽执役日近，皆得比繇戍六月也。著谓著于簿籍也。著音竹助反。下云"非受平贾，为著外繇"，其义亦同。'"

4. 重近启树（1999）指出，徭役与兵役编制都以县作为其基本单位。此外，一如大栉敦弘（1988）、佐原康夫（1991）所指出的，内郡向边境的物资运输亦由以车父为核心、在内郡诸县编制而成的运送队承担。

5. 关于更徭的认识，参见本书第二章。

6. 江陵张家山二四七号汉墓出土的《奏谳书》第二十二案例里的第十七条中记有一则跨越秦王政元年（前246）、二年（前245）的裁判案件。被指为盗牛者共犯的讲（人名）以其在咸阳践更（讲曰：践更咸阳，以十一月行，不与毛盗牛）为不在场证明请求再审（彭浩、陈伟、工藤元男，2007，99—123简）。这一史料向我们展示了践更的义务服役期以一个月为时间单位依序组织进行。

7. 本章作为论文初次发表时作"一年之间有二更二个月的服役义务，以一个月的服役义务期和五个月的非服役期编成一个周期"。此处据第二章补论改。——原书补注1

8. 安徽省天长市安乐镇纪庄村西汉中期汉墓中出土了三十四片木牍（纪春华等，2006）。其中一份木牍（M19：40-1正面、背面）中以所属的乡为单位记载了临淮郡东阳县的户口与算簿，详见表3。表中的事算数为缴纳算钱的十五岁至五十六岁男女人数，占东阳县全体人口的 53.8%。其中的男子承担更徭，一如本书推定的，可以视作占比 50%～60%。若以东阳县全部人口 25%～30%的比例来推算西汉中期承担更徭者的人数，则其人数规模为五千万总人口中的一千二百五十万至一千五百万。这份史料是本书推论的补充，故在此特做说明介绍。——原书补注 2

表 3　西汉中期临淮郡东阳县户口、算簿

乡　名	户数	口数	事算数	复算数	算数	事算比
东　乡	1783	7795	8 月　3689			47.3%
都　乡	2398	10819	8 月　5045			46.6%
杨池乡	1451	6328	8 月　3199			50.6%
鞠　乡	880	4005	8 月　1890			47.2%
垣雍北乡	1375	6354	8 月　3285			51.7%
垣雍东乡	1282	5669	8 月　2931			51.7%
东阳县（计）	9169	40970	8 月 20009	8 月　2045	（22054）	53.8%
			9 月 19988	9 月　2065	（22053）	

资料来源：纪春华等，2006。

9. 关于这点，重近启树在对山田胜芳（1993）的书评（『東洋史研究』第五四卷第三号，1993 年）中亦有指出。

10. 关于禁止女子的徭役，《二年律令》中亦有相关规定。《二年律令·徭律》载："免老、小未傅者、女子及诸有除者，县道勿敢繇使。节（即）载粟，乃发公大夫以下子，未傅年十五以上者。"（《二年律令与奏谳书》411—415 号简，第 248 页）——原书补注 3

11. 《后汉书·光武帝纪》李贤注云："《汉官仪》曰：'高祖命天下郡国，选能引关蹶张、材力武猛者，以为轻车、骑士、材官、楼船，常以立秋后讲肄课试，各有员数。平地用车骑，山阻用材官，水泉用楼船。'"

12. 关于这一点，就士与卒的区别，大庭脩、米田贤次郎、西村元佑之间曾有争论。原委详参重近启树（1999b）。相对于大庭、米田二位学者主张的士与卒的区别，西村、重近二位对这一区别持否定态度。

13. 《尹湾汉墓简牍》（连云港市博物馆、东海县博物馆、中国社会科学院简帛研究中心、中国文物研究所，1997）图版 YM6D5 正第一列载"郯右尉郎延年九月十三日输钱都内/海西丞周便亲七月七日输钱齐服官/兰陵右尉梁樊于九月十二日输钱都内/曲阳丞朱博七月廿五日输钱都内/承丞庄成九月十二日输钱都内/良成丞宣圣九月廿一日输钱都内/南城丞张良九月廿一日输钱都内/干乡丞□□九月十二日输钱都内/南城尉陈顺九月廿一日输钱都内/●右九人输钱都内"（释文第 96 页）。

14. 《尹湾汉墓简牍》（连云港市博物馆、东海县博物馆、中国社会科学院简帛研究中心、中国文物研究所，1997）图版 YM6D5 正第一列至第二列载"郯狱丞司马敞正月十三日送罚戍上谷/郯左尉孙严九月廿一日送罚戍上谷/朐邑丞杨明十月五日上邑计/费长孙敞十月五日送卫士/开阳丞家圣九月廿一日市鱼就财物河南/即丘丞周喜九月廿一日市□□就□□/□况其邑左尉宗良九月廿三日守丞上邑计（以上第一列）/厚丘丞王悊十月廿日□□邑□/厚丘右尉周并三月五日市材/平曲丞胡毋钦七月七日送徒民敦煌/司吾丞北宫宪十月五日送罚戍上谷/建阳相唐汤十一月三日送保宫□/山乡侯相□□十月……/●右十三人繇"（释文第 96、97 页）。

15. 参阅本章注释 3 所引《汉书》卷二九《沟洫志》"卒治河者为著外繇六月"条颜师古注。

16. 关于这一点，藤田胜久（2005a）有具体的论证。

17. 富谷至（1998）中有详细论证。此外，关于刑徒劳动的具体形态，可参照滨口重国（1966g）和陈直（1980）。其内容与徭役劳动相同。

18. 宫宅洁（2008）列举了以下二十处：①廷尉狱，②掖庭狱，③暴室狱，④上林狱，⑤司空狱，⑥共工狱，⑦若卢狱，⑧都船狱，⑨郡邸狱，⑩别火狱，⑪未央厩狱，⑫太子家狱，⑬东西市狱，⑭太学狱，⑮居室狱，⑯甘泉居室，⑰导官，⑱内官，⑲北军，⑳请室。若要将以上内容与二十六诏狱进行比对，尚需进一步检证。

    此外，关于二十六诏狱中刑徒的聚集，对于拙论提出的其目的是满足中央政府日常直接需求这一观点，宫宅氏批判道，狱终究是审判裁决的场所，狱中有收容设施与监视人员存在，因此狱似应更多设置于少府属官下。——原书补注4

162 19. 陈直（1980）对光绪末年河南省灵宝县出土的四百余件东汉时期刑徒墓砖中为《陶斋藏砖记》收载部分的原文进行了分析，并介绍了三十二个郡的分布情况。其结论与洛阳刑徒墓所示几乎相同（第263页）。

20. 《汉书》卷六九《赵充国传》云，"合凡万二百八十一人，用谷月二万七千三百六十三斛，盐三百八斛。"兵士一人一月的谷物消费量约为1.7斛，年消费量约为20.4斛（石）。

21. 除此之外，须依靠租税生活的还有一万数千名中央官僚官吏、数万名卫士以及皇室成员等。在集中于长安的粮食中，除来自关东的谷物外，亦必须将关中地区的田租考虑在内。此处将两者视为相互抵消之物，从而不在讨论范围之内。

第五章　汉代的财政
与帝国编制

前言

　　我们通过上文的考察得知，汉王朝为了满足中央、　
地方郡国以及边境地区的政治、经济需求，在广域范
围内有序组织了财政性物流与社会性劳动并借此成功
实现了庞大政治社会的再生产。这种凭借财政性物流
与社会性劳动的有序组织实现再生产的大范围、跨区
域政治社会具有极为鲜明的特质，我们可以称这种特
质为"帝国"。

　　秦汉帝国是中国古代史研究中的常用术语，这一术语
似乎仅被用来描述一个由皇帝统治的国家。之所以使用
"似乎"一词，是因为目前尚无阐释"秦汉王朝＝帝国"
这一理论概念的研究。以美国这个在全球设置军事基地以

实现独霸天下的国家为中心，帝国研究在 1990 年代后期得以迅速展开并深化。然而在中国古代史研究范围内，在秦汉帝国、隋唐帝国等术语愈加司空见惯之际，却没有真正讨论"帝国"为何物的研究。我在 1996 年刊行的《天空的玉座》中叙述并分析了仪礼执行诸过程中体现出的帝国形态。此外，在 2003 年出版的论述天下秩序的拙著中，我亦指出了基于天下观念若隐若现的帝国形态（渡边信一郎，2003）。本章即在上述研究的基础上，在与本书主题——财政相关的范围内，尝试考察汉王朝的帝国组织形态。

166　　　关于"帝国"，存在各种各样的定义。[1]本章所谓的"帝国"是指存在对外军事扩张倾向并拥有广阔疆域的国家。在中国古代史上，最初构建具有军事扩张倾向的典型帝国形态的是西汉王朝。问题是，这种军事扩张倾向是在王朝怎样的内部契机之下形成并成为必然的。汉王朝以国内的政治、军事要素为契机，确立了一种中心—周边结构的内部组织形态。通过这种中心—周边结构的向外拓展，汉朝实现了王朝的帝国化。在构成汉朝内部政治、军事组织的各项要素中，本章将集中考察内郡与边郡、郡县制与封建制的组织关系，[2]以及设置于边郡的部都尉、属国制度等问题，试图以此一窥通过财政性物流与贡纳关系构建起来的汉代帝国结构的特质。

一　两汉时期的帝国编制

（一）中心—周边结构——三辅、内郡与边郡

汉王朝吸取了秦王朝瓦解的教训，构建了由中央政府直辖的郡县制与王国—侯国两级封建制并行的郡国制。景帝时期（前157—前141）爆发了吴楚七国之乱（前154）以后，经过几个阶段的弱化，王国的权力逐渐被中央政府收回。武帝时期（前141—前87）以后，虽然汉朝在形式上还保留着郡国制，但实际上其主要统治形态已变为依靠郡县制实现对百姓的人身控制。换言之，武帝以后的汉王朝将郡县制作为国家制度的根本，以王国（相当于郡）和侯国（相当于县、乡）两级构成的封建制为辅。若依《汉书》卷二八下《地理志下》所载，基于西汉灭亡前元始二年（2）的户口统计，当时西汉王朝共有20个王国、83个郡、1314个县、32个道（少数民族杂居的县）、241个侯国、12233062户、59594978人。问题是，这些郡县、王国与侯国是怎样被编制起来的。167

出于对面积过大的郡进行分割以及对诸侯王国进行拆分等原因，汉初以后，郡国的数量逐渐增加。特别是在吴楚七国之乱以后至武帝扩张时期，主要在与周边民族相邻

的地区先后新设立了三十余个郡。由此，自景帝时期开始，内郡与边郡之间的区别逐渐产生（纸屋正和，2009）。另外，从景帝时期至武帝时期，以首都长安为中心的首都地区，即三辅（京兆尹、右扶风、左冯翊三郡）得以形成（大栉敦弘，1992），在三辅与地方郡县社会之间又出现了中心—周边结构。换言之，从景帝时期至武帝时期，在汉朝能够直接控制的疆域内逐渐形成了由三辅（核心地区）—内郡—边郡三级组成的中心—周边结构。这种政治上的空间结构具有怎样的特点呢？

由于一定程度上受到居延汉简等出土文字资料的影响，迄今为止关于边郡统治的研究主要以邻近匈奴的西北诸郡为讨论对象，针对其支配结构、统治形态等方面的研究颇为详细，成果丰硕（永田英正，1989；籾山明，1999；高村武幸，2008b；等等）。此外，工藤元男（1998）的研究亦着眼于属国及属国都尉问题，并以西南地区的边郡为中心，对以往的研究进行了总结。然而，若从汉代国家政治空间的整体来看，关于内郡和外郡分别存在于何种地区、这些郡又分别有怎样的结构与特性等问题，尚存在进一步探讨的空间。

关于宣帝本始元年（前73）诏敕中所见的"内郡"一语，三国时期吴国的韦昭做了如下解释："中国为内郡，缘边有夷狄障塞者为外郡。"（《汉书》卷八《宣帝

纪》）依此解释，则中国内郡地区被非汉民族或军事防卫
设施所在的外郡（边郡）环绕。一个由内郡—边郡构成的
中心—周边结构便清晰地呈现出来。这一观点并非韦昭的
灵机一动，而是有一定根据的。昭帝始元六年（前81）召
开的所谓盐铁会议的会议记录——桓宽的《盐铁论》中，　168
有关于是否实施盐、铁、酒的专卖制度和均输法的相关议
论。其中的讨论经常在内郡与边郡的对比中进行。比如
《盐铁论·轻重》第十四中，文学便有如下发言：

> 边郡山居谷处，阴阳不和，寒冻裂地，冲风飘
> 卤，沙石凝积，地势无所宜。中国，天地之中，阴阳
> 之际也。日月经其南，斗极出其北，含众和之气，产
> 育庶物。今去而侵边，多斥不毛寒苦之地，是犹弃江
> 皋河滨，而田于岭阪菹泽也。转仓廪之委，飞府库之
> 财，以给边民。中国困于繇赋，边民苦于戍御。力耕
> 不便种籴，无桑麻之利，仰中国丝絮而后衣之，皮裘
> 蒙毛，曾不足盖形，夏不失复，冬不离窟，父子夫
> 妇，内藏于专室土圜之中。中外空虚，扁鹊何力？而
> 盐、铁何福也？

面对文学的质询，御史大夫在接下来《盐铁论·未
通》的开头便提出"内郡人众"，并反驳道，相对于内郡

百姓穷困的现状，边郡反而拥有众多利益。在《盐铁论》中，内郡即"中国"，是与边郡相对的领域。那么具体而言，汉代内郡与边郡的领域是如何被区分开来的呢？此处

169 值得关注的是《汉书·地理志》关于郡国的统计记述。

如表4所示，从首都所在的三辅地区开始，《汉书·地理志》首先记载了八十三个郡，其次对二十个王国的相关情况进行了记述。需要注意的是这八十三个郡的登场顺序。这个顺序乍看似乎完全没有规律，并非像记载了东汉时期郡国情况的《续汉书·郡国志》那样按照"州"的所属进行记述。但是若仔细观察，则可以看出在 37 临

170 淮郡与 38 会稽郡之间被画上了一道重重的分割线。会稽郡及其之后的诸郡中，不仅可以散见"道"（少数民族杂居的县），亦集中设置了部都尉（针对周边少数民族的军事机构，对辖内少数民族有军事管辖权）。那么，若试着在临淮郡与会稽郡之间画上一条线，并将这条线投射在劳幹制作的西汉地理志图（以郡为单位的人口密度分布图）上，则边郡与内郡的领域区分便清楚地浮现出来了。王国亦是如此。领有"道"的只有被排在最后的长沙国，若参考郡的领域区分法，则可以认为长沙国为边国（边郡），除此以外的十九个王国是内国（内郡）。也就是说，《汉书·地理志》首先记述了作为国家心脏的首都三辅地区，其次分别记述了内郡—边郡、内国—边国。由此，

《汉书·地理志》以三辅—内郡（内国）—边郡（边国）三级构成的中心—周边结构表现出了汉代国家政治支配的空间形态。

表4 《汉书·地理志》中的郡国

1 京兆尹	27 勃海郡	53 陇西郡 ★●	79 苍梧郡▲
2 左冯翊▲★	28 平原郡	54 金城郡 ◎●	80 交趾郡▲
3 右扶风▲	29 千乘郡	55 天水郡▲★◎	81 合浦郡▲
4 弘农郡▲	30 济南郡	56 武威郡▲●	82 九真郡▲
5 河东郡	31 泰山郡	57 张掖郡▲◎	83 日南郡
6 太原郡	32 齐　郡	58 酒泉郡▲●	84 赵　国
7 上党郡	33 北海郡	59 敦煌郡▲●	85 广平国▲
8 河内郡	34 东莱郡	60 安定郡▲★◎	86 真定国▲
9 河南郡	35 琅邪郡	61 北地郡★●	87 中山国
10 东　郡	36 东海郡	62 上　郡★●◎	88 信都国
11 陈留郡▲	37 临淮郡▲	63 西河郡▲●◎	89 河间国
12 颍川郡	38 会稽郡●	64 朔方郡▲●	90 广阳国
13 汝南郡	39 丹扬郡	65 五原郡●◎	91 菑川国
14 南阳郡	40 豫章郡	66 云中郡●	92 胶东国
15 南　郡★	41 桂阳郡	67 定襄郡●	93 高密国
16 江夏郡	42 武陵郡	68 雁门郡●	94 城阳国
17 庐江郡	43 零陵郡▲★	69 代　郡●	95 淮阳国
18 九江郡	44 汉中郡	70 上谷郡●	96 梁　国
19 山阳郡	45 广汉郡★●	71 渔阳郡	97 东平国
20 济阴郡	46 蜀　郡★●	72 右北平郡	98 鲁　国
21 沛　郡	47 犍为郡▲★	73 辽西郡●	99 楚　国
22 魏　郡	48 越嶲郡▲★	74 辽东郡●	100 泗水国▲
23 巨鹿郡	49 益州郡▲	75 玄菟郡▲	101 广陵国
24 常山郡	50 牂柯郡▲●	76 乐浪郡▲●	102 六安国
25 清河郡	51 巴　郡	77 南海郡	103 长沙国★
26 涿　郡	52 武都郡▲★	78 郁林郡	

说明：▲武帝所设郡；★有道郡；●有部都尉郡；◎有属国都尉郡。

为何会出现《汉书·地理志》所描绘的汉代郡国的中心—周边结构呢？关于这一点，饭田祥子指出，伴随着武帝时期开始的急速领土扩张，为了实现对广大疆域的控制，负责调配军粮的内郡与负责战争事宜的边郡之间逐渐形成了地域性分工关系（参见饭田祥子，2004）。另外，藤田胜久（2005b）亦指出，随着武帝时期对匈奴作战的开展，向京师与北部边境输送物资的规模急速扩大，新漕运路线的开发与重组迫在眉睫。诚如文学所指出的："转仓廪之委，飞府库之财，以给边民。中国困于繇赋，边民苦于戍御。"若重温上文所引《盐铁论·轻重》的记述，则确实难以否认这种地域性分工关系的存在。以下将围绕饭田祥子的观点，再从汉代财政运转的角度稍做展开。

汉代的财政运转以郡国为基本单位。整个两汉时期，百姓负担的租税和徭役都首先蓄积于郡县，并在此基础上进行调配使用。中央政府以赋（献费）的形式向各郡国征收相当于其治内人口数乘以六十三钱之数的铸造货币或布帛等财物，这便构成了每年约四十亿钱的中央财政。此外，中央政府为满足自身的财政需要，亦会临时向地方郡国征收财物，而当边郡或内郡出现特别的财政需求时，中央还会下令进行内郡—边郡间或内郡—内郡间的财物转运，由此实现了广大区域内的财政流通。特别是在东汉时

173

期，如青州（今山东省）、冀州（今河北省及河南省北部）的内郡地区对幽州（今北京市、河北省北部、东北地区南部、朝鲜半岛北部）边郡地区的经常性财政支援等，以特定区域为对象的、内郡与边郡之间的广域财政性物流协作得以建立（详参本书第一章）。

献费（赋）、委输、调均名义下的运输皆由百姓的徭役来完成，商人则被排除在外。作为财政机关的大司农向全国派遣数十名部丞并以数个郡国为单位设置均输官，以此来监管郡国对中央的财物运输。在输送过程中，从原产地到以长安为中心的目的地，如何根据其距离远近尽量实现相对均等的运输也是中央要考虑的问题之一。此外，中央政府各部门所需的财物被以赋的形式从地方郡国直接输送至中央，商人亦被排除在这一环节之外。借此，在财物的直接生产地或财政需求最高的京师长安周边地区收购物资造成的物价飞涨得到了遏制。这就是元封元年（前110）开始施行的均输平准法，这也意味着形成了在国家层面被组织起来的庄宅式财政运营模式。[3]

不仅是以军粮为首的军需物资，作为战斗人员的戍卒、田卒及与军粮运输相关的徭役等社会性劳动编制也如自关东诸郡（今河南省、河北省）向西北边郡派遣戍卒那样，形成了特定内郡地区与特定边郡地区间的跨区域编制（参见鹰取祐司，1998；高村武幸，2008a；本书第四章）。边郡地区承担了边境防御与出击基地的职责，而由于对内郡地区军粮、军需物资和兵源补给等方面的依赖，内郡与边郡之间逐渐产生一种相互依存的关系。在这个过程中，中心地区的内郡与外围地区的边郡在中央政府的财政性物流调配与兵役、徭役的组织下被统合起来，并得以174 结构化。若用当时文学的话来评价这种结构，则正是："转仓廪之委，飞府库之财，以给边民。中国困于繇赋，边民苦于戍御。"

　　此处特别值得注意的是在中心—周边结构中理应成为核心的首都地区——三辅的位置。内郡与边郡的分布几乎呈现一种同心圆的结构关系，然而首都地区并不位于圆心位置，而是位于北纬 35 度、东经 110 度附近，即内郡地区与边郡地区西面的交界处。也就是说，这个结构的中心更加偏向于边郡地区。然而，若结合汉朝主力所应对的北方的匈奴，西方的羌、氐诸族的地理分布来看，则可以发现三辅地区正位于这一分布结构的中心，即汉朝的首都位于能够顺畅调配并组织起财物与徭役跨区域流动的位置上。在这一结构中，内郡与边郡间的地域性分工组织以及与周边诸民族的有效交涉距离（范围）无疑是两个重点。换言之，内郡与边郡的交界处与包括相邻民族在内的跨区域地域分工组织的节点，才是这一结构的中心所在。

　　东汉迁都于河南尹洛阳。乍看上去，迁都后的洛阳（河南郡）—内郡—边郡这一空间构成呈现出具有完美同心圆结构的中心—周边结构。然而东汉建国不久后，南匈奴便迁居至长城以内，而后其根据地又迁至一直以来作为内郡的太原郡。此外，羌人亦被陆续迁入三辅地区，那里因公元1世纪初的赤眉起义而荒废。关中一带由此演变为汉族与非汉民族杂居的地区。至公元3世纪末的西晋时期，这一地区的非汉民族已占到地区常住人口的半数（《晋书》卷五六《江统传》之《徙戎论》）。这一情况与太原郡及三辅地区人口密度的下降相对应。可以认为，由周边非汉民族内迁带来的西北地区内郡空间的压缩与边郡化，即帝国的萎缩，是东汉首都洛阳地区核心化的重要背景。

　　武帝时期的军事扩张与疆域拓展带来了三辅—内郡—边郡三级的中心—周边结构，而时至东汉，随着周边非汉民族的内迁，中心—周边结构也开始产生变化。三辅—内郡—边郡三级的中心—周边结构产生的背景是对周边民族的军事扩张和对所获疆土的郡县化或郡县重组。这一结构的本质即所谓"帝国的特质"。作为彰显"帝国"本质的典型军事机关，设置于边郡的部都尉与属国制度自身亦随着这一中心—周边结构的变化——帝国的形成与崩溃——而变化。

175

（二）部都尉与属国制度

西汉时期，都尉有若干种类。其中比较主要的首先是辅助郡行政长官太守、执掌军事的内郡的郡都尉，其次是置于边郡的部都尉。内郡置太守一人，郡都尉一人；与此相对，边郡分其郡域为若干部，分别冠以东、西、南、北、中的方位之名，每一方位置一部都尉。与郡都尉相同，部都尉亦是一个单纯的军事部门，但由于边郡是非汉民族聚居区的这一特殊性，以对非汉民族的军事管理、怀柔等为首，部都尉亦会参与行政工作。部都尉始置于何时，现在尚不能断言其准确的时间点。不过大部分学者认为其始置应在边郡数量急剧增长的武帝时期（严耕望，1961；镰田重雄，1962；市川任三，1968；永田英正，1989）。

最后是与属于郡的郡都尉、部都尉归属于不同系统的属国都尉。《汉书》卷一九上《百官公卿表上》有"典属国，秦官，掌蛮夷降者。武帝元狩三年（前120），昆邪王降，复增属国，置都尉、丞、候、千人。属官，九译令。成帝河平元年，省并大鸿胪"的记载。属国都尉下置有丞、候官、千人等属官，最初属于典属国，后归于大鸿胪。

属国以归附汉朝的匈奴部众为主体，因而其主力兵种

176

为骑兵。例如，《汉书》记载，"于是天子遣从票侯破奴将属国骑及郡兵数万以击胡"（《汉书》卷六一《张骞传》），"太初元年，以广利为贰师将军，发属国六千骑及郡国恶少年数万人以往"（《汉书》卷六一《李广利传》）。这些骑兵构成了对外征讨部队的主力。这正是以夷制夷的战略。投降归附汉朝的非汉民族被编为属国，其首领被任命为属国都尉，由他们率领归附的非汉民族进行对外征讨与防卫工作。

　　一般认为，属国制度的肇始可以追溯至战国时期秦的属邦制度（王宗维，1983；工藤元男，1998）。从《百官公卿表》以典属国为秦官的记述来看确实如此。诚如工藤元男在以西南夷为核心的研究中指出的那样，到东汉的属国为止，秦汉的属邦、属国制度确实存在一定的继承关系。只不过在秦代到汉初的这段时间里，属邦制度一度中断。汉的属国制度是为了应对汉王朝的帝国化，也就是武帝时期的对外军事扩张与边郡的形成而出现的。元狩三年设置的五属国都尉可以视作其直接起源。

　　关于置属国都尉的原委，《史记》卷一一一《卫将军骠骑列传》有如下记载。

　　　　其秋，……降者数万，号称十万。既至长安，天子所以赏赐者数十巨万。封浑邪王万户为漯阴侯。封

> 其禆王呼毒尼为下摩侯，鹰庇为辉渠侯，禽梨为河綦
> 侯，大当户铜离为常乐侯。……减陇西、北地、上郡
> 戍卒之半，以宽天下之繇。居顷之，乃分徙降者边五
> 郡故塞外，而皆在河南，因其故俗，为属国。

以元狩二年匈奴浑邪王归附为契机，翌年元狩三年，其部移居鄂尔多斯故长城一线，由是实现了属国都尉的设置。

关于置有属国都尉的五个边郡，自唐代至今，诸家意见纷纭。熊谷滋三对此进行整理后，推测此五郡为天水（由陇西分出，属国治所勇士县）、安定（由北地分出，属国治所三水县）、上郡（属国治所龟兹县）、西河（属国治所美稷县）、五原郡（属国治所蒲泽县）。五属国的设置与削减半数陇西、北地、上郡三郡的戍卒相对应，此推论当属无误。

此外，熊谷还就属国都尉治所的地理优势进行了考察，指出汉帝国以沿黄河北侧延伸的外长城线为第一防线，以沿天水、安定、上郡、西河诸郡由西南向东北延伸的秦长城（内长城）为第二防线，构筑了帝国的北部边境防卫线，而属国正是被有计划地设置在两道防线的中间地带。熊谷进一步指出，各边郡的部都尉设置于自五属国北侧延伸至外长城一带的地区，从这一情况来看，边郡各

部都尉的作用在于守卫第一防线，五属国的作用在于守卫第二防线（熊谷滋三，1996）。

边郡的部都尉是郡县制下的军事组织。汉朝施行本籍地回避制度，郡太守、都尉、郡丞、县令、县尉、县丞等郡县的主要官员不能由本郡县出身的官员担任。部都尉亦由郡外派遣。这一点使其与基本维持了部族制组织的属国都尉有本质不同。值得注意的是，五个匈奴归附首领都被封为了诸侯。浑邪王封漯阴侯万户，小王呼毒尼封下摩侯七百户，小王鹰庇封辉渠侯，右王禽梨封河綦侯六百户，大当户铜离封常乐侯五百七十户。诚如熊谷的推测，这五位匈奴首领分别作为五个属国长官的属国都尉，率领归附的匈奴。他们在维持游牧骑马民族生活习俗的同时，负责汉帝国的对外防御与攻伐。这些匈奴首领与皇帝间建立了封建式的直接臣属关系，并在这种臣属关系中被赋予了对外防卫与征伐的任务，这意味着在郡县制统治结构以及典属国、大鸿胪的行政关系以外，还形成了一种封建制度。西汉时期的帝国编制就是由边境地区的部都尉制与属国制度，即郡县制与封建制的相互协作维持的。

在设置了五属国后，从昭帝时期（前87—前74）到宣帝时期（前74—前48）又新设了张掖属国（设置时间不明）、金城属国［宣帝神爵二年（前60）］，西汉时期的属国都尉增至七个。此外，王莽时期（9—23），在设西海郡时曾有为管理和保护羌人而设置西海属国的计划，金城属国亦是以羌人归附为契机所设。由此可知宣帝以后属国设置重点转向西方，即由匈奴转向羌人，由北境转向西境。

进入东汉后这一倾向仍在持续，张掖居延属国、蜀郡属国、犍为属国、巴东属国皆设置于帝国的西方或西南方边境。此外，辽东属国则设置于东北边境。西汉时期的属国基本为东汉所继承，因而除南方边境外，可以说属国制度基本覆盖了汉帝国的边境地区。而东汉时期的属国制度又增添了新的内容。

据《续汉书·百官志五》所载，建立东汉的光武帝在建武六年（30）"省诸郡都尉，并职太守。……唯边郡往往置都尉及属国都尉，稍有分县，治民比郡。安帝以羌犯法，三辅有陵园之守，乃复置右扶风都尉，京兆虎牙都尉"。东汉立国不久后便大胆地在全国范围内废止了郡都尉以缩减军备，这为自战国以来内郡地区的军事组织画上了终止符。只不过在尚有军事需求的边郡地区，仍置部都尉与属国都尉并分属各县。各属县在行政上同于郡，被称为"比郡"。与西汉的边郡部都尉、属国都尉不同，东汉的属国都尉统辖行政上与郡同级的属县，成为全新的行政、军事机关。

这一情况在安帝在位时期（106—125）发生了变化。

《续汉书·郡国志五》云："安帝又命属国别领比郡者六。"
表5即基于《郡国志》所载各属国情况所作的一览表。

表5　东汉时期的六属国

属国名	前身	设立时间	所领县城	户数	人口数
广汉属国	北部都尉	永初二年（108）	3 城	37110	205652
蜀郡属国	西部都尉	延光元年（122）	4 城	111568	475629
犍为属国	南部都尉	永初元年（107）	2 城	7938	37187
张掖属国	属国都尉	安帝时	5 城	4656	16952
张掖居延属国	郡都尉	安帝时	1 城	1560	4733
辽东属国	西部都尉	安帝时	6 城	—	—

　　如前文所述，安帝时期六属国的特征有：第一，其设
置几乎遍及全国；第二，属国领有县域，成为与郡同级的
地方行政机关；第三，除继承了武帝时期五属国系统的张
掖二属国外，其他四个属国都是由部都尉转升而来。这三
点意味着，不同于西汉时期保持其本民族族制，进而在与
郡县制截然不同的统属关系下担任征伐与防卫任务的属国
制度，东汉时期的属国已经实现了边郡化。此即边郡的两
级化。问题是，边郡的两级化在社会和政治上的根据是
什么。

　　属国的边郡化在安帝时期陆续展开。我们有必要关注
这一时期边境地带的情况。对此，《后汉书·和帝纪》的
论赞记云："自中兴以后，逮于永元，虽颇有弛张，而俱

180

存不扰，是以齐民岁增，辟土世广。偏师出塞，则漠北地空。都护西指，则通译四万。"

进入安帝时期后，情况为之一变。在东北，鲜卑、高句丽、夫余对边郡展开攻击行动，在西部以及西南，诸羌和蛮夷亦开始侵攻边郡。这一情况并非只发生在边郡地区。如前文所述，安帝在位时期，处于西汉中心—周边结构核心地区的三辅因羌人内侵而陷入混乱，这使汉帝国不得不另置右扶风都尉、京兆虎牙都尉并将这一地区置于军事管制之下。

永初五年（111）二月，先零羌进攻核心地区之一的河东郡，并抵达了与河南尹洛阳仅隔黄河的河内郡。三月，陇西、安定、北地、上郡的郡府迁至内郡地区。具体而言，安定郡府迁至右扶风美阳县，北地郡府迁至左冯翊池阳县，上郡府迁至左冯翊衙县。除在同郡域内进行迁移的陇西郡外，其余诸郡府皆内迁至三辅地区（《后汉书·安帝纪》）。安帝时期，周边族群正式开始内迁，西汉时期的核心地区三辅逐渐边郡化，而洛阳地区逐渐成为不断向内扩大的边郡地区和不断缩小的内部地区的交界处。

关于羌人的内属，《后汉书·安帝纪》永初元年（107）正月条记云："永初元年春正月癸酉朔，大赦天下。蜀郡徼外羌内属。戊寅，分犍为南部为属国都尉。"永初二年十二月条又云："广汉塞外参狼羌降，分广汉北部为属国都尉。"然而真实情况并非羌人崇慕汉德，这不过是在以羌人为首的周边诸族群内迁中，围绕边境、边郡攻防的过程罢了。

作为以确保边境防卫第二防线为目的设置的军事机关，西汉时期的属国都尉在东汉中期以后逐渐演变为确保第一防线的第二级边郡，并构成了应对周边诸民族内侵的军事行政机关。这一变化其实是西汉核心地区——三辅的边郡化带来的中心—周边结构整体变动的一环。五胡十六国时期始于公元4世纪初，其西北方面的情势早在公元2世纪初的安帝时期就已埋下伏笔，而这也促使汉帝国的中心—周边结构开始发生巨大的转变。东汉时期的属国制度在帝国收缩、解体的过程中出现，其历史背景与秦的属邦制度和西汉的五属国是不一样的。

二　王莽新朝时期的帝国编制

汉朝人基于天圆地方的认识，将西汉时期由三辅—内郡—边郡构成的中心—周边结构理解为九个方域（九州）构成方万里且呈方形的天下。我将拥有这种政治空间结构 182 的国家称为"天下型国家"（渡边信一郎，2003）。处于两汉之间的新朝，在继承西汉帝国组织的同时，构筑起自己独特的帝国组织。王莽基于经书，对在战国以来漫长历史背景中形成的西汉天下型国家及其帝国组织进行了整理和定义。自元帝时期（前48—前33）至成帝时期（前33—前7）起，汉王朝的各项制度逐渐被儒学重新定义，这一进程在王莽主导朝政的平帝时期（前1—5）达到高潮。

元始五年（5）十二月丙午，西汉的最后一位皇帝平帝宾天，年仅十四岁。皇后之父、当时实际的掌权者王莽在宣帝的子孙中选出了当时仅有两岁的广戚侯刘婴并称之为"孺子"，仿周公故事，自任摄政，称"假皇帝""摄皇帝"。三年后的居摄三年（8）十二月戊辰，王莽受禅于孺子婴，下王朝创始之诏，改国号为新，即天子位。王莽即位后不断依经书推行各项改革，在天凤元年（14）据《周官》（《周礼》）及《礼记·王制》对西汉以来的地方制度进行了重新定义（《汉书》卷九九《王莽传中》天凤元年条），其内容如下。[4]

首先，王莽依《尚书·禹贡》将天下（全国领土）分为九州，各州置州牧以领之，又分天下为125郡，各郡置卒正、连率、大尹等长官，相当于汉之太守，又置属令、属长等武官，相当于都尉。此外，在郡与州之间另置25名被称为部监的监察官，一部监负责监察五郡。郡以下置2203个县，以县宰为长官。除大尹外，州牧以下至属长的官职皆以保有爵位（五等爵）的官人充任并世袭（表6）。

表 6　王莽新朝的地方制度

汉代对应官职	新代官职名	数量	官职的爵位	备　考
三　公	州　牧	9	公	天下九州
郡太守	卒　正	125	侯	畿内 1 州 25 郡天下 125 郡
郡太守	连　率	125	伯	畿内 1 州 25 郡天下 125 郡
郡太守	大　尹	125	无爵者	畿内 1 州 25 郡天下 125 郡
郡都尉	属　令	125	子	
郡都尉	属　长	125	男	
—	郡　监	25	上大夫	1 部监 5 郡
县令、县长	县　宰	2203		天下 2203 县

其次，王莽又制定了名为"邦畿"的畿内制度。居九州之中的中央一州设有两都（西都长安与东都洛阳），两都周边又置六尉郡（分西汉的三辅为六郡）、六队郡（西汉的河东、河内、弘农、荥阳、颍川、南阳六郡），称之为"邦畿"，并进一步在其周边配置 13 郡，由是组成了一个由 25 郡构成的特别行政区。中央一州的 25 郡又被编为中部、左部、右部、前部、后部五部。王莽赋予了这一特别行政区相当于《礼记·王制》"天子之县"抑或《周礼》"王畿"——换言之就是畿内——的地位（表7）。新朝的畿内制度是现实统一国家体制最初的制度化尝试，成为后世畿内制的原型（大栉敦弘，2000）。

183

将郡县制与封建制相结合，王莽依照经书对国家制度进行了重新定义。在这一点上，王莽的地方改制是西汉政

表 7　王莽新朝的畿内制度

都邑名	近郊	内郡（郡名）		五部制	备　考
常安西都 （长安）	六乡 乡帅 各乡10县60县	六尉郡 大夫（太守） 属正（都尉）	京尉、扶尉 翼尉、光尉 师尉、列尉	右部5郡 左部5郡 中部5郡 前部5郡 后部5郡	畿内1州 25郡
义阳东都 （洛阳）	六州 州长 各州5县30县	六队郡 大夫（太守） 属正（都尉）	兆队、右队 左队、前队 祈队、后队		

治秩序的延伸，并以经书的名义彻底实行。首先，就天下九州之内的郡县制，即 125 郡、2203 个县而言，王莽规定中央一州（畿内）的 25 郡为内郡，其外诸郡为近郡，位于近郡之外且设有城塞的诸郡则是边郡。这明显是对西汉的由三辅（首都圈）—内郡—边郡构成的中心—周边结构进行的重新定义。

关于封建制，王莽基于《周礼·职方》和《诗经·大雅·板》，将九州之内的诸侯分为惟城（甸服、畿内），惟宁（侯服），惟翰（采服、男服），惟屏（宾服），惟垣（绥服）五（七）个领域并分封五等爵（公、侯、伯、子、男）诸侯。九州之外，则赋予接受分封的夷狄诸侯以蕃国（惟藩）地位，由是对由万国构成的整个封建制进行了重新定义。

184　　　始建国四年（12），王莽分封保有五等爵者为诸侯，其中公14人、侯93人、伯21人、子171人、男497人，总计796人，又分封相当于汉关内侯者1511人以附城。[5]如上文所见，保有五等爵的人可以出任并世袭州牧、相当于郡太守的卒正和连率，以及相当于郡都尉的属令和属长。王莽的地方制度以五等爵制为媒介，在天下九州的政治空间之内将郡县制与封建制相结合，意图实现一种古典的帝国形态，这一帝国的中心—周边结构由畿内—内郡—近郡—边郡以及外围的诸国所构成。

此外，在制定邦畿五部制之前，王莽还将天下分为中央（邦畿）与东、西、南、北五个地域，并组织起了一个由这五个地域构成的广域市场圈（图2）。此即五均制。王莽在邦畿内的长安置京市（旧长安东市）、畿市（旧长安西市），在洛阳置中市，以此为中央三市；又在其他四个地域的四个中心城市置东市（临淄）、西市（成都）、南市（宛）、北市（邯郸）。七市又置五均官，设有长官五均司市师和属官交易丞五人、钱府丞一人。除了向民众发放低利息贷款之外，五均官还负责对商人、手工业者征税以及户籍管理等事务。此外，五均官还特别要关注五谷、布、帛、丝、绵这五种日用品，在每年二月、五月、八月、十一月对其物价进行审定并依各地域市场圈设定行政价格。其目的即在于调整各地域的物价与物资流通，对市场进行行政式管理（山田胜芳，2001；影山刚，1995）。[6]

185

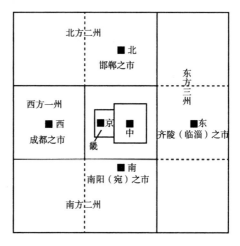

图 2　王莽的广域市场圈（五均图）

之后的天凤三年（16），作为灾害对策的一环，王莽又将这五个市场圈与九州 125 郡制相结合，分别编东方以三州一部 25 郡、南方以二州一部 25 郡、西方以一州二部 25 郡、北方以二州一部 25 郡、中央一州以畿内 25 郡，遂分九州全体，设五方制，在畿内地区以外的畿外八州设五部制。[7]

王莽构筑的天下便是这样一个由五均五方制（将九州 125 郡分编为五个市场圈）、邦畿五部制（将畿内地区编组为两都五部）以及畿外八州五部制构成的五部体制的复合结构。

以五为基数进行地方制度的组织和编成乃基于"终

始五德（五行相生）说"。终始五德说是自战国时期逐渐发展起来的一种以五行五德（木德、火德、土德、金德、水德）的循环来说明王朝交替原理的政治思想和学说。新朝受禅于火德的汉并以土德立国，故而以五为圣数，所用制度，诸如天下 125 郡、25 部监制、畿内五部制、五均制、五等爵制等皆用五。这与自称得水德的秦以六为圣数并分天下为三十六郡是一样的。

与秦朝相同，新朝亦享国十五年而亡。与分天下为三十六郡、专取郡县制以实现天下型国家秩序化的秦相对，新朝基于西汉的实际情况，结合郡县制与封建制，对拥有帝国式组织的天下型国家进行了重新定义。然而新朝以近乎刻板死守经书记述的方式来改变现实，且朝令夕改，以致逐项制度混乱频生，乃至不可收拾，最终不仅各项制度未能落实，国家亦亡于赤眉之乱。不过，这一拥有帝国式组织的天下型国家与其五等爵制一起，作为基于《周礼》的天下秩序的理想典型，给后世留下了巨大影响。

186

三 帝国周边地区的帝国组织

在汉帝国的外延地区有周边诸非汉民族居住。在这些地区存在以诸原住民族和已然地方化的汉族为统治阶层的南越国、卫氏朝鲜、滇王国等君主政权。在以封建制为媒介与这些君主政权结成政治关系时，与称天下领域之内的王国、侯国为"内臣"相对，汉帝国使用了"外臣"这一用语。

栗原朋信（1960，1970）揭示了内臣—外臣这一结构的存在。栗原通过研究皇帝赐予王侯和诸君长的印玺，明确了汉代国家存在一种双重结构，一重为皇帝的德、礼、法三者所及的内臣控制地区，另一重为皇帝的德、礼只及于被赐封的首领的外臣控制地区。[8]应该注意的是，内臣—外臣结构表现的是位于天下内部的王国、侯国的王侯以及位于其外部的诸王国、君长与汉天子之间的封建关系。在此，作为汉帝国组织根基的郡县制被排除在外。但说到底，区别内臣—外臣结构中内与外的其实还是构成汉帝国天下的郡县制，也就是由三辅—内郡—边郡构成的中心—周边结构，外臣正是这一结构的延伸。

史书中作为汉帝国的外臣被明确记录下来的只有西汉前期的卫氏朝鲜与南越国。匈奴和大夏等西域诸国的王权化问题曾被提上日程，但匈奴对此表示拒绝，西域诸国的外臣化亦未能实现。[9]就外臣这一问题，让我们首先从南越国的情况开始考察。

（一）南越国与汉的帝国组织——内臣与外臣

秦汉交替动乱之际，南越国由时任秦南海郡龙川县令的赵郡真定县人赵佗建立，其首都位于南海郡番禺县

（今广州），以秦南海、桂林、象三郡为核心区域，是一个统治着当地百越部族和移民汉人的地方政权。赵佗自称武帝，至汉武帝元鼎六年（前111）灭亡为止，南越国共有武帝赵佗、文帝赵胡（出土文字资料作眜）、明帝赵婴齐、哀帝赵兴、术阳帝赵建德五世四代，享国九十三年（《汉书》卷九五《西南夷两粤朝鲜传》）。

汉与南越国的关系自其建立之初便已开始。在文帝时期，经过陆贾的交涉，南越成为汉的臣属。景帝时期，南越派出的朝贡使节团抵达长安，[10]这标志着南越实质上成为汉的外臣。只不过除南越与汉之间形成的以纳贡、朝见为媒介的臣从关系外，南越王依然自称为帝，其政权自身亦维持着独立状态，并着手与周边民族诸君主政权结成政治上的从属关系。

在给汉文帝的信中，赵佗自负地称："因为书称，……且南方卑湿，蛮夷中西有西瓯，其众半羸，南面称王。东有闽粤，其众数千人，亦称王。西北有长沙，其半蛮夷，亦称王。老夫故敢妄窃帝号，聊以自娱。"并进一步夸示道："老夫身定百邑之地，东西南北数千万里，带甲百万有余。"不过，南越的铁器与铁材依靠汉地输入。南越曾于吕后时期谋求让汉朝解除对其铁器铁材输出的禁令。[11]虽然有依赖汉帝国铁材输出这一决定性弱点，但南越仍然以其强大的兵力与财力达成了"佗因此以兵威财物赂遗

188

闽粤、西瓯、骆，役属焉"的局面。汉武帝建元六年
（前135）唐蒙在上书中亦指出："南粤王黄屋左纛，地东
西万余里，名为外臣，实一州主也。"对于汉朝人而言，
方万里是天下的别称，而"一州主"则意味着南越实际
上是不同于汉的另一个天下的君主（渡边信一郎，
2003）。

1983年，从南越第二代君主文帝赵眜墓中发掘出
"文帝行玺""帝印""泰（太）子"等印玺，这证实了
南越国使用过帝号（广州市文物管理委员会，1991）。据
吉开将人对南越印玺的研究，南越在王权之下有王、侯，
更继承了自战国和楚汉争霸时期以来楚国一系的爵位"执
圭（圭）"，被赐予刻有这一印文银印者的待遇等同于外
臣（吉开将人，1998，1999，2000）。南越政权保有一州方
万里的天下，具有内臣—外臣结构，以其军力与财力使四
方蛮族臣属于己，其自身便是一个足以与汉匹敌的帝国。

虽然规模比南越小，但被汉视作外臣的卫氏朝鲜也有
同样的情况（后述）。若将拒绝外臣化的匈奴包括在内，
则我们可以认为，在西汉中前期的东亚地区，汉帝国、南
越帝国、匈奴游牧帝国、卫氏朝鲜等大大小小的帝国和诸
王国并立，而在这些帝国、王国之间形成了一种政治从属
关系上的复合结构。武帝元鼎六年（前111）南越灭亡，
元封元年（前110）闽越灭亡，元封三年（前108）卫氏

189

朝鲜灭亡，这些地区随即被郡县化，随之而来的是这一复合结构和内臣—外臣结构的解体。通过对周边诸民族的内臣化或直接将其编入郡县制，汉王朝逐渐走向天下型国家的完全形态。所谓外臣是汉王朝在帝国化过程中出于自身需要对周边地区王权的一种独特定位，随着武帝时期帝国组织的完成，外臣的消失也是自然之事。

（二）卫氏朝鲜与乐浪郡——贡纳与帝国组织

在中国东北到朝鲜半岛北部这一区域，随着战国中期以后燕国势力的扩张与后来秦汉帝国的成立，诸民族的独立王权得以正式形成（宫本一夫，2000；郭大顺、张星德，2005；甲元真之，2006）。

燕昭王在位三十余年间（前 4 世纪末到前 3 世纪初期），确立了战国王权的燕国向燕山以北的东北方向延伸其势力，并与东胡（之后的乌丸、鲜卑等）呈对峙态势。公元前 3 世纪中叶，燕国将军秦开击破东胡并退之于千余里外，形成“其后燕有贤将秦开……袭破走东胡，东胡却千余里。……燕亦筑长城，自造阳至襄平。置上谷、渔阳、右北平、辽西、辽东郡以拒胡”之局势。这一时期的燕国亦东略真番、朝鲜地区，将其置于势力控制范围之内，并设官以进行支配（《史记》卷一一〇《匈奴列传》）。

秦灭燕后，这一地区被当作辽东郡的长城外附属地区，但不久之后兴起的汉王朝修复了辽东旧长城并在这一地区以浿水（今清川江）为界置燕王国。《史记》卷一一五《朝鲜列传》记载："燕王卢绾反入匈奴，满亡命，聚党千余人，魋结蛮夷服而东走出塞，渡浿水，居秦故空地上下部，稍役属真番、朝鲜蛮夷及故燕、齐亡命者王之，都王险。会孝惠、高后时天下初定，辽东太守即约满为外臣，保塞外蛮夷，无使盗边。诸蛮夷君长欲入见天子，勿得禁止。……以故满得兵威财物，侵降其旁小邑，真番、临屯皆来服属，方数千里。"

我们通过《史记》得知，以卫氏朝鲜为首的真番（韩族）、临屯（濊貊族）等民族的君长在中国东北和朝鲜半岛北部建立王权，始于这一地区的政局变化。推动这种变化的外部因素是伴随战国中期铁器文化的发展，燕国向东北方向的扩张以及随后秦汉帝国的形成。这是继殷末周初（公元前 11 世纪后半叶）封建燕国、中原势力向燕山以北延伸以来的又一次冲击。本小节即以汉帝国形成期的卫氏朝鲜与其后被编入帝国体制的乐浪郡为对象，从汉代东北周边地区的视角对帝国组织的特质进行考察。

卫氏朝鲜王权统治层的核心由战国以来从燕、赵、齐等国（今河北北部及山东半岛）移居至此的汉族集团构成，其治下则有汉族和非汉民族。在丧葬文化上，汉人与中原相同，仍采取木椁或砖室墓，非汉民族则在丧葬形态上保持独特的支石墓传统。不过非汉民族中也有"尼谿相参"等进入王权统治层的人。卫氏朝鲜并不是完全的汉人政权（三上次男，1966）。此外，在卫氏朝鲜的核心区域朝鲜半岛西北部，除铁器外，还出土了战国时期燕国 191 的刀币和流通于三晋地区的布币（三上次男，1966；王毓铨，1957）。西汉末期的《方言》一书则将"燕之北郊，朝鲜、洌水［今大同江］之间"的语言作为当时汉语方言的一个类型进行独立区分和概括（Serruys，1959）。这说明从战国中期到汉代，辽东至朝鲜半岛西北部这一帝国周边领域被中原语言文化圈、市场圈包含在内，同时其内部又形成了独立的地域类型。若以这种地域性市场和语言圈的存在为前提，则卫氏朝鲜社会中不仅是统治层，被统治层之中亦有相当数量的本地汉人与汉化的非汉民族。也就是说，卫氏朝鲜是一个复合型社会，以汉人世袭王权为核心，将一部分非汉民族编入统治层，由汉人和非汉民族构成被统治层（百姓）。这样的社会构成近似于前文所见的南越国。

此外据《史记》所记，卫氏朝鲜以"兵威财物，侵降其旁小邑，真番、临屯［韩族、濊貊族等］皆来服属，方数千里"。这在国家形态上与领有方万里的领土，同样以"兵威财物"与闽越、西瓯等周边民族结成政治从属关系的南越十分相似。虽然卫氏朝鲜比南越的规模小，但卫氏朝鲜同样在呈现出帝国形态的同时又以外臣身份从属于汉帝国。这两个君主政权分别诞生于汉帝国初期的东北与南方边境，拥有相同的社会结构，并且在武帝时期先后被征服，最终被纳入郡县体制。

武帝在元封三年（前108）征服卫氏朝鲜后将其领土纳入帝国直辖，置乐浪、玄菟、真番、临屯四郡。但始置四郡不久后，原系卫氏朝鲜时期诸从属民族居住地、位于四郡南端的真番郡与位于日本海沿岸的临屯郡相继于昭帝始元五年（前82）、元凤六年（前75）被废置。此时汉帝国缩小了玄菟郡郡域，并移其郡于鸭绿江以北、辽东东部的苏子河流域，是为历史上的第二玄菟郡（池内宏，1951）。乐浪郡则统合了被改废三郡的一部分，成为领有二十五个县的大郡，并负责与南部的韩族、东部日本海沿岸的濊貊族的对外交涉。

乐浪郡实现郡县化后基本继承了卫氏朝鲜时期的社会结构，并将其维持至三国西晋时期，其间，经历了东汉初期光武帝建武六年（30）岭东（日本海沿岸）七县的脱离带来的郡域缩小，以及公元2世纪末3世纪初公孙政权分割乐浪郡南部地区设立带方郡等事件。如上文所述，郡太守、郡都尉、县令、县尉等上层官吏均由汉中央政府派遣，构成郡县官府诸机关（曹）的属吏（小吏）则由地方豪族充任。乐浪郡的情况亦同于此。《后汉书》中被立

192

传的乐浪王氏，以及以程、张、田、黄诸姓为首的本地汉人豪族即就任过属吏，历经数代维持了这一地区郡县的政治秩序（三上次男，1966）。

关于乐浪郡时期汉朝东北边境地区的帝国编制，2世纪初许慎所著《说文解字·鱼部》的记载值得注意。除对各文字进行解说外，许慎还记载了鱼的产地（比如"鮸，鱼也。出薉邪头国。从鱼免声"）。薉邪头国指与乐浪郡东部相接的濊貊族（段玉裁《说文解字注》第十一篇下），而邪头指乐浪郡岭东七县之一的邪头昧县（池内宏，1951）。许慎还举了鲂作为薉族的邪头国所产的鱼。[12]同样，许慎也举了乐浪潘国（旧真番、韩族）出产的鱳、鮻、魳、鮔、魦、鳒，乐浪东暆出产的鰅，辽东出产的鮏，貊国（北方濊貊族）出产的鲜，东莱郡出产的鮵，会稽郡出产的鮚。[13]

可以想见，这些鱼类并非地方出产的商品，基本是给汉王朝中央政府的贡品，其线索在关于乐浪东暆出产的鰅的说明中。许慎云："鰅，鱼也。皮有文，出乐浪东暆。神爵四年，初捕收输考工，周成王时，扬州献鰅。"考工属少府，系宫廷工坊。贡献的鱼皮被送到考工后或被制作为宫廷所用的装饰品。与此相关，《魏略》云："濊国出斑鱼皮，汉时恒献之。"（《太平御览》卷九三九"斑文鱼"条引）"斑鱼"的"斑"字是花纹之意，从其鱼皮

193

被使用一事来看，此处所说的很可能就是鲔鱼。此外，乐浪郡东暆本属临屯郡，其后被改编入乐浪郡岭东七县，光武帝建武六年（30）从乐浪郡脱离出去。东汉时期，东暆并不属于乐浪郡，而是由附属于乐浪郡的非汉民族控制。这与乐浪潘国（真番）的情况一样。与濊国、蔵邪头国、貊国相同，真番被称为潘国，其地是附属于乐浪郡的韩族的政治领域，而这亦从侧面证明了东暆的情况。临屯郡与乐浪郡岭东七县是濊貊诸族的聚居地（《三国志》卷三〇《东夷传》），《魏略》所言濊国明显包含东暆地区。从以上情况来看，可知濊貊、濊国所产的鮠、魵、鮰、斑鱼经由乐浪郡上贡给宫廷。《说文解字·鱼部》所见潘国出产的七种鱼和鱼皮，以及濊国、东暆和其他地区出产的鱼实乃通过乐浪郡或其他各郡献至宫廷的贡品。

作为边郡的乐浪郡正是处于这样一个负责处理、转运与本郡邻接的真番、濊貊等周边诸民族贡品的位置上。这继承了卫氏朝鲜让真番、临屯诸族从属于自己的帝国式政治结构。与汉律规定的会稽郡贡鮧酱二斗不同，这些贡品的上缴应是不定期的。除《鱼部》外，《说文解字》中还记载了羽、石、鸟、兽等特产的产地。就鱼和鱼皮而言，这些是以乐浪郡为首的渤海湾及日本海地区的特产，一般被用作宫廷的装饰材料。

194　　　在向百姓征收的税物中，汉代的郡国除向中央政府缴纳数额相当于郡国户籍人口乘以六十三钱的货币与布帛，即赋（献费）以外，还以原材料或者半成品的形式向宫廷上贡鱼、羽、石、鸟、兽等郡国特产。宫廷的工坊则用这些来自郡国与周边民族的材料制作各种食品、衣服、装饰、生活用品，以满足皇帝、皇室和宫廷所需（渡边信一郎，1996）。也就是说，各郡国为维持由三辅—内郡—边郡构成的政治社会，要向中央政府缴纳公赋（献费），而为维持皇帝、皇室和宫廷的生活运转，还要缴纳各种作为原材料的贡纳品（贡献）。在国家定期举行元会仪礼或宗庙祭祀时，周边民族亦被期待上贡这些维持宫廷所需的物产。郡国与诸民族的贡品被陈列于殿庭或庙庭之上，用以彰显皇帝之德（渡边信一郎，1996）。汉帝国以缴纳公赋、由皇帝直接统治的郡国为基础，统辖定期提供贡纳品的郡国与不定期提供贡纳品的周边民族，这些贡纳品往往被用于维持和装点宫廷生活。如上文的乐浪郡那样，边郡肩负着处理和转运周边民族的贡纳品这一政治使命。汉王朝的帝国组织形式便这样体现在皇帝的个人生活以及与祭祀、礼仪有关的用具之中。

结语

汉帝国在何种意义上才能够被称为帝国？最后，让我们再就其历史特性进行确认和总结。

第一点，汉帝国政府以三辅（首都地区）—内郡—边郡构成的中心—周边结构对其直辖领域进行编制，对其外围的周边诸民族则采取持续的军事扩张政策。其本质在于领土的扩张。伴随着军事扩张，边境地区逐渐明确了其边境防卫与出击基地的职责，并依赖内郡地区提供军粮、军需物资、战斗人员以及兵站部门。内郡与边郡之间遂形成了一种地域分工与相互依存的关系。这一中心—周边结构的形成原因正在于此。在中央政府的财政性物流指令与兵役、徭役组织之下，相互依存的内郡中心地区与边郡周边地区被统合起来，并形成三辅—内郡—边郡的结构。武帝时这一结构发展至顶峰，王莽则开始根据经书对其进行重新定义与古典化。

第二点，汉帝国在其直辖领域基本依靠郡县制对登录于户籍的百姓进行官僚制控制与管理，对周边诸王权与民族君长则以封建制构筑起政治从属关系。这两种不同的原理，即内部直辖领域的郡县制与周边领域的封建制，构筑了汉帝国双重支配从属关系的基础。

第三点，汉帝国要求直辖地区的郡国每年向中央缴纳公赋并以此编成中央财政，政府则在此基础上规划国家机关与政治社会整体的再生产。与此同时，帝国又要求直辖地区的郡国与周边的民族以原材料或半成品的形式向宫廷上贡特产，并以此维持皇帝、官人所需乃至整个宫廷的运转，贡纳品在实物上主要表现为食品、衣物、装饰和家具等生活用品。换言之，汉帝国的再生产系统是基于一种双重征收关系建立起来的，即对内部直辖地区百姓的税役征收制度与对直辖地区、周边地区的贡纳征收制度。

　　虽然帝国周边地区出现的边郡和诸民族王权强弱大小有别，但基本均以"帝国"这一国制框架组织起来。在帝国中枢稳定且中心—周边结构牢固的时期，帝国的周边领域亦比较安定。但当帝国的中心地区（中原）基于各种原因出现不安定的情况时，周边地区也往往变得不安定并造成诸多小帝国的出现。秦末至西汉前期的南越国、卫氏朝鲜，新莽东汉交替期陇西的隗嚣政权、蜀地的公孙述政权，以及东汉末至三国时期辽东的公孙政权等即其典型。西晋末中原的崩溃使这一中心—周边结构随之坍塌，196周边地区陆续成立的诸王权开始逐鹿中原。可以说，古代东亚的发展处于这种过程之中：在以中原为中心的帝国多层级冲突与抗争之中，以汉人为统治核心的帝国逐渐将周边民族纳入统治核心，并演变、创造出新的帝国。这一过程由西晋末期的混乱拉开大幕，在北魏时期进一步发展，最终成就了隋唐帝国。

中国古代的财政与国家

注　释

1. 关于帝国的概念及其多样性，参见山本有造（2003）、杉山正明（2003）。
2. 中国的封建制度以爵位与封地为媒介构成，是一种基于皇帝与受封者（持有爵位者、外国君长等）之间个人身份关系的政治秩序。这是与以封土、家臣机构以及所领的多层结构为基础的西欧封建制度（feudalism）截然不同的概念。此外，与以首长制（chiefdom）、宗族制为基础的西周封建制度不同，战国以后封建制下（天下之内）的封地是以郡县制与对百姓的人身控制为基础的。
3. 关于庄宅式财政，马克斯·韦伯阐述道："就其原理而言，需求的满足基本依靠从属或隶属于家的劳动力，从而自给自足，且物质的生产手段无须通过交换即可获得。……而具有决定性意义的一点是，庄宅的形成原理在于财产的利用，而非资本的增殖。所谓庄宅，就其决定性的本质而言，意味着组织化了的需求的满足——尽管出于满足需求这一目的，仍然会有一个个营利式经济经营被纳入庄宅体系。"（ウエーバー，M，1960：153）"庄宅"这一概念虽然以个人式大规模家计的需求满足为本源，但又不止于此。不以经济为第一目标的政治团体或国家的组织性需求的满足亦适用于此概念。对此，青山秀夫（1950）进一步整理道："韦伯把这种统治者的家计（例如古埃及的法老宫廷）称为'庄宅'（oikos），并进一步将赋役和贡纳称为庄宅式的实物赋役制［oikenmässige Naturalleiturgie。与此相对，在同样的模式下，如果需求者并非统治者的私人性大规模家计，而是一种团体性家计，即财政，那么这种情况被称为团体式的实物赋役制（verbandsmässige Naturalleiturgie）。一般而言，这样通过劳动和财物的赋课来满足团体性家计的情况被称为赋役式的欲望满足（leiturgische Bedarfsdeckung）］。"（第83~84页）严格来讲，中国古代的财政运转应该适用于韦伯所提出的理念型中的团体式实物赋役。不过中国古代财政运转的特性在于，基于"量入为出"的家计式运转原则，在中央政府指令下组织起的农民兵役、徭役编制之下，市场流通被排除在外，而财政性物流与社会再生产仍得以实现。从被支配农民的角度而言，其自身既是直接生产者，又是租税负担者、租税运输劳动者，而且还是兵士。中国古代的财政运转正是以这一体制为基干的。本书将具有这种特性的财政模式称为庄宅式财政。

4. 《汉书》卷九九《王莽传中》天凤元年条云："莽以周官、王制之文，置卒正、连率、大尹，职如太守。属令、属长，职如都尉。置州牧、部监二十五人。见礼如三公。监位上大夫，各主五郡。公氏作牧，侯氏卒正，伯氏连率，子氏属令，男氏属长，皆世其官，其无爵者为尹。分长安城旁六乡，置帅各一人。分三辅为六尉郡，河东、河内、弘农、河南、颍川、南阳为六队郡，置大夫，职如太守。属正，职如都尉。更名河南大尹曰保忠信卿。益河南属县满三十。置六郊州长各一人，人主五县。及它官名悉改。大郡至分为五。郡县以亭为名者三百六十，以应符命文也。缘边又置竟尉，以男为之。诸侯国闲田，为黜陟增减云。莽下书曰：'常安西都曰六乡，众县曰六尉。义阳东都曰六州，众县曰六队。粟米之内曰内郡，其外曰近郡。有鄣徼者曰边郡。合百二十有五郡。九州之内，县二千二百有三。公作甸服，是为惟城。诸在侯服，是为惟宁。在采、任诸侯，是为惟翰。在宾服，是为惟屏。在揆文教，奋武卫，是为惟垣。在九州之外，是为惟藩。各以其方为称，总为万国焉。'"

5. 《汉书》卷九九《王莽传中》始建国四年条云："莽至明堂，授诸侯茅土。下书曰：'……昔周二后受命，故有东都、西都之居。予之受命，盖亦如之。其以洛阳为新室东都，常安为新室西都。邦畿连体，各有采任。州从禹贡为九，爵从周氏有五。诸侯之员千有八百，附城之数亦如之，以俟有功。诸公一同，有众万户，土方百里。侯伯一国，众户五千，土方七十里。子男一则，众户二千有五百，土方五十里。附城大者食邑九成，众户九百，土方三十里。自九以下，降杀以两，至于一成。五差备具，合当一则。今已受茅土者，公十四人，侯九十三人，伯二十一人，子百七十一人，男四百九十七人，凡七百九十六人。附城千五百一十一人。九族之女为任者，八十三人。及汉氏女孙中山承礼君、遵德君、修义君更以为任。十有一公，九卿，十二大夫，二十四元士。定诸国邑采之处，使侍中讲礼大夫孔秉等与州部众郡晓知地理图籍者，共校治于寿成朱鸟堂。予数与群公祭酒上卿亲听视，咸已通矣。……'以图簿未定，未授国邑，且令受奉都内，月钱数千。诸侯皆困乏，至有庸作者。"

6. 《汉书》卷二四《食货志下》云："遂于长安及五都立五均官，更名长安东西市令及洛阳、邯郸、临淄、宛、成都市长，皆为五均司市（称）师。东市称京，西市称畿，洛阳称中，余四都各用东西南北为称，皆置交易丞五人，钱府丞一人。工商能采金银铜连锡登龟取贝者，皆自占市钱府，顺时气而取之。……诸司市常以四时中月实定所掌，为物上中下之贾，各自用为其市平，毋拘它所。众民卖买五谷布帛丝绵之物，周于民用而不雠者，均官有以考检厥实，用其本贾取之，毋令折钱。万物卬（昂）贵，过平一钱，则以平贾卖与民。其贾氏贱减平者，听民自相与市，以防贵庾者。"

7. 《汉书》卷九九《王莽传中》天凤三年条云："五月，莽下吏禄制度，曰：'……东岳太师立国将军保东方三州一部二十五郡。南岳太傅前将军保南方二州一部二十五郡。西岳国师宁始将军保西方一州二部二十五郡。北岳国将卫将军保北方二州一部二十五郡。大司马保纳卿、言卿、仕卿、作卿、京尉、扶尉、兆队、右队、中部左洎前七部。大司徒保乐卿、典卿、宗卿、秩卿、翼尉、光尉、左队、前队、中部、右部，有五郡。大司空保予卿、虞卿、共卿、工卿、师尉、列尉、祈队、后队、中部洎后十郡。及六司，六卿，皆随所属之公保其灾害，亦以十率多少而损其禄。郎、从官、中都官吏食禄都内之委者，以太官膳羞备损而为节。诸侯、辟、任、附城、群吏亦各保其灾害。几上下同心，劝进农业，安元元焉。'"

8. 高津纯也（2002）在考察并论证了文献中所见"外臣"的用例后否定了栗原朋信提出的"内臣""外臣"二元结构，阿部幸信（2004）重新考察汉代的印玺制度后，否定了内臣—外臣结构的实证性基础，并主张内与外的区别确立于成帝绥和元年（前8）改革下成立的封建拟制。

9. 《史记》卷一二三《大宛列传》云："是后天子数问骞大夏之属。骞既失侯，因言曰：'……今单于新困于汉，而故浑邪地空无人。蛮夷俗贪汉财物，今诚以此时而厚币赂乌孙，招以益东，居故浑邪之地，与汉结昆弟，其势宜听，听则是断匈奴右臂也。既连乌孙，自其西大夏之属，皆可招来而为外臣。'天子以为然。"此外，《史记》卷一一〇《匈奴列传》云："匈奴用赵信之计，遣使于汉，好辞请和亲。天子下其议，或言和亲，或言遂臣之。丞相长史任敞曰：'匈奴新破，困，宜可使为外臣，朝请于边。'汉使任敞于单于。单于闻敞计，大怒，留之不遣。" 199

10. 《史记》卷一一三《南越列传》云："诏丞相陈平等举可使南越者，平言好畴陆贾，先帝时习使南越。乃召贾以为太中大夫，往使。因让佗自立为帝，曾无一介之使报者。陆贾至南越，王甚恐，……乃顿首谢，愿长为藩臣，奉贡职。……陆贾还报，孝文帝大说。遂至孝景时，称臣，使人朝请。然南越其居国窃如故号名，其使天子，称王朝命如诸侯。"

11. 《史记》卷一一三《南越列传》云："高后时，有司请禁南越关市铁器。佗曰：'高帝立我，通使物，今高后听谗臣，别异蛮夷，隔绝器物，此必长沙王计也，欲倚中国，击灭南越而并王之，自为功也。'"

12. 《说文解字注》第十一篇下："鲂，鱼也。出薉邪头国。从鱼分声。"

13. 《说文解字注》第十一篇下："鳙，鱼也。出乐浪潘国。从鱼庸声。""鲮，鱼也。出乐浪潘国。从鱼妾声。""鲋，鱼也。

出乐浪潘国。从鱼市声。""鮦，鱼也。出乐浪潘国。从鱼掬声。""魦，鱼也。出乐浪潘国。从鱼沙省声。""鰈，鱼也。出乐浪潘国。从鱼乐声。"此外，尚有："鰛，鱼也。……出辽东。从鱼区声。" "鲜，鱼也。出貉国。从鱼，膻省声。""鮇，䲆鱼。出东莱。从鱼夫声。""鮚，蚌也。从鱼吉声。汉律：会稽郡献鮚酱二斗。"

第二部　魏晋南北朝时期的财政与国家

小 序

汉帝国是一个以战国以来的战时体制为基础建立的政
治社会。从景帝到武帝时期，当战时体制随着统一帝国的
出现而终结，战争基本局限于边境的防卫线维持与军事性
扩张，于是战国体制发生剧变。这点可以从作为帝国支配
骨干的地方组织中窥见端倪。

依据表8，郡国数量在西汉为103，东汉为105，几
乎没有改变；与此相对，县以下的数字发生了很大变化。
东汉的县数大约是西汉的四分之三，户数也缩减到大约相
同的比例。然而值得注意的是，乡数减少到原来的一半，
亭数也减少到原来的四成。平帝元始二年（2）后的大约
一百五十年间，县以下的基层行政组织急剧缩减。西汉时
期的郡国、县道与乡亭是以自然聚落为基础设定的行政组
织（池田雄一，2002）。乡是户籍编成的基础单位，亭的
功能则在于管理以阡陌制划分的耕地，兼管当地的警察和
邮政业务，从而串联起遍布帝国全境的通信、交通网络。

乡亭组织的衰减比例远超户口数减少的比例，一般推测其原因在于基础自然聚落的解体，即帝国基础的解体。到了时代稍晚的 3 世纪后半期的西晋时期，亭完全消失，乡的设置数量则依据县的支配户数来决定。[1]乡变成一种与基础聚落没有任何关系、单纯对应县户数的行政性设置。从 2 世纪中期至 3 世纪中期为止的约百年间，这种情况始终存在（宫崎市定，1957c）。

表 8　两汉郡县乡亭户口数对照

	西汉	东汉	东汉/西汉	出处
郡国	103	105	—	西汉数据参考《汉书·地理志》与《汉书·百官公卿表上》（平帝元始二年） 东汉数据参考《续汉书·郡国志五》[顺帝永寿二年（156）]；乡亭数参考《续汉书·郡国志五》刘昭注引《东汉书》[永兴元年（153）]
县道	1578	1180	74.8%	
乡	6622	3682	55.6%	
亭	29635	12442	42.0%	
户数	12233062	9698630	79.3%	
口数	59594978	49150220	82.5%	

这种情况的出现，当然也可以归因为两汉交替和汉末动乱带来的物理性破坏。但是，如果只是单纯的物理性破坏，那便有重建的可能。正因事态出现了不可逆的发展，才必须从政治与经济的因素中探求其根本原因。东汉光武帝建武六年（30）八月的废止郡都尉以及随之而来的内郡范围的军备缩减正是如此。[2]郡都尉是统率、指挥一郡甲卒的郡军事长官。它的废止既表示内郡武装的解除，同

204

时也意味着整个西汉时期保留的战国体制遭到了根本的废
弃。郡都尉的废止打击了战国时期以来作为最底层军事、
警察组织的亭与亭部的存续，并对其掌管的阡陌、耕地的
管理造成了巨大影响。阡陌制最后出现于东汉末期的买地
券上，此后便从历史上消失了，而分田农民的经济基础也
随之消失（渡边信一郎，1986）。汉帝国解体的根本原因
正在于战国军事体制的崩溃，以及基础聚落和阡陌制的
瓦解。

　　第二部的考察对象是继东汉末期统一帝国解体之后，
以分田农民为基础的古代国家及其财政再建构的过程。第
六章先对最初的尝试——占田、课田制进行重新定义，借
以弄清作为收入论基础的田制、户调制的实际情况。第七
章则追溯户调制的渊源，厘清西汉时期的赋敛惯行与制度
外的临时经费筹措，进而探究其衍生出来的曹魏户调制的
形成轨迹。

　　第八章、第九章分别考察南朝、北朝以户调制为基础
的财政特质。南北朝时期的财政特质之一且为南北朝共通
之处，是以都督府为中心的地方军事财政的确立。南北朝
时期的都督府接受来自中央政府分配的经费，进而形成以
军事经费为核心的地方财政据点。这就构成了隋唐统一帝
国时期全国财政性物流地方据点的源头。

　　北魏孝文帝太和年间出现了南北朝财政史中划时代的

205

局面。汉代以来模糊不清的地方经费至此得以在制度上确立，中央政府的财政主权也延伸至末端。与此平行，北魏支配下的华北全境构筑起了财政性物流。尽管此种财政性物流在北魏末期的内乱中暂时受阻，但是它仍然与都督府的军事财政一起，构成了隋唐时期财政运作的滥觞。

第十章以汉帝国崩溃后兵役、徭役的重建过程为对象，特别针对十六国时期以来频繁出现的"三五发卒"的徭役、兵役征发方式进行重新探讨，进而弄清了"三五发卒"的方式是在北魏孝文帝太和年间形成的三长制中被制度化的。作为乡村行政制度的三长制与均田制的建立是汉代社会编组方式的重新建构，它们以负担徭役、兵役的分田农民作为基础，体现出北魏孝文帝时期在古代国家重建过程中的划时代特色。

注　释

1. 《晋书》卷二四《职官志》："又县五百以上皆置乡，三千以上置二乡，五千以上置三乡，万以上置四乡，乡置啬夫一人。乡户不满千以下，置治书史一人。千以上置史、佐各一人，正一人。五千五百以上，置史一人，佐二人。县率百户置里吏一人，其土广人稀，听随宜置里吏，限不得减五十户。户千以上，置校官掾一人。"里也是基于其与县的关系而设，乡和里都不是根据其与自然聚落的关系设置的。

2. 《续汉书·百官志五》："中兴建武六年，省诸郡都尉，并职太守，无都试之役。省关都尉，唯边郡往往置都尉及属国都尉，稍有分县，治民比郡。"

第六章　占田与课田的谱系

——晋南朝的税制与国家土地的所有制

前言

　　学者历来多将占田、课田制视为均田制的先驱，并将其置于北朝土地制度的谱系之中。古代中国国家土地政策的代表性研究——堀敏一《均田制研究》（1975）一书也不例外，其中并无南朝相关的研究。原因有二：第一，自东晋以后，像占田、课田制这种带有国家性规制的土地政策就未见于南朝；第二，以往的研究带有一种将田制研究与税制研究分隔开来的倾向，因而魏晋时期的田制研究与南朝的税制研究之间未必获得了充分的联系整合。[1]但若仔细检讨，则可发现占田、课田制作为两种系统的租税体系，在南朝税制中还有明确的残留痕迹。本章的目的是借由综合检讨占田、课田制的史料与南朝税制的史料，来讨论魏晋南朝时期的财政收入与国家土地所有制的特质，进而厘清分田农民阶层的重建过程。

有关占田、课田制已有颇为深厚的研究积累。关于诸家学说，伊藤敏雄（1982）做了十分仔细的梳理，据此可分为如下两种类型与四家说法。第一种类型认为占田与课田是各自以不同的农民户作为对象的田制，此类型为 A 说，以宫崎市定、米田贤次郎、越智重明等人为代表。第二种类型则认为占田与课田系以同一种农民户作为对象的制度，此类型属于 B 说。B 说还可进一步区分为如下三 ⟨208⟩ 说：第一，占田与课田是以同一户内的不同农民——如占田是以户主，课田则是户主以外的其他余夫——作为对象的田制，此种理解称为 B1 说，以玉井是博、曾我部静雄、铃木俊、西村元佑等人为代表；第二，占田、课田以同一种农民——特别是户主——作为对象，课田则包含于占田之内，此种看法为 B2 说，以天野元之助、堀敏一等人为代表；第三，占田、课田以同一种农民——特别是户主——作为对象，但课田属于占田以外的设定，此为 B3 说，吉田虎雄、藤家礼之助、楠山修作等人属之。

有关诸家说法的具体差异与问题点，请另见伊藤敏雄的整理。在此以宫崎市定作为 A 说的代表，以堀敏一作为 B 说的代表，同时涉及伊藤敏雄的研究，来确认本章展开的基本论点。

宫崎市定在《关于晋武帝的户调式》（1957）一文中，将占田与课田视为两种系统的租税制度与土地制度，进而考察了从魏晋至隋唐时期中世整体土地制度的特质。宫崎认为，课田制继承自之前三国时期魏的民屯田制度，农民具有国家佃户的特点，并且规定了此后均田制下露田、口分田的发展；另一方面，占田制是针对旧郡县民的田制，带有限田制的特性，从而规定了均田制下桑田、永业田的发展。尽管宫崎通贯把握魏晋田制至隋唐均田制的视角值得继承，但他并未使用《晋故事》逸文作为基本史料，而且将课田与占田视为不同系统的农民负担的田制，这种认识是否妥当，尚有探讨的余地。

堀敏一（1975）于第二章《魏晋的占田、课田与给客制的意义》中，在分析《晋书》"户调之式"与《晋故事》等逸文的基础上，指出占田是一对夫妇百亩土地的保障限度，因而不构成课税对象，但在此占田限度内的课田，则规定课以一夫耕作五十亩地，以此收取租税。这虽是合理的解释，但如果占田不课税的话，则连"户调之式"后半部分规定的多达数十顷的官人占田也会变成无须课税的情况，从而留下难以理解的部分。故仍有必要修正其对占田规定的解释。

209

伊藤敏雄（1982）基于对前面提到的庞大学说史的整理，提出以下理解：占田就是户主申报其私有土地的占有状态，并在其土地占有得到一定限度承认的前提下，负担每亩四升田租的土地。而除占田的土地之外，在基本属公有的土地上，无论其耕作者是否为户主，其户内所有丁男、丁女、次丁男皆负担课税，这样的土地即课田。伊藤认为其特质在于，在总体上承认私有占有权的同时，又在全国范围内推行一种理想型的国家土地所有权，以此谋求田地的重新编组。

有关史料解释稍后另做具体论述，此处的问题在于对国家土地所有的理解。伊藤倾向于把私人占有地的占田以外的土地视为公有地，并将在此公有地上的耕作视为课田，以一种"课田-公有地"的方式区分出国家土地所有权。此"课田-公有地"论是否正确，属于实证层次的问题，可姑且不论。问题在于他将占有地排除在外。如伊藤所说，国家实现了对占田每亩四升的田租收取，因而在实际上控制了土地所有权，故不能将其理解为单纯的理念推行。

如伊藤所整理的，对占田、课田的研究已经十分庞杂。但是，我认为以往的研究在解读基本史料方面，特别是对《晋故事》的理解有根本性的错误。因此无惧叠床架屋之嫌，我试图对占田、课田以及继承其谱系的南朝税制申述已见，进而论述国家土地所有作为一种现实性关系，即使在魏晋南朝时期依然得到了贯彻。

一　户调与田税
——《晋故事》与《隋书·食货志》

（一）关于《晋故事》

210　　考察占田、课田时，通常都会首先举出"户调之式"。但是，本节将以《晋故事》作为优先分析的对象，理由有二。第一，以西晋时期的文字用法来说，"户调之式"中的文字显得不太自然。"户调之式"中的"式"，实为对于北朝末期始成立的"法"的称呼。[2]再者，其中规定远夷的算钱为"二十八文"，而在六朝时期，铸币的量词以"文"来计算的例子相当稀少，要到唐代才比较普遍。[3]因此，我认为"户调之式"应该是在唐初编纂《晋书》期间，对原始史料稍加改订后形成的文本。第二，在"户调之式"中有对边郡与远夷的规定，尽管制度的骨干显得很模糊，但有关具体运用的记载很多。因此，在掌握制度骨干的基础上再对其进行检讨，应该是比较理想的做法。《晋故事》正适合用于考察制度的骨干，这便是优先列举《晋故事》的理由。接下来先对《初学记》卷二七"绢"条引用的原文加上句读。

《晋故事》。

（1）凡民丁课田夫五十亩，收租四斛、绢三匹、绵三斤。

（2）凡属诸侯，皆减租谷亩一斗，计所减以增诸侯。

（3）绢户一匹，以其绢为诸侯秩。

（4）又分民租户二斛，以为侯奉（俸）。　211

（5）其余租及旧调绢二户三匹绵三斤，书为公赋。九品相通，皆输入于官，自如旧制。

《晋故事》由以"凡"字为首的（1）和（2）及以下的两组条文组成。[4]（1）的条文规定对丁男课田五十亩，收取租四斛、绢三匹、绵三斤。除了租四斛的规定以外，其余皆与后来所见的"户调之式"中的户调一致。课田五十亩正是对应户调的田制。问题在于（2）及以下的条文。

后半部的条文是针对隶属于诸侯国的农民的租税，制定的晋朝中央政府与诸侯国间分配比例的规定。（1）的条文规定的是作为其前提的一般性课田-户调制。

（2）则是针对隶属于诸侯国的农民，规定其每亩一律减少一斗租谷，并将此减少部分加起来作为诸侯收取的部分。此处的租谷每亩一斗与（1）条文中的租四斛有所龃龉，如果对课田五十亩收取四斛，则换算下来每亩所收为八升，不到一斗。对此历来有各式各样的解释。有学者推测此处的租谷每亩一斗应是一升的误记（吉田寅雄、铃木俊、西嶋定生、西村元佑、越智重明、堀敏一、伊藤敏雄等），这一解释是错误的。因为在后半段的（4）中，明确记载从每户民租分出二斛以充当诸侯俸禄。考虑到这是将（1）的租四斛折半分给诸侯的规定，则在此基础上，就应该将同一条文内（2）的租谷与（4）的民租视为不同的收取方式。民租是以户为单位计算的结果，租谷则是以亩为单位来计算收取数量的租税。如果民租就是对应课田五十亩所收的户调租四斛的话，那么以亩为单位收取的租谷就极有可能对应占田的收取。先不急于下结论，接着再往下看。

（3）的文字稍显难以理解。但是，从它与（4）对应这点来推测，应可理解为从户调绢三匹之中分出一匹，以其绢充当诸侯的秩禄之意。以往的研究因为在（2）（3）之间没有断句，于是多半按"……计所减以增诸侯绢户一匹，以其绢为诸侯秩"等读法（吉田寅雄、铃木俊、西嶋定生、越智重明、堀敏一、伊藤敏雄等），使文字十分难懂，进而衍生出各式各样的解释，这些解释明显都是误读。[5] 误读的原因有二：第一，如前所述，并未区分民租户 二斛与租谷每亩一斗；第二则是没有意识到脱漏文字的可能性。（4）的开头为"又分民租……"，以"又"字为首，"又"字带有"更"或者"在此基础上"的意思。从这点来说，前面势必存在与（4）相呼应的对句才是。再者，（2）的文末为"以增诸侯"，（3）的文末为"为诸侯秩"，至于（4）则是"以为侯奉（俸）"，从以上对比来看，前文明显有不通顺之处。恐怕从（2）的文末到（3）的开头之间应是脱漏了几个字。我推测，（2）（3）的文字应该是"……计所减以增诸侯□。分民绢户一匹，以其绢为诸侯秩。又分民租户二斛……"这里纵使不是"分"字而是其他用来分割绢一匹的动词，至少也会有一字的脱漏，这点是很清楚的。

（5）也很明显有误字与衍文。首先，"书为公赋"的"书"字，诚如各家所言，应是"尽"字之误。接着，此句的意思是在一般的户调中，扣除分给诸侯的户绢一匹、民租二斛后，剩余的部分全都作为公赋，如以往一样纳为官（晋朝）有。因而"其余租及旧调绢二户三匹绵三斤"这句只能是"其余租［二斛］及旧调绢二匹绵三斤"，"户三"二字是衍文，大概是（3）的"绢户一匹"或（4）的"民租户二斛"导致衍文混入。

对于（3）这句话，应留意之处在于课田-户调全部充作公赋，即整体作为中央化租税的规定。"赋"字有许多种用法，从战国到秦汉时期，财政上的用法是将地方郡国的财物进行中央化的意思（本书第一章）。这里添加的"公"字使其意义更加清楚明白。课田户调正是一种为了财物中央化而设立的田制与租税制度。

至此已考察得比较细致。这里先意译前述《晋故事》的原文内容。

（1）民丁的课田，每一夫（户）为五十亩，[6]与此对应，每户收取租四斛、绢三匹、绵三斤的赋税。

（2）属于诸侯国的农民，其租谷一律每亩减收一斗，将减收的部分汇总起来分给诸侯国。

（3）对于课田的户调，从其绢三匹之中分出一匹，将其充作诸侯的秩禄。

（4）再者，从户调的民租四斛之中分出二斛，以充作诸侯的俸禄。

（5）除此之外的民租二斛、户绢二匹、绵三斤则全部作为公赋，一律按九等区分，依据以往的规定，全部缴纳给国家。

将这些内容整理为一览表，即如表9所示。

表 9　西晋中央与诸侯国的租税分配规定

租税	郡县公赋	诸侯国	
		诸侯俸秩	晋朝公赋
租谷	x 斗（每亩）	1 斗	（$x-1$ 斗）
民租	4 斛	2 斛	2 斛
户绢	3 匹	1 匹	2 匹
户绵	3 斤	—	3 斤

　　此表的不明之处在于每亩租谷的收取额（x）。从民租、户绢的分配比例来推测，应该是每亩三斗或二斗。明确记载西晋时期每亩租谷收取额的史料没有留存下来。但是东晋时期有几条史料，可以据此推测西晋时期的收取额。

　　（1）六月癸巳，初税田，亩三升。

　　[《晋书》卷七《成帝纪》咸和五年（330）条]

　　咸和五年，成帝始度百姓田，取十分之一，率亩税米三升。

　　　　　　　　　　（《晋书》卷二六《食货志》）

　　（2）二月，算军用税米，空悬五十余万石。尚书谢褒已下免官。

　　[《晋书》卷七《成帝纪》咸康二年（336）条]

　　是后频年水灾旱蝗，田收不至。咸康初，算度田税米，空悬五十余万斛。尚书褚衰［案，"褚衰"二字当作"谢褒"］以下免官。

（《晋书》卷二六《食货志》）

（3）甲寅，减田税，亩收二升。

［《晋书》卷八《哀帝纪》隆和元年（362）正月条］

哀帝即位。乃减田租，亩收二升。

（《晋书》卷二六《食货志》）

214

（4）乙巳，除度田收租之制，公王以下，口税米三斛，蠲在役之身。

［《晋书》卷九《孝武帝纪》太元元年（376）九月条］

孝武太元二年［案，"二"字似当作"元"字］，除度田收租之制，公王以下，口税三斛，唯蠲在役之身。

（《晋书》卷二六《食货志》）

（5）始增百姓税米，口五石。

［《晋书》卷九《孝武帝纪》太元八年（383）十二月条］

八年，又增税米，口五石。至于末年，天下无事。

（《晋书》卷二六《食货志》）

很显然，这是有关东晋历朝一系列田税制度的记录。根据这些史料可知，田税在咸和五年为亩收三升，隆和元年减少为亩收二升，太元元年从亩收二升这种度田收税的方式转换为每口税米三石这种按口计税的方式，太元八年增加为每口税米五石，直到东晋末年。

但是，这里有个问题。田税每亩收取三升、二升，作为租税额来说显得太少，恐怕很有可能是三斗、二斗的误记。根据（1）引用的《晋书·食货志》"始度百姓田，取十分之一，率亩税米三升"来看，是以每亩收获量的十分之一作为税额。从汉末到西晋时期的每亩收获量正是三石。[7] 因此每亩的税额只能是三斗，（3）的"亩收二升"也应作"二斗"才对。升与斗很容易混淆，无论是哪一方，误记的例子都非常多。应将田亩的税收额从三升、二升校改为三斗、二斗，以此为基础进行理解。

这一系列史料中所见的田税和继承它的口税米，本来是按亩收取的。从这点来看，可知西晋时期课田对应的并非户调的民租，而是继承自租谷的谱系。我推测，西晋时期的租谷税额即每亩三斗，它是一种对应占田制的税额。西晋与东晋的差异在于，西晋占田制采取申报的方式，[8] 至于东晋，随着对占田、课田制的废弃，则是借由国家度田即丈量方式来决定土地的保有份额，并以此来收取赋税。另外，从（2）的史料可以得知田税的用途与性质。东晋的田税、口税米也被称为"军用税米"，尽管无法断定皆是如此，但大体上它们应该就是

215

被用作军费的。

东晋时期赋课的租布有别于田税、口税米。在孝武帝宁康二年（374）四月壬戌的皇太后诏敕中，在以度田亩收二斗来收取田税的记载之后，有如下内容：

> 三吴义兴、晋陵及会稽遭水之县尤甚者，全除一年租布，其次听除半年，受振贷者即以赐之。
>
> （《晋书》卷九《孝武帝纪》）

此租布存在于随后刘宋时期频繁出现的户调租税中，有孝武帝大明五年（461）十二月甲戌的记载："制天下民，户岁输布四匹。"（《宋书》卷六《孝武帝纪》）尽管我们不清楚东晋时期每年应该缴纳几匹布，但从免除赋税是以一年、半年作为单位这点来看，叮知租布就是以年为单位加以征课的户调租税。从而可知在东晋孝武帝时期，同时征收户调租布与度田亩收二斗的田税。前者继承自西晋课田的谱系，后者则来自占田的谱系，已无须再赘述。

（二）关于《隋书·食货志》

两晋时期存在户调之租和按亩收取租谷、田税这两种系统的租税制度。同样的制度在南朝也得到继承。

《隋书·食货志》的记载反映了此事。下面先对原文进行句读。

216

（1）都下人多为诸王公贵人左右佃客、典计、衣食客之类，皆无课役。……

（2）其课，丁男调布绢各二丈、丝三两、绵八两，禄绢八尺、禄绵三两二分，租米五石，禄米二石。丁女并半之。男女年十六已上至六十为丁。男年十六亦半课，年十八正课，六十六免课。女以嫁者为丁，若在室者年二十，乃为丁。

（3）其男丁每岁役不过二十日。又率十八人，出一运丁，役之。

（4）其田亩税米二斗。盖大率如此。

关于这条记载的年代有几种不同看法。宫崎市定认为这是东晋时期的史料，吉田虎雄根据《通志》认为这是南齐武帝时期的史料，古贺登、越智重明、藤家礼之助则认为这是梁武帝天监改制时期的记载。[9]我与古贺、越智、藤家的看法相同，认为这是梁朝的史料。《隋志》俗称《五代史志》，原先是与《隋书》的帝纪、列传分开编纂且另外刊行的作品，记载了梁、陈、北齐、北周和隋朝的制度（《史通》卷一二《古今正史》）。因此，认为它是对南朝梁、陈制度的记载，也是比较自然的看法。另外，文中所见的禄米绢绵未见于梁朝以前的史料，反之，《隋书·食货志》后段在叙述"大抵自侯景之乱，国用常褊"之后，有"州郡县禄米绢布丝绵，当处输台传仓库"的记载。再者，《陈书》卷五《宣帝纪》太建三年（571）三月丁丑条有"自天康元年，讫太建元年，逋余军粮、禄秩、夏调未入者，悉原之"的记载；在太建十二年（580）十一月己丑条中也可看到"即年田税、禄秩，并各原半"的说法（见后文）。从这些禄秩与夏调、田税同样免除征收来看，可知它是沿袭自梁朝禄米绢绵的租税。由于禄米绢绵是贯通梁、陈二代的制度，因此《隋书·食货志》所记无疑是梁朝的制度。接下来讨论其内容的问题。

（1）的部分指出，首都建康周边的人们大多成为王公贵人的佃客、典计或衣食客，这些人无须被征收课、役。此下直到（2）为止省略的部分记载了对应官人的官品、职掌所赋予的佃客、典计与衣食客的给客规定。

（2）（3）分别是关于课和役的规定。在此不把役作为分析对象。此处应注意的问题是（2）的课与（4）的田税每亩米二斗的规定。[10]课是对以丁男为户主的民户收取布绢丝绵、租米、禄绢绵与禄米的规定。[11]正课的租米五石、禄米二石，明显对应《晋故事》中课田的民租四

217

斛，至于（4）的田税每亩米二斗，则是对应《晋故事》即西晋时期的租谷三斗，以及东晋时期的田税三斗、二斗。比较《晋故事》与《隋书·食货志》之间的对应关系，如表 10 所示。

表 10　西晋南朝时期的租税体系

王朝	课调		田税	史料
西晋	绢三匹、绵三斤	民租四斛	租谷亩三斗	《晋故事》
梁	布、绢各二丈，丝三两，绵八两 禄绢八尺、禄绵三两二分	租米五石 禄米五石	田税亩二斗	《隋书·食货志》

从以上内容可知，自西晋到南朝梁，同时存在以户为单位所课调的租和按亩收取的租谷、田税这两种系统的租税。

这两种系统的租税一直延续到南朝陈为止。《陈书》卷五《宣帝纪》太建十二年（580）十一月已丑条诏书中可见：

　　……其丹阳、吴兴、晋陵、建兴、义兴、东海、信义、陈留、江陵等十郡，并诸署即年田税、禄秩，并各原半。其丁租半申至来岁秋登。

218

据此可知，丁租是与田税、禄秩并列的租税。[12]而由于陈朝自此数年后即灭亡，故自占田、课田制施行以后，这两种系统的租税在整个南朝时期一直存在。

二 课田与占田

——《晋书·食货志》"户调之式"

有关占田、课田及其在南朝的继承关系，我们可以通过对《晋故事》《隋书·食货志》的分析掌握其骨干。这里借由检讨"户调之式"的记载，更加具体地解释前一节的结论。如前所述，"户调之式"在《晋书》编纂时留下了些许改订的痕迹，比起制度的全貌，运用方面的记载更为详细。下面要探讨的是记载给客制的前半部分内容，首先列出原文。

（a）又制户调之式。丁男之户，岁输绢三匹，绵三斤，女及次丁男为户者半输。其诸边郡或三分之二，远者三分之一。夷人输賨布，户一匹，远者或一丈。

（b）男子一人占田七十亩，女子三十亩。

（c）其外［案，《通典》卷一《食货一·田制上》无"外"字，是也］丁男课田五十亩，丁女二十亩，次丁男半之，女则不课。

（d）男女年十六已上至六十为正丁。十五已下至十三，六十一已上至六十五为次丁。十二已下六十六已上为老小，不事。

（e）远夷不课田者输义米户三斛，远者五斗，极远者输算钱人二十八文。

（f）其官品第一至于第九，各以贵贱占田。品第 219 一者占田五十顷，第二品四十五顷，第三品四十顷，第四品三十五顷，第五品三十顷，第六品二十五顷，第七品二十顷，第八品十五顷，第九品十顷。（以下从略）

这些文字除了（d）是对丁中制度的规定以外，可以大致分为有关课田制规定的（a）（c）（e）与有关占田制规定的（b）（f）两种类型。以下即分为课田、占田两类加以探讨。

（一）关于课田-户调制

透过（a）（c）（e）的课田制规定，首先可以掌握如下内容。通过考察《晋故事》，已知（a）的户调制是一个严格对应（c）的课田制的收取规定。然后根据"户调之式"，我们可以更具体地得知课田-户调制存在三方面的区别：①对内郡的一般性规定；②对边郡的规定；③对夷人的规定。西晋时期也有像汉代一样的内郡、边郡之别，这正是对帝国组织形式的继承。以下考察其各自的收取规定。

①内郡的制度基干在于"丁男之户",即以丁男作为户主。以"户"表示户主这一点可以从后文的"女及次丁男为户者",即由丁男以外的人作为户主这一表述得知。"丁男之户"就是"丁男为户",由丁男组成户,即丁男为户主之意。

若户调的主体为户主,则与其不可分割的田制,即课田五十亩,其主体无疑也是户主。依此脉络,则诚如诸多论者,例如藤家礼之助所言,"课田"的"课"具有"分配"、"课征"或"强制"的意思。所谓课田,就是国家为了强制和奖励耕作以生产作为公赋收归中央的户调而设置的单位耕地。换言之,以丁男为户主来说,国家给予课田五十亩的单位耕地作为耕作奖励;与此相对,他们必须被课征户调绢三匹、绵三斤作为收归中央的公赋。根据《晋故事》的规定,我们知道除上述户调以外,还须加上租四斛。丁男户主、课田五十亩、户调租四斛、绢三匹、绵三斤,这些构成了课田-户调制的基干。接下来继续讨论丁男户主以外的规定。

多数论者皆倾向于认为户调规定(a)"女及次丁男为户者半输"中的"女"指丁女。另外,课田规定(c)"次丁男半之,女则不课"中"次丁男半之"的"半"指的是丁男课田的一半,"女则不课"则是规定次丁女无须课田之意。因此,当丁女作为户主时,其课田为二十亩，次丁男为户主时则为二十五亩；两者的户调则是丁男为户主时的一半，即租二斛、绢一匹二丈、绵一斤八两。次丁女为户主时既无课田，也就不课征户调。以上是①对内郡的一般性规定。

②对边郡的规定是"其诸边郡或三分之二，远者三分之一"，此句以"其"字为首，代表这是相对独立的律文。"或"字有"在……之中也有"的意思，故这句话也可被视为关于边远郡的规定。因而此处规定意味着"在边郡方面，有按内郡一般规定的三分之二征收户调者，也有在边远郡征收三分之一户调者"。

③对夷人的规定的问题在于（e）的所谓远夷规定。[13]宫崎市定指出其问题在于同一语句中有"远夷""远者""极远者"，连续三次反复出现"远"字，显得很不自然，因此他把"远夷"视为衍文，把"不课田"解读为占田，借此认为（e）是对于占田收取的规定。"远夷"二字的不自然之处诚如其说，但将"不课田"替换成"占田"这点仍留有疑点。"不课田"只不过是否定课田的意思，将此视作占田，思维实在过于跳跃。若是如此，为何不单刀直入地以占田表示就好？此点无法解释。我认为，（e）就是对于不适用课田制的夷人的替代规定。诚如宫崎业已指出的，《通典》卷四《食货四·赋税上》中有将（e）直接续在（a）的"夷人"条之后的记载，即构成"夷人 221

输賨布，户一匹，远者或一丈。不课田者输义米户三斛，远者五斗，极远者输算钱人二十八文"。（e）开头的"远夷"二字可能是在分割原先《通典》的一系列条文时，为了明确表示主语而再次添加"夷人"二字，结果却不慎误写为"远夷"了。我们透过《宋书》卷九七《夷蛮传》的如下记载，可以看出这是对夷人的规定。

> 荆雍州蛮，槃瓠之后也……蛮民顺附者，一户输谷数斛，其余无杂调，而宋民赋役严苦，贫者不复堪命，多逃亡入蛮。

居住在荆州、雍州一带被载入户籍的蛮民每户应缴纳数斛谷物，这与（e）的"义米户三斛"几乎一致。以槃瓠氏为始祖的蛮民在晋令逸文中被称为夷民（夷人），[14]"户调之式"中提及的夷人无疑正是指这些蛮民。由此可知（e）的规定直到刘宋时期仍被继承下来。

根据以上考察的内容，"户调之式"中③对夷人的规定如同《通典》卷四《食货四·赋税上》，本来是连续性的条文，其意思为"课田的夷人，每户须缴纳一匹作为调的賨布。至于远方的夷人，也有将一匹改作一丈的情况。不课田的夷人，每户须缴纳义米三斛，远方的夷人改为五斗，极远的夷人则依人头计算，每人缴纳二十八钱"。

综合《晋故事》与"户调之式"的内容，可知在课田-户调制规定方面，以丁男户主为基准，有以下四种：①对内郡的一般性规定；②与诸侯国间的分配规定；③对边郡、边远郡的规定；④对夷人的规定。

（二）关于占田制

占田规定分为民丁占田规定与官人占田规定。民丁占田规定以男子七十亩、女子三十亩，两者合计的百亩（一顷）作为基本单位。这是以战国时期孟子以来所谓一夫一妇"百亩之分"的分田观念作为前提，构成私田的基本形态（渡边信一郎，1986，第三章「分田農民論」）。只是，因为这是以户内全体男女作为对象的规定，故在具体运用方面，是由计算一户内全体男女的数目来表示其占有的限度数额。

如同渡边信一郎（1986）中已经论及的，分田必须被课以贡租、贡赋。对于分田的贡租，即《春秋公羊传》宣公十五年条中的"天下之中正"，亦即自古以来被称为"颂声作矣"的十一之税。自不待言，继承分田观念的民丁占田制也课征收获量十分之一的租税。此即《晋故事》中以按亩课税为原理的租谷每亩三斗，也就是东晋时期以每亩收获量十分之一为基准的田税与口税米。从而此制度为南朝梁陈时期的田税每亩二斗所继承。课田-户调制是

222

基于五十亩的奖励耕作份额采取的以户为单位的定额赋课；与此相对，占田-税田制则是在各户占有的限度内，对应其实际耕作面积采取的可变租税。对于各农户而言，其负担的正是这两种系统的租税。

无论是民丁占田抑或是被允许依据官品占有十顷至五十顷之多的官人占田，皆被征收每亩三斗的田税。如前所见，太元元年（376）七月改制为度田收租的田税制度时，即有针对王公以下征收三斛口税米的规定。这表示田税米是一种将王公至百姓全体作为对象的租税。通过占田制，国家在规定百姓和官人占有限度的同时，掌握全国的土地保有状况，在此基础上实施自古以来被视为"颂声作矣"的十一之税，即一律征收每亩三斗的田税。

223　　晋朝利用中央化的课田-户调制与占田-田税制这两种课税体系，通过户别和耕地面积两种途径，实现了对包括农民在内的全体土地保有者剩余生产物的征收。晋朝以占田、课田制为具体的田制与负担体系，实现了国家土地所有。尽管占田、课田的田制在西晋以后即遭废弃，但是户调、田税的负担体系一直维持到了南朝灭亡为止。土地所有的实现不在于土地的还授，而在于土地经营所获生产物的取得。根据我们的讨论，比起占田、课田等田制的施行，不如说国家以户调、田税的负担体系对农民、土地保有者征收现实的剩余生产物，这点才促成了国家土地所有的实现。[15]

即便在实施均田制的北朝隋唐时期，户调与田税这两种系统的负担体系依然在改头换面后延续下来。北齐征收作为床调（户调）的垦租与义租，垦租是中央政府的财源，义租则储备于地方（郡），构成富人仓的财源。而隋朝在征收租调以外，对上中下三等户课以户税，作为救荒用的地方性储备，构成社仓的财源（《隋书》卷二四《食货志》）。唐朝在租调之外，也以"王公已下垦田，亩纳二升"的地税构成义仓的财源（《旧唐书》卷四九《食货志下》）。在北朝隋唐初期，国家的正税，以及为了社会再生产而设置的地方性储备这两种租税征收方式同时存在。正税以对课户征收的调构成中央的经常性经费；义租、地税则是大致包括王公以下全体社会成员在内的地方性储备。在晋南朝时，军粮似乎储备于地方，构成一种应军事需求而筹措的特殊财源。

在西晋的课田、占田制以后，户调与田税这两种负担体系特别在南朝作为典型延续下来，又或是在改头换面后被北朝、隋唐所继承。若从其将收归中央的租税规定为户调，以及具有两种负担体系来看，占田、课田制作为衍生出均田、租调役体系的分田制转折点，尤其值得我们关注。

224

结语

将以上考察所得结果制成一览表，即为表 11。

表 11　魏晋南朝税役

王朝	课（租、调）	役	田税
魏	户调（资产）绢 2 匹、绵 2 斤		（田租亩 4 斗）
西晋	户调（资产）、课田 50 亩 租 4 石、绢 3 匹、绵 3 斤	事（役）	占田 70 亩（男子）3 斗 30 亩（女子）
东晋	户调（资产）	徭役	330 年 度田方式亩 3 斗 362 年 度田方式亩 2 斗 376 年 身丁课税丁 3 斛 383 年 身丁课税丁 5 斛
宋	户调（资产）杂调 461 年 户布 4 匹	役	（亩 2 斗）
齐	户调（资产）杂调	杂役	
梁	户调（身丁）杂调	正役 20 日 运丁 18 人 1 丁	亩 2 斗
陈	户调（身丁） 夏调、资绢		（亩 2 斗）

（表中标注：租布 ↕ 三调 ↕）

晋南朝国家一边掌握以丁男户主为主体的户籍来收取地租（户调），一边掌握耕地以收取地租（田税），借此双重课税的方式实现了国家土地所有，此为本章之结论。只是应该注意的是，在南朝也有所谓"其无贯之人，不乐州县编户者，谓之浮浪人，乐输亦无定数，任量，准所输，终优于正课焉"（《隋书·食货志》）的情况出现。尽管国家土地所有以双重课税的方式得以实现，但是国家对于户口的掌控力仍然很弱——整个南朝不过约百万户，其财政主权的相对脆弱性无可否认。要充分理解晋南朝财政主权的实体，还须厘清本章并未充分触及的、作为财物中央化制度的户调制的成立与构成，以及户等制的历史变迁。

225

注　释

1. 以往的主要研究如下：（1）宫崎市定（1957b）；（2）吉田虎雄（1943），此研究整理了魏晋南北朝时期赋税、财政研究的基本资料，并且提出了各项基本论点；（3）越智重明（1963），此研究中与本章直接相关的为第二篇第一章「屯田廃止と税制」与第三篇第三章「租、調制」；（4）藤家礼之助（1989），此研究作为有关魏晋南北朝时期田制、税制的论著，代表了当时学界的研究水准，其中与本章直接相关的为第二章第二节「三国西晋の田制と税制」与第三节「西晋諸侯の秩奉」。

2. 《唐六典》卷六《尚书刑部》"刑部尚书"条中有"后周文帝初辅魏政。大统元年，令有司，斟酌今古通变，可以益时者，为二十四条之制。七年，又下十二条之制。十年，命尚书苏绰，总三十六条，更损益为五卷。谓之大统式"的内容。"式"首次作为法令的称呼出现在大同十年（544）。

3. 限于管见，有关"文"的早期事例有《晋书》卷一二二《吕隆载记》："姑臧谷价踊贵，斗直钱五千文。"又有《宋书》卷四三《徐羡之传》："此人曰：'汝有贵相，而有大厄。可以钱二十八文，埋宅四角，可以免灾。过此可位极人臣。'"有关"文"的例子虽自东晋末期开始出现，但并不是太多。西晋"户调之式"中出现的是特别早的一例。而且，它出现在通常倾向于采用保守文体的国家法令中也显得很不自然。

226 4. 西嶋定生（1966）也将此理解为两组条文。

5. 与拙作句读相同者，有藤家礼之助（1989b）以及西村元佑（1970）。谨向藤家、西村表示敬意。只是，其内容理解方面仍有一些问题，以下试抒己见。西村元佑认为，《晋故事》整体是由两部分条文组成的，即对课田者的租调规定和在政府与诸侯之间分配诸侯封国内课田者租调的规定。仅就这部分而言，与拙作的理解一致。但是，关于"皆减租谷亩一斗，计所减以增诸侯"的"租谷亩一斗"，他却怀疑是"亩一升"之误，并未做任何考察。以阙疑为是者，令人惋惜。

藤家礼之助将前段（1）"凡民丁课田夫五十亩，收租四斛、绢三匹、绵三斤"中的"收租四斛、绢三匹、绵三斤"视为与占田制相对的按户收税制，认为课田承接魏屯田的谱系，并推测与旧屯田下的佃科一样，采取"与官中分"或"官六民四"的分配方式。他将（2）"凡属诸侯，皆减租谷亩一斗，计所减以增诸侯"理解为从课田征收的佃科之中，每亩减少一斗以增加给诸侯。藤家的解读是以尽量不改动原文为前提的，因此对于吉田虎雄、西嶋定生、铃木俊、唐长孺、越智重明见解的批判也具有正当性。然而令人费解的是，尽管前段（1）的内容是"凡民丁课田夫五十亩，收租四斛、绢三匹、绵三斤"，他却不认为这是对于课田五十亩的租调，反而特地强调这是对占田的规定。对于藤家而言，由于认为课田继承自屯田的谱系，所以深信其以"与官中分"为原则。但是，此一论点并无明确证据。如原文所示，采用"对于课田五十亩，征收租四斛、绢三匹、绵三斤”的理解才是比较自然的。

6. “课田夫五十亩”中的“夫”字，是继承《周礼》《孟子》等
各种文献叙述井田制时作为基本单位的“耕地面积一夫百亩”
的结果。《汉书·食货志上》的记载典型地表现了此观念：“理
民之道，地著为本。故必建步立亩，正其经界。六尺为步，步
百为亩，亩百为夫，夫三为屋，屋三为井，井方一里，是为九
夫。八家共之，各受私田百亩，……农民户人己受田，其家众
男为余夫，亦以口受田如比。”

“夫”是构成井田制的基本单位面积，是一家应受领的耕地。 227
作为户主的“户人”代表一家受领耕地，这点也可从最后一段
记载中得知。有关“户人”的具体例证，可以举出江陵凤凰山
十号汉墓出土的“郑里廪簿”中的“户人”，其中列举了代表
二十五户的二十五位户主姓名。（渡边信一郎，1986，第一章
「古代中国における小農民経営の形成」）

7. 例如《后汉书》卷四九《仲长统传》所引《昌言·损益》：“今
通肥饶之率，计稼穑之入，令亩收三斛，斛取一斗，未为甚
多。”对于平均亩收三斛的情形，仲长统建议收取十分之一
的税。

8. 关于“占田”的“占”，分为两种说法，一说认为这指的是
对田地的排他性占有，另一说则将其解释为申报。两汉时期，
户籍登录一事被称为占或者占著。例如《后汉书·明帝纪》
永平八年（65）条：“诏三公募郡国中都官死罪系囚，减罪
一等，勿笞，诣度辽将军营、屯朔方、五原之边县，妻子自
随，便占著边县（李贤注：占著谓附名籍），父母同产欲相代
者，恣听之。”占著不仅是单纯地登录户籍，同时还一并登录
持有的土地，关于这点，如《三国志》卷一五引《魏略·杨
沛传》：“后占河南几阳亭部荒田二顷，起瓜牛庐，居止其中。
其妻子冻饿。”这正是占田的具体事例。这里提到杨沛申告持
有几阳亭部所管的耕地居住、生活的情形。我将占田理解为
通过向国家申报，取得实际持有耕地的官方认证。这并不是

一种连国家的土地所有也排除在外的排他性独占，因此占田还是要被课征租税。另外，到东汉末为止，耕地是通过亭部来进行管理的，关于这点请参考渡边信一郎（1986）第二章「阡陌制」。

9. 古贺登（1959），并参考本章注释1越智、藤家的著作。

10. 《通典》卷五《食货五·赋税中》与《隋志》引用同样的内容，其（4）的田亩税米也作"二升"。从迄今为止对于《晋志》等文献的考察来看，"二斗"的正确性自不待言。

11. 《隋志》的记载虽然是对丁男课调，但这其实是对丁男户主的户调，这点与"户调之式"中所见的课田-户调制的规定一致。例如，"梁初，命蔡法度等撰梁令三十篇"，其第八篇正是户调令（《唐六典》卷六《尚书刑部》）。又有《南史》卷七〇《郭祖深传》透露了普通七年（526）前后的情况，其具体征收方式如以下记载："台使到州，州又遣押使至郡，州郡竞急切，同趣下城。令宰多庸才，望风畏伏。于是敛户课，荐其筐箧，使人纳重货，许立空文。"此处所见的户课就是户调。再者，《陈书》卷五《宣帝纪》太建九年（577）五月丙子诏中也有"可起太建已来讫八年流移叛户所带租调"，可知梁陈二代基本上都是户调。户调正是贯穿晋南朝的基本征收形态。关于这点，将在下一章中以户调的成立及其具体演变为主题做进一步的讨论。

12. 另有《陈书》卷五《宣帝纪》太建六年（574）三月癸亥诏："去岁南川颇言失稔，所督田租，于今未即。豫章等六郡太建五年田租，可申半至秋。豫章又逋太建四年检首田税，亦申至秋。"据此，田税与田租是有区别的。

13. 自宫崎市定提出问题以来，远夷规定已形成一个争论焦点，并有以下专门研究：（1）河原正博（1964，1965）；（2）伊藤敏雄（1980）；（3）楠山修作（1990a）。

14. 《艺文类聚·木部下》"并闾"条："《吴录·地理志》曰：'武陵临沅县多并闾，木生山中。'晋令曰：'其夷民守护棕皮者，一身不输。'"透过这两条连续引用的材料可知，晋令逸文中的夷民指的就是居住于《吴录·地理志》中武陵周边地区的蛮民，且他们平常必须向晋朝缴纳租税。

15. 关于国家的土地所有，请参阅渡边信一郎（1990）以及中村哲（1977）。

第七章　户调制的成立

—— 从赋敛到户调

前言

　　西晋武帝平定吴国后重新统一中国，在太康年间（280—289）制定了所谓的"户调之式"，它以户为单位，征收绢三匹、绵三斤、租四石的赋税。这是户调制真正的起点。但是，其源头可以追溯到建安九年（204），当时曹操对过去袁绍支配下的河北地区下达每户征收绢二匹、绵二斤的指令，因而户调制的起源可以上溯至汉末的曹操政权。以上是广为人知的事情，我们进而应该追问的是户调制的成立究竟源自汉代财务运营中的何种结构性因素。

　　我在本书的第一部中，对公元前1世纪上半叶昭帝至宣帝时期建立的汉代财政及其运转结构进行了如下阐述。

　　除了兵役、吏役等徭役以外，汉代农民负担的基本国家义务有租与赋（更赋）。租的方面，有缴纳收获物三十分之一的田租，以及作为其附加税的刍藁税。人头税方面，从十五岁到五十六岁的成年男女每年须负担一百二十钱的算钱，七岁至十四岁的男女则须负担每年二十三钱的口钱，另有成年男子在免除地方性力役（更徭）时被征收的免役钱，即过更钱（更钱），以上这些统称作更赋。

国家通过县征收这些以田租、更赋为基础的农民税赋后，基本上以郡国为单位将其储备、积蓄起来。在这些郡国储备中，国家按各郡国的总人口数乘以六十三钱得到一数额，将与此数额相当的财物（铸币、绢帛等）从各郡国收取至中央政府。这些被称作献费、赋等的财物总计约四十亿钱（东汉时期约六十亿钱），它们构成中央大司农财政的基本财源。

以献费（赋）作为基本财源的中央财政有时也会发生经费不足的问题。此时，中央就会斟酌衡量各郡国的积蓄情况，临时从适当的郡国筹措必要的经费。这种中央与地方之间垂直的临时性经费筹措被称为委输。另外，以边郡为中心的郡国所仰赖的财政支持则有依据大司农的指令，在郡国之间组织起来的水平的财政性物流，这种由中央大司农对地方郡国经费所做的临时性物流调整被称为调度或调均。汉代的财政运转即借由此种以委输、调度为基础的财政性物流组织起来。它由两种层次构成，一是郡国

230

内部对于农民剩余产品的直接征收与积蓄，二是由大司农主导的中央财政和通过全国性财务运作实现的财物再分配。

由于建安年间曹操政权引入户调制，上述汉代财政结构、运作与再分配方式迎来了巨大的转折契机，从而转变为西晋、南北朝时期以户调制为基础的财务运作模式。然而过往的研究局限于户调制直接征收农民剩余产品的形态本身，于是以户调制为基础的财务运作的本质，特别是构成其核心的中央经费构成方式与户调制的关系，迄今未获得充分的认识。因此，很难说源自汉代财政结构的户调制财务运作的建立过程已得到充分的探讨。本章的课题即分析作为直接征收农民剩余产品形态的户调制之实态和中央经费构成方式的特质，借此阐明与汉代社会和财务运作有深刻渊源的户调制的建立过程。

首先介绍迄今为止有关户调制成立的各种见解，以作231 为展开讨论的前提。这些讨论有一项特征，即所有论者都认为户调是代替汉代的算赋、口赋而成立的。其中如野中敬（1987）所概括的，其制度性特征如下：①从人头课税到户单位课税；②从征收货币到征收布帛生产物的变化。冈崎文夫可能最早论及此点，他基于"恐怕是代替汉朝的算赋制而被构想出的产物"的假定，主张为了理解户调制的性质，有必要考虑以下两点内容：①汉朝算赋从人头税及钱纳转变为以绢帛实物纳税；②以统治者的权力强制按户征课。他指出这是一种伴随乡村自治制度崩溃而产生的课税方法（冈崎文夫，1932：581—583）。此后许多论者的基本认识皆与之相同。

但关于这两个论点的历史根据，也有论者持不同见解。在从人身转向以户为单位的变化方面，松本善海、曾我部静雄主张，汉末战乱导致难以对人口、土地进行调查，国家转而向相对容易掌握的户单位课税。[1]西嶋定生则认为，为了防止豪族隐瞒农民人口导致的国家权力衰退，以及为了将农民再次吸收并转化为国家权力的基础，有必要放宽对农民的掌控。[2]

从货币向缴纳生产物的变化亦然。西嶋认为这是货币经济衰退与实物经济发展的结果；藤元光彦则指出，在时人看来，钱币缴纳的税制招致了小农民阶层的没落，故而国家将其转变为实物缴纳，并试图让布帛发挥货币的机能。[3]堀敏一的视角略有不同，但他也认为户调收取绢、绵，配合田税收取谷物，意味着一种结合了农业和家庭手工业的农民自给自足经济，构成了国家收夺的基础。[4]

另外，野中敬（1987）认为户调制意图在汉末生产场域崩溃的前提下，对那些依据"男耕女织"原则（该原则与劝农地著政策具有表里一体的关系）进行生产的小农民以户为单位强制课征基于任土作贡原则的布帛，以此重建生产场域的共同体。野中从所谓共同体重建的崭新视角补充了冈崎文夫的村落自治衰落引起权力强制的说法。

这些研究是直接针对户调制成立时期短期性因素的考察，因此目前仍有必要从宏观、长期变动的角度进行分析。就以户为单位收取的变化来说，即便在汉代亦有将户作为缴纳租税单位的情形；至于缴纳生产物方面，自西汉以来也有征收与钱额相当之布帛等实物的情形，虽说要到汉末此现象才变得更加显著，但户调制本身的渊源已无须多做证明。与此相关，把货币经济转向自然经济的变化视作原因也是有问题的。从汉到六朝的转变，并非货币经济向自然经济的衰退，而是从以铸造货币为基础向以绢帛等实物货币为基础的货币经济的转变。[5]

探究户调制的形成过程，与其直接探究汉末三国时期的因素，不如从汉代制度本身，抑或从构成制度基础的社会所酝酿出的内在因素进行说明。就此点而言，唐长孺与重近启树的论述值得关注。

唐长孺认为户调制源自西汉时期的调。根据唐长孺所说，东汉前期的调本来仅是为满足边境费用等迫切需要所做的调度或调发，且能够任意征调所有物品。一方面，东汉初年，调虽已变成人民的经常性负担，但并无对其数量

232

与缴纳物资的规定。另一方面，到东汉末时算赋、口赋、更赋等赋钱也转变为缴纳绢布等实物，从而变得无法与调区别。曹操率先整合两者，以调的固定化、普遍化来取代算赋、口赋及更赋（唐长孺，1955）。

唐长孺着眼于汉代的调发与调度，这对于阐明户调的成立具有划时代意义。正如我们已厘清的那样，调度是以中央大司农的指令为媒介，在各郡国之间进行财政调整、再分配的一种水平方向的财政性物流。它与每年年末作为中央经常性经费筹措方式的赋（献费），以及依中央政府需要随时从地方郡国筹措的垂直性物流的委输，共同构成制度化的财政性物流的一环。不过，虽然我们已知汉代的调度制度是户调的渊源之一，但是户调其实兼具直接向农民征收税物以及经费中央化的双重面向。由于赋钱自西汉时期即可以实物缴纳，从而未必要到东汉末期才具备与调互相融合的条件。具有调发、调度意义的调未必能直接作为户调的源流，它还需要一些别的媒介。

关于这个媒介，重近启树做了富有深意的提示。重近指出，伴随汉代乡里社会阶层差异的扩大，武帝以后，以临时财产税形式征收的不均等课税开始具有重要意义。进入东汉，随着阶层分化的进一步扩大和户的自立化发展，人头税收取逐渐过渡到户等收取，这为曹魏、西晋的户调制做了准备（重近启树，1999a）。与均等课税的算赋并

233

行，出现了临时性、不均等的课税，后者逐渐转化为户调，这一论点具有重要意义。然而有关其具体的转化过程，特别是不均等课税出现的轨迹，他的论证并不充分，而且也忽略了户调的另一个面向，即作为中央财源、经费筹措方式的部分。

户调制的渊源之一是伴随汉代不均等赋课出现的临时财产税。与此同时，以调度制度为主的中央经费筹措方式亦是其前身。户调制正是这两者合而为一的产物。在汉代社会，确实可以广泛地确认被称作赋敛的物资和经费筹措方式。以下即探究有关赋敛的实体，以阐明户调的建立。

一 西晋时期的户调制度

234　　为论证汉代赋敛是户调制的渊源，下面首先确认作为其终结点的西晋户调制度。

关于西晋时期的户调制，首先应明确其每户课税额绢三匹、绵三斤、租四石究竟意味着什么。简而言之，它以各郡国为单位，将其租税中央化，进而构成中央政府财政的统一赋课基准额。

《初学记》卷二七"绢"条引《晋故事》如下：

> 凡民丁课田夫五十亩，收租四斛、绢三匹、绵三

斤。凡属诸侯，皆减租谷亩一斗，计所减以增诸侯。
绢户一匹，以其绢为诸侯秩。又分民租户二斛，以为
侯奉（俸）。其余租及旧调绢二匹绵三斤，尽为公
赋。九品相通，皆输入于官，自如旧制。

　　正如结尾的"其余租及旧调绢二匹绵三斤，尽为公
赋。九品相通，皆输入于官，自如旧制"所示，《晋故
事》规定了晋朝中央政府与诸侯国之间户调的分配比例。 235
从各王国中扣除诸侯俸秩的部分后，再以每户租二斛、绢
二匹、绵三斤的数额作为公赋贡纳上去，构成中央政府的
财源。此时即如"九品相通"所示，公赋不再区分为九
个等级，而是统一进行贡纳。[6]
　　王国以外的郡则如《晋故事》前半段所述，每户收
租四斛、绢三匹、绵三斤，以构成中央政府的财源。也就
是说，晋朝中央政府将各郡支配户数乘以租四斛、绢三
匹、绵三斤，以决定各郡上缴中央的数额（公赋），将各
王国支配户数乘以租二斛、绢二匹、绵三斤，以决定各王
国上缴中央的数额（公赋），并由各郡国贡纳的财物总体
构成中央政府的基础财源——公赋。因而，在郡内或王国
内直接征收的户调与中央政府并无直接关联。在各郡国内
部，并不采取各户统一的赋课方式，而是按照九等级的区
分来收取。有关各郡国内部的收取，另如后述。

以郡作为贡纳单位来构成中央财源，即《晋书》卷二六《食货志》的"又制户调之式。丁男之户，岁输绢三匹、绵三斤，女及次丁男为户者半输。其诸边郡或三分之二，远者三分之一"，据此可知在所谓"户调之式"中有对边郡的规定。换言之，丁男户的规定即内郡向中央贡纳时的户单位基准额，边郡的户单位基准额则为绢二匹、绵二斤，远方边郡为绢一匹、绵一斤。

总而言之，限于目前所知，公赋（中央财源）有内郡、边郡、边远郡和王国这四种以户为单位设定的收取基准，将它们乘以各郡国的支配户数后所得之数即贡纳的总额。

其次应该指出的是，在来自各郡国的贡纳构成中央财源时，中央将所需的布匹和其他物资指定给各郡、县来提供。《太平御览·百卉部二》"麻"条引《晋令》："其上党及平阳输上麻二十二斤，下麻三十六斤，当绢一匹。"另有《太平御览·药部八》"人参"条引《傅子》："先王之制，九州异赋。天不生，地不养，君子不以为礼。若河内诸县，去北山绝远，而各调出御上党真人参上者十斤，下者五十斤。所调非所生，民以为患。"此处的"赋"与"调"被作为同义词使用，"赋＝调"明示了古代的州或西晋的郡正是贡纳的单位。

指定布匹和其他物资的时候，是以绢一匹作为基准来

规定其换算比例的。如上述《太平御览》所引《晋令》，
明确记载了上党郡、平阳郡的麻布换算成绢一匹的比例。
又如《初学记》卷二七"绢"条引《晋令》："其赵郡、
中山、常山国输缣当绢者，及余处常输疏布当绵绢者，缣
一匹当绢六丈，疏布六丈当绢一匹，绢一匹当绵三斤
[案，这两句旧时作"疏布一匹当绢一匹，绢一匹当绵二
斤"。今据王国维《释币》卷下所说改正]。"《晋故事》
或"户调之式"只记录了绢绵的收取，原因正是以绢一
匹作为基础单位来衡量中央经费。

　　关于这点，西晋只有零碎的事例，故参考北魏的事
例。《魏书·食货志》记载，太和时期（477—499），北
魏统治下的全部三十八州分别被指定为绵、绢、丝和麻布
的贡纳地。[7]恐怕即使在西晋时期，朝廷首先也是指定全
国各郡国的绢、丝与麻布的贡纳地，接着以绢一匹作为换
算基准，指定各产地郡县贡纳中央政府必需的各样物产，
从而构成中央财政的基础部分。

　　如上所述，公赋，即中央财政，是由各郡国以户为单位
征收的财物构成的。那么在郡国内部又是如何实施户调的呢？

　　我以为，在郡国内部以县作为主体，县评估各户家产
的钱额后，将其区分为贫富九等，每个户单位采取累进课
税的方式。关于户调是依家产评估额采取等差征收方式这
点，诸如唐长孺（1955：65—72）、堀敏一（1975：72—

237

73）等业已指出。[8]前述《晋故事》的记载则显示郡国内部的户调是分为九个等级进行征收的。九等区分的基准正是各户的资产评估额。

关于这点，西晋时期并未留下足够的史料。仅存 317 年东晋中兴后不久句容县令刘超的例子。

> 常年赋税、主者常自四出，结评百姓家赀。至超，但作大函，村别付之，使各自书家产，投函中讫，送还县。百姓依实投上，课输所入，有逾常年。
>
> （《晋书》卷七〇《刘超传》）

据此，我们知道恐怕自西晋以来，县就已经成为基于各户家产评估额来进行课税的主体了。[9]

又据《晋书》卷一〇四《石勒载记上》："勒以幽冀渐平，始下州郡阅实人户，户赀二匹，租二斛。"汤球《十六国春秋辑补》卷一二《后赵录二》将此事记于西晋愍帝建兴元年至三年之间（313—315）。石勒的租税赋课方式应是承袭西晋制度的产物。此处因表述方式简略，看起来犹如直接对全体家户一律征收绢二匹、租二石，但实际上正如赀绢一样，这句话的意思是在各县里按照各户的家产评估额来执行累进课税，并在此基础上按每户绢二匹、租二石的统一基准从各州郡贡纳至中央。[10]这相当于

238

西晋时期边郡与王国的公赋贡纳规定，反映了石勒在建国过程中采取的一种缓冲措施。

接下来先整理以上考察的内容，再进入下个阶段。西晋时期的户调制可以分为两个层次，一个是在县的层次直接征收租税，另一个则是在郡国的层次，在前者收取物的基础上，将其作为公赋贡纳至中央。在县的层次，基于对农民各户的家产评估额将其区分为九等，采取累进课税的方式，并将税物储备于地方。此一累进课税的实际情况迄今不明。在这些地方储备之中，以公赋的形式构成中央政府的财源。贡纳公赋时，一般内郡将各郡支配的户数乘以租四斛、绢三匹、绵三斤，以决定上缴中央的数额（公赋）。除此之外，来自王国或边郡的贡纳另有不同的每户户调基准，并依其规定贡纳公赋。另外，在上缴公赋时，先以绢一匹作为基础单位来换算中央政府所必需的绢以外的物资，再进行贡纳。据此，中央政府只要掌握支配的户数，就能够凭借单纯的计算来确认其基本财政规模。

若与汉代对比，汉朝是将各郡国的支配人口数乘以六十三钱来决定公赋（献费）的数额，西晋户调制则是将各郡国的支配户数乘以每户租四斛、绢三匹、绵三斤的数额，以决定其上缴中央的数额（公赋），即从以钱为基础变为以绢为基础。这种变化又是如何产生的？考察的线索在于汉代社会常见的被称为赋敛的钱物征发惯例。

二 汉代的赋敛

（一） 汉代地方社会中赋敛的意义

239　　战国秦汉时期的史料中频繁出现"赋敛"这个词。可能是因为这个词很普通，以至于学界没有对其意义进行充分探讨。限于管见，仅有宫崎市定、山田胜芳提及而已。宫崎、山田利用桓谭《新论》中"汉定（宣）以来，百姓赋敛，一岁为四十余万万"（《太平御览》卷六二七）的记载，探讨了赋敛的内容，并将其理解为算赋、口赋、更赋，即一种与田租相对的人头税。[11]

我以为，《新论》中的赋敛并非算钱等人头税，而是将各地方郡国的总人口数乘以六十三钱后所构成的中央经费，它由各郡国的贡纳组成，亦被称为"赋""献费"。只不过"赋敛"是一个包含范围极为广泛的词，除了作为中央经费筹措方式的赋、赋敛以外，还具有各式各样的意义，可大致区分为以下四种类型：（1）民间的醵金惯例；（2）地方社会与地方政府筹措的祭祀费；（3）地方官府的长官或属吏对百姓的掠夺；（4）中央政府临时性的经费筹措。下面分别探讨其各自的内容。

（1）民间的醵金惯例

汉代赋敛最初意味着民间的醵金惯例。例如，当众人前往拜谒作为沛县令之客的吕公时，"萧何为主吏，主进"，萧何下令让礼钱不满千钱者坐于堂下。此时，不持一钱的刘邦伪称"贺钱万"而来拜谒，其后乃娶得吕公之女，即后来的吕后。[12]这是有名的故事，问题在于此处的"主进"，颜师古注引汉末文颖的理解为"主赋敛礼进"，郑氏也将其解释为"主赋敛礼钱也"。前往拜谒贵人时必须上交作为礼钱的醵金，这正是被解释为"赋敛"的行为。当后来成为亭长的刘邦以沛县吏的身份准备前往咸阳服徭役时，同僚官吏皆各自奉送三百钱，与此相对，唯独主吏掾萧何赠予五百钱。[13]这里虽然没有使用"赋敛"这个词，但因这是给县吏刘邦的醵金，所以依旧相当于前例中提及的赋敛。

另外，汉末时形成了一种惯例：当大郡的太守、都尉一旦在任上去世，人们即以赋敛来举办葬礼。人们会凑集成千上万件的钱物，使其足可供应逝者妻子儿女的生活。[14]具体来讲，我们知道东汉洛阳令王涣亡故之际，思慕他的人们遂以赋敛方式凑得数千件供品。[15]这种在葬礼之际馈赠物品或钱财并被称为"赙赠"的惯例在汉代广泛流行。据镰田重雄（1962）的研究，在当时的庶民之间，赠予赙钱相当普遍，且通常在百钱左右。

　　另外，随着东汉初期河西地区的平定，姑臧县令孔奋被召回洛阳，当时，姑臧的属吏、民众与羌胡们为了向他报恩，共同赋敛了成千上万的牛马、器物。[16]这些基于民众自发合意的金钱、物品征发，正是体现了社会惯例的赋敛的事例。

　　（2）地方社会与地方政府筹措的祭祀费

241　　从体现社会惯例的赋敛进一步延伸的，是关于祭祀的赋敛。首先应举出的是一种战国魏文侯时期流传至汉代的祭祀，即邺县"河伯娶妇"的仪式。为了保护邺县免于水害，产生了一种必须每年将女性以活祭品方式嫁给河神（河伯）的祭祀方式。其中，邺县的三老、廷掾固定以赋敛方式征收数百万钱，在扣除二三十万祭祀费后，与巫祝平分余款。[17]新上任的邺令西门豹下令停止这种祭祀。此故事虽以战国时期作为背景，但三老、廷掾其实是汉代的制度，[18]故而这个故事其实是流传于汉代民间的祭祀。我认为，为了维持治水这种地域社会的共同利害而举行祭祀，必须要求居民醵金，这种事例广泛存在于汉代社会之中。

　　其实际案例可以举出系年于东汉后期延熹二年（159）的《张景碑》。根据碑刻内容，在南阳郡治宛县，每年立春之日会举行一种预祝礼仪，在南门外设置劝农土牛以祈求丰收。举行祭礼时，"调发十四乡正，相赋敛作治，并土人犁耒廿萐屋，功费六七十万钱"。碑刻指出，由于人们苦于准备劝农土牛祭礼相关的各项工作，于是张景代为支付，而他同时也获得了免除吏役、徭役的报偿，该碑刻即记载了前揭内容的公文书。[19]

劝农土牛祭祀是一种基础性的公共业务，它借由祭祀祈求丰收，以实现地域农耕社会的共同利益与再生产。[20]在此虽是通过行政组织来执行，但其方式仍是基于人们之间合意的赋敛（提供醵金与劳力）。只不过其所需的劳力、钱物支出太过庞大，反过来变成了社会的负担。

如上所述，"赋敛"这一用语在汉代社会中指醵金惯例，进一步发展出基于合意的财物筹措的意义，其目的在于举行实现社会共同利益的祭祀或礼仪。如同《张景碑》所表明的，到东汉末期，"赋敛"这个词已然与带有强制意义的"调发"产生了深刻且密切的联系。

（3）地方官府的长官或属吏对百姓的掠夺 　242

赋敛与汉代地方官府具有密切的联系，关于这点还可另外举出几条史料加以说明。有恃于公权力的地方官府不以达到社会合意的祭祀等活动为契机而直接进行赋敛时，赋敛很容易转化为强制性的财物筹措。

首先是西汉时期，左冯翊薛宣举发了其辖下栎阳县令谢游的非法行为并劝告其辞职。在举发的三点内容中，薛宣在第二点举出了"赋取钱财数十万"。颜师古注将此替换为"敛取钱财",这里指出县令通过非法赋敛取得了相当于数十万钱的铸币、财物。[21]与此相反,东汉末期太丘长陈寔以其上司"沛相赋敛违法"为理由辞官后,获得了属吏、民众的追慕。[22]从这个例子来看,只要没有违法,则对郡、国、县的各长官而言,在一定限度的法律裁量范围内进行赋敛应该是被容许的。

赋敛不限于地方长官,地方官府的属吏也可以进行。左雄描述道:"乡官部吏,职斯禄薄,车马衣服,一出于民,廉者取足,贪者充家,特选横调,纷纷不绝,……"他提出的对策是任用清白的儒生,增加他们的秩禄,如此一来可使"赋敛之源息"。[23]随着东汉时期地方官府属吏通过赋敛掠夺百姓的行为日益普遍,产生了被称为"调"的情况。在其他史书中,也有仗恃中央贵戚权力的地方官对民众的赋敛[24]或者边境地方官府对非汉民族的赋敛等诸如此类的记载。[25]

243 以地方社会、官府作为舞台的赋敛以社会性的醵金习俗为基础,以举行祭礼(为了祈求达成治水、丰收等社会共同利益而执行的祭礼)等为媒介,不久后转化为地方官府的长官或属吏对民众的掠夺。在真实的汉代社会中,不同于我们这种逻辑性的推演分析,赋敛在合意与强制的缝隙之间,三者浑然一体,而且到了东汉时期,即表现为调的形式。在此种与汉代地方社会赋敛密切相关的背景下，遂出现了（4）中央政府临时性的经费筹措的赋敛（下一小节论述），而这成为后来户调制的渊源。

（二）中央政府制度外的临时性经费筹措

如前引桓谭《新论》中所见的赋敛那样，中央政府的赋敛指的是制度化的财物征发。但与此相较，其实赋敛用于指涉临时性、制度外经费筹措的场合反而更多。例如战国时魏国李悝的"尽地力之教"。他对五口之家、百亩之地的小农民经营生产和包含十一之税在内的消费进行统计分析，指出每年有四百五十钱的赤字后，提到"不幸疾病死丧之费，及上赋敛，又未与此"（《汉书》卷二四《食货志上》）。此处所见来自上级的"赋敛"在正规的十一之税以外计算，并且与疾病、丧葬等预期外支出并举，从这点来看，这无疑是魏国临时性的、制度外的经费筹措。这虽是战国时期的例子，但对于探究汉代赋敛的本质亦能提供参考。

另外，盐铁会议之后，昭帝始元六年（前81）时榷酤官被废止。对此，颜师古指出："盖武帝时赋敛繁多，律外而取，今始复旧。"[26]这固然是唐人的理解，却是有根据的。例如，《盐铁论·未通》有如下叙述：

往者军阵数起，用度不足，以訾征赋，常取给

见民。……大抵逋赋，皆在大家，吏正畏惮，不敢
笃责。刻急细民，细民不堪，流亡远去。中家为之
色出……

这是武帝时期为了弥补对外征伐导致的经费不足所采
取的临时性措施。它与算钱、口钱等作为制度的、按人头
征收的赋钱不同，是根据大家层、中家层、贫民层的三层
之家（户），以其家产多寡为基准来征收的，属于颜师古
提及的多种赋敛中的一种。汉代中央政府的赋敛即如这
样，是为了补充经费不足而临时采取的制度外的经费筹措
方式。

我们利用一些典型史料来确认中央政府此种制度外经
费筹措的特征。首先是王莽天凤三年（16），以西南夷句
町的叛乱为发端的一系列战役："莽遣平蛮将军冯茂发
巴、蜀、犍为吏士，赋敛取足于民，以击益州"（《汉书》
卷九五《西南夷传》）。关于此时的赋敛，在《汉书》卷
九九《王莽传》中表现为"赋敛民财什取五"。然此次远
征失败后，王莽再次派遣宁始将军廉丹、庸部牧史熊一同
攻击句町，始取得胜利。这两人对王莽提出增额调度的要
求，即"复大赋敛"，结果引起就都大尹（太守）冯英的
反对。冯英于其反对的上奏中，指出该赋敛乃"调发诸
郡兵谷，复訾民取其十四"。[27]

245

根据这些内容，天凤三年的赋敛以郡国为单位征发兵器、谷物，从益州北部的巴郡、蜀郡、犍为郡输送到有战事的益州南部的益州郡。虽然这种郡与郡之间的财物水平移动是对调度制度的运用，但其财源除谷物之外，并非储备于郡的正规财物，而是对民众家财临时性、制度外的征发。此为赋敛与调度制度产生关联的重要因素。

天凤三年的赋敛到天凤六年（19）时普及全国。为了应对匈奴大举入侵边境，王莽于此年组成特殊部队，即"一切税天下吏民，訾三十取一，缣帛皆输长安"。其后"翼平连率［北海郡太守］田况奏郡县訾民不实，莽复三十税一"。[28]

在天凤六年的临时课税中并未出现"赋敛"之语。但是，这很明显是将天凤三年益州地区的"赋敛民财什取五""訾民取其十四"的方式普及全国的结果，因此应该称之为"赋敛"。在此为了临时筹措军事经费，按户施行财产评估，将相当于每户家产三十分之一的绢帛等布匹类物资运送至长安。天凤三年的赋敛当然也是将其家产评估额的四成、五成以谷物缴纳。

另外，天凤六年的临时课税也并未使用"调"这个字。这是因为若就汉代财务运转的本质而言，从地方向中央长安输送的垂直性物流应称为委输，本来就不使用"调""调度"之语。再者，从翼平连率（北海郡太守）

田况提出的问题来看，可知在财物上缴中央之际是以郡作为单位的。

246 我们可以通过这两组事例来整理其中出现的王莽时期的赋敛内容：①以填补军事经费为目的，以郡国为单位，在制度外临时性调发的财物；②当它与调度制度产生关联时，也被称为"调"；③直接收取财物时，以民众的家产（户）作为对象，将其家产评估额乘以一定比例后，再将算出的钱额改以绢帛等布匹缴纳。这虽是关涉边境军事行动的制度外、临时性经费筹措，但在此已经出现了构成日后西晋时期户调制基础的要素。

以下，为了更接近西晋时期的户调制，我们要对西汉中后期至汉末赋敛如何演变的问题展开考察，试将其区分为如下两个层次：①以户为单位，以财产评估额为基准的直接收取；②赋敛与调之间的联结。

首先考虑赋敛以户为单位、以财产评估额为基准进行收取一事。中央政府的赋敛以户为单位进行收取，从前引《盐铁论·未通》的记载来看，西汉武帝时期已经能够找到这样的例子。

另外，也有如下这样的例子。宣帝神爵元年（前61）西羌叛乱之际，如何确保邻接战斗地区的陇西以北、安西以西这八郡民众的食粮，成为当时的课题。有两种对立的方案，其一是左冯翊萧望之的方案，即"今有西边之役，民失作业，虽户赋口敛以赡其困乏。古之通义，百姓莫以为非"。[29]原文虽作"户赋口敛"，但实为"户口赋敛"以互文方式表现的结果。此即对户口，亦即对类似户籍的账簿进行衡量后再加以赋敛。另外从"百姓莫以为非"这点来看，可知赋敛是以全国整体作为对象的。

当对这两个对立方案无法取舍之际，后将军赵充国的积极有为使战役提前结束，于是西方八郡的粮食支持计划遂告中止。因而此时并未实施以户籍等为基准、以全国为范围的赋敛方案。但是，我们仍应注意提出这种方案的社会背景，即当西方边境的民众因战役而陷入困穷时，存在即便征收赋敛，"百姓莫以为非"的情形。这一结果的背景正是前述汉代地方社会中基于合意的赋敛惯例。

哀帝元寿二年（前1）的例子实际上就是赋敛，平帝元始元年（1）"遣谏大夫行三辅，举籍吏民，以元寿二年仓卒时横赋敛者，偿其直"（《汉书》卷一二《平帝纪》元始元年正月诏）。颜师古注引张晏所言，将此解释为"举赋敛之籍以赏（偿）之"。[30]上述"户赋口敛"无疑也是像这样在制作簿籍、账簿之后征发财物。西汉后期以降开始出现这种先制成簿籍，再依据户别征发赋敛的方式，这就构成了王莽时期以"赋敛民财什取五""訾民取其十四"方式进行赋敛的前提条件。

进入东汉时期后，几乎没有相关的具体史料。不过在

《续汉书·百官志五》涉及乡官中有秩、啬夫的职掌时，提到"知民贫富，为赋多少，平其差品"。据此可知，在负责直接向民众收取财物的乡官层面，东汉时期大概已经形成了制度化的方式，使其按照贫富即家产评估额之多寡，对赋敛额度做出等级化的调整。[31]顺帝永和六年（141）七月的诏敕向所有家产评估额较高的家户借用一千钱，[32]也正是出于这种制度背景。

接着考察赋敛与调的联结。限于管见，赋敛与调的联结始于前述王莽天凤三年（16）。进入东汉，赋敛与调的关系变得更加紧密。[33]关于这点，从前面所见汉代地方社会中的各种例子即可明了，中央政府临时性的经费筹措也是一样的。东汉质帝本初元年（146），朱穆在劝谏掌权者梁冀的奏记之中提到如下内容：

> 顷者，官人俱匮，加以水虫为害。京师诸官费用增多，诏书发调或至十倍。各言官无见财，皆当出民，榜掠割剥，强令充足，公赋既重，私敛又深。
>
> （《后汉书·朱穆传》）

《后汉纪》卷二〇《孝质帝纪》本初元年条对同样的奏记内容做了更具体的叙述：

京师之费，十倍于前。河内一郡，尝调缣素绮縠
才八万余匹，今乃十五万匹。官无见钱，皆出于民，
民多流亡，皆虚张户口。户口既少，而无赀者多。当
复割剥，公赋重敛。二千石长吏遇民如虏，或卖用田
宅，或绝命捶楚，大小无聊，朝不保暮。

《后汉书》与《后汉纪》是各自以朱穆奏记为素材编
纂的产物，因此将两者合而观之，更能了解原本的全貌。
根据两者内容可知，由于经常性的经费不足与反复的灾害，
作为中央政府临时经费筹措方式的赋敛约自 2 世纪后半期 249
起已经在全国范围内常态化，且如河内郡所见的例子那样，
它以郡（国）为单位进行征发。而且，从此时户籍的户口
记载与赀（家产评估额）的有无已变成问题焦点来看，可
以推知现实的经费筹措是依据财产的评估额按户别收取的。

从这种筹措方式是中央—地方之间直接的、垂直的物
流编组这一点而言，应该称之为委输，但其财源并非储备
于地方郡国的财物，而是以赋敛的方式按照户别进行征课
的布帛。赋敛本来的意义就是制度外的临时经费筹措。随
着它的常态化，与筹措制度相关的"调"也逐渐变成更
加制度化的用语了。

朱穆的奏记已明示调与赋敛在全国普及局面的出现，
这意味着王莽时期的制度更深层地趋近西晋时期的户调制。

接着，桓帝延熹九年（166）正月己酉诏指出"其令大司农，绝今岁调度征求，及前年所调未毕者，勿复收责"（《后汉书·桓帝纪》），正式宣告了此一趋势的不可逆转。[34]

汉代赋敛的根源是民间地方社会的醵金惯例，为了实现治水、丰收等社会共同利益，必须举行祈求的祭礼，以此为媒介，赋敛不久便转化为地方官府的长官或属吏对民众的掠夺，伴随这种转化，赋敛产生了维持中央政府财政收支均衡的制度外经费筹措的意味。这种作为临时的制度外经费筹措的赋敛约始自西汉中期的武帝时期，到王莽时期，随着在全国范围的普及，它与调度制度结合起来，进而到了东汉时期逐渐常态化，以致得到了"调"这种制度化的表现方式。在直接收取农民财物时，根据其家产评估额按户别来课税，并以郡国为单位向中央政府贡纳实物。除了在贡纳时尚未设定以户别作为统一赋课基准之外，它已经具备了足以被称为户调制的内容了。

三 曹魏户调制度
——从赋敛到户调制

2 世纪中期作为赋敛常态化的"调"，经由东汉末期建安年间曹操政权将户别设定为统一的赋课基准后，户调的制度化姑且告一段落。但是，到东汉末的灵帝时期为止，以田租、更赋为核心的税制依然延续。[35]在汉末的动乱之中，汉代税制及中央的财务运作究竟是如何转变为户调制的呢？要解决这个问题，首先要确认汉末曹操政权下户调制的实际情况。

众所周知，户调制首次完整呈现于史籍，是在建安九年（204）曹操于原袁绍支配下的河北地区（冀州、幽州）发布的命令中。在袁绍统治下的河北地区，富豪阶层的土地兼并横行，而丧失土地的贫农却必须代替富豪层缴纳租赋，曹操的命令正是针对这种状况发布的，即所谓"其收田租亩四升（斗），户出绢二匹、绵二斤而已，他不得擅兴发"。[36]

田租每亩四斗，每户绢二匹、绵二斤，这种每户统一的赋课基准除了收取数量的差异之外，与西晋时期户调制的规定几乎完全一致。那么，能否断言户调制始于建安九年呢？答案是否定的。它仍有前例可循。接着就介绍一下建安初年划出汝南郡两县创设阳安郡的例子。

建安二年（197），袁绍开始南进，他遣使劝诱河南豫州诸郡投降，有许多郡响应，唯独阳安郡不为所动，郡都尉李通乃"急录户调"。此时赵俨提出忠告，认为若"怀附者复收其绵绢"，可能造成问题，应谨慎以对。对此，李通回答："绍与大将军相持甚急，左右郡县背叛乃尔。若绵绢不调送，观听者必谓我顾望，有所须待也。"

251

赵俨于是提议稍缓征收户调，并且写信请托荀彧协助，结果曹操下达了公文，准许将阳安郡的绵绢归还民众，成功确保了一郡的安宁。[37]

据此，我们可以知道建安初年已经实施了以绢绵为收取内容的户调，当时实施的调送是将以郡为单位收取的绢绵转化为中央（曹操政权）经费，此点也证明了郡从属于中央政府（曹操政权）。根据《三国志》卷一二《何夔传》，建安三年（198）"太祖始制新科下州郡，又收租税绵绢"。[38]毫无疑问，阳安郡的行动正是对应曹操政权颁布新法与收取绵绢的结果。

那么这又发生在何时呢？据《魏略》，"初，太祖为司空时，以己率下。每岁发调，使本县平贷"，[39]在曹操担任司空时，每年都会收取调，且其基准是县对各户的家产评估。曹操在建安元年（196）十月就任司空。当年，曹操拥立返回洛阳的献帝，确立以兖州为核心的曹操政权，而同样也在当年他采取枣祇、韩浩等人的建议开始实施屯田制（《三国志》卷一《武帝纪》）。户调制很有可能就是在建安元年末到第二年这段时间，首先以政权核心地区兖州为中心开始实施，并且伴随曹操权力的扩大而逐步开展的。

252　　　如上所述，曹操政权的户调制始于建安元年末至第二年期间。这一制度以郡为单位，将绵绢转为中央经费，而在郡内则是基于各户的赀产（财产评估额），以户为单位收取绵绢。于是，至 2 世纪中期为止已经常态化的东汉赋敛（调）依据户别设定了统一的贡纳基准。这种制度化为西晋时期户调制度的全国性开展做好了准备。

问题是，以曹操政权下的户调制为媒介，作为汉朝制度外临时经费筹措的赋敛是如何取代以田租、更赋为核心的汉朝经常性财务运作方式的。

前面已经指出，到汉末灵帝时期为止，以田租、更赋、献费（赋输）、委输、调度为核心的经常性财务运作依旧苟延残喘，甚至维持到建安年间。仲长统在其所著《昌言·损益》中检讨了税制的问题，他提出："今田无常主，民无常居。吏食日禀，班禄未定。可为法制，画一定科，租税十一，更赋如旧。"[40]仲长统在二十余岁时游学，获得荀彧的认可成为尚书郎，其后任丞相曹操的参军事，死于献帝禅让于魏的那年，终年四十一岁。[41]他生于光和三年（180），死于建安二十五年（220）。他提笔撰写《昌言》的时间应该介于最早开始游学的建安五年（200）至汉末之间。仲长统的提案仅是改定田租的收取率，依然保存田租、更赋体制，这正反映出以田租、更赋为核心的汉朝经常性财务运作体制一直持续到汉末建安年间为止。

既然汉王朝仍保持着名目上的存续，则不言自明，以田租、更赋为基础，由献费（赋输）、委输、调度制度来实现财政性物流与再分配的王朝经常性财务运作体制应该得到了维持。汉末军阀为了巩固其在汉朝内部乃至从汉朝分离出去的独立的权力基础，需要一种在汉朝经常性财务制度之外特别是能优先确保军事经费的财政手段。曹操权力的基础主要是为了筹措军事经费而临时实施的赋敛，其展现的形态正是 2 世纪中期以后常态化的赋敛（调）。在建安年间曹操政权与东汉政权的双重权力结构中，以田租、更赋、献费（赋输）、委输、调度为核心的汉朝经常性财务运作体制与作为户调制而得到整顿的赋敛（调）分道扬镳，从建安元年（196）到翌年，赋敛（调）成为支撑以兖州为核心的曹操军事政权的财政基础。接着于建安九年（204），户调制进一步扩大到袁绍曾经支配的冀州、幽州，最终随着建安二十五年（220）的禅让和曹魏王朝的成立，成为正式的国家税制（经常性财务运作体制）。当然，它无疑受到汉末动乱时期各种现象的直接影响。尽管如此，若要论户调制成立的本质因素，就不能不对西汉中期以来，作为制度外经费筹措方式的赋敛及其演变过程进行讨论，而它正是以深深扎根于汉代地方社会的赋敛惯例作为基础的。

结语

曹魏、西晋的户调制是以汉代制度外经费筹措方式的赋敛作为基础并制度化的产物，赋敛与调度制度结合，并且趋于常态化。古代中国的国家财政尚不具备真正意义上的预算制度，它或基于以往的财政经验，或对地方郡国储备的财源进行重新分配，来维持日常的均衡运转。然而一旦出现大规模的兵役或灾害，中央财政往往产生严重的收支不均，于是就要动用制度外的临时经费筹措方式——赋敛。王莽天凤三年（16）益州的兵役及其经费筹措就成为赋敛与调度制度相结合的契机。进入 2 世纪，在连续不断的幼帝即位与非汉民族攻防之中，东汉的社会与政局变得更加动荡不安，朝廷为求财政收支均衡，逐渐将赋敛常态化，并与调度制度达到真正的结合，从而引出汉末曹魏政权之下，按户别设定统一赋课基准的户调制的成立。

254

建安元年（196）末到二年之间，随着曹操就任司空，户调制以曹操实际支配领域即兖州一带（河南）为核心施行，接着在建安九年（204）扩大到原袁绍支配下的冀州、幽州（河北）。建安年间，汉朝的田租、更赋与曹操政权下的田租、户调制并存，但随着汉朝的灭亡以及魏的成立，户调制成为曹魏的税制和中央经费筹措制度。虽然户调制在形式上是汉朝更赋（更钱、算钱、口钱）的代替品，但其本质是作为汉朝制度外的制度而发展起来的赋敛。

西晋时期的户调制是曹魏户调制在全国普及的结果。

它分为两个层次：在县的层次，直接收取租税；在郡国层次，以这些收取物为基础，将其作为公赋贡纳至中央。在县的层次，根据农民各户的家产评估额，将之区分为九个等级，征收与其等级相应的绢、绵或其他物资，这些税物暂时储备、蓄藏于地方。各郡国将其支配户数乘以租四斛、绢三匹、绵三斤的统一赋课基准，以决定一般情况下的贡纳数量，进而从地方储备中取出绵绢等财物作为公赋贡纳，以构成中央政府的财政。我认为，公赋之外的剩余额以调外费的方式储备、蓄藏于地方。从中央政府的角度来看，只要能够掌握全国登录的支配户数，就能由单纯的计算确认其基本的财政规模。

另外，中央政府在收取公赋之际，以绢一匹为基础单位，将必要的绢以外的物资进行换算后，再使郡国贡纳。若与汉代对比，汉朝是以各郡国的支配人口数乘以六十三钱来决定公赋（献费）的数量，而西晋户调制是将各郡国的支配户数乘以每一户租四斛、绢三匹、绵三斤，由此决定其上缴中央的数量（公赋）。换言之，这是从以钱为基础的中央财源构成向以绢为基础单位的贡纳的变化。

255　　我们接下来的课题就是厘清六朝中央政府的调外费，即包含地方财源本质设定的户调制的展开形态。

注　释

1. 参阅松本善海（1977）、曾我部静雄（1953）。

2. 西嶋定生（1966，1981：254—255）。

3. 西嶋定生（1981）、藤元光彦（1987）。

4. 堀敏一（1975）。

5. 关于从货币经济向自然经济转化图示的问题点，参阅宫泽知之（2000）。

6. 以上记述是以本书第六章"占田与课田的谱系"为前提的。诸侯（王国）以户调的三分之一作为奉秩，三分之二作为公赋，这点从《宋书》卷四〇《百官志下》"王国"条的"晋江左诸国，并三分食一。元帝太兴元年，始制九分食一"中也可得知。关于以这条史料为代表的晋的王国俸秩制度，存在各式各样的解释。我的理解稍有不同，若举出一代表性的研究，则有藤家礼之助（1989b）。

7. 《魏书》卷一一〇《食货志》："所调各随其土所出。其司、冀、雍、华、定、相、泰、洛、豫、怀、兖、陕、徐、青、齐、济、南豫、东兖、东徐十九州，贡绵绢及丝。幽、平、并、肆、岐、泾、荆、凉、梁、汾、秦、安、营、幽、夏、光、郢、东秦，司州万年、雁门、上谷、灵丘、广宁、平齐郡，怀州邵上郡之长平、白水县，青州北海郡之胶东县，平昌郡之东武、平昌县，高密郡之昌安、高密、夷安、黔陬县，泰州河东之蒲坂、汾阴县，东徐州东莞郡之莒、诸、东莞县，雍州冯翊郡之莲芍县、咸阳郡之宁夷县，北地郡之三原、云阳、铜官、宜君县，华州华山郡之夏阳县，徐州北济阴郡之离狐、丰县，东海郡之赣榆、襄贲县，皆以麻布充税。"部分内容参考了钱大昕《廿二史考异》卷二八至卷三〇的《魏书》条，并据以修改地名。 256

8. 等差征收依据的是家产评估额，"户调之式"记载的则是定额，唐长孺探讨了这两者（定额与等差）之间的矛盾，指出定额代

表的是地方官的征收标准，是一种计算得出的平均值。堀敏一
的见解基本与唐长孺相同。依据平均值的标准，应该会随着母
数选取方式的不同而产生各郡县之间的差异，因此这不能算是
一种有意义的解释。各家对于户调制理解的决定性不足，正是
在于没有区分县层次的直接户调收取与从郡国向中央政府的贡
纳这两种层次的不同。应当将定额视为对郡国课征的统一贡纳
基准。

张学锋（2000）也指出，政府根据各户资产的高低，将其分成
九品以进行征收，他根据张丘建《算经》的记载，指出确实存
在按照九个户等征收的可能。张丘建《算经》的成书时间尚不
确定，其记载是否属于西晋时期也有疑问。西晋时期究竟是否
存在户等制，仍有探讨余地。

有关户等制建立的问题，有草野靖（1998，1999）。草野在汉代
到宋代的长时段视野下对具体事例展开讨论，重视户等制与等
差征收之间的关联性，并认为其起源于隋初。

9. 关于户调制时代的家产评估究竟是如何实施的，晋代没有留下
记录。刘宋时期有少量的线索。《宋书》卷八二《周朗传》：
"又取税之法，宜计人为输，不应以赀。云何？使富者不尽，贫
者不蠲。乃令桑长一尺，围以为价，田进一亩，度以为钱，屋
不得瓦，皆责赀实。民以此，树不敢种，土畏妄垦，栋焚榱露，
不敢加泥。"可知家产评估的对象以桑树、耕地、家屋为核心，
并以钱额表示。

另外，把各户的家产评估称为"赀"，根据评估额的多寡来决定
贫富的等差，或是限制担任的官职，以及施行租税的免除，以
上情形从汉初以来便已存在。汉代家产评估的对象是大型动产
与不动产。例如著名的居延汉简中的"礼忠简"，其中可见礼忠
的家产评估以奴婢、车、马牛、田宅为对象。关于这点，请参
阅渡边信一郎（1986）第一章「古代中國における小農民經營
の形成」。此处虽无法详论，但可以指出一点，即纵观整个汉六
朝时期，政府均以大型动产与不动产的钱额表示的家产评估额

257

作为赀的内容，并且基于其内容决定贫富的等差。草野靖（1998，1999）搜罗了有关汉六朝时期资产评估法的史料，使人得以了解其实际情形。

10. 关于西晋时期根据家产评估进行课税的史料仅剩断简残篇，但以可能继承西晋课税制度的北魏为例，明确显示在地方课税的层面正是依据贫富的等级区分来加以课税的。《魏书》卷四《世祖纪上》延和三年（434）二月："戊寅，诏曰：'……今四方顺轨，兵革渐宁，宜宽徭赋，与民休息。其令州郡县，隐括贫富，以为三级。其富者租赋如常，中者复二年，下穷者复三年。刺史守宰，当务尽平当，不得阿容以罔政治。明相宣约，咸使闻知。'"另有《魏书》卷四《世祖纪上》太延元年（435）："十有二月甲申，诏曰：'……若有发调，县宰集乡邑三老，计赀定课，裒多益寡，九品混通，不得纵富督贫，避强侵弱。太守覆检能否，核其殿最，列言属州。刺史明考优劣，抑退奸吏，升进贞良，岁尽举课上台。……'"特别是后者严令县令在与农村三老评估家产并确定课税额时要依贫富操作，不得使九等区分混乱，显示了在地方层面课税的实际情形。我们可以借用这个例子，推测西晋时期的课税情况。

11. 宫崎市定（1957：74，92）；山田胜芳（1974）。

12. 《汉书》卷一《高帝纪上》："单父人吕公善沛令，辟仇，从之客，因家焉。沛中豪杰吏闻令有重客，皆往贺。萧何为主吏，主进，令诸大夫曰：'进不满千钱，坐之堂下。'高祖为亭长，素易诸吏，乃绐为谒曰'贺钱万'，实不持一钱。谒入，吕公大惊，起，迎之门。"

13. 《汉书》卷三九《萧何传》："高祖为亭长，常佑之。高祖以吏繇咸阳，吏皆送奉钱三，何独以五。"颜师古注曰："出钱以资行，他人皆三百，何独五百。"

14. 《汉书》卷九二《游侠传》："原涉，字巨先。祖父，武帝时以豪杰，自阳翟徙茂陵。涉父，哀帝时为南阳太守。天下殷富，大郡二千石死官，赙敛送葬，皆千万以上，妻子通共受之，以定产业。"

15. 《后汉书》卷七六《王涣传》："永元十五年，从驾南巡，还为
    洛阳令。……元兴元年，病卒。百姓市道，莫不咨嗟。男女老
    壮，皆相与赋敛，致奠醊以千数。"

16. 《后汉书》卷三一《孔奋传》："陇蜀既平，河西守令咸被征
    召，财货连毂，弥竟川泽。唯奋无资，单车就路。姑臧吏民及
    羌胡更相谓曰：'孔君清廉仁贤，举县蒙恩，如何今去，不共
    报德！'遂相赋敛牛马器物千万以上，追送数百里。奋谢之而
    已，一无所受。既至京师，除武都郡丞。"

17. 《史记》卷一二六《滑稽列传》褚少孙补记："魏文侯时，西
    门豹为邺令。豹往到邺，会长老，问之民所疾苦。长老曰：
    '苦为河伯娶妇，以故贫。'豹问其故。对曰：'邺三老、廷掾，
    常岁赋敛百姓，收取其钱，得数百万，用其二三十万为河伯娶
    妇，与祝巫共分其余钱持归。'……民人俗语曰'即不为河伯
    娶妇，水来漂没，溺其人民'云。"

18. 三老乃汉王二年（前205）设置的乡官。《汉书》卷一《高祖
    纪》高祖二年二月条："举民年五十以上，有修行，能帅众为
    善，置以为三老，乡一人。择乡三老一人为县三老，与县令丞
    尉，以事相教，复勿繇戍。以十月赐酒肉。"关于三老，参阅
    鹰取祐司（1994）。

19. 《张景碑》（永田英正编『漢代石刻集成　図版・釈文篇』八
    十、同朋舎出版、1994）："［府告宛，男］子张景记言，府南
    门外劝［农］土牛，□□□□/调发十四乡正，相赋敛作治，
    并土人犁末甘蔗屋，功费六七/十万，重劳人功，吏正患苦，
    愿以家钱，义作土牛上瓦屋栏楯/什物，岁岁作治。乞不为县吏
    列长伍长，征发小繇。审如景［言］，施行复除，传后子孙。明
    检匠所作务，令严，事毕成言。会廿□（以下从略）。"

20. 《续汉书·礼仪志上》："立春之日，夜漏未尽五刻，京师百官
    皆衣青衣，郡国县道官，下至斗食令史，皆服青帻立青幡，施
    土牛耕人于门外，以示兆民，至立夏。唯武官不。"据此，劝

农土牛是汉代全国都会组织的祭祀。

21.《汉书》卷八三《薛宣传》：“始高陵令杨湛、栎阳令谢游皆贪猾不逊，持郡短长，前二千石数案不能竟。及宣视事，……栎阳令游自以大儒有名，轻宣。宣独移书显责之曰：‘告栎阳令：吏民言令治行烦苛，适罚作使千人以上，贼（赋）取钱财数十万，给为非法；卖买听任富吏，贾数不可知。证验以明白，欲遣吏考案，恐负举者，耻辱儒士。故使掾平镌令。孔子曰：“陈力就列，不能者止。”令详思之，方调守。’游得檄，亦解印绶去。”颜师古注曰：“言敛取钱财，以供给兴造非法之用。”“赋取”的原文为“贼取”，颜师古则注之为“敛取”。将“贼”字解为“敛”，恐有不当，颜师古所见的文本原应作“赋”才对。

259

22.《后汉书》卷六二《陈寔传》：“复再迁除太丘长。……以沛相赋敛违法，乃解印绶去，吏人追思之。”

23.《后汉书》卷六一《左雄传》：“乡官部吏，职斯禄薄，车马衣服，一出于民，廉者取足，贪者充家，特选横调，纷纷不绝，送迎烦费，损政伤民。和气未洽，灾眚不消，咎皆在此。……乡部亲民之吏，皆用儒生清白任从政者，宽其负算，增其秩禄，吏职满岁，宰府州郡乃得辟举。如此，威福之路塞，虚伪之端绝，送迎之役损，赋敛之源息。循理之吏，得成其化。率土之民，各宁其所。”

24.《后汉书》卷三七《丁鸿传》：“是时窦太后临政，宪兄弟各擅威权。鸿因日食，上封事曰：‘……臣愚以为左官外附之臣，依托权门，倾覆谄谀，以求容媚者，宜行一切之诛。闲者大将军再出，威振州郡，莫不赋敛吏人，遣使贡献。大将军虽云不受，而物不还主，部署之吏，无所畏惮，纵行非法，不伏罪辜，故海内贪猾，竞为奸吏，小民吁嗟，怨气满腹。……’”又有《后汉书》卷四五《袁安传》：“和帝即位，窦太后临朝，……宪、景等日益横，尽树其亲党宾客于名都大郡，皆赋敛吏人，更相赂遗，其余州郡，亦复望风从之。”

25. 《后汉书》卷八六《邛都夷传》："安帝元初三年，郡徼外夷大羊等八种，户三万一千，口十六万七千六百二十，慕义内属。时郡县赋敛烦数，五年，卷夷大牛种封离等反畔，杀遂久令。"《后汉书》卷二四《马援传》："防兄弟贵盛，奴婢各千人已上，资产巨亿，皆买京师膏腴美田，……岁时赈给乡间故人，莫不周洽。防又多牧马畜，赋敛羌胡。帝不喜之，数加谴敕，所以禁遏甚备，由是权势稍损，宾客亦衰。"后者为富豪对非汉族的掠夺。

26. 《汉书》卷七《昭帝纪》始元六年（前81）条："秋七月，罢榷酤官，令民得以律占租。"在颜师古注中也可看到："占谓自隐度其实，定其辞也。占音章赡反。下又言占名数，其义并同。今犹谓狱讼之辨曰占，皆其意也。盖武帝时赋敛繁多，律外而取，今始复旧。"

27. 《汉书》卷九九中《王莽传》天凤三年（16）条："平蛮将军冯茂击句町，士卒疾疫，死者什六七，赋敛民财什取五，益州虚耗而不克，征还下狱死。更遣宁始将军廉丹与庸部牧史熊击句町，颇斩首，有胜。莽征丹、熊，丹、熊愿益调度，必克乃还。复大赋敛。就都大尹冯英不肯给，上言：'自越巂、遂久、仇牛、同亭、邪豆之属反畔以来，积且十年，郡县距击不已。续用冯茂，苟施一切之政。僰道以南，山险高深，茂多驱众远居，费以亿计，吏士离毒气死者什七。今丹、熊惧于自诡期会，调发诸郡兵谷，复訾民取其十四，空破梁州，功终不遂。宜罢兵屯田，明设购赏。'莽怒，免英官。后颇觉寤曰：'英亦未可厚非。'复以英为长沙连率。"

另外，关于单独使用"调"的情况，可举吴楚七国之乱时，景帝与晁错调发兵器、军粮的例子（《汉书》卷四九《晁错传》："吴楚七国俱反，以诛错为名。上与错议出军事，……上方与错调兵食。"）。关于此处的"调"，颜师古注解为"调谓计发之也"。"调"就是有计划地征发兵器与军粮，但此处是否通过调度进行运作则不清楚。

28. 《汉书》卷九九下《王莽传》天凤六年（19）条："而匈奴寇边甚。莽乃大募天下丁男及死罪囚、吏民奴，名曰猪突豨勇，以为锐卒。一切税天下吏民，赀三十取一，缣帛皆输长安。……翼平连率田况奏郡县赀民不实，莽复三十税一。以况忠言忧国，进爵为伯，赐钱二百万。众庶皆詈之。"

29. 《汉书》卷七八《萧望之传》："是岁西羌反，汉遣后将军征之。京兆尹张敞上书言：'［赵］充国兵在外，军以经夏［案，以上二句旧作"国兵在外，军以夏"。今据王念孙《读书杂志》四"汉书第十二"所说而改正］，发陇西以北，安定以西吏民，并给转输，田事颇废，素无余积，虽羌虏以破，来春民食必乏。穷辟之处，买亡所得，县官谷度不足以振之。愿令诸有罪，非盗受财杀人及犯法不得赦者，皆得以差入谷此八郡赎罪。务益致谷以豫备百姓之急。'事下有司，望之与少府李强议，以为：'……古者臧于民，不足则取，有余则予。《诗》曰"爰及矜人，哀此鳏寡"，上惠下也。又曰"雨我公田，遂及我私"，下急上也。今有西边之役，民失作业，虽户赋口敛以赡其困乏（颜师古注"率户而赋，计口而敛也"）。古之通义，百姓莫以为非。'"

30. 关于"举籍"，尚有其他几个例子。例如《汉书》卷一一《哀帝纪》绥和二年（前7）秋条："诏曰：'……乃者河南、颍川郡水出，流杀人民，坏败庐舍。朕之不德，民反蒙辜，朕甚惧焉。已遣光禄大夫循行举籍，赐死者棺钱，人三千。……'"颜师古注曰"举其名籍也"，即制作账簿之意。

31. 《续汉书·百官志》有作为本注被记录下来的部分。此本注由被称为"官簿""百官簿"的文献所注记，记录了以光武帝时期制度为典范的东汉制度。《续汉书·百官志一》序："唯班固著《百官公卿表》，记汉承秦置官本末，讫于王莽，差有条贯。然皆孝武奢广之事，又职分未悉。世祖节约之制，宜为常宪，故依其官簿，粗注职分，以为《百官志》。"刘昭注："臣昭曰：本志既久是注曰百官簿，今昭又采异同，俱为细字，如

261

· 311 ·

或相冒，兼应注本注，尤须分显，故凡是旧注，通为大书，称
'本注曰'，以表其异。"《汉书》卷一九上《百官表》则只有
"啬夫职听讼收赋税"。

另外，关于东汉初期以家产评估额决定贫富等差并据此决定赋
敛这一点，可以找到《后汉书》卷三九《刘平传》"拜全椒
长，政有恩惠，百姓怀感，人或增赀就赋，或减年从役"
的例子。

32. 《后汉书·顺帝纪》永和六年七月甲午条："诏假民有赀者户
    钱一千。"

33. 虽与赋敛无关，但东汉初期也出现了"租调"一词。《后汉
    书·明帝纪》中元二年（57）条："秋九月，烧当羌寇陇西，
    败郡兵于允街。赦陇西囚徒，减罪一等，勿收今年租调。又所
    发天水三千人，亦复是岁更赋。"此处的"租调"乃孤例，其
    具体意义尚且不明，"调"字也有可能是误写。

34. 此前每年向土地所有者征收税钱，显示田租已开始解体。《后
    汉书·桓帝纪》延熹八年条："八月戊辰，初令郡国有田者亩
    敛税钱（李贤注：亩十钱也）。"但田租制度一直维持到汉末，
    有可能是临时性的征收，参阅本章注释35。

35. 直到灵帝中平元年（184）仍可确认田租的存在。《后汉书》卷
    七一《皇甫嵩传》："以黄巾既平，故改年为中平。嵩奏请冀州
    一年田租，以赡饥民，帝从之。"而更赋在灵帝时期也能得到确
    认。《后汉书》卷八六《南蛮列传》："灵帝光和三年（180），
    巴郡板楯复叛，……帝欲大发兵，乃问益州计吏，考以征讨方
    略。汉中上计程包对曰：'……近益州郡乱，太守李颙亦以板
    楯讨而平之。忠功如此，本无恶心。长吏乡亭，更赋至重，仆
    役棰楚，过于奴虏，亦有嫁妻卖子，或乃至自颈割。虽陈冤州
    郡，而牧守不为通理。阙庭悠远，不能自闻。含怨呼天，叩心
    穷谷。愁苦赋役，困罹酷刑。故邑落相聚，以致叛戾。非有谋
    主僭号，以图不轨。今但选能牧守，自然安集，不烦征伐
    也。'帝从其言。"

此外，以献费、委输、调度为核心的经常性财务运作在建安年间仍然存续，参阅本书第一章。

36. 《三国志》卷一《武帝纪》建安九年条："九月，令曰：'河北罹袁氏之难，其令无出今年租赋。'重豪强擅并之法，百姓喜悦。天子以公领冀州牧，公让还兖州。"裴松之注中也可看到："魏书载公令曰：'有国有家者，不患寡而患不均，不患贫而患不安。袁氏之治也，使豪强擅恣，亲戚兼并。下民贫弱，代出租赋，炫鬻家财，不足应命。审配宗族，至乃藏匿罪人，为逋逃主。欲望百姓亲附，甲兵强盛，岂可得邪！其收田租亩四升（斗），户出绢二匹、绵二斤而已，他不得擅兴发。郡国守相明检察之，无令强民有所隐藏，而弱民兼赋也。'"此处"田租亩四升"应该是"四斗"之误。关于这点，张学锋（1998）一文有详细的考证。

37. 《三国志》卷二三《赵俨传》："建安二年，年二十七，遂扶持老弱诣太祖。太祖以俨为朗陵长。县多豪猾，无所畏忌。……时袁绍举兵南侵，遣使招诱豫州诸郡，诸郡多受其命。惟阳安郡不动，而都尉李通急录户调。俨见通曰：'方今天下未集，诸郡并叛，怀附者复收其绵绢，小人乐乱，能无遗恨。且远近多虞，不可不详也。'通曰：'绍与大将军相持甚急，左右郡县背叛乃尔。若绵绢不调送，观听者必谓我顾望，有所须待也。'俨曰：'诚亦如君虑。然当权其轻重，小缓调，当为君释此患。'乃书与荀彧曰：'今阳安郡当送绵绢，道路艰阻，必致寇害。百姓困穷，邻城并叛，易用倾荡，乃一方安危之机也。且此郡人执守忠节，在险不贰。微善必赏，则为义者劝。善为国者，藏之于民。以为国家宜垂慰抚，所敛绵绢，皆俾还之。'彧报曰：'辄白曹公，公文下郡，绵绢悉以还民。'上下欢喜，郡内遂安。"

关于阳安郡，《三国志》卷一八《李通传》可见："建安初，通举众诣太祖于许。拜通振威中郎将，屯汝南西界。太祖讨张绣，刘表遣兵以助绣，太祖军不利。通将兵夜诣太祖，太祖得以复战，通为先登，大破绣军。拜裨将军，封建功侯。分汝南二县，以通为阳安都尉。"

38. 《三国志》卷一二《何夔传》："建安二年，夔将还乡里，度术必急追，乃间行得免，明年到本郡。顷之，太祖辟为司空掾属。……迁长广太守，……是时太祖始制新科下州郡，又收租税绵绢。夔以郡初立，近以师旅之后，不可卒绳以法，乃上言曰……太祖从其言。"

39. 《三国志》卷九《曹洪传》裴松之注引《魏略》曰："初，太祖为司空时，以己率下。每岁发调，使本县平赀。于时谯令平洪赀财，与公家等。太祖曰：'我家赀那得如子廉耶！'"

40. 《后汉书》卷四九《仲长统传》引《昌言·损益》："夫薄吏禄以丰军用，缘于秦征诸侯，续以四夷。汉承其业，遂不改更。危国乱家，此之由也。今田无常主，民无常居。吏食日稟，班禄未定。可为法制，画一定科，租税十一，更赋如旧。今者土广民稀，中地未垦。虽然，犹当限以大家，勿令过制。其地有草者，尽曰官田，力堪农事，乃听受之。若听其自取，后必为奸也。"

41. 《后汉书》卷四九《仲长统传》："仲长统，字公理，山阳高平人也。少好学，博涉书记，赡于文辞。年二十余，游学青、徐、并、冀之间，与交友者多异之。……尚书令荀彧闻统名奇之，举为尚书郎。后参丞相曹操军事。每论说古今及时俗行事，恒发愤叹息。因著论名曰《昌言》。凡三十四篇十余万言。献帝逊位之岁，统卒，时年四十一。"

263

第八章　南朝的财政与财务运作

——以刘宋、南齐时期为中心

前言

　　接下来要讨论的课题是六朝时期以户调制为基础的财 **265**
务运作本质，特别是作为其核心的中央经费与地方经费的
组成方式问题，以及使该组成方式成为可能的财政性物流
的特质。本章将首先考察继承了西晋司马氏政权、迁移到
江南后确立了权力基础的南朝财政。

　　与汉代、唐代财政史的庞大研究积累相比，对南北朝
财政史的研究处于远远不及的状况。其根本原因在于经济
史、财政史的相关史料十分零散，难以进行系统性把握。
不过，早期有吉田虎雄的《魏晋南北朝租税研究》，后有
藤家礼之助的《汉三国两晋南北朝的田制与税制》，二者
以租税制度为中心，对财政的收入部门进行了研究（吉

田虎雄，1943；藤家礼之助，1989）。另外，陈明光的
《六朝财政史》将支出部门也包括在内，进行了概括性分
析（陈明光，1997）。陈明光将南朝财政划分为孙吴东晋
时期、宋齐时期与梁陈时期共三个时期，并分析了其演变
的过程。他认为，决定性转折点出现在孙吴东晋时期与宋
齐时期之间：原本基于实物收取的财政结构转变为收支皆
与货币经济有所联动的财政结构，同时皇权对财政的直接
掌控进一步得到强化。

266 　　后来，慢慢有些针对南朝财政的单独研究出现，帮助
我们更好地认识其历史上的真实情况。南朝地方财政的特
质之一就是在各州府管理的地方财政之外，还存在以都督
府为代表的军府的军事财政。在南朝，各州刺史往往以某
某将军都督某某州诸军事的名义开设军府，并且兼领州府
与军府（小尾孟夫，2001）。以资费或实力著称的都督府
军事财政的研究由越智重明（1961）着先鞭，后来草野
靖（2001）做了新的分析，确认了各都督府的管辖领域，
弄清了中央政府分配资费的使用途径。

　　南朝地方财政还有一个特质，就是在地方上设置了所
谓"台传"的财务机构。根据中村圭尔（2006）的研究，
江南各州郡皆设有台传，由御史台派遣的台传御史直接进
行财务管理。台传是中央直辖的地方财务机构，在州郡设
置仓库，管理与民间的贸易、利用山泽地区开展的营利活

动、免役钱等杂项收入以及地方官的俸禄支出，同时负责财政性物流。

有关中央财政机构则有川合安的研究。根据川合安（1986）的研究，刘宋孝武帝以后，同时存在作为皇帝私人财库的斋库与直属公库的上库。他指出，随着皇帝对这些机构进行扩充，其与地方台传、台使的协作得到强化，因此皇帝对国家整体财政的直接控制不断增强。川合的研究先于陈明光的研究，两人的见解不谋而合。另外，川合分析了梁初设置的、作为国家财政机构的太府的创设过程。他指出，这是国家对货币经济发展做出的回应，对带有强化皇帝个人权力作用（以对斋库、上库、台传的掌控为手段）的财务机构施加一定程度的制约，其目的在于实现士人阶层对财务工作的主导（川合安，1988）。

诚如迄今为止的研究所表明的，南朝财政具有如下特点：第一，它与基于铸造货币的货币经济之间的关系远较北朝更为稳固；[1] 第二，以都督府财政为首的军事财政占据优势；第三，从台传的设置可以看出皇权直接整合地方财务的强力动向。在中央政府对地方财务的整合过程中，从一开始就不存在将地方固有财源组织起来的地方财政，这是中国历代王朝财政共通的特质。随各王朝、各时代国家与社会之间具体关系的不同，中央政府对地方财务的整合呈现出相异的形态。南朝形态的特点在于它具有皇权试

267

图直接整合地方财务的倾向。

军府财政的优势、台传的存在，以及与以铸造货币为基础的货币经济之间的关系都是南朝财政的典型特质，这些特质根植于南朝的政治和经济结构特质之中。论及南朝的政治和经济结构时，需要注意的是，宋文帝元嘉年间支配户数最多达到了两百万，而这个数字在宋孝武帝末期以后仅有百万。以下就以前文所述的先行研究为基础，探究以刘宋时期为中心的支出结构和财政运转实态，并尝试考察南朝财政在中国古代财务运作史上的历史结构性特质。

一 刘宋、南齐时期的财政结构

南朝的财政史料是零碎的、片段的，很难据以充分描绘具体的财政结构及其变迁。即使关于管理财政的官府，也很难有系统地厘清其组织。我们知道宋齐时期的尚书省有度支尚书、度支曹，职司财计之事。[2] 但是，从《隋书》卷二六《百官志上》"尚书"条"自晋以后，八座及郎中，多不奏事"的内容来看，也很难断言其实质上究竟与财务有多大程度的关系。在南齐，尚书右丞处理有关内外各藏库的谷物、布帛、各种劳役的差配以及州郡的租布（田租、户调）等相关文案，我认为其负责的就是财政的

268

核心业务。[3]

在处理实际业务的官府层面，可以推测在宋齐时期是由大司农负责谷物相关的财务出纳的，但尚未发现掌管布帛、金钱等财物的官府。到了梁初天监七年（508），朝廷才首次设置太府卿一职来统领左右藏令、上库丞，同时管理太仓、南北市与关津。[4]从这点来看，可知宋齐时期在制度上并不存在管理布帛、金钱的实务官府。财务主要通过皇帝及其周边近臣直接管理的斋库、上库以及由皇帝直接派遣到地方的台传御史和台使来运作。用川合安的话来说，天监七年设置太府正是对布帛、金钱采取的制度性管理措施，从而在一定程度上规范皇帝周边近臣主导的、较为恣意的财务运作。

宋齐时期，尚书省的尚书右丞通过度支尚书、度支曹来指挥财务运作，谷物一类则由大司农负责实际运作。梁天监七年，设置了负责布帛、金钱业务的太府，有关财务运作的中央官制变得具有一定组织性。以上即目前所知的有关宋齐时期财务官府组织的内容。本节以下部分将把重心放在从刘宋后半期到南齐为止的转变期，综观其收入与支出的结构。

（一）收入结构

首先概览南朝财政收入结构的特质。尽管由于欠缺具体史料，分析只得较为粗略，但仍然可以阐明收入的结构性特质。

269 刘宋财政收入的基础是曹魏西晋以来的户调制，以田租、布帛为收取内容。江南为麻的栽培地，户调制被称为租布、租调，[5] 其现实基础是王朝支配下编户百姓的户口数。刘宋的财政收入基本上受到其所支配户口数的制约。史料中唯一留下记录的是孝武帝大明八年（464）的户口统计，其数量还不足一百万户。《通典》卷七《食货七·历代盛衰户口》记载："元嘉二十七年，后魏主太武帝以数十万众南伐，河上屯戍，相次覆败。魏师至瓜步而还。宋之财力，自此衰耗。今按本史，孝武大明八年，户九十万六千八百七十，口四百六十八万五千五百一。"据此大明八年的户口统计，刘宋王朝后期的财政基础规模大约是九十万户、四百七十万人。

《宋书》卷五四，史臣曰："常平之议，行于汉世。元嘉十三年（436），东土潦浸，民命棘矣。太祖省费减用，开仓廪以振之，病而不凶，盖此力也。大明之末，积旱成灾，虽敝同往困，而救非昔主，所以病未半古，死已倍之，并命比室，口减过半。"所谓大明末年的旱灾，即大明七年至八年发生在东方诸郡的灾害，史称"民饥死者十六七"（《宋书》卷三一《五行志二》），说明此时人口减半。

根据以上两条史料，则文帝元嘉年间到孝武帝大明年间的登录户口数约为两百万户、一千万人。元嘉二十七年 270（450）北伐（北魏太武帝南征）之后，刘宋的财政基础出现衰退的倾向，至大明末年户口减半，受到决定性的打击。国家登录户数此后长期维持在百万，到了南齐时仍未增加，[6] 至陈时也不过六十万户而已（《通典》卷七《食货七·历代盛衰户口》）。尽管梁武帝时期户口数可能有所回升，但欠缺可资证明的史料。只能说，刘宋时期的支配户数在文帝元嘉年间约为二百万户，并从元嘉二十七年的北伐以后开始衰退，大明末年降为约百万户。

从这一支配户数的变化来看，可知从刘宋前期到后期这段时间，租调（户调）的收取减少了一半。《通典》卷四《食货四·赋税上》记载"大明五年（461），制天下人户输布四匹"，这应指租调皆以布缴纳。据此可知，在户口减半以前，即在刘宋前期，其财政基础以布来换算约为八百万匹（四匹×二百万户）。大明末年的饥馑导致人口减半以后，这八百万匹的财政基础减少到约四百万匹（四匹×一百万户）。

这个财政收入上的大变动迫使租调收取的内部与外部产生了收取结构上的变动。以租调收取内部的变动来说，南齐初期的武帝永明元年（483），租布的一半改为纳钱，[7] 接着在永明四年（486）五月有如下诏敕：

> 扬、南徐二州，今年户租，三分二取见布，一分
> 取钱。来岁以后，远近诸州输钱处，并减布直，匹准
> 四百，依旧折半，以为永制。

（《南齐书》卷三《武帝纪》永明四年五月癸巳条）

271　　据此，从永明元年到永明四年为止，这一时期的户调基本朝着纳钱的方向转变，至永明四年，扬州、南徐州户调的三分之二收取现布，三分之一收取钱，其余纳钱各州则将布、钱折半纳入。

刘宋后半期财政基础的减半导致南齐初期对纳钱的明显倾斜。若用钱来代替缴纳布四匹的租调，可以借由抬高每匹纳入价格的做法扩大财源。根据竟陵王萧子良所言，南齐初期纳官的好布，其市场价格为百余钱，[8] 从这点来看，一匹四百钱的租税比价已相当于市场价格的四倍。以此为基准计算，则有可能将四百万匹的一半，即二百万匹提升至四倍的价格。也就是说，可以据此来确保相当于刘宋前期八百万匹的财源。川合安、陈明光指出，刘宋、南齐时期，特别是孝武帝以后的财政与钱币经济的联动倾向增强。我以为，这是在作为财源的户口减半的状况下，为确保财源基础所实行的措施。

南朝财政的纳钱倾向是在登录户口减半的背景下，为确保国家财政基础所采取的租调内部的财政措施。尽管如

此，同样的倾向在其外部也十分明显。《隋书》卷二四《食货志》对南朝的财政基础有如下记载：

> 晋自中原丧乱，元帝寓居江左，百姓之自拔南奔者，并谓之侨人。皆取旧壤之名，侨立郡县，往往散居，无有土著。而江南之俗，火耕水耨，土地卑湿，无有蓄积之资。诸蛮陬俚洞，沾沐王化者，各随轻重，收其赆物，以裨国用。又岭外首帅，因生口翡翠明珠犀象之饶，雄于乡曲者，朝廷多因而署之，以收其利。历宋齐梁陈，皆因而不改。其军国所须杂物，随土所出，临时折课市取，乃无恒法定令。列州郡县，制其任土所出，以为征赋。其无贯之人，不乐州县编户者，谓之浮浪人。乐输亦无定数，任量，准所输，终优于正课焉。

根据这段记载，在正课的户调（租布）之外，南朝的财政收入还有南方周边诸民族贡纳的财货（赆物），以及由不具户籍的浮浪人以不定量方式任意纳税的"乐输"。特别是浮浪人的任意纳税，其数量完全可以与正课的纳入量匹敌。由于正课有四百万匹，与之同等程度的浮浪人乐输便在四百万匹以上，可知收入总量达到了八百万匹。尽管无法确定其他民族的贡纳物数量，但从《隋书·食货志》的记载来看，可推测其数量已具有统计学上的显著差异。

在上述纳物部分之外也有纳钱的部分。在南朝，估税、通行税、市税等商业、流通课税也构成另一个主要财源。同样在《隋书》卷二四《食货志》中有如下记载：

273

  晋自过江，凡货卖奴婢马牛田宅，有文券。率钱一万，输估四百入官，卖者三百，买者一百。无文券者，随物所堪，亦百分收四，名为散估。历宋齐梁陈，如此以为常。以此人竞商贩，不为田业，……又都西有石头津，东有方山津，各置津主一人，贼曹一人，直水五人，以检察禁物及亡叛者。其获炭鱼薪之类过津者，并十分税一以入官。其东路无禁货，故方山津检察甚简。淮水北有大市，自余小市十余所，备置官司。税敛既重，时甚苦之。

从这段记载可知，在商业、流通的课税方面：（1）有 4% 的交易税，它被称为估税、散税；[9]（2）日常用品在通过关津时，要征收 10% 的津埭税（通行税）；[10]（3）市场有市税，我认为多半收取的是钱。[11]我们无法确定这些课税的数量，不过在水运要道征收的通行税方面，这一数量确实很庞大。根据永明六年（488）西陵戍主杜元懿的说

法，西陵的牛埭税每年可能超过一百万钱，至于浦阳的南
北津与柳浦的四埭，若将这些关津也纳入国家管理之下，
则每年有可能在国家的赋课额之外多得到四百万钱的收
入。[12]尽管这个提案似乎并未实现，但我们仍可知道，这
五个关津的通行税有可能达到五百万钱。若将估税、通行
税、市税合计，则其收取的钱额恐怕会比正课有过之而无
不及。

274

　　另外，与商业课税不同的是，在南齐初期的建元年
间，为了筹措军事费用，对浙东吴郡的役丁课以每丁一千
钱的税。在永明年间的会稽郡，有人提议不分士庶，将未
履行疏浚陂塘赋课的力役部分换算为钱，并将其纳入当地
的台库（台传仓库，详后述），[13]即一种征收力役免役钱的
情形。只是，由于这些代替力役的课税是临时性产物，并
不适于放在经常性的收入构成（表12）之中。

表 12　刘宋、南齐时期的收入构成

①正课（租布、户布）	400 万匹
②浮浪人乐输	400 万匹以上
③周边民族贡纳物	
④估税（散估）	
⑤津埭税（通行税）	500 万钱以上
⑥市税	

南朝财政收入结构的特质如下：第一，原应作为收入主体的正规租调的重要性降低；第二，非正规的、具有不稳定性的浮浪人乐输收入足以与正规的租调收入匹敌；第三，存在与前者相当的商业、流通课税和其他临时性课税。换言之，租调收入、浮浪人乐输，以及商业、流通课税并列构成三大收入，由此可以看出南朝财政收入结构的特质。进一步言之，正规收入的租调中有一半被换算为钱，并以钱额收取，与谷物和布帛收取相抗衡。这正是财政与以铸币为表现的货币经济和市场具有密切联系之故。

北魏甄琛在给宣武帝的上书中指出，中古时期以来各种流弊相承的结果导致过度重视商业、流通课税，与此相对，北魏国家财政的基础仍是通过以夫妇为单位的民调收取的谷物、布帛等实物，此点值得自豪与夸耀。[14]以实物构筑起来的北朝财政与市场及货币经济占有一席之地的南朝财政，这两者在收取和运作结构上有极大不同。

只是应当注意，不应过高评价南朝财政与货币、市场流通具有的深刻关系。第一，从实际情况来看，货币（铸币）流通受到地域性制约。刘宋的周朗在给孝武帝的上书中指出："凡自淮以北，万匹为市，从江以南，千斛为货，亦不患其难也。今且听市至千钱以还者用钱，余皆用绢布及米。"（《宋书》卷八二《周朗传》）此处所谓"万匹""千斛"是一种夸张，显示交易中使用的是以匹为单位的布帛和以斛为单位的谷物等实物货币。又有《隋书》卷二四《食货志》指出："梁初，唯京师及三吴、荆、郢、江、湘、梁、益用钱。其余州郡，则杂以谷帛交易。"使用铸币的三吴地区与六州位于长江、汉水流域。若结合前面周朗上书的内容来看，可知南朝的长江、汉水流域诸州以铸币进行交易，淮水以北以布帛作为实物货币进行交易，长江以南地区以谷物作为实物货币进行交易。包括实物货币与铸造货币在内，货币经济显然已渗透南朝全境，但使用铸币的地区几乎只限于长江、汉水流域，反映出该地域正是市场流通的核心领域。

第二，南朝财政与货币、市场流通具有密切联系。如前文所述，这种密切联系是在文帝元嘉二十七年北伐以后，军事负担加重导致财政困窘，以及孝武帝大明七年至八年大规模饥馑导致登录户口数减半之后的事。也就是说，南朝财政与市场的联动具有较强的政策性取向，其目的在于弥补这两者导致的正规租调收入的剧减。当然，对流通和商业课税，也需要以一定程度的市场流通为前提。但正如前面所看到的，荻、炭、鱼、薪等日常用品也被课以十分之一的通行税，这已然超越了商业课税的领域，带有浓厚的权力性征收色彩。故而在南朝，由于流通上极为严重的苛敛诛求和货币伪造，社会混乱屡有发生。[15]

276

（二） 支出结构

掌握六朝时期的财政收入结构尚有可能，但掌握支出结构就有相当大的困难。这是因为史料分散，人们无法把握整体面貌。在这种史料状况下，陈明光列举出东晋财政的支出项目，包括以下六类：①官吏俸禄；②食封；③军事费；④赏赐费；⑤赈恤费；⑥对首都建康的供给费。他分别对这些项目进行分析后，指出经费支出与货币经济也具有密切的关系（陈明光，1997：84—98）。陈明光描绘了南朝时期支出结构的骨干，其论述十分可贵，我基本予以赞同。只是为了展开论述，这里要补充两点。

第一，⑥对首都建康的供给费这一项关系到地方州郡租税的中央化问题，它表现了国家内部的收取物分配关系，因此与以经费支出为内容的前五项性质不同。本节将其从支出结构中排除，另于次节讨论这个问题。第二，在陈明光举出的前五个支出项目之外，还有必要包含祭祀、礼仪费用。尽管没有留下表明具体数值的史料，但是以陵墓建造、郊祀与宗庙祭祀、外交礼仪费用为核心的祭祀、礼仪费用，应当都伴随④赏赐费，在支出项目中占有相当大的比例。于是，可以认为以下五项构成了六朝时期财政支出的基本内容：①官僚的俸禄、封禄；②军事支出；③祭祀、礼仪费用；④赏赐费；⑤保险支出（赈恤费等）。

这里应留意的是，后废帝元徽四年（476）五月乙未，尚书右丞虞玩之于上表中指出："天府虚散，垂三十年。……民荒财单，不及曩日。而国度引费，四倍元嘉。"（《宋书》卷九《后废帝纪》）在中间省略的部分，他指出，为了对与北魏接壤的淮水流域国境线进行军事补给（后述），国家财政支出剧增，达到了元嘉年间（424—453）的四倍，其中主要就在于军事支出的增加。从元嘉年间到南齐初期的支出结构特征就在于重心向军事支出的转移，以及与市场流通关系的强化。军事支出的增加，是元嘉二十七年的北伐失败以及随后来自北魏的军事压力增大的结果。虞玩之作为国家最高财务官僚尚书右丞，指出在长达约三十年间，国家财政支出不断增加，财源逐渐枯竭。从元徽四年倒推三十年，即元嘉二十三年前后，因此可以认为，北伐前后正是财政结构的转变期。

二　财务运作
——地方财务与财政性物流

在本节中，我们首先以在地方州郡收取租税的中央化为中心，来探讨国家内部租税、经费分配的实际情况，以及与此相关的财政性物流的特质。

户调制构成了六朝时期租税制度的基础，它是以东汉时期临时性中央经费筹措制度的赋敛作为母体而诞生的，因而在根源上就包含了中央经费的筹措制度（本书第七章）。户调制在郡县层级是按九个户等对百姓收取各自相应的税物，至于向中央贡纳的部分，则是将州郡的登录户数乘以每户统一的税额，再将其作为中央化的财物上缴中央。户调制即由郡县的税物征收与对中央的贡纳这两个层面组成。

278　　如前所述，《隋书·食货志》记载："其军国所须杂物，随土所出，临时折课市取，乃无恒法定令。列州郡县，制其任土所出，以为征赋。"中央财政所需的财物经由交易从地方送至中央，至于地方政府所需之物，则指定当地所产作为赋课之物。于是，南朝也与汉代一样，地方州郡收取的财物并非全部贡纳至中央政府，而是作为地方的财物储备起来。我认为，南朝的中央政府尚未达到直接掌握储备于地方的财物，乃至通过财政性物流将它们进行全国性再分配的程度。

经由贡纳而被中央化的财物似乎也不多。元徽四年（476）五月尚书虞玩之的上表提及向中央输送的财物很少，在陈述了各官府处于困穷状态之后，他又指出：

委输京都，盖为寡薄。天府所资，唯有淮海。……寻所入定调，用恒不周，既无储畜，理至空

尽，积弊累耗，钟于今日。昔岁奉教，课以扬、徐众

逋，凡入米谷六十万斛，钱五千余万，布绢五万匹，

杂物在外，赖此相赡，故得推移。

（《宋书》卷九《后废帝纪》元徽四年五月乙未条）

据此可以估算，每年定期来自全国的中央化财物的数量大致与扬州、徐州未纳税物的额度相去不远，即米谷六十万斛、钱五千余万、布绢五万匹。

其中，从文帝时期到孝武帝时期，出现了作为财源之 279编户的数量激减，同时军事支出大增的财政状况。为突破这一困局，孝武帝试图直接控制地方的财源，即在各州郡设置台传与台传仓库（亦记为台库、传库），并派遣台传御史。另外，皇帝还直接派遣台使活动。

（一）台传的设置与地方储备财物的中央化

诚如中村圭尔所指出的，台传的设置在宋齐梁时期的史料中皆可得到确认，很可能整个南朝时期都有设置。台传是中央直辖的地方财务机构，它在州郡设置仓库，管理山泽地区的营利活动、与民间的交易、免役钱等杂项收入和地方官的俸禄支出，并负责财政性物流（中村圭尔，2006）。中村的研究已经厘清了台传的基本特点。在此仅试着补充三点，从财政史角度明确台传的历史特质。

第一点是有关台传的设置时期。台传在史料中首次出现是在刘宋前废帝永光元年（465）正月的"乙巳，省诸州台传"（《宋书》卷七《前废帝纪》）。所谓"省诸州台传"并非全部废止，而是进行了整顿之意。如后面所见，南齐武帝永明六年（488）还有十一州存在台传。[16] 倘若这里是全部废止的话，反而说不通。那么，永光元年经过整备的台传又是于何时设置的？线索有两条。其一就是一般被认为与台传有密切关系的台使。

"台使"一词本身不限于南朝，而是散见于各个时280 代。至少在南朝，台使就是皇帝直接派遣至地方的使节，[17] "台"所指的与其说是中央政府，不如说就是皇帝。有关台使的弊害，《南齐书》卷四〇《竟陵文宣王子良传》中有如下的叙述：

> 宋世元嘉中，皆责成郡县。孝武征求急速，以郡县迟缓，始遣台使，自此公役劳扰。

这里虽然只提及公役的混乱，但也涉及租税的征收。在刘宋的最后一年，即升明三年（479），萧子良为使持节都督会稽、东阳、临海、永嘉、新安五郡，辅国将军、会稽太守，他于同年即南齐创立的建元元年（479），向高帝萧道成上书指出："前台使督遒切调，……或尺布之逋，曲以当匹。百钱余税，且增为千。"[18]这正是元嘉年间以后，皇帝和中央政府直接而急遽地收取和征发所有租调和徭役。前已述及，从刘宋文帝元嘉年间到孝武帝大明年间，特别是元嘉二十七年北伐以后，随着军事支出大增，财政支出急速增至四倍。孝武帝为了督促地方完纳租税、徭役，派遣台使作为皇帝的特使，结果导致进一步混乱。台传的设置应该与此动向一致。

关于台传的设置还有一条史料，见于元嘉二十九年（452）文帝第二次北伐之际，它与使持节监雍梁南北秦四州诸军事、冠军将军、宁蛮校尉、雍州刺史臧质的行动有关。臧质奉文帝之命向潼关进发，却在雍州近郊驻扎下来，逗留不前，并且"顾恋嬖妾，弃营单马还城，散用台库见钱六七百万"。[19]这里所见的台库，不用说，就是设置在雍州的台传仓库。如此一来，即可明确元嘉二十九年已经存在台传、台库了。若非经数年，恐怕难以积蓄现钱六七百万，因此我认为这是整个元嘉二十年代的积蓄。

281

从以上两条史料来看，我认为台传、台传仓库设置于文帝元嘉年间到孝武帝大明年间，它伴随着急遽的军费膨胀与编户减少而出现，也是收取租税、征发徭役的必然结果。另外，虽然没有确切的证据，但台传大概设置于文帝元嘉二十年前后。前面提到前废帝永光元年（465）正月对诸州台传的整理，很可能是为了缓和孝武帝大明年间台传、台使恣意掠夺的问题，于新帝即位时采取本该有的优待措施。

皇帝和中央政府通过设置台传、台传仓库与派遣台使来实现彻底征税，是为了应对以军费为主的支出剧增，即由皇帝直接掌握存放在地方州郡的财物与租税，使其中央化。然而应注意的是，有别于台使将财物直接中央化，设置于各州（郡）的台传、台传仓库的财物依然被储备在地方。此种由皇帝和中央政府直接控制储藏于地方的财物，并由中央直接使用指挥权以保证财物供给的现象，反映了汉代尚未充分实现的、对地方储备财物的指挥权的渗透，这是向隋唐律令制财政运转的进一步迈进。

关于台传的历史特质，需要重新认识的第二点是，对地方储备财物指挥权的渗透是指全国财物与中央财库的支出联动，达到全国整齐划一的步调。南齐武帝永明六年（488）设置常平仓一事可以说明此点。为了应对永明年间米谷布帛市场价格的下跌，谋求物价的稳定，齐武帝通过交易于各州储备财物。当时，中央藏库的上库向京师建康周边地区拨出五千万钱，另外也分别从扬州（一千九百一十万钱）、南徐州（二百万钱）、南豫州（二百万钱）、江州（五百万钱）、荆州（五百万钱）、郢州（三百万钱）、湘州（二百万钱）、司州（二百五十万钱）、西豫州（二百五十万钱）、南兖州（二百五十万钱）、雍州

（五百万钱）十一州出资，并通过台传来收购丝、绢、 282
绵、纹、布、米、大小豆、大麦、芝麻等物。[20]

在此，齐武帝运用中央上库与地方十一州台传仓库的
资金，实现全国统一的财物储备，以达到调节物价的目
的。尽管难以断言实际情况是否全盘按此进行，但是通过
上库与台传仓库来发挥全国统一财政指挥权的基础显然已
经存在。

应再次确认的第三点是梁朝天监年间构成租调收取半
数的地方官僚俸禄，这部分储藏于台传仓库，因而被纳入
中央财政指挥权之下。

天监年间后，户调收取已具有如下体系。《隋书》卷
二四《食货志》记载：

> 其课，丁男调布绢各二丈，丝三两，绵八两，禄
> 绢八尺，禄绵三两二分，租米五石，禄米二石。丁女
> 并半之。

即每个丁男的正课包含租米五石、绢二丈、丝三两、
绵八两，以及禄米二石、禄绢八尺、禄绵三两二分这两个
系统。在这两个系统之中，约占正课三成的俸禄系统的收
取，一改先前采用的以公田（田禄）支付地方官俸禄的
方式，变成包含在户调收取之中的方式（中村圭尔，

1987）。此一系统的俸禄收纳于台传仓库，依据敕命支付给地方官。《隋书》卷二四《食货志》有如下记载：

283

> 州郡县禄米绢布丝绵，当处输台传仓库。若给刺史守令等，先准其所部文武人物多少，由敕而裁。凡如此禄秩，既通所部兵士给之，其家所得盖少。

根据这条记载，地方官的俸禄也与其辖下文武吏员、兵士的俸禄支付相关联，必须等待皇帝的裁决才能支给。也就是说，在户调收取中的俸禄系统于州郡县收取之后即被储藏于当地的台传仓库，于是地方吏员、兵士的俸禄支付也都被纳入皇帝直接的指挥权之下了。

台传、台传仓库以及刘宋孝武帝时期台使对地方财物的中央化，基本上是将州郡收取的财物储备于当地的台传仓库，使其纳入皇帝的裁决与指挥权之下，以实现全国统一的支付与消费。经由台传的财物中央化与户调的中央化不同，它并不伴随财物从地方向中央的移动，而是存留在与州郡财库不同系统的台传仓库中，处于皇帝的直接支配之下。因此在通过台传的中央化过程中，并不具备财政性物流的必然性。特别是约占户调三成的俸禄系统的财物，就以储备于地方的形式接受中央的指挥，这就是其中央化的历史特质。

（二）地方官府、军府的资费与财政性物流

如前所见，元嘉二十七年北伐导致的军事经费的增加，带来了市场、流通课税的扩大以及租税的货币化。另外，皇帝和中央政府借由设置台传、台传仓库以及派遣台使，彻底地征收地方存留的财物，并于户调之中将俸禄系统的收取物储备于台传仓库，进而贯彻了中央对于地方储备财物的指挥权。只是此一中央指挥权的贯彻也只局限于地方储备财物的半数而已。在南朝，州刺史多半带有都督某州诸军事的军职，并且开设以都督府为主的军府，因此必须负担被称为"资费""实力"的军事经费，而这些即包含其吏员、兵士的俸给。在此就由确认军府的支出构成来探究南朝财政的特质。

284

关于以都督府为首的军府支出已经有若干专论，史料整理工作已经完毕。在此想要举出几条典型史料，以做进一步探讨。

首先，可以举出南齐高帝萧道成次子豫章文献王萧嶷作为典型的例子。南齐创立的建元元年（479），在北魏南进之际，萧嶷被任命为都督荆湘雍益梁宁南北秦八州诸军事、南蛮校尉、荆湘二州刺史。《南齐书》卷二二称："至是有二府二州。荆州资费岁钱三千万、布万匹、米六万斛，又以江、湘二州米十万斛给镇府。湘州资费岁七百

万、布三千匹、米五万斛，南蛮资费岁三百万、布万匹、绵千斤、绢三百匹、米千斛，近代莫比也。"

根据这个例子可知，不仅都督府、南蛮府的军府，就连州府也有资费供给。另外，从江、湘二州供给都督府十万斛米来看，供给资费者包含不属管辖的江州和属其管辖的湘州，因此可知这是皇帝命令的结果。也就是说，资费的分配由皇帝主导。无论是军府还是州府的资费分配，都基于皇帝的主权，军府并不具备自主调度的权力。

军府、州府的资费是皇权所属之物，这点从以下事例可以得到印证：在面对刺史江夏王刘义恭索取资费时，南兖州别驾阮韬断然拒绝道："此朝廷物。"[21] 以南兖州为代表，可见州府资费属于皇帝财物，这一点在当时为人所周知，而且州府有义务在支出时报告中央尚书。

《宋书》卷六四《何承天传》云，"太尉江夏王义恭岁给资费钱三千万，布五万匹，米七万斛。义恭素奢侈，用常不充，[元嘉] 二十一年，逆就尚书换明年资费。而旧制出钱二十万，布五百匹以上，并应奏闻，[尚书左丞谢] 元韬命议以钱二百万给太尉"，后因此事为人发觉而遭受处分。[22] 这个例子反映出，一定数量以上的资费支出必须得到中央政府的承认。更重要的是，不限于军府、州府，即便作为中央三公府之一的太尉府在接收资费时也要受到中央政府的管理。换言之，不管军事部门还是行政部

门，也无论中央官府还是地方官府，都会得到资费的
供给。

那么，资费是从何分配，又是如何支出的呢？竟陵王
刘诞的例子为我们提供了线索。元嘉二十六年（449），
刘诞担任都督雍梁南北秦四州荆州之竟陵随二郡诸军事、
后将军、雍州刺史。翌二十七年北伐之际，文帝"以襄
阳外接关、河，欲广其资力，乃罢江州军府，文武悉配雍
州，湘州入台税租杂物，悉给襄阳"（《宋书》卷七九
《文五王传》）。如草野靖（2001）所指出的，这里的
"资力"指资费与力。所谓力，具体来说就是从江州军府
分配给雍州的文武将吏，资则是湘州缴纳给中央的租税、
杂物。

刘宋政权建立初期的永初二年（421）三月，"初限
荆州府，置将不得过二千人，吏不得过一万人。州置将不
得过五百人，吏不得过五千人。兵士不在此限"（《宋书》
卷三《武帝纪下》）。所谓文武，即此处所见的将、吏。
在各州府（荆州作为与扬州并列的大州，另有特别待遇）
皆有将（军吏）、吏（文吏）以及限制对象外的士兵，我
认为，资费的核心作用就是这些人的给养经费。刘宋、南
齐时期州府、军府的资费以各州中央化的租税作为财源，
而它主要被用于供养构成各地方官府、军府的文武吏员与
兵士。

286

进入梁代，这一资费供给有了更明确的规定。如前所述，梁代每个丁男缴纳的正课分为两个系统，一是租米五石、绢二丈、丝三两、绵八两，二是禄米二石、禄绢八尺与禄绵三两二分。其中俸禄系统的收取物被储藏于台传仓库，"若给刺史守令等，先准其所部文武人物多少，由敕而裁。凡如此禄秩，既通所部兵士给之，其家所得盖少"（《隋书》卷二四《食货志》）。这恰好表现出刘宋、南齐时期军府、官府资费性质的变化。变化的第一点在于，从以往作为资费财源的正课（户调）中分出俸禄系统的收取。第二，将俸禄系统的正课储藏于台传仓库，且将其置于中央政府的直接指挥之下，仰赖皇帝的裁决进行支付。第三，以包含文武吏员、兵士给养费的形式，支付地方官的俸禄。总的来说，正课中的三成作为地方官的俸禄和资费而被区别开来，在中央管理之下，收入与支出以一种直接对应的形态被储备于地方。这意味着，皇帝和中央政府的财政指挥权以一种更加制度化的形式渗透地方。剩下的七成正课中，中央政府无法直接触及的部分便不被纳入中央政府，而是留存于各州。但我认为从南朝整体支出分配、财物经营的特质来看，这部分的流动化基本只占微不足道的分量。这里稍微转换视角，从刘宋时期的全国支出分配、财政物流方式出发，来重新分析以上内容。

南北朝分裂以五胡南下为契机，将汉代属于内部领域的淮水、长江流域转变为主要的军事边境地带，构成了新的政治分界线，由此产生了对财政物流进行再编组的需求。先说结论，由于在南朝，只有作为京师、畿内核心领域的扬州与长江中游的荆州是财政上自给自足的地区，所以当时的主要任务与其说是各州府财物的中央化，倒不如说是从核心区域的京师、畿内向淮水边境诸州的放射性物流的构建。

关于刘宋末期的财政状况，《宋书》卷五四有史臣论赞："江南之为国盛矣，虽南包象浦，西括邛山，至于外奉贡赋，内充府实，止于荆、扬二州。"据此可知，除畿内的扬州之外，只有荆州能够维持州财政的充实并实现财物中央化。尽管有些夸张，但在南朝二十二州之中，能够做到自给自足并且能经常向中央贡纳经费的，充其量只有两州而已。因而可以说，若除去位于建康周边的扬州，则从地方输往中央政府的财政性物流的核心仅有来自荆州的贡纳。

那么，南朝的财政性物流究竟具有怎样的特点呢？尚书右丞虞玩之对刘宋末期的状况有如下叙述：

　　天府虚散，垂三十年。江荆诸州，税调本少，自顷以来，军慕多乏。其谷帛所入，折供文武。豫兖司徐，开口待哺，西北戎将，裸身求衣。委输京都，盖为寡薄。天府所资，唯有淮海。

（《宋书》卷九《后废帝纪》元徽四年五月乙未条）

这里提到的淮海，典出《尚书·禹贡》的"淮海惟扬州"，指的就是扬州。据虞玩之所述，尽管本来在财政上能够自给自足，并且能向中央贡纳租赋的只有扬、荆二州，但到了刘宋末年还能够支撑京师中央财政的实质上只剩下畿内扬州一州而已。从东北向西北延伸，沿着与北魏相邻的淮水国境线，诸州府、都督府与镇戍都需要源源不绝的财政补给，而来自京师和扬州的财政支持是不可或缺的。南齐明帝建武四年（497），徐孝嗣建议在淮水国境地带设置屯田：

窃寻缘淮诸镇，皆取给京师，费引既殷，漕运艰涩。聚粮待敌，每苦不周，利害之基，莫此为急。

（《南齐书》卷四四《徐孝嗣》）

徐孝嗣建议在中央京师的军粮补给之外，另于"自徐、兖、司、豫诸州及荆州、雍州"的淮水流域一带设置屯田。尽管这个提案一度获得采纳，但因明帝身体状况不佳，终未能执行。在此要特别注意的是，淮水流域诸州军镇的军粮是依靠来自京师建康的漕运来维持的。

若结合前述虞玩之的上表来论述刘宋末期、南齐初期的财政性物流动向，则当时能够财政自主的只有支撑中央财政的扬州一州而已，至于淮水流域的军府、军镇的资费与军粮，大多都是仰赖来自京师的漕运。南朝的财政性物流是以中央政府对各州府、军府之间的物流指令以及中央通过漕运对地方边境形成的放射性流动为主的。它几乎不具备汉代那样在边郡与内郡之间组成的财政性物流，而一直都是专门由核心区域的京师、扬州对周边的边境诸州进行的放射性、单方向物流，这就是南朝财政性物流的特质。

289

结语

最后，确认一下到目前为止考察的南朝财政的几个特征，以作为本章的结尾。

南朝财政的第一个特质在于支出、收入两方面皆与市场、流通具有很深的关系，但这并不是以江南存在高度发达的市场经济作为背景的。从元嘉二十七年（450）的北伐开始，至大明七年和八年（463、464）前后的大规模自然灾害，国家登录户口数减半，财政收入基础缩小，同时以军费为主的支出扩大。在一个以农业作为社会再生产基础部门的社会里，当来自农业的收入不足时，就只能从流通部门中谋求财政收入的增加，这种现象直到清末的厘金为止，散见于史乘之中。只是诚如众所周知的那样，这通常也伴随着社会再生产的混乱和社会的不稳定。

有关南朝财政的特质，中村圭尔（2006）从皇帝和中央政府的集权倾向和各州的自立化倾向这两者的相互关系中加以掌握。前者以台传、台传御史为媒介，后者则以都督府财政为中心。以都督府为基础，如果从屡屡爆发的内乱来看，则在政治史方面诚如其言。但若论及以都督府为首的军府、州府的财政基础，除了某段时期的荆州府和扬州府以外，其余皆不具备自足的财政基础，它们只能仰赖中央政府的财政性物流，才勉强不至于崩溃。南朝财政在元嘉二十七年的北伐失败以后，在军事支出的扩大与编户数量的剧减中濒临危机，只是依仗皇帝和中央政府的直接管理才得以维持下去。萧梁借由把正课中的官僚俸禄财源与军府、州府的资费财源进行区分并制度化，获得了一定程度的稳定。但是，由于中央政府强制性的财务运作欠缺充分的财源基础，所以梁代财政仍然陷入不安定的状态。

南北朝时期形成了新的政治分界线，它将汉代属于内部领域的淮水、长江流域变成了主要的军事边境地带，为此产生了新的财政性物流需求。在南朝，由于只有位于京师、畿内核心区域的扬州以及长江中游的荆州可以实现财政的自给自足，所以比起财物的中央化而言，不如说从核

心区域的京师、扬州向淮水边境诸州组织放射性物流才是
当时需主要解决的问题。于此，尚且看不出与隋唐时期的
联系。

南朝财政的特征之一是都督府财政的存在。不可否
认，它的自足基础并不稳定，不过它与州府财政共同构成
地方财政的据点，这点是很明确的。都督府财政的存在为
后来隋唐律令制时期的财务运作所继承，并逐渐构成其财
务基础之一。在观察其实际情况之前，有必要关注北朝财
政的情况。与南朝不同，北朝财政是在和市场、流通割裂
的状态下展开的。在北朝财政中，中央对地方财物的管理
伴随着作为地方经费的调外费的设立。以此为基础，皇帝
的财政主权得到进一步强化，而都督府和军镇逐渐构成财
政性物流的节点。

注　释

1. 本章使用所谓"货币经济"一词时，依据的是彭信威（1988）
   和宫泽知之（2000，2007）的观点，系将布帛等实物货币也包
   含在内。以往的研究倾向于只将铜钱等金属货币视为货币，尤
   其容易招致对南北朝货币经济评价的混乱。如果将实物货币的
   使用也包括在内，则几乎不使用铸造货币的北朝也可被视为货
   币经济进一步发展的时代。

2. 《宋书》卷三九《百官志上》"尚书"条："太宗世，省骑兵。今凡二十曹郎。以三公比部主法制。度支主算。支，派也。度，景也。都官主军事刑狱。其余曹所掌，各如其名。"

3. 《南齐书》卷一六《百官志》"尚书"条："右丞一人。掌兵士百工补役死叛考代年老疾病解遣，其内外诸库藏谷帛，刑罪创业诤讼，田地船乘，禀拘兵工死叛，考剔讨补，差分百役，兵器诸营署人领，州郡租布，民户移徙，州郡县并帖，城邑民户割属，刺史二千石令长丞尉被收及免赠，文武诸犯削官事。白案，右丞上署，左丞次署。黄案，左丞上署，右丞次署。诸立格制及详谳大事宗庙朝廷仪体，左丞上署，右丞次署。"据此，南齐行政整体由左右两丞负责。另据本章注释5《太平御览》的内容，可知此为晋以来的制度。

4. 《隋书》卷二六《百官志上》："太府卿，位视宗正，掌金帛府帑。统左右藏令、上库丞，掌太仓、南北市令。关津亦皆属焉。"

5. 关于将户调称为租布、户租，有《太平御览》卷二一三"尚书右丞"条引《晋书·百官表》注："右丞主台内库藏、廨舍，量物用多少，及廪赐民户租布，刑狱兵器，稽远道文书，章表奏事。"可知租布是民户负担之物，即户调以田租、调布为主。《宋书》卷五《文帝纪》元嘉二十六年三月条："其大赦天下。复丹徒县侨旧今岁租布之半。行所经县，蠲田租之半。"行经县份被免除其田租之半，与此相对，丹徒县受到的优待则是免除租布，即田租之外再免除一半的调布。又有《宋书》卷六《孝武帝纪》大明三年条"荆州饥，三月甲申，原田租布各有差"，即免除田租与布（调布）。"租布"之语散见于从三国到梁朝为止的史籍之中，但其用例特别集中于宋齐时期（藤家礼之助，1989c）。有关户租，参考本章正文中所举《南齐书·武帝纪》永明四年五月条的内容。

南朝时期又将户调称作"三调""三课"，这些用语散见于南齐到梁代之间。关于其内容，除《资治通鉴》卷一三八南齐永明十一年条胡三省注所称的以调粟、调帛、杂调为三调之外，还

292

346

存在其他几种理解，难下定论（藤家礼之助，1989c）。可以明确，在南齐初期以田租、布帛为主的户调是作为一种制度性收取方式存在的。从这点来看，我认为应将它视为谷物、布帛、钱币三种调（课）。以都督府为首，官府的资金主要由谷物、布帛、钱币构成，这点也能加以对应。此处仅提出一种见解，另俟详细考证。

6. 有关南齐时期的户数未满一百万户这点，可从《南齐书》卷二八《崔祖思传》得知："又曰：'乐者动天地，感鬼神，正情性，立人伦，其义大矣。桉（按）前汉编户千万，太乐伶官方八百二十九人，孔光等奏罢不合经法者四百四十一人，正乐定员，唯置三百八十八人。今户口不能百万，而太乐雅郑，元徽时校试千有余人，后堂杂伎，不在其数，糜废力役，伤败风俗。……'"

7. 《南齐书》卷四○《竟陵文宣王子良传》："是时上新亲政，水旱不时。子良密启曰：'……'诏折租布，二分取钱。"从"上新亲政"可知，武帝接受萧子良的建议并发布该诏敕的时间点应在永明元年。依据后面所见永明四年五月诏中的"依旧折半"来看，这里的"二分取钱"应是纳钱一半之意。

8. 《南齐书》卷二六《王敬则传》："竟陵王子良启曰：'……昔晋氏初迁，江左草创，绢布所直，十倍于今，赋调多少，因时增减。永初中，官布一匹直钱一千，而民间所输，听为九百。渐及元嘉，物价转贱，私货则束直六千，官受则匹准五百，所以每欲优民，必为降落。今入官好布，匹堪百余。其四民所送，犹依旧制。昔为刻上，今为刻下，氓庶空俭，岂不由之。……'"

9. 交易中被课征的租税被称为估税。《晋书》卷七○《甘卓传》："卓寻迁安南将军、梁州刺史、假节、督沔北诸军，镇襄阳。卓外柔内刚，为政简惠，善于绥抚，估税悉除，市无二价。"又《宋书》卷五《文帝纪》元嘉十七年十一月丁亥诏："又州郡估税，所在市调，多有烦刻。山泽之利，犹或禁断。役召之品，遂及稚弱。诸如此比，伤治害民。自今咸依法令，务尽优允。"从甘卓下令免除估税的措施来看，可知估税的收取应属于州刺史、郡太守的管辖范围。

10. 关于石头津的课税，如《南齐书》卷六《明帝纪》建武元年（494）十月己巳诏："顷守职之吏，多违旧典，存私害公，实兴民蠹。今商旅税石头后渚，及夫卤借倩，一皆停息。"又有《陈书》卷二六《徐孝克传》："孝克性清素，而好施惠，故不免饥寒，后主敕以石头津税给之。孝克悉用设斋写经，随得随尽。"

11. 例如《晋书》卷七八《孔严传》："时东海王奕求海盐、钱塘以水牛牵埭，税取钱直。帝初从之，严谏乃止。"可知是以钱收取。

12. 《南齐书》卷四六《顾宪之传》："永明六年，为随王东中郎长史、行会稽郡事。时西陵戍主杜元懿启：'吴兴无秋，会稽丰登，商旅往来，倍多常岁。西陵牛埭税，官格日三千五百。元懿如即所见，日可一倍，盈缩相兼，略计年长百万，浦阳南北津及柳浦四埭，乞为官领摄，一年格外长四百许万。西陵戍前检税，无妨戍事，余三埭自举腹心。'世祖敕示会稽郡：'此讵是事？宜可访察即启。'"

13. 《南齐书》卷二六《王敬则传》："会土边带湖海，民丁无士庶皆保塘役，敬则以功力有余，悉评敛为钱，送台库以为便宜，上许之。竟陵王子良启曰：'……臣昔忝会稽，粗闲物俗，塘丁所上，本不入官。良由陂湖宜壅，桥路须通，均夫订直，民自为用。若甲分毁坏，则年一修改。若乙限坚完，则终岁无役。今郡通课此直，悉以还台，租赋之外，更生一调。致令塘路崩芜，湖源泄散，害民损政，实此为剧。建元初，狡虏游魂，军用殷广。浙东五郡，丁税一千，乃有质卖妻儿，以充此限，道路愁穷，不可闻见。所逋尚多，收上事绝，臣登具启闻，即蒙蠲原。而此年租课，三分逋一，明知徒足扰民，实自弊国。愚谓塘丁一条，宜还复旧，在所逋恤，优量原除。……'"

14. 《魏书》卷六八《甄琛传》："且天下夫妇岁贡粟帛。四海之有，备奉一人，军国之资，取给百姓。天子亦何患乎贫，而苟禁一池也。……今伪弊相承，仍崇关廛之税。大魏恢博，唯受谷帛之输。是使远方闻者，罔不歌德。"

15. 例如《南齐书》卷二二《豫章文献王传》："嶷至镇，……以市税重滥，更定榷格，以税还民。禁诸市调及苗籍，二千石官长不得与人为市，诸曹吏听分番假。百姓甚悦。"《梁书》卷二《武帝纪中》天监十五年（516）正月己巳诏："关市之赋，或有未允，外时参量，优减旧格。"又有《陈书》卷五《宣帝纪》太建十一年（579）十二月己巳诏："……燧烽未息，役赋兼劳，文吏奸贪，妄动科格。重以旗亭关市，税敛繁多，不广都内之钱，非供水衡之费，逼遏商贾，营谋私蓄。……市估津税，军令国章，更须详定，唯务平允。……"

16. 《通典》卷一二《食货十二·轻重》："齐武帝永明中，天下米谷布帛贱，上欲立常平仓，市积为储。六年，诏出上库钱五千万，于京师市米，买丝、绵、纹、绢、布。扬州出钱千九百一十万，南徐州二百万，各于郡所市籴。南荆河州〔南豫州〕二百万，市丝、绵、纹、绢、布、米、大麦。江州五百万，市米胡麻。荆州五百万，郢州三百万，皆市绢、绵、布、米、大小豆、大麦、胡麻。湘州二百万，市米、布、蜡。司州二百五十万，西荆河州〔西豫州〕二百五十万，南兖州二百五十万，雍州五百万，市绢、绵、布、米。使台传并于所在市易。"

17. 例如《南齐书》卷四〇《鱼腹侯子响传》："七年，迁使持节都督荆湘雍梁宁南北秦七州军事、镇军将军、荆州刺史。子响少好武，在西豫时，自选带仗左右六十人，皆有胆干。至镇，数在内斋杀牛置酒，与之聚乐。令内人私作锦袍绛袄，欲饷蛮交易器仗。长史刘寅等连名密启，上敕精检。寅等惧，欲秘之。子响闻台使至，不见敕，召寅及司马席恭穆、咨议参军江愈、殷昙粲、中兵参军周彦、典签吴修之、王贤宗、魏景渊于琴台下诘问之。寅等无言。修之曰：'既以降敕旨，政应方便答塞。'景渊曰：'故应先检校。'子响大怒，执寅等于后堂杀之。"从这一连串的事件来看，可知台使奉皇帝之敕调查实情

294

并执行监察，其范围相当于皇权所及诸面，并不限于财政。因此，比起台传御史只监察、检校台传，台使监察范围更广。

18. 《南齐书》卷四〇《竟陵文宣王子良传》："太祖践阼，子良陈之曰：'前台使督逋切调，恒闻相望于道。及臣至郡，亦殊不疏。凡此辈使人，既非详慎勤顺，或贪险崎岖，要求此役。……既瞻郭望境，便飞下严符，但称行台，未显所督。先诃强寺，却摄群曹，开亭正榻，便振荆革。其次绛标寸纸，一日数至。征村切里，俄刻十催。四乡所召，莫辨枉直，孩老士庶，具令付狱。或尺布之逋，曲以当匹。百钱余税，且增为千。或诳应质作尚方，寄系东冶，万姓骇迫，人不自固。……愚谓凡诸检课，宜停遣使，密畿州郡，则指赐敕令，遥外镇宰，明下条源，既各奉别旨，人竞自罄。虽复台使盈凑，会取正属所办，徒相疑债，反更淹懈。'"

19. 《宋书》卷七四《臧质传》："上嘉质功，以为使持节监雍梁南北秦四州诸军事、冠军将军、宁蛮校尉、雍州刺史，封开国子，食邑五百户。明年〔元嘉二十九年〕，太祖又北伐，使质率所统见力向潼关，质顿兵近郊，不肯时发，独遣司马柳元景屯兵境上，不时进军。质又顾恋嬖妾，弃营单马还城，散用台库见钱六七百万，为有司所纠，上不问也。"

295　20. 参阅本章注释 16 引《通典》卷一二《食货十二·轻重》。

21. 《南齐书》卷三二《阮韬传》："阮韬字长明，陈留人。晋金紫光禄大夫裕玄孙也。韬少历清官，为南兖州别驾。刺史江夏王刘义恭逆求资费钱，韬曰：'此朝廷物。'执不与。"

22. 《宋书》卷六四《何承天传》："承天与尚书左丞谢元素不相善，二人竞伺二台之违，累相纠奏。太尉江夏王义恭岁给资费钱三千万，布五万匹，米七万斛。义恭素奢侈，用常不充，二十一年，逆就尚书换明年资费。而旧制出钱二十万，布五百匹以上，并应奏闻，元辄命议以钱二百万给太尉。事发觉，元乃使令史取仆射孟颛命。元时新除太尉咨议参军，未拜，为承天所纠。上大怒，遣元长归田里，禁锢终身。"

第九章　北魏的财政结构

——以孝文帝、宣武帝时期的 支出结构为中心

前言

如同在第七章已经厘清的，西晋时期的户调制分为两 297
个层次，第一是在县的层面直接收取租税，第二是在郡国
层面，将直接征收物中的一部分作为公赋贡纳至中央。在
县的层面，根据农民各户的家产评估额将其区分为九个等
级，再依其等级对各户征收绢、绵及其他物资，并将这些
税物暂时储备、蓄积于地方。在各郡国层面，则是将其支
配的户数乘以租四斛、绢三匹、绵三斤的统一赋课基准，
以决定其贡纳额，再从地方储备中将绵绢等财物作为公赋
贡纳至中央，构成中央政府的财政。各郡国贡纳公赋之
后，地方上仍留下相当数量的财物，这些财物在未得到充

分规定的情况下被储备起来。

此处的问题在于，应设法探明包括通过户调制储备于地方的财物（地方财源）的正式设定在内的国家财政开展形态。关于这个问题，北朝的发展比南朝更为引人注意，特别是北魏孝文帝时期的各项改革。

提及北魏时期的财政，学界通过对均田制、户调制、三长制、俸禄制等的研究，范围涉及财政诸多方面，已积累了大量研究成果。然而，从财政史出发对这些成果进行综合考察的研究可谓尚付阙如，有关地方财源设定或地方财务状况的问题也欠缺充分分析，[1]特别是对构成其核心的支出的分析十分薄弱。本章基于此种问题意识，以北魏全盛时期的孝文帝、宣武帝、孝明帝三代，即 471 年至 528 年这段时间为中心，围绕支出结构问题，对包含地方财源设定问题在内的北魏后期财政结构进行考察。

一　北魏财政的收入结构

在分析支出结构之前，作为其前提，先综观与支出相对的收入构成。表 13 是依据几条史料计算出来的北魏后半期的财政收支。因受到史料制约，表中内容只能作为参考，但由此仍可以大致掌握其情况。[2]

表 13　北魏后期财政

收入	支出
（1）常调（五调：粟、绢、布、绵、麻） 　①粟调（2 石×450 万）　900 万石 　②绢布调（1 匹×450 万）　450 万匹 　③绵麻调（8 两×450 万）　3600 万两 （2）杂调 （3）兵调（赀绢 1 丁 1 匹）　450 万匹 （4）屯田收入（60 石×50 万）　3000 万石 （5）僧祇粟 （6）盐税　30 万匹 （7）市税 （8）公田赁租	（1）中央支出（公调）　175 万匹 　①军费 　②祭祀、礼仪费 　③内廷费（御府、内库） 　④赏赐费 　⑤食粮费 　　a. 百官廪食费 　　b. 百官常给酒 　　c. 百官食盐 　　d. 蕃客廪食费 　⑥保险支出（中央储备） （2）内外官僚俸禄　105 万匹 （3）地方支出（调外）　70 万匹 （4）保险支出（地方储备）　100 万匹

　　北魏后期的财政收入的主要项目有：（1）常调（五调：粟、绢、布、绵、麻）；（2）杂调；（3）兵调；（4）屯田收入；（5）僧祇粟；（6）盐税；（7）市税；（8）公田赁租。其核心是基于户调制征收的常调。

　　户调制虽以户作为单位来征收，但基本上是中央化的征收物。自西汉中期以来，在正规的征收制度之外，作为中央政府临时经费筹措手段的赋敛逐渐被制度化，在汉末曹魏时被冠以户调之名，并于西晋时期得到确立（本书第七章）。北魏的户调制虽继承自曹魏、西晋时期的户调制，但可以太和十年（486）民调制的施行为界，分为前

299

后两个时期。

北魏前期的户调制基本继承西晋时期的户调制，可以分为两个阶段：①基于各户的资产评价，设定九个等级，在县的层面直接征收物资；②从州管辖的各郡县的征收总量之中，将支配户数乘以每户的标准额（帛二匹、絮二斤、丝一斤、粟二十石），将算出的贡纳额作为公调上缴中央。

兹举具体的史料为例。在《魏书》卷四《世祖纪上》太延元年（435）十二月甲申诏中，太武帝有如下表述：

> 若有发调，县宰集乡邑三老计赀定课，衰多益寡，九品混通，不得纵富督贫，避强侵弱。太守覆检能否，核其殿最，列言属州。刺史明考优劣，抑退奸吏，升进贞良，岁尽举课上台。

如上，先由县令偕同农村的父老调查农户的资产，依九等（九品）赋予等级，再依其等级决定相应的赋课额，北魏的户调制就是经由上述手续加以征收的。[3] 如同该诏敕后半段所见，根据资产多寡实现公平征收，这是衡量县令行政能力的第一要件，构成人事考课的基础。

300　　基于资产多寡而在县征收的租税，经由州刺史贡纳至中央政府。《魏书》卷七《高祖纪上》延兴五年（475）

四月癸未诏指出：“天下赋调，县专督集，牧守对检送京师，违者免所居官。”县征收的财物经过郡与州的检查后，才贡纳至中央。

户调贡纳至中央时，据《魏书》卷一一〇《食货志》所记“天下户以九品混通，户调帛二匹、絮二斤、丝一斤、粟二十石”，与在县阶段的征收方式不同，设定了每户的标准课税额。将此一标准课税额乘以各州的支配户数后，即决定了各州的贡纳总额。随着太和年间均田制、三长制的施行，这种经过县与州郡二阶段的征收（贡纳）制度发生了大幅变化。

随着太和十年（486）三长制的施行，实现了从以户（包含扩大家庭的家庭）为单位、九等差调制的户调，向以一对夫妇（房）为单位、均一赋课的户调的转变。《魏书·食货志》中有如下记载：

> 其民调，一夫一妇，帛一匹，粟二石。民年十五以上未娶者，四人出一夫一妇之调。奴任耕，婢任绩者，八口当未娶者四。耕牛二十头当奴婢八。

对于未婚的正丁、奴婢、耕牛的课税，全部以一对夫妇为单位的课税额作为基准，采取均一的赋课。由此，基本可依小家庭单位来掌握户口，以防止户籍的伪造、隐匮，从而确保或增加税收。更重要的是，随着九等差调向以夫妇为单位的均一赋课转变，县阶段的征收与中央化的公调之间的区别被消除了，形成了户调的一元化。关于其意义，将在分析支出部分时另述。

施行三长制时期的户调，是粟调一石以及绢调或布调一匹的三调制。但在太和年间，因军费增加而加调，变成了绢一匹附带绵八两的绵调，以及布一匹附带麻丝十五斤的麻调，即所谓五调制（参阅本章注释2）。

令人注意的是，常调（五调）的内容并非全国一致的，而是对指定地区与物品进行征收。一般认为《魏书·食货志》的贡纳规定是太和十六年令的内容，它将全国三十七州具体指定为贡纳绵绢与绢丝的十九州、以麻布作为租税的十八州以及一部分贡纳麻布的郡县。[4]自不待言，这一方面是根据气候与地理条件，对栽培作物做出的限定；另一方面也说明中央政府以全国领土为对象，考虑支出数额后再进行征收，反映收入与支出处于一体、尚未分离的状态。

接着应注意，在这些常调之外，还有对制度以外的杂调的征收。《魏书·食货志》记载：

先是太安中，高宗以常赋之外，杂调十五，颇为烦重，将与除之。尚书毛法仁曰："此是军国资用，今顿罢之，臣愚以为不可。"帝曰："使地利无穷，民力不竭，百姓有余，吾孰与不足。"遂免之。未几，复调如前，至是乃终罢焉。于是赋敛稍轻，民复赡矣。

正如尚书毛法仁的反对意见中所示，征收杂调的目的在于补充以军事支出为中心的国家财政，杂调是在军费剧增等因素导致国家财政收支不均之际，为了调整收支而采用的最终手段。但杂调逐渐常态化，遂演变成一个政治问题。高宗文成帝时期到显祖献文帝期间，杂调一直是亟待解决的问题。在献文帝即位初期的和平六年（465）五月，杂调一度被全面废止，[5]直到孝文帝太和十年（486）改革民调时再次恢复征收。

为了在正规的租税征收之外谋求收支均衡，从而进行制度外临时征收的行为不仅局限于北魏，而且是包括汉代的赋敛在内，贯通整个专制国家财政的基本特质，并屡屡可见因其增多而孕育出全新税制的情形。

进而应注意的是，在常调（五调）、杂调之外还有被 303 称为兵调的征收方式。封回在肃宗孝明帝时期担任平北将军、瀛州刺史，据说在大乘教叛乱之后，为救济受水灾之苦的州民，他"表求赈恤，免其兵调，州内甚赖之"（《魏书》卷三二《封回传》）。此兵调作为应对饥馑的赈恤的一环，并不是征发兵士之意，很有可能是指随着番兵制度而征收的赀绢（也称作资绢、兵资、兵绢、兵赋）。番兵制度是一种每年交替、主要为了防御邻接南朝的南方边境而派遣兵队的制度，在十五丁一番兵的情况下，由十五人一组的成丁轮流负担兵役，每十五年为一个周期。在没有担任番兵的十四年期间，则援助赀绢一匹给担任番兵者，以作为其执行任务的军赀（本书第十章）。

由于此赀绢（兵资）基本由担任番兵的兵士携带至任所，用作执行任务的费用，所以并未直接纳入国库。例如，宋鸿贵担任定州平北府参军，在派遣兵士前往荆州时，因为强取四百匹兵绢，遭到兵士的告发。[6] 这件事反映当时从河北的定州派遣州兵至江淮流域的荆州，被派遣的兵士随身携带兵绢作为其执行任务的费用，且这些兵绢并非由军吏专门管理。因此，它不能算入国家财政的直接性收入。但是，地方政府依据番兵制度对其有一定掌握，又如后面述及的，这些内郡的兵资有时会变成军粮和籴的本钱，用以补充军事经费，故而在国家财政上仍具有不可忽略的意义。[7]

户调以外的收入有：（4）屯田收入；（5）僧祇粟；（6）盐税；（7）市税；（8）公田赁租。但是历经整个北魏时期，收入基本上都是通过户调制征收的谷物与布帛。304 屯田收入以下的各项其他收入都只是临时而短期的，且基本上不收取铸币，财政运转主要通过绢布与谷物进行。这与南朝的情况截然不同，南朝以户调和商业及流通课税为征收的基础，但依赖铸币或实物货币的租税征收更胜于户调。[8]隋唐初期以谷物、布帛征收作为财政运转的基础，这基本上继承自北魏的财政。

北魏财政收入以谷物、布帛为基础，作为经费支撑着北魏国家的具体活动。支出的具体内容如表13所见，以军事和祭祀经费为核心，因此与汉代以来古代国家财政的经费支出并无太大不同。值得予以注意的是经费的分配结构。

二 北魏财政的经费分配结构

北魏财政史的特征是，在与户调制的发展联动的同时，又将财政支出的主要项目——中央经费（公调）、地方经费（调外）、官僚俸禄经费、保险经费（灾害用基金）——逐一确定下来，并且力图实现各经费项目的稳定化。

首先应该注意的是作为地方财政经费的调外费的设置。其意义在于，汉代以来欠缺的地方经费项目拥有了具体限额。[9]至于此中央经费与地方经费的分配结构形成于何时，史料并无明证，但至迟在太和八年（484）已经确立。

有关太和八年开始对中央官僚支付俸禄一事，在

《魏书·食货志》中有这样的记载：

> 先是，天下户以九品混通，户调帛二匹、絮二斤、丝一斤、粟二十石。又入帛一匹二丈，委之州库，以供调外之费。至是，户增帛三匹，粟二石九斗，以为官司之禄。[10]后增调外帛满二匹。

305

在中央经费的布帛、谷物之外，以调外的形式在州库储藏布帛，并将其规定为地方经费，这种情形未曾见于过往的史料之中。这是中国财政史上首次出现明确的地方经费，具有划时代的意义。如前所述，从汉代到西晋时期的中央经费是从地方州郡征收的财物之中，将支配户数乘以每户的标准额之后，再算出作为中央化部分的贡纳额，上缴中央之后剩余的财物被储藏在地方，但并未被设定为独立的地方经费。到北魏时期，首次出现了调外费的设定，明确表明中央政府对地方经费的管理，推动了财政主权的进一步集中（后述）。

接着尝试计算一下史上首次明确的中央经费与地方经费的分配比例。文中的絮二斤、丝一斤，合计三斤，相当于帛一匹（四丈）。[11]根据这点，若仅以布帛来看的话，太和八年以前中央经费与地方经费的分配比例为公调三匹对调外一匹半，即二比一。

太和八年官僚俸禄制施行以后，中央经费不变，调外费从一匹半增加为两匹，另外加上新设的中央百官俸给费三匹，形成公调三匹对调外二匹对俸禄三匹，即3：2：3的情形。太和八年以前的经费分配结构只有中央公调与地方调外两种，而到太和八年俸禄制施行以后，就变成了中央公调、地方调外以及中央百官俸给费这三种。

在太和十年（486）民调制施行以后，这一分配比例转变为中央公调五对地方调外二对内外百官俸禄三。《魏书·食货志》中有这样的内容：

> 其民调，一夫一妇帛一匹，粟二石。……大率十四中五匹为公调，二匹为调外费，三匹为内外百官俸，此外杂调。[12]

306

在此前的宗主督护制下，户调的征收是以资产评估额为基础，在县一级通过九等差调制的方式展开的。这种按户征收的方式对那些由数十家组成的大户和富豪阶层有利。而三长制、民调制一改此种征收方式，以家户内部的一夫一妇（房）为征收单位，并保证租税赋课的均一性。其结果是，原来那种两阶段的征收方式，即县一级对农民直接征收（九品差调），然后各州按其支配户数乘以每户标准额向中央贡纳公调的制度发生了转变。两个阶段被统为一体，所有征收物全被置于中央的管理之下。为此，以每户来表示的经费分配方式也就变得不再必要了。在汉代献费（赋制）和魏晋户调制中，并没有对调外、地方经费的明确设定，与之相比，北魏将征收总额置于国家财政的直接管理之下，这意味着中央主权在财政运转上的确立，因而具有划时代的意义。

"中央公调五，地方调外二，内外百官俸禄三"的分配结构始于太和十一年（487）的旱灾对策。随着太和十二年（488）地方保险性经费的设立，这一分配结构又演变为中央公调、地方调外、内外百官俸禄以及地方保险经费四种。《魏书·食货志》有如下记载：

307　　　　［太和］十二年，诏群臣求安民之术。有司［李彪］上言："请析州郡常调九分之二，京都度支岁用之余，各立官司，丰年则加籴之一，籴贮于仓，时俭则减籴之十二，粜之于民。……"帝览而善之，寻施行焉。

根据这里的记载，朝廷以全体的"中央公调五，地方调外二，内外百官俸禄三"的分配比例作为前提，从州郡常调（即"中央公调五"）中抽出九分之二作为防范灾害的保险性经费储备于地方，再将剩余的九分之七贡纳至中央。据此，分配比例就变成了"中央公调三十九，地方调外二十，内外百官俸禄三十，保险经费十一"。

李彪的提案其实是将前一年韩麒麟的时务策具体化的结果。韩麒麟曾于太和十一年饥馑之际提案：

> 太和十一年，京都大饥，麒麟表陈时务曰："……往年校比户贯，租赋轻少。臣所统齐州，租粟才可给俸，略无入仓。虽于民为利，而不可长久。脱有戎役，或遭天灾，恐供给之方，无所取济。可减绢布，增益谷租，年丰多积，岁俭出赈。所谓私民之谷，寄积于官，官有宿积，则民无荒年矣。"
>
> （《魏书》卷六〇《韩麒麟传》）

从上述分配比例中也能看出，民调制的基础在于调（绢布）的征收及其再分配。韩麒麟的意图在于减少调物额度，与此相对，增加更易歉收的谷物的征收额，以保证保险性经费的来源。李彪的提案并未变更调物的再分配制度本身，而是从中央公调中重新进行保险性经费的再分配，他以绢布作为本钱来规划谷物的积蓄。李彪完全是在民调制的经费分配架构之内处理问题的。

整理迄今为止的考察，即如表 14 所示。孝文帝太和年间出现了中国财政史上真正的主要经费划分，因而具有

308

特别意义。它将已经建立的中央经费与地方经费的分配作为出发点，又先后将官僚俸禄和地方保险性经费编入此结构，完成了四种经费的划分。此四种经费的划分将国家财政支出置于中央的管理之下，创造了在汉代、西晋和南朝都未曾见到的划时代的财政结构。

表 14　北魏时期的支出结构与分配比例

时期	费用类别			
	中央公调费	地方调外费	百官俸禄	保险性经费
太和八年（484）以前	2	1	—	
太和八年至太和十年（486）	3	2	3	—
太和十一年（487）至太和十二年（488）	5	2	3	—
太和十二年以后	39	20	30	11

在这些经费划分中，值得注意的是将地方经费与保险性经费确定为主要项目一事，特别是其中保险性经费占总经费的一成多。这一设计将中央经费（公调）分割出来的部分存留于地方，在用以防范灾害的同时，又可以防止谷物价格波动，以确保社会再生产的顺畅。它与均田制、三长制、民调制这些为重建汉末三国时期崩溃的分田农民（小农经营）体制所施行的制度之间具有深刻的关联。[13]

三　财务运作

——地方财务与财政性物流

北魏财政除了中央化的公调之外，其他作为调外经费 　309
或保险性经费的财物基本上储备于地方的州仓或各地仓
库。也就是说，财务运作以储备作为基本执行原则。但由
于民调制实施以后，公调被输往中央，再加上北魏领土的
扩大以及与南朝战争的激化，对军粮、兵器等物资的运输
需要大幅提高。5世纪下半叶前后，朝廷以黄河中游流域
为中心设置物流据点，财政性物流开始得到组织化。这就
构成了隋唐时期财政性物流的基础。

本节将从财物积蓄与物流组织化的角度考察北魏后期
财政的特质。首先探讨以州仓为中心的地方财务，接着关
注地方州仓储备财物和租税财政物流组织化的问题。

（一）地方财政的特征——积蓄型财政与中央管理

地方经费以调外费的形式得到确立，此事意味着中央
政府对全国财政的中央管理以及财政主权的进一步集中。
下面将对此做更具体的讨论。如财物被储藏于州仓库、中
央经费的九分之二作为保险性经费被储备于各州所显示的
那样，北魏地方财政的特征就在于以州仓作为财务运作的

中心。尽管户调征收以县为单位，但财务运作的中心在于各州。

虽然充当调外费的财物是布帛，但谷物也作为主体被纳入州仓。例如，在献文帝时期依据贫富等级使百姓输送谷物租税的"租输三等九品之制"中，有"千里内纳粟，千里外纳米。上三品户入京师，中三品入他州要仓，下三品入本州"的记载（《魏书·食货志》）。

北魏末年，即使在制度上已经无法维持对州仓的谷物输送，时人也仍试图通过各种方式向州仓或郡仓输送谷物。[14]例如，在孝明帝孝昌三年（527）二月丁酉诏中，有如下叙述：

> 二月丁酉，诏曰："关陇遭雁寇难，燕赵贼逆凭陵，苍生波流，耕农靡业，加诸转运，劳役已甚，州仓储实，无宜悬匮，自非开输赏之格，何以息漕运之烦。凡有能输粟入瀛、定、岐、雍四州者，官斗二百斛赏一阶。入二华州者，五百石赏一阶。不限多少，粟毕授官。"
>
> （《魏书》卷九《肃宗纪》）

据此可知，即使到了北魏末期，对于国家而言，将谷物储备于州仓依旧是最需优先考虑的问题。北魏地方财政的第一个特征就是将以谷物、布帛为主的财物输送至州进行储藏。

这些储藏的财物虽是由州来运作，但仍由中央管理。我们可以举出几个例子来进行分析。州财政的管理运作方式中，最为人熟知的就是在发生饥馑时用于紧急支出的情况。例如，光州刺史杨逸在连年饥馑时发放州仓谷物，随后才上报中央。朝廷召开尚书会议，并在尚书令临淮王元彧的提议得到皇帝的许可之后，才决定贷放两万石谷物。[15]据此，支出储藏于州的谷物，必须在经过中央政府的尚书会议之后，由皇帝进行最终决定。同样的情形可见于豫州刺史薛真度的例子，他建议每日从州仓中拨出五十石米来做粥，以救济遭受饥荒和雪灾的人。皇帝虽然许可了这一建议，但仍命令尚书省审议拨出的谷物数量。[16]前文提及瀛州刺史封回免除兵调，封回也同样上表朝廷进行了申请。如要利用州收集、储藏起来的财物，须经过尚书省的审议之后，由皇帝进行最终的批准。

对于地方官则设置了禁止滥用财物的法律。武川镇将任款因未经许可擅自开仓赈恤，被有司以"费散之条"给予免官的处分。[17]东豫州刺史田益宗因为有耗散国家财物的嫌疑，遭到御史复查，结果查出并无此事。[18]地方官的财务运作在调外费的划定下受到法（律条）的规范，因而也要接受御史的监察。

311

以上分析显示，以州为首的地方财务运作受到"费散之条"的法律制约，在具体运作时必须上奏提出申请，经过尚书省的审议、奏案，并取得皇帝的许可之后，方有可能实现。另外，在支出环节要受到御史的监察。北魏时期的州财政就这样处在以皇帝为顶点的中央政府的管理之下。

（二）转运仓库的设置与财政性物流

在献文帝天安元年（466）、皇兴元年（467）的战役之后，北魏将徐州（江苏省徐州市铜山区）、扬州（安徽省寿县）一带的淮水中下游地区纳入版图。至此，北魏真正直接面对南朝的江淮地区（长江、淮水之间），而军粮补给线也变得格外长。为此，必须确保从中原输往南方边境要塞的士兵与谷物获得持续补给，新的财政运转方式应运而生。

《魏书》卷一一〇《食货志》记载：

> 自徐扬内附之后，仍世经略江淮。于是转运中州，以实边镇。百姓疲于道路，乃令番戍之兵，营起屯田。又收内郡兵资，与民和籴，积为边备。

新的财务运作方式有三项：第一是使边防的当番兵士

312

经营屯田、筹措军粮；第二是和籴的创新，即把来自内郡的、因免除兵役而征收的赀绢（前述提及的兵调）作为本钱购入民间的谷物，将其集中起来以作国境防备之用；第三是设置转运仓库，组织财政性物流。屯田自汉代即已施行，值得留意的是始于这个时期，进而成为隋唐时期财务运作基础的第二项与第三项措施。

首先应注意的是和籴。和籴是一种国家与农民之间基于合意，以有偿方式购入谷物的制度。自此直到北魏末期和东魏时期，中央政府持续派遣和籴大使至各地，用和籴筹措军粮。[19] 这意味着和籴的范围从淮北、淮西地区扩大到全境各州。另外，高欢迁都于邺之际，俘获了诸州前往洛阳的和籴粟漕运船，并将其押送至邺。[20] 此事说明到北魏末期，和籴已经成为满足中央政府谷物需求的财务运作环节之一了。以租税之外的手段来确保军粮供给，正始于北魏，到唐代中期开元二十五年（737）关中和籴法成立以后，遂成为经常性制度。

然后是有关转运仓库的设置与财政性物流的组织。继前述屯田、和籴的施行后，《魏书·食货志》有以下叙述：

　　有司又请于水运之次，随便置仓，乃于小平 ［河南省洛阳市孟津区北］、石门 ［河南省郑州市西北］、白马津 ［河南省滑县北］、漳涯 ［无考］、黑水

313

[无考]、济州［山东省茌平县西南］、陈郡［河南省淮阳县］、大梁［河南省开封市］凡八所，各立邸阁，每军国有须，应机漕引。自此费役微省。

在黄河中游流域的要地设置转运仓库作为物流节点，必要时将储备的军粮、兵器输送至各地，这套系统与先前提及的献文帝"租输三等九品之制"同时实施。[21]借由租税征收，定期将谷物配送至首都仓库、重要州仓库和本州仓库，同时在物流节点设置转运仓库用于储备、输送军粮、兵器，如此形成一种多层次的储备输送方式，确保了全国的谷物再分配与重点消费。这种多层次的储备、输送方式，后来为北齐、隋唐所继承，成为唐代财务运作和漕运制度的滥觞。[22]

太和七年（483），按照薄骨律镇将刁雍的建议，渭水上游到黄河上游的西北边境地区也对财政性物流进行了制度化。刁雍将薄骨律镇（宁夏回族自治区灵武市）、高平（宁夏回族自治区固原市）、安定（甘肃省泾川县）与统万（陕西省榆林市西北）四镇的屯田谷物五十万石与来自河西的谷物十万石，合计六十万石谷物作为军粮，费时三年，用一万乘牛车运送到了八百里外的沃野镇。刁雍建议将陆路运输改为黄河水运，利用每年时长七个月的三次漕运来输送军粮，由此减轻力役与车牛的负担，缩短输

314

送时间，提高输送效率。[23]

　　目前尚无从得知河西地区运来的谷物究竟是怎样获得的。但以漕运方式将经营屯田所得的谷物运送至边境，正是继承并整合献文帝时期第一项与第三项措施的产物。另外，将该提案与如下事例合而观之，则可充分了解州镇作为财政性物流节点的情形。

　　孝明帝神龟至正光年间（518—525），三门都将薛钦上奏建议，将洛阳以西水路线上的汾（山西省隰县东北）、华（陕西省大荔县）二州以及司州的恒农（河南省三门峡市陕州区）、河北（山西省平陆县西南）、河东（山西省永济市西）、正平（山西省新绛县西南）、平阳（山西省临汾市）五郡的租税输送，从陆运改为漕运。[24]在采纳此提案的朝议中，甚至有人提出：不仅洛阳以西，还要将已通水路的东方诸州的输送税物全部改为漕运，以实现北魏全境财政性物流的组织化。[25]虽然皇帝采纳了这个提案，但在该提案得到充分施行前，[26]北魏就突然爆发了内乱。

　　到 5 世纪中叶的献文帝时期，北魏以"租输三等九品之制"组织的谷物输送为起点，在黄河中游流域的物流节点设置转运仓，从而展开对东方、南方领土的财政性物流的组织化过程。在边境屯田经营与和籴等军粮确保措施的配合下，此组织化进程逐步展开。以太和年间在西北边境的渭水、黄河上游流域推行漕运组织化和神龟、正光年间推动洛阳以西漕运组织化的提案为契机，覆盖北魏全境的财政性物流编组被提上议程。尽管由于北魏末期的内乱而不了了之，但此尝试历经东魏、北齐，最终为隋唐所继承，奠定了唐代财政运转的基础。

结语

以太和年间为中心的北魏后期财政结构，其特色在于随着作为地方经费的调外费的设立，中央对地方财务的管理与以此为基础的皇帝财政主权获得了进一步强化。汉代财务运作的特征在于通过租税征收的农民剩余财物基本被储藏在地方郡国，其储藏财物借由赋输、委输、调均的物流与再分配制度来满足中央和地方的财政需要，进而达到财政的全体性均衡（本书第一章）。西晋、南朝时期以户调制为基础的财政也是如此，其中没有独立的州财政的规定（本书第八章）。因此一直以来，缺乏将地方储藏财源用于地方财务的视角，尽管中央政府拥有财政指挥权，但未能确立中央集权的财务行政。

限于管见，明确规定将地方储藏的财源用于地方财务的情形始于北魏。这一情形在太和年间改革户调制、明确经费构成之后才逐渐出现，特别是太和十年的民调征收，它把曾经的两阶段征收——在县一级对农民进行直接征收

（九品差调），同时将各州支配户数乘以每户标准额，依此数额向中央贡纳公调——变为一元化的形式，由此将所有征收物都置于中央管理之下。这说明它已超越汉代献费（赋制）或曹魏、晋代户调制中未有明确规定的调外、地方经费的框架，将征收总额置于国家财政的直接管理下，最终意味着中央主权在财政运转方面得到了确立。

在此得到强化的财政主权，试图通过设置转运仓、和籴与经营屯田等方式，达到财政性物流的全国组织化。尽管北魏财政因北魏末期的叛乱一时遭受顿挫，但它仍为后来的各个王朝所继承，并于隋唐时期达到另一个高峰。

316

注　释

1. 在北朝财政史方面，王万盈（2006）做了概括性分析。此外，吉田虎雄（1943）对财政收入部门进行了整体性研究；堀敏一（1975）以秦汉隋唐时期的长时段历史背景为基础，对均田制、三长制和户调制做了综合性分析。有关俸禄制的专著，可以举出古贺登（1965）与松永雅生（1969，1970）。
2. 以下为表 13 经费项目与数值的计算依据。
   首先是收入部分，基础的户口数字是五百万户。其计算依据《通典》卷七《食货七·历代盛衰户口》："后魏起自阴山，尽有中夏。孝文迁都河洛，定礼崇儒。明帝正光以前，时惟全盛，户口之数，比夫晋太康，倍而余矣。（按晋武帝太康元年平吴后，大凡户二百四十五万九千八百，口千六百一十六万三千八百六十三。今云倍而余者，是其盛时则户有至五百余万矣。）及尔朱之乱，政移臣下，或废或立，甚于弈棋，遂分为东西二国，皆权臣擅命，战争不息，人户流离，官司文簿，又多散弃。今按旧史，户三百三十七万五千三百六十八。"据此可知北魏全盛时期，即孝文帝到孝明帝时期的户数约为五百万，而北魏末期、东魏时期约有三百数十万户。

关于（1）常调（五调）。北魏后期的户调基本以一对夫妇为一户，每户帛一匹（布一匹）、粟二石。《魏书》卷一一〇《食货志》："其民调，一夫一妇，帛一匹，粟二石。民年十五以上未娶者，四人出一夫一妇之调。奴任耕，婢任绩者，八口当未娶者四。耕牛二十头当奴婢八。其麻布之乡，一夫一妇，布一匹，下至牛，以此为降。"但是，作为帛、布的加调，又征收绵、麻。《魏书》卷三一《于忠传》："及世宗崩，……忠既居门下，又总禁卫，遂秉朝政，权倾一时。初，太和中军国多事，高祖以用度不足，百官之禄四分减一。忠既擅权，欲以惠泽自固，乃悉归所减之禄，职人进位一级。旧制：天下之民绢布一匹之外，各输绵麻八两。忠悉以与之。"又《魏书》卷七八《张普惠传》："普惠以天下民调，幅度长广，尚书计奏，复征绵麻，恐其劳民不堪命，上疏曰：'伏闻尚书奏复绵麻之调，尊先皇之轨，凤宵惟度，忻战交集。何者？闻复高祖旧典，所以忻惟新，俱可复而不复，所以战违法。仰惟高祖废大斗，去长尺，改重秤，所以爱万姓，从薄赋。知军国须绵麻之用，故云幅度之间，亿兆应有绵麻之利，故绢上税绵八两，布上税麻十五斤。万姓得废大斗，去长尺，改重秤，荷轻赋之饶，不适于绵麻而已，故歌舞以供其赋，奔走以役其勤，天子信于上，亿兆乐于下。故《易》曰："悦以使民，民忘其劳。"此之谓也。自兹以降，渐渐长阔，百姓嗟怨，闻于朝野。'"孝文帝、宣武帝两朝，存在征收绵八两、麻八两（或十五斤）的旧制规定，这被称为绵麻之调。关于麻丝，《于忠传》与《张普惠传》之间略有差异，后者的内容应是正确的。为求简化，计算财政表时绵麻一律以八两计算。

北魏后期，将绢一匹、麻布一匹、绵八两、麻八两以及粟二石称为五调。《魏书》卷一九中《任城王澄传》："澄表上《皇诰宗制》并《训诂》各一卷，意欲皇太后览之，思劝戒之益。又奏利国济民所宜振举者十条。一曰律度量衡，公私不同，所宜一之。……四曰五调之外，一不烦民，任民之力，不过三日。"在任城王澄上奏不久后，即孝明帝初年，该五调中的绵八两、麻八两为于忠所废。之所以当初的规定并未提及绵八两与麻八两，诚如从削减官僚俸禄四分之三所知，是因为太和年间军费不足而追加征收的。这与前揭《张普惠传》提到的高祖将膨胀的度量衡恢复到本来标准一事在时间上是并行的。据《魏书》卷七《高祖纪下》太和十九年六月条"戊午，诏改长尺大斗，依周礼制度，班之天下"来看，度量衡的标准化应是太和十九年（495）的事。故绵、麻之调的滥觞，应在太和十九年前后（松本善海，1977：298）。

北魏后期的户数虽为五百万户，但是其中约五十万户，即一成乃屯田民，他们可以免除户调。故计算五调的基础户数是四百五十万户。

关于（2）杂调。前文《魏书·食货志》"民调"条末有"大率十匹为公调，二匹为调外费，三匹为内外百官俸，此外杂调"。该条史料又见于《通典》卷五《食货五·赋税中》："魏令：每调一夫一妇帛一匹，粟二石。人年十五以上未娶者，四人出一夫一妇之调。奴任耕、婢任绩者，八口当未娶者四。耕牛二十头当奴婢八。其麻布之乡，一夫一妇布一匹，下至牛，以此为降。大率十匹中五匹为公调，二匹为调外费，三匹为内外百官俸。人年八十以上，听一子不从役。孤独病老笃贫不能自存者，三长内迭养食之。"据此，可以在"大率十匹"之下补入"中五匹"。在《通典》里没有见到"此外杂调"的规定，此处应依据《食货志》的内容。前揭（1）引用常调（五调）的任城王澄的上奏中，提到"四曰五调之外，一不烦民"，说明常调以

318

外的征收可作为杂调存在的旁证。杂调是在户调规定以外的赋课，就性质而言其数额是无限的。

关于（3）兵调。《魏书》卷一八《元孝友传》："孝友明于政理，尝奏表曰：'令制：百家为党族，二十家为闾，五家为比邻。百家之内，有帅二十五，征发皆免，苦乐不均。羊少狼多，复有蚕食。此之为弊久矣。京邑诸坊，或七八百家，唯一里正、二史，庶事无阙，而况外州乎？请依旧置，三正之名不改，而百家为四闾，闾二比。计族省十二丁，得十二匹赏绢。略计见管之户，应二万余族，一岁出赏绢二十四万匹。十五丁出一番兵，计得一万六千兵。此富国安人之道也。'"《魏书》卷四四《薛虎子传》："［太和］四年（480），徐州民桓和等叛逆。……时州镇戍兵，资绢自随，不入公库，任其私用，常苦饥寒。虎子上表曰：'……窃惟在镇之兵，不减数万，资粮之绢，人十二匹，即自随身，用度无准，未及代下，不免饥寒。……'高祖纳之。……在州戍兵，每岁交代，虎子必亲自劳送。丧者给其敛帛。"此时期采取的是十二丁一番兵制，赏绢为十二匹。关于十五丁一番兵制，请参阅本书第十章。

扣除五十万户屯田民之后为四百五十万户，若以一户一丁计算，则有四百五十万匹赏绢是由编户农民缴纳的。尽管这些兵调并未直接计入国家财政，但国家每年确实支出了庞大的军事费用。

关于（4）屯田收入。《魏书》卷一一〇《食货志》："［太和］十二年，诏群臣求安民之术。有司上言：'……又别立农官，取州郡户十分之一，以为屯民。相水陆之宜，断顷亩之数，以赃赎杂物，市牛科给，令其肆力。一夫之田，岁责六十斛，甄其正课，并征戍杂役。行此二事，数年之中，则谷积而民足矣。'帝览而善之，寻施行焉。"据此可知户口中的一成被归为屯民，其所有户调兵役都被免除，与此相对，他们须缴纳每年六十石的租税。若向五十万户屯田民征收六十石租税的话，已达到了三千万石的收入。这个数量远远超过户调征收的数量，令人难以置信。如本章正文提到的，这极有可能是只持续几年的特别措施。不过在一览中仍先举出计算所得的数值。另外，如同第三节提到的，在江淮边境地带与黄河上游、河西地区仍有规模数十万石的屯田在持续经营中。

关于（5）僧祇粟收入。《魏书》卷一一四《释老志》："昙曜奏：平齐户及诸民，有能岁输谷六十斛入僧曹者，即为僧祇户，粟为僧祇粟，至于俭岁，赈给饥民。又请民犯重罪及官奴以为佛图户，以供诸寺扫洒，岁兼营田输粟。高宗并许之。于是僧祇户粟及寺户，偏于州镇矣。"但依《魏书·释老志》下文："又尚书令高肇奏言：'谨案：故沙门统昙曜，昔于承明元年（476），奏凉州军户赵苟子等二百家为僧祇户，立课积粟，拟济饥年，不限道俗，皆以拯施。'"则可知在高宗文成帝与高祖孝文帝承明元年时，分别有过两次设置僧祇户的上奏，僧祇户的负担为每年粟六十石，这构成了防备饥馑所用的保险性经费。每年六十石的负担与前揭屯田户的负担几乎完全相同，太和屯田户的设置很有可能是模仿僧祇户的结果。而从僧祇户也存在于各州镇这点来看，其总征收量应该足以匹敌屯田户的征收量。《魏书·释老志》记载世宗宣武帝永平四年（511）诏敕："四年夏，诏曰：'僧祇之粟，本期济施，俭年出贷，丰则收入。……自今已后，不得专委维那、都尉，可令刺史，共加监括。尚书检诸有僧祇谷之处，州别列其元数，出入赢息，赈给多少，并贷偿岁月，见在、未收，上台录记。若收利过本，及翻改初券，依律免之，勿复征责。'"可知僧祇粟具体的运作情形。据此，饥馑时放贷的谷物及其债权管理，皆改为地方州与中央尚书的职责，且与公调、调外费项目一并管理。有关以上诸点，另参阅塚本善隆（1942）。

关于（6）盐税。河东盐池方面，自孝文帝太和二十年（496）十二月开放盐池以后，至永熙年间（532—534）为止，频繁地在对百姓开放与国家征收盐税这两种模式之间交替。《魏书》卷二五《长孙稚传》："时薛凤贤反于正平，薛修义屯聚河东，分据盐池，攻围蒲坂，东西连结，以应［萧］宝夤。稚乃据河东。

时有诏废盐池税，稚上表曰：'盐池天资赈货，密迩京畿，唯须宝而护之，均赡以理。今四境多虞，府藏罄竭。然冀定二州且亡且乱，常调之绢，不复可收。仰惟府库，有出无入，必须经纶，出入相补。略论盐税，一年之中，准绢而言，犹不应减三十万匹也，便是移冀定二州，置于畿甸。今若废之，事同再失。……'"从长孙稚的建议来看，北魏末年盐池税再次恢复。根据这条记载，河东盐池税的收入应达到每年三十万匹，相当于定、冀二州的常调数量。盐税的税率则是十分之一。

关于（7）市税、（8）公田赁租。《魏书》卷一一〇《食货志》："孝昌二年（526）冬，税京师田租亩五升，借赁公田者亩一斗。又税市，入者人一钱，其店舍又为五等，收税有差。"《魏书》卷一一《前废帝纪》普泰元年（531）二月条："诏曰：'……可大赦天下，以魏为大魏，改建明二年为普泰元年。其税市及税盐之官，可悉废之。'"市税施行期为五年。北魏末期曾短暂实施的市税包括对进入市场者所课的市税和对店铺征课的五等税两种类型。

下面再看支出项目。首先，从"军国之用"等表现方式可以看出，①军费是国家财政的大宗。关于②祭祀、礼仪费请参考⑤食粮费引用《魏书》卷一一〇《食货志》的内容。

关于③内廷费。《魏书》卷一一〇《食货志》："其年［和平二年（461）］冬，诏出内库绫绵布帛二十万匹，令内外百官，分曹赌射。"另《食货志》下文孝文帝太和十一年（487）条记载："时承平日久，府藏盈积，诏尽出御府衣服珍宝、太官杂器、太仆乘具、内库弓矢刀鉾十分之八、外府衣物缯布丝纩诸所供国用者，以其太半班赍百司，下至工商皂隶，逮于六镇边戍，畿内鳏寡孤独贫瘝者，皆有差。"内库、御府储备的财物构成了内廷费的核心。

关于④赏赐费。《魏书》卷六〇《韩显宗传》："又曰：'……君人者，以天下为家，不得有所私也。故仓库储贮，以俟水旱之灾，供军国之用，至有功德者，然后加赐。爰及末代，乃宠之所隆，赐赉无限。自比以来，亦为太过。在朝诸贵，受禄不轻，土木被锦绮，僮妾厌粱肉，而复厚赉屡加，动以千计。若分赐鳏寡，赡济实多。如不悛革，岂周急不继富之谓也？愚谓事有可赏，则明旨褒扬，称事加赐，以劝为善，不可以亲近之昵，猥损天府之储。……'高祖善之。"

关于⑤食粮费。《魏书》卷一一〇《食货志》："正光后，四方多事，加以水旱，国用不足，预折天下六年租调而征之。百姓怨苦，民不堪命。有司奏断百官常给之酒，计一岁所省合米五万三千五十四斛九升，蘗谷六千九百六十斛，面三十万五百九十九斤。其四时郊庙，百神群祀，依式供营，远蕃使客，不在断限。尔后寇贼转众，诸将出征，相继奔败，所亡器械资粮，不可胜数。而关西丧失尤甚，帑藏益以空竭。有司又奏，内外百官及诸蕃客禀食及肉，悉二分减一，计终岁省肉百五十九万九千八百五十六斤，米五万三千七百九十三十二石。"同上书《食货志》又记载："及鼓吹主簿王后兴等词称请供百官食盐二万斛之外，岁求输马千匹，牛五百头。以此而推，非可稍计。"

3. 北魏前期的户调制对应农户的资产以决定其赋课额度，又被称为赀赋。《魏书》卷四《世祖纪下》太平真君四年（443）六月庚寅诏："今复民赀赋三年。"

4. 《魏书》卷一一〇《食货志》："所调各随其土所出。其司、冀、雍、华、定、相、泰、洛、豫、怀、兖、陕、徐、青、齐、济、南豫、东兖、东徐十九州，贡绵绢及丝。幽、平、并、肆、岐、泾、荆、凉、梁、汾、秦、安、营、幽、夏、光、郢、东秦、司州万年、雁门、上谷、灵丘、广宁、平凉郡，怀州邵上郡之长平、白水县，青州北海郡之胶东县，平昌郡之东武、平昌县，高密郡之昌安、高密、夷安、黔陬县，泰州河东之蒲坂、汾阴县，东徐州东莞郡之莒、诸、东莞县，雍州冯翊郡之莲芍县，咸阳郡之宁夷县，北地郡之三原、云阳、铜官、宜君县，华州华山郡之夏阳县，徐州北济阴郡之离狐、丰县，东海郡之赣榆、襄贲县，皆以麻布充税。"部分地名参考钱大昕《廿二史考异》

卷二八至卷三〇魏书条做了更正。

松本善海（1977）主张这是太和十六年令的规定，因为此条史料所见诸州之中，华、陕、岐、梁、汾、幽、夏、郢、东秦九州是太和十一年"分置州郡"后新设的。

另外，我认为历经东汉、曹魏的过渡期，将当地所产布帛作为调上缴中央这种方式正式始于晋的户调式（户调令），关于这一点有一些零碎的史料。《太平御览》卷九九五《百卉部二》"麻"条："晋令曰：其上党及平阳输上麻二十二斤，下麻三十六斤，当绢一匹。课应田者，枲麻加半亩。"《初学记》卷二七"绢"条引《晋令》："其赵郡、中山、常山国输缣当绢者，及余处常输疏布当绵绢者，缣一匹当绢六丈，疏布一匹当绢一匹，绢一匹当绵三斤〔案，二句旧作'疏布一匹当绢一匹，绢一匹当绵二斤'，今据王国维《释币》卷下所说改正〕。"

5. 《魏书》卷六《显祖纪》："和平六年夏五月甲辰，即皇帝位，大赦天下。……乙丑，诏曰：'夫赋敛烦则民财匮，课调轻则用不足，是以十一而税，颂声作矣。先朝权其轻重，以惠百姓。朕承洪业，上惟祖宗之休命，夙兴待旦，惟民之恤，欲令天下同于逸豫。而徭赋不息，将何以塞烦去苛，拯济黎元者哉！今兵革不起，畜积有余，诸有杂调，一以与民。'"

6. 《魏书》卷六三《宋弁传》："爨族弟鸿贵，为定州平北府参军，送兵于荆州。坐取兵绢四百匹，兵欲告之，乃斩十人。"

《魏书》卷四四《薛虎子传》："〔太和〕四年（480），徐州民桓和等叛逆。……时州镇戍兵，资绢自随，不入公库，任其私用，常苦饥寒。虎子上表曰：'……窃惟在镇之兵，不减数万，资粮之绢，人十二匹，即自随身，用度无准，未及代下，不免饥寒。……徐州左右，水陆壤沃，清汴通流，足盈激灌。其中良田十万余顷。若以兵绢市牛，分减戍卒，计其牛数，足得万头。兴力公田，必当大获粟稻。一岁之中，且给官食，半兵耘植，余兵尚众，且耕且守，不妨捍边。一年之收，过于十倍之绢。暂时之耕，足充数载之食。于后兵资，唯须内库，五稔之后，谷帛俱溢。……'高祖纳之。"这里将州镇戍兵随行携带的资绢称为兵绢、兵资，薛虎子建议将其用于经营屯田。资绢、兵绢、兵资虽不纳入公库，但仍用作屯田资本，因而也被视作国家财政的一部分。

7. 兵调也被称为兵赋。《北史》卷八六《苏琼传》记载，东魏末期苏琼"除南清河太守。……又蚕月预下绵绸度样于部内。其兵赋次第，并立明式。至于调役，事必先办"。可知兵赋乃受郡太守管辖，且与调役有密切关系。

8. 《魏书》卷六八《甄琛传》："且天下夫妇岁贡粟帛，四海之有，备奉一人，军国之资，取给百姓。天子亦何患乎贫，而苟禁一池也。……今伪弊相承，仍崇关鄽之税。大魏恢博，唯受谷帛之输。是使远方闻者，罔不歌德。"这是宣武帝初年甄琛建议开放盐池上奏的一部分。这里提到以夫妇为单位的民调是北魏国家财政的根本，只征收绢布与谷物，因而有别于深受中古以降弊害的南朝，不以流通和商业课税为重。

   南朝方面的史料有《隋书》卷二四《食货志》："其无贯之人，不乐州县编户者，谓之浮浪人。乐输亦无定数，任量，准所输，终优于正课焉。"这里指出未登记户籍的浮浪人缴纳的不定期、不定量的财物，仍多于户调收入。同上书《食货志》下文又提到："晋自过江，凡货卖奴婢马牛田宅，有文券。率钱一万，输估四百入官，卖者三百，买者一百。无文券者，随物所堪，亦百分收四，名为散估。历宋齐梁陈，如此以为常。"即对商业交易采取4%的铸币或实物课税。南朝掌握的登录户数最多约为一百万户（《通典》卷七《食货七·历代盛衰户口》），仅有北朝的五分之一。与北朝不同，南朝对浮浪人课征的临时收入与商业课税明显远超户调。

9. 汉代财政运转以储备在地方郡县的财物为基本，并未特别设定地方的支出架构，关于这点请参阅本书第一章。

10. 如"百官之禄""官司之禄"所示，太和八年的俸禄制以中央官僚为对象。在地方官方面，《魏书》卷七《高祖纪下》太和

323

十年条记载"十有一月，议定州郡县官依户给俸"。其基础在于太和十年二月施行的三长制、民调制和在全国各地展开的户口调查。此地方官俸禄配合太和十年民调均赋制的施行，被纳入百官俸禄项目，并以比例方式呈现。

11. 本章注释 4《初学记》卷二七"绢"条引《晋令》"绢一匹当绵三斤"。依据此条规定则絮二斤、丝一斤，合计三斤应等于帛（绢）一匹。

12. 有关这条史料的校订，请参阅本章注释 2。

13. 有关分田农民的概念及其重建的过程，请参阅渡边信一郎（1986）第三章「分田農民論」，以及本书第十章。

14. 关于向州仓、郡仓输送谷物，有《魏书》卷一一〇《食货志》："庄帝初，承丧乱之后，仓廪虚罄，遂班入粟之制。……诸沙门有输粟四千石入京仓者，授本州统，若无本州者，授大州都。若不入京仓，入外州郡仓者，三千石，畿郡都统，依州格。若输五百石入京仓者，授本郡维那，其无本郡者，授以外郡。粟入外州郡仓七百石者，京仓三百石者，授县维那。"

15. 《魏书》卷五八《杨逸传》："改除平东将军、光州刺史。……时灾俭连岁，人多饿死，逸欲以仓粟赈给，而所司惧罪不敢。逸曰：'国以人为本，人以食为命，百姓不足，君孰与足？假令以此获戾，吾所甘心。'遂出粟，然后申表。右仆射元罗以下谓公储难阙，并执不许。尚书令、临淮王或以为宜贷二万。诏听二万。逸既出粟之后，其老小残疾不能自存活者，又于州门煮粥饭之，将死而得济者以万数。帝闻而善之。"

16. 《魏书》卷六一《薛真度传》："转征虏将军、豫州刺史。景明初，豫州大饥，真度表曰：'去岁不收，饥馑十五，今又灾雪三尺，民人菱馁，无以济之。臣辄日别出州仓米五十斛为粥，救其甚者。'诏曰：'真度所表，甚有忧济百姓之意，宜在拯恤。陈郡储粟虽复不多，亦可分赡。尚书量赈以闻。'"

17. 《魏书》卷六五《李平传》："武川镇民饥，镇将任款请贷。未许，擅开仓赈恤，有司绳以费散之条，免其官爵。平奏款意在济人，心无不善。世宗原之。"

18. 《魏书》卷六一《田益宗传》："［东豫州刺史田益宗］上表曰：'……又云耗官粟帛，仓库倾尽。御史覆检，曾无损折。'"

19. 和籴大使之例，有《魏书》卷七九《鹿悆传》："［真定公元］子直出镇梁州，悆随之州。州有兵粮和籴，和籴者靡不润屋，悆独不取，子直强之，终不从命。……普泰中（531），加征东将军，转卫将军、右光禄大夫、兼度支尚书、河北五州和籴大使。"还有《魏书》卷七八《孙绍传》："正光初（520），兼中书侍郎，使高丽。还，为镇远将军、右军将军。久之，为徐兖和籴使。"《魏书》卷四五《韦彧传》："彧弟朏，字遵显，……解褐太学博士，迁秘书郎中，稍迁左军将军，为荆郢和籴大使。……永安三年（530），卒于州。"

20. 《北史》卷六《齐本纪上》天平元年条："初，神武自京师将北，以为洛阳久经丧乱，王气衰尽，虽有山河之固，土地褊狭，不如邺，请迁都。魏帝曰：'高祖定鼎河洛，为永永之基，经营制度，至世宗乃毕。王既功在社稷，宜遵太和旧事。'神武奉诏。至是，复谋焉。遣兵千骑镇建兴，益河东及济州兵，于白沟房船，不听向洛，诸州和籴粟，运入邺城。"如河北、徐兖、荆郢诸州所示，其范围已扩展至国土全境。

21. 《魏书》卷一一〇《食货志》："至天安（466—467）、皇兴（467—471）间，岁频大旱，绢匹千钱。刘彧淮北青、冀、徐、兖、司五州告乱请降，命将率众以援之。既临其境，青冀怀贰，进军围之，数年乃拔。山东之民，咸勤于征戍转运，帝深以为念。遂因民贫富，为租输三等九品之制。"此处"租输三等九品之制"是以天安、皇兴年间，北魏将淮北纳入版图后调发兵役作为契机的。《食货志》将二者分别记载，导致其相互关系难以理解。

22. 关于东魏、北齐，《隋书》卷二四《食货志》记载："天平元年，迁都于邺，……常调之外，逐丰稔之处，折绢籴粟，以充国储。于诸州缘河津济，皆官仓贮积，以拟漕运。"隋代的例子同样见于《隋书·食货志》："开皇三年，朝廷以京师仓廪尚虚，议为水旱之备，于是诏于蒲、陕、虢、熊、伊、洛、郑、怀、邵、卫、汴、许、汝等水次十三州，置募运米丁。又于卫州置黎阳仓，洛州置河阳仓，陕州置常平仓，华州置广通仓，转相灌注。漕关东及汾、晋之粟，以给京师。"随着大运河的开凿，隋唐时期设置了仓库作为全国物流节点，于全国（天下）组织起储备和物流体系。有关这一整体情况请参考青山定雄（1963）。

23. 《魏书》卷三八《刁雍传》："〔孝文太和〕七年，雍表曰：'奉诏高平、安定、统万及臣所守四镇，出车五千乘，运屯谷五十万斛付沃野镇，以供军粮。臣镇去沃野八百里，道多深沙，轻车来往，犹以为难，设令载谷，不过二十石，每涉深沙，必致滞陷。又谷在河西，转至沃野，越度大河，计车五千乘，运十万斛，百余日得一返，大废生民耕垦之业。车牛艰阻，难可全至，一岁不过二运，五十万斛乃经三年。臣前被诏，有可以便国利民者动静以闻。臣闻郑、白之渠，远引淮海之粟，沂流数千，周年乃得一至，犹称国有储粮，民用安乐。今求于牵屯山河水之次，造船二百艘，二船为一舫，一船胜谷二千斛，一舫十人，计须千人。臣镇内之兵，率皆习水。一运二十万斛。方舟顺流，五日而至，自沃野牵上，十日还到，合六十日得一返。从三月至九月三返，运送六十万斛，计用人功，轻于车运十倍有余，不费牛力，又不废田。'诏曰：'知欲造船运谷，一冬即成，大省民力，既不费牛，又不废田，甚善。非但一运，自可永以为式。今别下统万镇出兵以供运谷，卿镇可出百兵为船工，岂可专废千人。虽遣船匠，犹须卿指授，未可专任也。诸有益国利民如此者，续复以闻。'"

24. 《魏书》卷一一〇《食货志》："三门都将薛钦上言：'计京西水次汾华二州，恒农、河北、河东、正平、平阳五郡年常绵绢及赀麻，皆折公物，雇车牛送京。道险人弊，费公损私。略计华州一车，官酬绢八匹三丈九尺，别有私民雇价布六十四。河东一车，官酬绢五匹二丈，别有私民雇价布五十匹。自余州郡，虽未练多少，推之远近，应不减此。今求车取雇绢三匹，市材造船，不劳采研。计船一艘，举十三车，车取三匹，合有三十九匹。雇作手并匠及船上杂具食直，足以成船。计一船剩绢七十八匹，布七百八十匹。又租车一乘，官格四十斛成载。私民雇价，远者五斗布一匹，近者一石布一匹。准其私费，一车布远者八十匹，近者四十匹。造船一艘，计举七百石，准其雇价，应有一千四百匹。今取布三百匹，造船一艘并船上覆治杂事，计一船有剩布一千一百匹。又其造船之处，皆须锯材人功，并削船茹，依功多少，即给当州郡门兵，不假更召。汾州有租调之处，去汾不过百里，华州去河不满六十，并令计程依旧酬价，车送船所。船之所运，唯达漯陂。其陆路从漯陂至仓库，调一车雇绢一匹，租一车布五匹，则于公私为便。'"

326

25. 《魏书》卷一一○《食货志》："尚书崔休以为……其钦所列州郡，如请兴造。东路诸州，皆先通水运，今年租调，悉用舟楫。若船数有阙，且赁假充事，比之僦车，交成息耗。其先未通流，宜遣检行，闲月修治，使理有可通，必无壅滞。如此，则发召匪多，为益实广，一尔暂劳，久安永逸。录尚书高阳王雍、尚书仆射李崇等奏曰：'运漕之利，今古攸同，舟车息耗，实相殊绝。钦之所列，关西而已，若域内同行，足为公私巨益。谨辄量量，备如前计，庶征召有减，劳止小康。若此请蒙遂，必须沟洫通流，即求开兴修筑。或先以开治，或古迹仍在，旧事可因，用功差易。此冬闲月，令疏通咸讫，比春水之时，使运漕无滞。'"

26. 《魏书》卷一一○《食货志》："诏从之。而未能尽行也。"发端于六镇之乱的北魏末期动乱应是导致该提案无法得到彻底执行的原因。

第十章 "三五发卒"考实

——六朝时期的兵役、力役征发方式与北魏的三长制

前言

在第二部的前四章中，我通过考察汉帝国崩溃后魏晋南北朝时期的财政结构，厘清了以户调制为基础的所有征收物被置于皇帝和中央政府的直接管理下，以及财政主权逐渐集中于皇帝和中央政府的过程。本章要考察与租税收入相对的、支撑这一时期财政与社会再生产的百姓兵役与力役的重建过程，从而阐明汉帝国崩溃后分田农民阶层的重建过程。

有关汉帝国崩溃后的魏晋南北朝兵役与力役研究，以滨口重国的古典研究为代表，以兵户制（世兵制）为中心的研究已有一定成果。[1]众所周知，自曹魏创设军户制

到西魏创置二十四军为止，六朝时期的兵力是以户籍异于一般编户的兵户为中心的。另外，诚如菊池英夫于较早以前指出的那样，在北魏后期以兵户制为基础的同时，还可看到广泛存在兵户以外的编户农民负担兵役的现象。[2] 关于这种由编户农民承担兵役徭役的情况，在松永雅生的北魏徭役制度研究、窪添庆文的北魏地方州军研究以及佐川英治的三长制、均田制研究中皆有所探讨，已经形成一定的基本认识。[3]

另外，如滨口重国与唐长孺指出的，从汉代到六朝末期为止，兵役、力役（徭役）与吏役并未分化，作为兵、卒被征发的人不仅要负担兵役，也要从事力役与吏役。[4] **328** 这些都是学界周知的事实。六朝时期，各个王朝国家通过作为根基的兵户制和从编户百姓中征发的兵役、徭役来实现社会的维持与再生产。根据这些研究，我们可以概括出六朝时期的整体动向：从最初曹魏以兵户制为中心的兵役编成，历经兵户制、编户农民两者共同负担兵役，直到在府兵制下形成编户农民负担兵役的一元化，[5] 与此同时兵役、力役（正役、杂徭）与吏役（杂任役等）也逐渐分化。

在这些整体性研究中，还有很多课题尚未解决。其中之一就是编户农民的兵役与力役征发问题。两汉时期与魏 **329** 晋南北朝时期一样，都存在负担兵役、力役的正丁与次丁

（中）的年龄划分，也就是所谓的丁中制（参考表 15）。这意味着从编户农民中征发的兵役和力役是基于特定条件形成的制度化产物。但目前尚未弄清的是，正丁、次丁的兵役、力役征发和组织，是通过何种方式，且以何种组织为主体进行的。六朝时期，可见到"三五占兵""三五发卒""三五民丁"等对征发方式的表述。对此，目前一般的解释主要基于《资治通鉴》胡三省注，将其理解为"每三丁中二丁，每五丁中三丁"，或是"每三丁中一丁，每五丁中二丁"。然而仔细探讨下来，很难不让人怀疑这些见解的依据。

表 15　六朝丁中制一览

单位：岁

时期	小	中（次丁）	大（正丁）	老（免）	出处
晋	—12	13—15	16—60 61—65（次丁）	66—	《通典·食货七·丁中》"编户"条
宋初		—14	15—60	61—	《宋书》卷一〇〇"西府兵"条
元嘉中		13—15 米 30 石	16—（60） 米 60 石		《通典·食货四·赋税上》"武吏"条
旧制	—12	13—15	16—（60）		《通典·食货七·丁中》"编户"条
大明中	—14	15—16 半役	17—（60） 全役		

续表

时期	小	中（次丁）	大（正丁）	老（免）	出处
梁	—15	16—17 半课	18—65 全课	66— 免课	《通典·食货五·赋税中》"编户"条
魏		15— 受田	—69	70— 退田	《通典·食货一·田制上》"编户"条
北齐 （河清三年令）	—15	16—17	18—65 受田输租 20—60充兵	66— 退田	《通典·食货二·田制下》、《通典·食货五·赋税中》、《通典·食货七·丁中》"编户"条
北周		·	18—64赋 18—59 力役（十二丁兵）	65— 60—	《通典·食货五·赋税中》"编户"条
隋（新令） 开皇三年	4—10 4—10	11—17 11—20	18—59 （十二番） 21—59 （岁役20日）	60— 60—	《通典·食货五·赋税中》、《通典·食货七·丁中》"编户"条

　　本章将以"三五占兵""三五发卒""三五民丁"表述的五胡十六国到六朝时期屡次实施的对编户农民兵役、力役征发为线索，阐明编户百姓的徭役组织特质，为隋代和唐代前期的徭役兵役研究做铺垫。

一 有关"三五发卒"的意义

"三五占兵""三五发卒""三五民丁"等被冠以"三五"的兵役、力役史料散见于整个六朝时期。据此可知,"三五发卒"是六朝时期标准的农民征发方式。只是六朝时期的兵役、力役征发并不限于"三五发卒",而是有多种方式,这一点是理解"三五发卒"的前提。

330 例如,西晋征服吴国时,曾采取"家有二丁三丁,取一人。四丁取二人。六丁以上,三人"的征兵方式。[6]十六国时期,后赵石虎在远征慕容氏之际,下令以"司、冀、青、徐、幽、并、雍,兼复之家,五丁取三,四丁取二"的方式征发。[7]前秦苻坚在远征东晋时,也曾下令"人十丁遣一兵"。[8]

南朝方面,南齐废帝东昏侯永元年间(499—501)以后,为应付随北魏来犯而爆发的内乱,规定"扬、南徐二州人丁,三人取两"。[9]到了梁代,为对抗北魏而修筑淮水治水工程,也从扬州、徐州"率二十户取五丁"。[10]而北朝一边,孝文帝延兴三年(473)十月,为配合太上皇帝(献文帝)远征南朝,曾"诏州郡之民,十丁取一以充行"。[11]

如此,六朝时期的国家为了满足其需要,指定特定地域并设定一定比例,自由地征发编户百姓。三丁取一人、三丁取二人或五丁取三人等征发方式的征发率极高。不仅如此，州郡地方长官们也屡屡被指"赋调役使，无复节限"[12]、"徭役不时"[13]。据此可知，六朝时期专制国家在征发编户百姓的兵役、力役时，仍保有本质上不受限制的权力，不过通常仍采取"三五发卒"这种制度化征发方式。问题是，历来的研究对于"三五发卒"征发方式的理解仍有混乱。

接下来尝试整理有关"三五发卒"的各家见解。

有关"三五发卒"的方式，最早的注解是《资治通鉴》胡三省注，且分为两种类型。第一种见于《资治通鉴》卷九七东晋成帝咸康八年（342）条，即后赵石虎在南伐河南四州，西讨并、朔、秦、雍四州，以及东征青、冀、幽三州的时候，皆下令用"三五发卒"的方式征发兵卒。有关此"三五发卒"，胡三省注云"三丁发二，五丁发三也"。[14]此乃将前揭南齐废帝东昏侯"扬、南徐二州人丁，三人取两"与后赵石虎"五丁取三，四丁取二"两者折中之后所得的结果。

胡注的第二种类型见于《资治通鉴》卷一二五宋文帝元嘉二十七年（450）条。北伐之际，文帝为补其兵力之不足，令青、冀、徐、豫、南兖、北兖六州一律以"三五民丁"的方式征发。有关此"三五民丁"，胡三省注云"三丁发其一，五丁发其二"。[15]但这个解释并无其他

331

可参照的例子。

如此，胡三省对"三五发卒"有"三丁发二，五丁发三也"和"三丁发其一，五丁发其二"两种迥异的解释。所谓"三五"，究竟是"每三丁，每五丁"征发多少人？胡三省的摇摆不定显示出他的注解欠缺严谨的根据。但时至今日，他的解释依然束缚着研究者们。

张泽咸在南北朝的徭役研究中曾提及"三五发卒"的方式，他根据后赵石虎"五丁取三，四丁取二"征发方式的记载，指出三五发兵，即五丁征发三人、四丁取二人的方式，在同时期的江南各政权也同样被实施，[16]他认为胡注的第一种解释是妥当的。[17]

陈玉屏在其兵户制度研究中提到"三五发卒"的方式，指出在东晋南朝，"三五发卒"是征发民众以补充兵士的标准形态。他引用前述西晋"家有二丁三丁，取一人。四丁取二人。六丁以上，三人"的兵士征发方式作为最早的例子。[18]

滨口重国在魏晋南北朝兵户制度的研究中指出，所谓"三五"，即征发编户为兵时的点兵率标准，于户内每三丁取一丁，每五丁取二丁。他偏向胡注的第二种解释。滨口还指出，在魏晋南朝时期这种编户的征发是一种临时性措施（滨口重国，1966h：421）。

越智重明在有关六朝贵族制的社会史研究中，提到了

"三五发卒"的方式。越智认为六朝时期的社会阶层由甲族（门第二品层）—次门（下级士族层）—后门（上层庶民层）—三五门（下级庶民层）的四层门族结构组成。他将"三五门"解释为"三丁发一、五丁发二的一般庶民（下级庶民层），与前述役门属于同一阶层"（越智重明，1982b：235）。这也属于胡注的第二种解释。

草野靖在其追溯宋代户等制渊源的著作中，从其特有的身份制社会观点来解释汉六朝时期的"三五发卒"方式。草野修正了越智门族层的理解，将三五门层视为位居一般编户百姓上层的豪门强宗，并且是负担兵役、吏役的主体。在此基础上，他认为"所谓三五，指的是户内有三丁之家取一丁、有五丁之家取二丁的征调方式，虽然迄今仍是差调士家或吏家户丁以充当兵吏的准则，但也适用于编户百姓。从殷实多丁之户中挑选壮丁以充当郡兵，此即三五民丁"（草野靖，1999：13，31—35）。草野对"三五发卒"的解释属于胡注的第二种类型。但是，草野从其征发率之高这点出发，认为这是特别针对编户百姓中殷实多丁户（富豪层）的措施。

这些见解都将"三五发卒"理解为针对编户农民的 333 标准征发方式，故大致都是以胡注为本，设想出一套约略三丁取一兵、五丁取二丁的高比例征发制度。草野的观点即从高征发率切入，将其视为针对富豪层（豪门多丁）

的措施。若限于胡注的话，草野的观点的确逻辑完整。然而胡注有两种解释，其观点理解模糊，欠缺扎实根据。因此以高征发率的胡注作为前提，并不能推动对这个问题的讨论。

为探究"三五发卒"方式的实际内容，我试着以十六国到南朝时期的史料为素材，探讨上述各家解释中几个比较重要的论点。

对于"三丁发二，五丁发三也"与"三丁发其一，五丁发其二"的高征发率，我们不得不首先追问胡注假设的妥当性。这里举出前燕慕容儁的例子。前燕光寿二年（358），当慕容儁计划攻击洛阳并且经略关中地区时，"乃令州郡校阅见丁，精覆隐漏，率户留一丁，余悉发之"。但此举引来刘贵"召兵非法"的强烈反对，于是为此召开官僚会议，结果"乃改为二五占兵，宽戎备一周"。[19]这里出现的"三五发卒"方式是让每户仅留下一丁并征发此外所有民丁，这个措施招致了"召兵非法"的批判。此乃以"法"作为准则的征发方式，因此难以想象它会具有很高的征发率。

另外，苻坚征服代王涉翼犍（拓跋什翼犍）后，在解散鲜卑拓跋部的同时，对其采取"三五取丁，优复三年无税租"的方式。[20]由于这里采用"三五取丁"方式作为优待拓跋部政策的一环，所以也不能假设此处的征发率较高。

如果高征发率欠妥的话，则"三五发卒"的对象必 **334**
然仅限于富豪层（豪门多丁）这点也变得很可疑。这里
举出南齐武帝时期（483—493）山阴县的例子。东中郎
将、行会稽郡事顾宪之在答复武帝对山阴县现状的征询时
有如下叙述：

> 山阴一县，课户二万。其人赀不满三千者，殆将
> 居半。刻又刻之，犹且三分余一。凡有赀者多是士人
> 复除，其贫极者悉皆露户役人，三五属官，盖惟分
> 定，百端输调，又则常然。
>
> （《南史》卷三五《顾宪之传》）[21]

这里看到的"三五属官"被用于与拥有资产的"士
人复除"者对比，很明显是在阐述极为贫困的"露户役
人"的情形。"三五属官"层所指涉者并非富豪层。在受
到"分"的身份性制约并被分别以"三五门""役门"
表述这一点上，可以看出南朝"三五发征"方式的特质。

再者，还有前文宋文帝元嘉二十七年（450）以三五方
式征发兵士的例子。此时的征发被称为"七条征发"，按照
尚书左仆射何尚之的提案，在实施时有七条例外规定。何
尚之指出，征发"三五民丁"时，①父祖伯叔兄弟仕州居职

从事，②仕北徐州、兖州为皇弟皇子从事，③庶姓主簿，④诸皇弟皇子府参军，⑤督护，⑥王国三令以上及⑦王国相府舍人这七类人不在征发之列，其余则悉数被编入远征军。[22]

335　目前尚不确定七条特别规定是否即如上述。但是从此处"三五民丁"征发设定的条件来看，其排除在外的对象正是具有地方州、国上层属吏经验或军府上层府官经验的人以及这两者的子孙。以当时惯例来看，地方上层属吏、军府上层府官皆由地方的富豪层出任。[23]因而在此种情况下，不如说实际征发的对象应以编户下层为中心。下面试举其例。

吴兴郡武康县人沈攸之，"少孤贫。元嘉二十七年，索虏南寇，发三吴（五）民丁，攸之亦被发"。[24]他是司空沈庆之一族，父亲叔仁也曾任衡阳王义季的征西长史兼行参军。原本他应该有被免除征发的身份，却于父亲亡故后，以贫困民丁的身份被征发。

正如展现了西晋课田制度的《晋故事》所载，"凡民丁课田，一夫五十亩，收租四斛、绢三匹、绵三斤"（《初学记》卷二七"绢"条），"三五民丁"中的民丁指的就是构成课田对象的一般编户农民。"三五民丁"即拥有徭役免除特权的士阶层以外的庶民，即编户农民阶层，或者说贫农阶层。

另一个必须确认的论点，即我们从前文前燕慕容儁以及宋文帝元嘉二十七年"七条征发"的例子中得知的,"三五发卒"是一种制度化的征发方式。在刘宋末期的沈攸之内乱之际,骠骑将军萧道成(南齐高帝)对徐州发布命令称"所统郡县,便普三五,咸依旧格,以赴戎麾",[25]我们也能从此处依循旧格的指令确认上述论点。郭祖琛又说:"又梁兴以来,发人征役,号为三五。"[26]在南朝,自宋文帝元嘉二十七年到梁天监年间(502—519)为止,"三五发卒"也作为一种制度而得到施行。[27]

从五胡十六国到南朝时期,"三五发卒"是一种针对编户农民的、制度化的兵役与力役征发方式,它与偶尔看到的那种高比例的临时性征发不同,是一种比较稳妥的征发方式。在贵族身份制即"士庶区别"发达的南朝,如"三五民丁""三五属官"的称呼所体现的那样,它主要是由越智重明称为"三五门层"的庶民下层阶级构成的。那么,它的具体征发方式又是什么样的?让我们将目光转向北朝,再进一步展开考察。

二 北魏末期、东魏的三长制与"三五发卒"

问题在于对"三五"的理解。以汉语的常识来说,"三五"多指三乘五——"三五夜"即十五夜,"二八女"即十六岁的妙龄女子,而非指二十八岁的女子。如此一来，所谓"三五发卒"也可能是"每十五丁征发一兵"的意思，下面举一实例。

淮阳王元孝友就改革三长制一事对东魏孝静帝提议道：

337

令制：百家为党族，二十家为间，五家为比邻。百家之内，有帅二十五，征发皆免，苦乐不均。羊少狼多，复有蚕食。此之为弊久矣。京邑诸坊，或七八百家，唯一里正、二史，庶事无阙，而况外州乎？

请依旧置，三正之名不改，而百家为四间，间二比［如此一来即为一党族、四间、八比邻，共十三长］。计族省［二十五长减十三长得］十二丁，得十二匹赀绢。略计见管之户，应二万余族，一岁［以削减的十二丁每匹乘以二万党族］出赀绢二十四万匹。十五丁出一番兵，［二十四万丁除以十五丁］计得一万六千兵。此富国安人之道也。……诏付有司议，奏不同。

（《魏书》卷一八《元孝友传》）[28]

该案提于东魏孝静帝时期（534—550）。修正案虽交付有司，但并未达成共识。因此可以推测，依据令制规定的三长制和基于三长制的十五丁一兵的兵役征发制度依然持续施行。

至于这里引用的是何时的令，东魏并没有留下改定律令的记录，因此推测可能是北魏时期的令。北魏后期制定的令有孝文帝太和五年令（481）、太和十六年令（492）以及宣武帝正始元年令（504）（《魏书·帝纪》《魏书·刑罚志》）。虽然据推测，太和十年首次施行的三长制可能被记于太和十六年令中，但如后所述，其内容不同于元孝友的引用，于是就只剩下宣武帝的正始元年令。我们很难明确指出元孝友引用的是哪一年的令，但大致可以判定是介于北魏末期到东魏之间对三长制的规定。

这里提到的一丁一赀绢、十五丁一兵的制度，是以当 **338** 时施行的三长制与三制的修正方案两者作为前提的，因而可知其颇有传统。番兵制度即每年轮替，针对南朝派遣军队守备南方边境。在十五丁一兵的情况下，以每十五年为一周期，在不用担任番兵的十四年期间资助担任番兵者赀绢一匹，以作为其执行任务的军资。[29]

有史料可以说明此十五丁一兵制与"三五发卒"之间的关联，即六镇之乱时孝明帝的正光五年诏（524）。这一时期正值前述所引令中三长制、十五丁一兵制的施行时期。在诸州镇城民（兵户）叛乱之际，该诏敕赞扬诸州镇城民自道武帝、太武帝以来的功绩，在论及叛乱原因后陈述道：

> 诸州镇军贯，元非犯配者，悉免为民，镇改为
> 州，依旧立称。此等世习干戈，率多劲勇，今既甄
> 拔，应思报效。可三五简发，讨彼沙陇。[30]

"三五简发"的征发对象是那些原本为城民，但已获得解放并成为编户的民丁，"三五简发"采取的自然也是前文所见的十五丁一兵的征发方式。

所谓"三五发卒"，就是按照十五丁一兵的比例从编户百姓中征发兵役与力役，它作为一种制度化的征发方式，施行于五胡时期到南朝梁初期，在北朝则到东西魏初期为止。在紧急情况下，"三五发卒"则以富豪层作为对象，采取五丁二兵、三丁一兵等更高征发比例或征发其奴婢的手段，从而获得更强大的兵力。

三　北魏三长制与徭役编成

前节所见"三五发卒"，即十五丁一兵的制度，在北朝时与三长制村落有一定关系，因而与南朝相比，其制度基础更为坚实。本节将弄清三长制与十五丁一兵制的相互关系，追溯北魏十五丁一兵制（"三五发卒"）的成立过程。

元孝友引用的北魏末期至东魏时期的三长制如表 16 所示。

表 16　北魏末期至东魏时期的三长制

一党族（百家）	闾（二十家）	四比邻（五家）
	闾（二十家）	四比邻（五家）
	闾（二十家）	四比邻（五家）
	闾（二十家）	四比邻（五家）
	闾（二十家）	四比邻（五家）
	〔五正〕	〔二十正〕

　　下面尝试检视表 16 的内容，来思考三长制与十五丁一兵制的关联性。一闾（四比邻）以二十家为单位，若以一家一丁为标准，则一闾可得二十丁。其中包含一闾正与四邻长，共计五正，若将其从负担徭役的丁数中除去的话，则剩下十五丁。这个数字正好就是十五丁一兵的基础数字。不过，通常来说一家不会只有一丁，应该还会有若干剩余的兵丁，他们会被用于补充一闾内部的缺额，或被用来在各闾之间进行调整。如此一来，可知负担十五丁一兵的单位就是闾。这与前面看到南朝梁的淮水治水工事中，于扬州、徐州"率二十户取五丁"的基础单位大致相同。

　　另外，北魏以降，在广为人知的敦煌出土的西魏大统十三年（547）《瓜州效谷郡计账》（斯坦因 613 号文书）中，有如下例子：

340

都合课丁男叁拾柒人

五人杂任役

一人猎师

[一人□□]

一人防阁

二人虞候

叁拾两人定见

六丁兵卅人

乘　二　人

（池田温，1979）

这里记载了三十三户之里（?）的课丁男三十七人，其中除五人担任杂任役之外，其他三十二人担任六丁兵。六丁兵是以六人一组负担一兵即六丁一兵的制度。此处由三十人负担五兵，剩下二人则担任预备兵。

341　　应注意的是，北魏末、东魏的三长制由五闾构成。由于一闾征发一丁，故一个三长制村落（一党族）中征发五闾五丁的兵士。五丁编组成伍。军队的基础编组单位历来皆以什伍制为原则。北魏末、东魏的三长制通过十五丁一兵的征发方式构成了如下架构，即一个村落组织编组一伍的基础军事组织，这与西魏六丁兵相通。不同之处仅在于，西魏六丁兵由三十三户的里构成一伍，但在以一个村落组织编组成一伍这点上,两者是共通的。

根据元孝友所说,东魏的三长制村落大约有二万余个。在元孝友的提案里应该有一个具体的构想,即东魏全境约可组织起两万个伍、合计约十万名兵士的军队,并提供支撑这支军队的一百五十万丁与一百五十万匹赀绢。佐川英治在三长制创设期的研究中,阐明了其主要目的在于借由整顿户籍以掌握编户农民,进而确立征兵制度(佐川英治,1999b)。佐川的理解很准确,这从北魏末年和东魏三长制村落的结构本身也能获得验证。三长制村落通过十五丁一兵即"三五发卒"的方式,构成北魏末期和东魏军事组织的基础单位。

这种十五丁一兵制与村落制度之间的关联,究竟是经过怎样的过程而被创设出来的?对此已经有许多研究做了基本的史料整理。此处针对"三五发卒"导入三长制这一点,追索其演变过程。

诚如佐川英治指出的,北魏正式从编户百姓中征兵是孝文帝延兴三年(473)之事。北魏于其年九月派遣十名使者调查州郡的户口,并将其登录于户籍。翌年十月,配合太上皇帝(献文帝)远征南朝,命令州郡民每十丁征发一兵以充军,并向每户征收租五十石以备军粮。[31]借由整顿户籍来掌握编户农民与征兵制度之间的关联,即发端于此。只是这个时期的征兵方式是十丁一兵,这与村落组

342

织之间的结构性关联尚不明确。

应在不久之后，此征兵方式就发生了变化。太和四年
（480）平定徐州民桓和等人引起的叛乱之后，徐州刺史
薛虎子做出如下叙述：

> ［徐州］在镇之兵，不减数万，资粮之绢，人十
> 二匹，即自随身，用度无准，未及代下，不免饥寒。

薛虎子对此提出的对策是以资粮之绢作为购买牛的本
金，再从戍兵中拨出一部分使之从事农耕，据此可获得超
过本金十倍的军事经费。此一提案在孝文帝许可后得到
实施。[32]

此处薛虎子介绍的一兵十二匹资粮之绢即相当于前述
十五丁一兵的赀绢十五匹。可以认为，徐州方面的戍兵
（番兵）是以十二丁一兵的方式征发的。不过这里并未特
别采用"三五发卒"的方式，也看不出与村落制度之间
的关联性。

始于孝文帝延兴三年的十丁一兵征发方式，至太和四
年已经放宽为十二丁一兵，又在孝明帝正光五年（524）
至北魏末、东魏时期逐渐变为"三五发卒"的方式，并
与三长制村落之间产生了结构性关联。观察从十丁兵至十
二丁兵、再至十五丁兵的演变过程，我认为其决定性转折

点在于太和十年（486）三长制的成立。

北魏太和十年的三长制，即"五家立一邻长，五邻［二十五家］立一里长，五里［一百二十五家］立一党长，长取乡人强谨者。邻长复一夫，里长二，党长三。所复复征戍，余若民"。[33]

构成太和时期三长制核心的是其中的一里二十五家。**343** 若以一家一丁作为标准，则一里平均可得二十五丁。在这二十五丁之中，有七丁因作为长而成为免役对象（邻长五人、里长二人），故负担兵役者为剩下的十八人。一旦运用太和初年的十二丁一兵制，则会出现剩余六丁的情况，并不合理。若以十五丁一兵（三五发卒）的方式编组，则为十五番兵且剩余三丁，形成有富余的编组。如此即从一党五里中编组成伍（五丁）。十五丁一兵（三五发卒）的方式随着三长制的创设而被采用，"三五发卒"于是与村落组织产生结构性关联，并构成国家的基础军事单位。[34]

根据《通典》"孝文迁都河洛，定礼崇儒。明帝正光以前，时惟全盛，户口之数，比夫晋太康，倍而余矣"，杜佑在原注中指出太康元年（280）平吴时的户数为2459800户，并据以推测北魏全盛时期的户数约为500万户。[35]据此，以一户一丁编入十五丁一兵的方式进行单纯计算的话，则北魏全盛时期可动员的兵士数量约为33万

（500 万丁除以 15 丁）。太和二十一年（497）六月，"诏冀、定、瀛、相、济五州发卒二十万，将以南讨"，翌二十二年四月也有"发州郡兵二十万人，限八月中旬集悬瓠"的记载（《魏书》卷七下《高祖纪下》），三长制村落组织从结构上将"三五发卒"纳入其中。以上情形正是以此种三长制村落组织作为基础的。诚如本章开头所介绍的，各项先行研究已经指出北魏后期对编户农民的兵役征发和地方州军的重要性。通过以上对"三五发卒"的探讨，可以为此提供更加切实的佐证。

结语

344 从五胡十六国时期到六朝后期为止，"三五发卒"作为标准的兵役、力役征发方式，是指从每十五丁中征发一卒。在贵族身份制，即"士庶区别"发达的南朝，如"三五民丁""三五属官"的称呼所体现的那样，"三五发卒"的对象主要是越智重明所谓的"三五门层"的庶民下层阶级。

从前揭郭祖琛说的"又梁兴以来，发人征役，号为三五"可知，南朝有关"三五发卒"的例子最晚至梁天监年间（502—519）可得到确认。只是，此例只能说明它已变为一个单独用语。梁天监年间，"三五发卒"随着课役制的成立迎来了崭新的阶段。《隋书》卷二四《食货志》中有如下规定：

> 其课，丁男调布绢各二丈，丝三两，绵八两，禄绢八尺，禄绵三两二分，租米五石，禄米二石。……其男丁，每岁役不过二十日，又率十八人出一运丁役之。

由此规定可知，天监年间每十五丁征发一卒的"三五发卒"已变为岁役二十日、每十八人征发一人作为运丁的制度。岁役二十日预示了隋唐时期的岁役规定，按当时一年三百六十日的计算方式来看，它以十八人为一组执行全年力役。尽管已无法辨识出如北朝那样与乡村制相互结合的痕迹，但若仅就役务方面而言，它比每十五丁征发一卒的北朝方式更为缓和。只是，必须负担等量运丁这点，也可说是增加了负担。梁制的特色在于，在岁役二十日之外还要确保等量的运丁。等量的力役与输送劳动作为男丁基本的义务性劳役，这点与唐玄宗时期的正役相符，即每年约八百万丁的半数四百万丁被用于输送（本书第十三章，页边码第454页）。可知在徭役劳动之中，确保财政性物流的输送劳动占有半数之多的重要位置。值得注意的是，在南朝后半期已经出现了接近隋唐时期岁役

345

（正役）的徭役制度。

在北朝，通过在结构上被编入北魏三长制村落组织，"三五发卒"获得了完备的形态。

众所周知，三长制村落组织还是以创造、维持均等小土地所有为目的的均田制施行的基础。三长制村落组织将五胡十六国时期以来的"三五发卒"编入其中，构成了均等小土地所有、均等租税和均等军事负担的基层行政单位，并重建了以汉末三国时期崩溃的阡陌制度为基础的战国秦汉时期分田农民体制。[36] 如此，人们熟知的北朝末期六丁兵至八丁兵再至十二丁兵的转变，正是沿袭自北魏十丁兵至十二丁兵再至十五丁兵这一过程，它是对六镇之乱后受阻的编户农民兵役负担体制——分田农民体制进一步重建的尝试。展望隋唐时期的均田、府兵体制，则"三五发卒"的历史意义于此展露无遗。接下来的课题，就是解明此丁兵制的展开以及隋唐前期岁役的成立过程。

346

注　释

1. 参阅滨口重国（1966h）。中国学界的研究有何兹全（1982）等。

2. 参阅菊池英夫（1957）。西野正彬（1976）也较早地对"城民"的实际情况和边户农民的义务兵役进行了研究。

3. 参阅松永雅生（1987）、窪添庆文（1984）、佐川英治（1999a，

1999b)。

4. 参阅唐长孺（1983）在《读史释词》中关于"北朝的兵"
   的探论。

5. 对于此类普遍认识，气贺泽保规（1999）从兵民分离的角度研
   究了府兵制的成立与发展过程。

6. 《文馆词林》卷六六二《西晋武帝伐吴诏》："今调诸士，家有
   二丁三丁，取一人。四丁取二人。六丁以上，三人。限年十七
   以上至五十以还，先取有妻息者。"

7. 《晋书》卷一〇六《石季龙载记上》："季龙将讨慕容皝，令司、
   冀、青、徐、幽、并、雍，兼复之家，五丁取三，四丁取二，
   合邺城旧军满五十万，具船万艘，自河通海，运谷豆千一百万
   斛于安乐城，以备征军之调。"

8. 《晋书》卷一一四《苻坚载记下》："……坚下书悉发诸州公私
   马，人十丁遣一兵。门在灼然者，为崇义从。良家子年二十
   已下，武艺骁勇，富室材雄者，皆拜羽林郎。"

9. 《南史》卷五《齐本纪下·废帝东昏侯》："上自永元以后，魏
   每来伐，继以内难，扬、南徐二州人丁，三人取两，以此为率。
   远郡悉令上米准行，一人五十斛，输米既毕，就役如故。"

10. 《南史》卷五五《康绚传》："时魏降人王足陈计，求堰淮水以
    灌寿阳。足引北方童谣曰：'荆山为上格，浮山为下格，潼沱
    为激沟，并灌巨野泽。'帝以为然，使水工陈承伯、材官将军
    祖暅视地形，咸谓淮内沙土漂轻，不坚实，其功不可就。帝弗
    纳，发徐、扬人，率二十户取五丁以筑之。假绚节，都督淮上
    诸军事，并护堰作役人及战士，有众二十万，于钟离南起浮山，
    北抵巉石，依岸筑土，合脊于中流。[天监]十四年（515）四月，
    堰将合，淮水漂疾，复决溃。众患之。"

11. 《魏书》卷七《高祖纪上》延兴三年："[九月]辛丑，诏遣
    使者十人循行州郡，检括户口。其有仍隐不出者，州郡县户
    主，并论如律。……冬十月，太上皇帝亲将南讨。诏州郡之
    民，十丁取一以充行，户收租五十石，以备军粮。"

347

12. 《晋书》卷七五《范宁传》："夫府以统州，州以监郡，郡以莅县，如令互相领帖，则是下官反为上司，赋调役使，无复节限。且牵曳百姓，营起廨舍，东西流迁，人人易处，文书簿籍，少有存者。先之室宇，皆为私家，后来新官，复应修立。其为弊也，胡可胜言。"

13. 《魏书》卷五《高宗纪》太安元年（455）六月条："癸酉，诏曰：'……今遣尚书穆伏真等三十人，巡行州郡，观察风俗。入其境，农不垦殖，田亩多荒，则徭役不时，废于力也。耆老饭蔬食，少壮无衣褐，则聚敛烦数，匮于财也。闾里空虚，民多流散，则绥导无方，疏于恩也。'"

14. 《资治通鉴》卷九七东晋成帝咸康八年条："赵王虎作台观四十余所于邺。又营洛阳、长安二宫，作者四十余万人。又欲自邺起阁道至襄国，敕河南四州治南伐之备，并、朔、秦、雍，严西讨之资，青、冀、幽州为东征之计，皆三五发卒。（胡注：三丁发二，五丁发三也。）诸州军造甲者五十余万人，船夫十七万人，为水所没、虎狼所食者三分居一。"另外，《晋书》卷一〇六《石季龙载记上》与《魏书》卷九五《羯胡石勒传》也可见到这条记载。

15. 《资治通鉴》卷一二五宋文帝元嘉二十七年条："是时军旅大起，王公妃主，及朝士牧守，下至富民，各献金帛杂物以助国用。又以兵力不足，悉发青、冀、徐、豫、二兖六州三五民丁，倩使暂行（胡注：三五者，三丁发其一，五丁发其二。），符到十日装束。缘江五郡集广陵，缘淮三郡集盱眙。"另外，在《宋书》卷九五《索虏传》和《魏书》卷九七《刘裕传》中也可见到这条史料。

16. 参阅张泽咸（1981：210—246）。

17. 参阅张泽咸（1983：95—137）。

18. 参阅陈玉屏（1988：162—165）。

348 19. 《晋书》卷一一〇《慕容儁载记》："儁于是复图入寇，兼欲经略关西，乃令州郡校阅见丁，精覆隐漏，率户留一丁，余悉发之，欲使步卒，满一百五十万，期明年大集，将进临洛阳，为三方节度。武邑刘贵上书极谏，陈百姓凋弊，召兵非法，恐人不堪命，有土崩之祸，并陈时政不便于时者十有三事。儁览而悦之，付公卿博议，事多纳用，乃改为三五占兵，宽戎备一周，悉令明年季冬赴集邺都。"又有汤球《十六国春秋辑补》卷二七《前燕录五》将此条记载系于光寿二年。

20. 《晋书》卷一一三《苻坚载记上》："坚既平凉州，又遣其安北将军、幽州刺史苻洛为北讨大都督，率幽州兵十万讨代王涉翼犍。……翼犍战败，遁于弱水。苻洛逐之，势穷迫，退还阴山。其子翼圭缚父请降，洛等振旅而还，封赏有差。坚以翼犍荒俗，未参仁义，令入太学习礼。以翼圭执父不孝，迁之于蜀。散其部落于汉鄣边故地，立尉监行事，官僚领押，课之治业营生，三五取丁，优复三年无税租。其渠帅岁终令朝献，出入行来，为之制限。"

21. 关于这条史料的解释，另请参阅渡边信一郎（1986）第四章「二世紀から七世紀に至る大土地所有と経営」，第 188—189 页。

将"三五属官"之人称为三五门或役门这点，请参阅《宋书》卷八三《武念传》："武念，新野人也。本三五门，出身郡将。萧思话为雍州，遣土人庞道符统六门田，念为道符随身队主。后大府以念有健名，且家富有马，召出为将。"另有《宋书》卷八三《宗越传》："宗越，南阳叶人也。本河南人。晋乱，徙南阳宛县，又土断属叶。本为南阳次门，安北将军赵伦之镇襄阳，襄阳多杂姓，伦之使长史范觊之，条次氏族，辨其高卑。觊之点越为役门。出身补郡吏。……家贫无以市马，常刀楯步出，单身挺战，众莫能当。每一捷，郡将辄赏钱五千，因此得市马。"

22. 《宋书》卷九五《索虏传》："是岁军旅大起，王公妃主及朝士牧守，各献金帛等物，以助国用。下及富室小民，亦有献私财至数十万者。又以兵力不足，尚书左仆射何尚之参议，发南兖州三五民丁，父祖伯叔兄弟仕州居职从事，及仕北徐兖为皇弟皇子从事，庶姓主簿，诸皇弟皇子府参军督护，国三令以上相府舍者，不在发例。其余悉情暂行征。符到十日装束，缘江五郡集广陵，缘淮三郡集盱眙。"

此"七条征发"不仅导致户籍伪造频发、国家对编户农民的掌握受阻，更招致士庶身份的混乱，演变成严重的社会问题。《南史》卷五九《王僧孺传》："转北中郎咨议参军，入直西省，知撰谱事。先是，尚书令沈约以为：'晋咸和初，苏峻作乱，文籍无遗。后起咸和二年以至于宋，所书并皆详实，并在下省左户曹前厢，谓之晋籍，有东西二库。此籍既并精详，实可宝惜，位宦高卑，皆可依案。宋元嘉二十七年，始以七条征发，既立此科，人奸互起，伪状巧籍，岁月滋广。以至于齐，患其不实，于是东堂校籍，置郎令史以掌之。竞行奸货，以新换故，昨日卑细，今日便成士流。凡此奸巧，并出愚下，不辨年号，不识官阶。或注隆安在元兴之后，或以义熙在宁康之前。此时无此府，此时无此国。元兴唯有三年，而猥称四、五，诏书甲子，不与长历相应。校籍诸郎亦所不觉，不才令史固自忘言。臣谓宋齐二代，士庶不分，杂役减阙，职由于此。窃以晋籍所余，宜加宝爱。'武帝以是留意谱籍，州郡多离其罪，因诏僧孺改定《百家谱》。"

23. 关于这点，请参阅渡边信一郎（1994）第七章「『臣軌』小論」，第326—327页。

24. 《宋书》卷七四《沈攸之传》："沈攸之，字仲达，吴兴武康人。司空庆之从父兄子也。父叔仁为衡阳王义季征西长史兼行参军，领队。……攸之少孤贫。元嘉二十七年，索虏南寇，发三吴民丁，攸之亦被发。"这是元嘉二十七年征发三五民丁之一环，故"三吴民丁"乃"三五民丁"之误。

25. 《梁江文通文集》卷七《萧骠骑发徐州三五教》："州府纪纲，沈攸之背慢灵极，稽诛之日久矣。……然云罗既舒，宜广威防，所统郡县，便普三五，咸依旧格，以赴戎麾。主者飞火施行。"该文系由骠骑参军江淹代笔。

26. 《南史》卷七〇《郭祖琛传》:"时帝［武帝］大弘释典,将以易俗,故祖深尤言其事,条以为:'……又梁兴以来,发人征役,号为三五。及投募将客,主将无恩,存恤失理,多有物故,辄刺叛亡。或有身殒战场,而名在叛目,监befragt下讨,称为通叛,录质家丁。合家又叛,则取同籍,同籍又叛,则取比伍,比伍又叛,则望村而取。一人有犯,则合村皆空。……'"

27. 此外,关于"三五发卒"的史料还有《宋书》卷九一《孝义·孙棘传》:"孙棘,彭城彭城人也。世祖大明五年(461),发三五丁。弟萨应充行,坐违期不至,依制,军法,人身付狱。未及结竟,棘诣郡辞:'不忍令当一门之苦,乞以身代萨。'萨又辞列:'门户不建,罪应至此,狂愚犯法,实是萨身,自应依法受戮。'"可知这是强制性的征发方式。

28. 关于这条史料和对十五丁一番兵的理解,请参阅滋贺秀三(2003)。又有中华书局标点本《魏书》校勘记云:"按百家之内,二十家为闾,应有闾长五人;五家为比邻,应有邻长二十人,合计已达'有帅二十五'之数,再加党族之长,就有二十六人,数目不符。疑当作'二十五家为闾',则闾长四人,正合二十五之数。"即对"有帅二十五"持疑。虽有问题,但因计算相符,故暂先依据原文。

29. 有关番兵制的研究,请参阅鲁才全(1991)。

30. 《魏书》卷九《肃宗纪》正光五年八月:"八月甲午,元志大败于陇东,退守岐州。丙申,诏曰:'……太祖道武皇帝应期拨乱,大造区夏。世祖太武皇帝纂戎丕绪,光阐王业,躬率六师,扫清逋秽。诸州镇城人,本充牙爪,服勤征旅,契阔行间,备尝劳剧。逮显祖献文皇帝,自北被南,淮海思义,便差割强族,分卫方镇。高祖孝文皇帝,远遵盘庚,将迁嵩洛,规遏北疆,荡辟南境,选良家酋附,增戍朔垂,戎捍所寄,实惟斯等。先帝以其诚效既亮,方加酬锡,会宛郢驰烽,胸泗告警,军旗频动,兵连积岁,兹恩仍寝,用迄于今,怨叛之兴,

350

颇由于此。朕叨承乾历，抚驭宇宙，调风布政，思广惠液，宜追述前恩，敷兹后施。诸州镇军贯，元非犯配者，悉免为民，镇改为州，依旧立称。此等世习干戈，率多劲勇，今既甄拔，应思报效。可三五简发，讨彼沙陇。当使人齐其力，奋击先驱，妖党狂丑，必可荡涤。冲锋斩级，自依恒赏。'"

31. 请参照本章注释 11。

32. 《魏书》卷四四《薛虎子传》："〔太和〕四年，徐州民桓和等叛逆。……时州镇戍兵，资绢自随，不入公库，任其私用，常苦饥寒。虎子上表曰：'臣闻金汤之固，非粟不守。韩白之勇，非粮不战。故自用兵以来，莫不先积聚，然后图兼并者也。今江左未宾，鲸鲵待戮，自不委粟彭城，以强丰沛，将何以拓定江关，扫一衡霍？窃惟在镇之兵，不减数万，资粮之绢，人十二匹，即自随身，用度无准，未及代下，不免饥寒。论之于公，无毫厘之润。语其利私，则横费不足。非所谓纳民轨度，公私相益也。徐州左右，水陆壤沃，清汴通流，足盈激灌。其中良田十万余顷。若以兵绢市牛，分减戍卒，计其牛数，足得万头。兴力公田，必当大获粟稻。一岁之中，且给官食，半兵耘植，余兵尚众，且耕且守，不妨捍边。一年之收，过于十倍之绢；暂时之耕，足充数载之食。于后兵资，唯须内库，五稔之后，谷帛俱溢。匪直戍士有丰饱之资，于国有吞敌之势。昔杜预田宛叶以平吴，充国耕西零以强汉。臣虽识谢古人，任当边守，庶竭尘露，有增山海。'高祖纳之。"

33. 《魏书》卷一一〇《食货志》："魏初不立三长，故民多荫附。荫附者皆无官役，豪强征敛，倍于公赋。十年，给事中李冲上言：'宜准古，五家立一邻长，五邻立一里长，五里立一党长，长取乡人强谨者。邻长复一夫，里长二，党长三。所复复征戍，余若民。……'"

351　34. 另外，《魏书》卷七《高祖纪下》太和二十年（496）："冬十月戊戌，以代迁之士，皆为羽林、虎贲。司州之民，十二夫调一吏，为四年更卒，岁开番假，以供公私力役。"据此可以看出，即使在太和时期三长制之下，依然施行十二丁一兵的制度。但正如这项规定与设置近卫军被一并叙述的那样，它是对首都圈司州"吏役"的规定。首都方面，如元孝友引用的北魏令中所见，设置了以数百家构成一坊，每坊皆配有一里正、二史的行政组织。与外州三长制村落组织相比，十二丁一吏、四年轮替制的司州吏役具有不同的组织原则，因此其征发方式应当也不同于十五丁一兵、一番一年轮替制的番兵组织。

35. 《通典》卷七《食货七·历代盛衰户口》："孝文迁都河洛，定礼崇儒。明帝正光以前，时惟全盛，户口之数，比夫晋太康，倍而余矣。"其原注云："按晋武帝太康元年平吴后，大凡户二百四十五万九千八百，口千六百一十六万三千八百六十三。今云倍而余者，是其盛时，则户有至五百余万矣。"

36. 关于分田农民，请参阅渡边信一郎（1986）第三章「分田農民論」。

第三部　隋唐时期的财政与帝国

小　序

在第三部中，我的研究对象是隋唐帝国时期和安史之
乱后帝国走向衰亡的这两个时期的财政史，以此探讨唐宋
变革的历史意义。目前可以确认的是，北魏太和年间重构
的以分田农民为基础的体制，在自北魏末年的内乱至隋唐
统一全国的过程中，逐渐在全国范围内普及，并在唐玄宗
开元年间迎来了鼎盛时期和转折点。第十一、十二章将在
第二部第十章内容的基础上，进一步探讨构成财政根基的
农民所承担的兵役和徭役制度的演变。

从农民的赋役承担体系这个视角来看，无论是曹魏以
来农民承担的租调役，还是汉代的租、赋、徭役，其财政
收入本质上的结构是一样的（参阅表 17），区别在于以钱
粮还是以布帛等实物的形式收取。前文第八章的内容表
明，即使到了南朝，在一段时间内，户调也是通过钱粮的
形式征收的。这一贯穿了唐代以前中国历史的租赋役、租
调役承担体系，在唐代开元年间转变为租庸调体系，并为

不久之后德宗建中元年（780）两税法的建立奠定了基础。

表 17　历代课役负担一览

王朝	租调（租赋、课调、赋调）	赋课标准	徭役
汉	田租 更赋（算赋、口赋、过更钱）	田租三十分之一,算赋一人一百二十钱	更徭、徭戍、徭使
曹魏	田租 户调（布帛）	郡县根据资产分为九等征收,公赋相同	（役）
西晋	户调（租、绢、绵） 田税	郡县根据资产分为九等征收,公赋相同	役
宋齐	户调（租、户布、租布） （田税）	郡县根据资产分为九等征收,公赋相同	役、三五发卒
梁陈	户调（租米绢绵丝、禄米绢绵） 田税	以丁为单位,赋课相同	二十日役、运丁
北魏	户调（粟、帛絮丝）	郡县根据资产分为九等征收,公赋相同	役
	民调（粟、帛）	以夫妇为单位,数额相同（太和十年以后）	役、十五丁一兵
北齐	床调（垦租、义租、绢绵丝）	以夫妇为单位,数额相同（河清三年令）	役
北周	室调（粟、绢绵）	以夫妇为单位,数额相同（六官制）	役、十二丁一兵
隋	丁男一床（租粟、绢绵、布麻）	以夫妇为单位,数额相同（开皇令）	正役二十日
	租、调	以丁为单位,赋课相同（炀帝）	正役二十日
唐	租、调	以丁为单位,赋课相同	正役二十日

　　唐代的农民在承担租调役和色役的同时，还要承担两种根源迥异的兵役。在唐代的兵制中，守卫首都的折冲府及相应的府兵制与守卫边境的都督府及相应的镇戍防人制之间有明确的区分。兵役的承担者大致分别为折冲府所在的军府州农民和一般州府的农民。尽管服兵役者来自不同的州府，但从整体来讲，该兵制下兵农一致，即所有的农民均承担兵役。该兵制在开元年间不断发生变化，由府兵制、防人制向募兵制转变，完成了兵农分离。而兵农分离的出现，又为北宋时期的军事体制奠定了基础。同时，从不断增加的养兵费用来看，这一趋势的出现具有必然性，也成为唐代后期财政结构发生变化的首要原因。

　　第十三章将在第二部以及第十一、十二章研究的基础 **356** 上，探明唐代前期律令制下的财政性物流概况，同时探究都督府在财物分配结构中发挥的中转、储备据点的作用，以及以此为基础形成的帝国结构。

　　第十四、十五章将从中央财政和地方财政两方面出发，考察帝国鼎盛时期——开元天宝年间的财政，以及以安史之乱为契机出现的藩镇体制下的财务运作特征，并尝试总结概括全书内容。藩镇体制下的财政以两税法和专卖制作为主要收入来源。其中专卖收入是中央政府的收入来源，两税收入则分为留州、留使、上供三部分，分别构成州经费、节度使经费、中央经费。据此，从唐代后期至北宋时期，财政的中央集权化再次成为政治课题。最后两章将以户部财政的建立为线索，探明三司使及其中央各财库的形成、留州财政的结构、中央政府对留州财政的指挥与管理的实现过程等问题，从而展望以两税法为基础的北宋财政。

第十一章　唐代前期农民的兵役负担

——对岁役制度形成的思考

前言

在第十章中，我通过"三五发卒""三五占兵""三
五民丁"等现象考察了五胡十六国、六朝时期的力役及
兵役的征发，明确了其征发方式为十五丁一兵，这种方式
在北魏孝文帝时期三长制村落形成之时，成为村落组织的
有机组成部分；进而述及北魏末年的内乱，作为均田制、
三长制组成部分的十五丁一兵制暂且停滞，随后被西魏、
北周、隋的六丁兵、八丁兵和十二丁兵制度所继承，演变
为隋唐均田制下编户农民的兵役负担。在本章中，我将在
实证的基础上揭示隋唐时期农民兵役负担的实际状况及其
历史源流，希望有助于读者理解带有府兵制烙印的唐代兵
制及兵役。

不只是唐代，在唐代以前的中国历代，军队承担的兵役通常包括宫城和首都的警备（宿卫）与边境的警备（戍边）两方面。虽然历朝历代有所差异，但大多数情况下，有十几万到二十万不等的兵力负责都城警备，而负责边境警备的兵力为六十万到八十万。一般认为，在唐代这一日常任务由府兵执行。

无可争议的是，府兵制是唐代兵制的基础。而按照目前日本以滨口重国为先驱的府兵制研究的一般性观点，府兵由隶属于设置了折冲府的军府州人丁（二十一岁至五十九岁）担任，其服役的主要内容有：①编入南衙禁军，作为卫士在首都长安以及洛阳等地当值；②作为防人执行边境守备的任务（起初是一年一轮替，后来变成三年轮替，最后是六年轮替制）；③没有服上述二役时，则每年十二月在各地的折冲府接受军事训练（季冬习战）。[1] 气贺泽保规由此更进一步认为，由于军州府主要分布在首都周边和西北边境地区，一般州府中的大部分农民并不承担府兵的服役。因此唐代的府兵制继承了南北朝以来的兵户制，是一种以兵农分离为原则且带有色役色彩的制度。[2]

正如气贺泽保规主张的那样，事实上府兵制中并不是所有的编户农民都承担兵役。但问题在于，从反面来看，府兵是否承担了所有的日常兵役（卫士和防人）。换言之，能否断言军府州以外一般州府的农民就不承担兵役。

府兵制研究的开拓者滨口重国一方面主张府兵是所有兵役的承担者，另一方面又认为作为一般原则的兵役义务是由符合均田法适用范围而被授予土地，并由此应承担租调役的良丁负担的。

我认为，府兵制的重任，即作为卫士在首都长安及洛阳等地当值以及被编入南衙禁军这些职责都仅由军府州的农民承担，这是不争的事实。在此认识的基础上，我也赞同气贺泽保规的主张，认为府兵制是带有色役色彩的特殊兵役，而且府兵会被派去守卫边境或进行对外战争。但问题的核心在于，防人即守备边境兵役的主要承担者是不是以府兵为主体。我认为，防人兵役的主要承担者是一般州府的编户农民，其与军府州的编户农民负担的府兵制共同构成了唐代前期均田农民的兵役负担。换言之，唐代均田制下，所有编户农民都要承担兵役，从整体上看形成了兵农一致且兵民一致的体制，其中军府州的农民承担府兵（卫士）的兵役，而一般州府的农民承担防人的兵役。

1998 年戴建国发现的《天圣令·赋役令》中留下的唐开元二十五年令《赋役令》的条文，成为重新探讨这一问题的线索。我首先将其中的相关条文列出，并探讨其历史意义。

359

一 唐开元二十五年令《赋役令》中
与兵役相关的条文

　　戴建国发现的北宋《天圣令·赋役令》共有五十条，分为两个部分：从开头到第二十三条，被概括为"右并因旧文，以新制参定"，是根据唐开元二十五年令而新制定的宋代"现行法"；而其后的第二十四条到第五十条，则被概括为"右令不行"，是唐开元二十五年令的旧文。[3] 因此北宋《天圣令·赋役令》成为复原开元二十五年令《赋役令》全部五十条内容的极为重要的线索。在日本国内，已有大津透对唐开元二十五年令《赋役令》所做的复原，[4] 并且我也曾对此进行复原，但由于这并非本章的直接论题，具体的复原过程还请参阅拙稿（渡边信一郎，2005b），这里仅对其结论进行概括性叙述。

　　从其整体内容上看，唐《赋役令》由四部分构成。第一部分（复原第一条到第十条）是课（租、调）以及庸物的征收及其再分配的规定。第二部分（第十一条到第二十七条）是课、役的免除规定。第三部分（第二十八条到第四十七条）是役的征发及其分配规定。第四部分（第四十八条到第五十条）是各种杂项。整部《赋役令》就是由谷物、布匹绸缎（纤维制品）以及劳役的全国性征收、分配及免除的诸规定构成的。总而言之，《赋役令》是规范了唐代前期律令国家财政活动的根基，以及劳动力与财物的征收和再分配的基本法。与唐代前期国家财政相关的内容，将在本书第十三章进行论述。本章仅探讨在第二部分的徭役免除规定中的两条，这两条可以帮助我们再次考察唐前期编户农民的兵役负担。

条文内容如下：

（1）（唐15）诸正、义及常平仓督，县博士、州县助教，视流外九品以上，州县市令，品子任杂掌，亲事、帐内，国子、太学、四门、律、书、算等学生、俊士，无品直司人，卫士、庶士，虞候，牧长，内给使、散使，天文、医、卜、按摩、咒禁、药园等生，诸州医博士、助教，两京坊正、县录事、里正、州县佐、史、仓史、市史，外监录事、府、史，牧尉、子，杂职，驿长，烽帅、烽副，防合、邑士、庶仆，传送马驴主，采药师，猎师，宰手，太常寺音声人，陵户，防人在防，及将防年本州非者防，徒人在役，流人充侍（谓在配所充侍者，三年外依常式），使，并免课役。其贡举人诚得第，并诸色人年劳已满，应合入流，有事故未叙者，皆准此。其流外长上三品以上，及品子任杂掌，并亲事、帐内，以理解者，亦依此例。应叙不赴者，即依无资法。

（2）（唐16）诸文武职事六品以下九品以上，勋官三品以下五品以上父子，若除名未叙人，及庶人年五十以上，若宗姓，并免役输庸（愿役身者听之）。其应输庸者，亦不在杂徭及点坊（防）之限。其皇宗七庙子孙，虽荫尽亦免入军。

被概括为"右令不行"的二十七条中包含了这两条，分别为第十五条和第十六条。唐开元二十五年令《赋役令》的发现让人们有了全新认识，这两条也不例外。首先应该探讨的是（2）（唐16）这一条。

（2）（唐16）的条文规定了正役（岁役）的免除条件及其适用范围。以下五类人员都可以缴纳庸来免除正役（岁役）（希望亲身服役亦可）：①六品以下九品以上文武职事官的父与子；②三品以下五品以上勋官的父与子；③受到除名措施而没有官复原职的官人；④五十岁以上的庶民；⑤登记在宗正寺所管属籍中的李氏一族。这条令文中，还有以"其"字开头的两个附带条目。这里首先要注意的是，第二个附带条目"其皇宗七庙子孙，虽荫尽亦免入军"。皇宗七庙子孙，指的是继承了宗庙里供奉的李唐七代皇帝血统的子孙。[5]这一条规定，即使超过了恩荫的特别免除期限，他们仍可免于兵役负担。反过来意味

361

着，除了极少数皇宗七庙的子孙之外，其他大多数人若非因恩荫免除兵役，则需承担所有的兵役。换言之，编户百姓基本上是要承担兵役的。

下面再来探讨一下第一个附带条目"其应输庸者，亦不在杂徭及点坊（防）之限"。此条规定，缴纳庸的人除了免除正役（岁役）之外，还可免除杂徭和点防（简点防人，即防人兵役）。既然正文中的"及庶人年五十以上"已明确指出其免除五十岁及以上的庶民（百姓），也就说明了承担防人兵役的并不仅限于府兵。

五十岁及以上的庶民通过缴纳庸物来免除兵役的规定，始于隋开皇十年（590）六月。在《隋书》卷二四《食货志》中，有如下记载：

　　十年五［六］月，又以宇内无事，益宽徭赋。百姓年五十者，输庸停防。[6]

"停防"的"防"，是指防人的兵役。五十岁以上的百姓如果缴纳了庸物，即可免除防人的兵役。而防人的职责是定期轮换守卫边境和对外征讨，即所谓的"征戍"。《隋书》卷五二《贺若弼传》载：

　　开皇九年（589），大举伐陈，以弼为行军总　　362

> 管。……先是，弼请缘江防人每交代之际，必集历
> 阳。于是大列旗帜，营幕被野。陈人以为大兵至，悉
> 发国中士马。既知防人交代，其众复散。后以为常，
> 不复设备。及此，弼以大军济江，陈人弗之觉也。

这则史料显示，吞并陈之前的开皇九年（589），隋在长江沿岸的边境地带大规模部署了实行轮换制的防人部队。由以上两则史料可见，防人不仅是府兵的任务，也是广大百姓所需承担兵役的内容。同时也能看出，开皇十年六月停止征发五十岁以上的编户百姓为防人的举措，与前一年开皇九年因平定江南而"宇内无事"，即隋与陈之间边境线的消失有关。

至于隋开皇十年六月的规定经历了怎样的过程而被编入《赋役令》的问题，尚无明确的线索。大概是在隋开皇十年以后，该条被收入了一个很早时期编纂的令的《赋役令》部分，进而构成了唐开元二十五年令《赋役令》中能看到的条文。

再来看（1）（唐15）的令文。此条规定了免除课（租调）、役（正役）的各种职役承担者的范围。其中如画线部分所示，防人（镇戍兵）的课役免除规定与卫士完全不同。而另外值得关注的是与防人相关的画线部分"防人在防，及将防年本州非者防"。其中的"防人在防"

指作为防人在当地执行任务，他们可免除课役；"及将防
年本州非者防"则稍微有些难以理解，恐怕是指某人轮
到应承担防人义务的年份时，该州的其他人代替他承担防
人兵役的情况，即规定了通过代理人完成防人义务之人的
课役免除（见本章补注）。需要注意的是，防人并不是由
折冲府管理，而是由各州自己掌握。而如果按照一般观点
认为的由府兵来承担防人兵役的话，那么对防人的管理应
该与兵部尚书、折冲府有关。然而在这一条文之中，州是
防人的征发单位，并且是由各州自己对防人进行管理。这
一点明确展现了担任卫士的府兵与承担防人兵役者之间的
显著区别。而参照先前的唐开元二十五年令《赋役令》
(2)（唐16）令文和隋开皇十年六月的规定，则明显可
以看出，承担防人兵役的主要是五十岁以下的一般州府的
编户百姓。

　　还有一则能够证明承担防人兵役的主要是一般州府编
户百姓的史料，那就是建中元年（780）杨炎上奏的有关
废止租庸调及实行两税法的提案。他在其中指出了租庸调
制的缺陷及其衰退原因：

　　　　初定令式，国家有租赋庸调之法。开元中，玄宗
　　修道德，以宽仁为理本，故不为版籍之书，人户浸
　　溢，堤防不禁，丁口转死，非旧名矣，田亩移换，非

旧额矣，贫富升降，非旧第矣。户部徒以空文，总其故书，盖得非当时之实。<u>旧制，人丁戍边者，蠲其租庸，六岁免归。玄宗方事夷狄，戍者多死不返，边将怙宠而讳，不以死申，故其贯籍之名不除。</u>至天宝中，王鉷为户口使，方务聚敛，以丁籍且存，则丁身焉往，是隐课而不出耳。遂案旧籍，计除六年之外，积征其家三十年租庸。天下之人苦而无告，则租庸之法弊久矣。

（《旧唐书》卷一一八《杨炎传》）

画线部分提及的作为旧制的"人丁戍边"，是唐玄宗开元年间担任边境守备的防人（镇戍兵）六年一轮替的制度，而防人在承担兵役的这六年间是免除课役的。杨炎指出，因开元年间的对外战争，大量防人死亡，但因为户籍制度混乱以及边防将领没有及时报告兵士的死亡，死亡兵士的户籍一成不变地被保留了下来。到了天宝年间，租税的征收状况变得严峻起来，政府按照保留下来的死亡兵士的旧户籍，仅免除了承担防人兵役那六年的租税，而追缴剩余三十年的租税。如其后指出的"天下之人苦而无告，则租庸之法弊久矣"，开元年间防人制的这种缺陷不只存在于军府州，而且是"天下之人"的普遍问题，这正是杨炎所述"租赋庸调之法"崩溃的原因。而如果承

担防人兵役的不是一般州府的编户百姓，那么就不可能有
这篇上奏。

二　防人制及其衰亡过程

为了进一步佐证上文的考察，有必要探讨府兵制和防 365
人制的衰亡过程。如果按照一般的观点来看，防人制是府
兵制的一环，那么两者的衰败应该是同步的。然而，事实
并非如此。

在武则天时期开始的编户农民逃亡即逃户的现象日益
显著之后，唐代前期律令制下的兵制以及兵役开始显现崩
溃的征兆。而从睿宗末年到开元年间，朝廷才真正着手应
对这个问题。开元九年（721）是其中的转折点，宇文融
在当年提出了括户政策。通过这一政策，相当于国家在籍
户数一成的八十万逃户被查出。[7] 与此措施相配合，开元
十年（722）八月，根据张说的两次上奏，朝廷裁汰了二
十余万戍边军士，并以募兵的方式重新组建了十三万人的
宿卫（中央南衙禁军）。《资治通鉴》卷二一二开元十年
条有如下记载：

先是，缘边戍兵常六十余万，说以时无强寇，奏
罢二十余万使还农。上以为疑，说曰："臣久在疆

场，具知其情，将帅苟以自卫，及役使营私而已。若御敌制胜，不必多拥冗卒以妨农务。陛下若以为疑，臣请以阖门百口保之。"上乃从之。

初，诸卫府兵，自成丁从军，六十而免。其家又不免杂徭，浸以贫弱，逃亡略尽，百姓苦之。张说建议，请召募壮士充宿卫，不问色役，优为之制，逋逃者必争出应募。上从之。旬日，得精兵十三万，分隶诸卫，更番上下。兵农之分，从此始矣。

应当注意的是，张说第一次上奏的措施针对的是缘边戍兵，即基于防人制的边境守卫，与第二次上奏中针对诸卫府兵制的重新组建提案有明显区别。针对缘边戍兵的措施是裁减二十余万士兵，让他们解甲归田，这里并没有对防人制度本身做出调整。与此相对的是，针对府兵宿卫制，张说提出了以募兵来重新组建诸卫禁军的方案。该方案切断了以卫士上番制为媒介的地方折冲府与中央十二卫府之间的联系，瓦解了府兵制的基础。司马光在史料中说"兵农之分，从此始矣"，主要是评价第二次上奏中对诸卫禁军的重建。

在张说的第二次上奏被批准后，府兵宿卫制于开元十一年（723）十一月二十日被令改建为"长从宿卫"十二万人，并在第二年二月因改名为彍骑而实质性瓦解，最终因天宝八年（749）五月九日朝廷停止向折冲府发放鱼书而彻底解体。[8] 这些都是众所周知的事情。

然而，防人戍边制的发展与上述府兵宿卫制的情况不同。为了明确这一点，需要在时间上稍微往回追溯，从睿宗末年开始进行考察。《资治通鉴》中有一则很有意思的记载，《资治通鉴》卷二一〇睿宗景云二年（711）十一月壬辰条载，"令天下百姓二十五入军，五十五免"。天下，即唐王朝实际支配的全部领土，其中所有的编户百姓均被规定从二十五岁到五十五岁服役。而《资治通鉴》同卷不到一年后的玄宗开元元年（先天二年，713）正月乙亥诰载，"诰卫士，自今二十五入军，五十免。羽林飞骑并以卫士简补"。这次仅针对卫士，将其退役年龄降低至五十岁。[9] 在兵役的服役期限上，编户百姓和府兵卫士是被明确区分开的。倘若认为府兵承担的兵役不仅限于卫士，而且包括防人的话，就无法理解唐开元二十五年令《赋役令》（唐16）中针对五十岁以上的编户百姓制定停止防人兵役举措的条文了。在开元初年，防人与府兵卫士之间在服役期限上显然是被分开处理的。

到了开元二年，朝廷踏出了改变防人制度的第一步。《册府元龟》卷一二四《帝王部·修武备》开元二年条中有如下记载：

> 二年，……十月，薛讷克吐蕃，帝遂停亲征。诏
> 曰："比来缘边镇军，每年更代，兵不识将，将不识
> 兵，……其以西北军镇，宜加兵数，先以侧近兵人
> 充，并精加简择。……"

这一诏令颁布于十月，应该是由于防人的轮替是在每
年十月一日进行。《唐律疏议》卷一六《擅兴律》"遣番
代违限"条疏议曰："依军防令，防人番代，皆十月一日
交替。"在防人轮替时颁布的这道诏书，不仅使缘边军镇
368 的防人数量有所增加，似乎也促使朝廷后续采取延长一年
轮替制兵役时间的措施。于是，开元五年（717）五月的
诏令就已经提及了四年轮替制。《册府元龟》卷一三五
《帝王部·愍征役》的开元五年五月发布的诏令中有如下
记载：

> 其镇兵宜以四年为限，散之州县，务取富户丁
> 多，差遣后，量免户纳杂科税。其诸军镇兵，近日递
> 加年限者，各依旧以三年二年为限，仍并不得延留。
> 其情愿留镇者，即稍加赐物，得代愿往，听令复行。

该诏令在限定镇兵（防人）的轮替年限为四年的同
时，指出由于服役年限逐渐增加，禁止将现役士兵的服役

年限一律延长至四年，而是根据以往两年或三年的轮替年
限执行。开元二年至开元五年的三年间，从一年轮替制转
变为四年轮替制，可以看出每年增加一年的轮替年限。虽
然这一诏令是这样规定的，但从杨炎的奏章中可以看出，
恐怕到了开元末年轮替年限已延长为六年。

　　防人制刚开始改为四年轮替制，后来又改为六年轮替
制，已经不是每年需要耕作的农民能负担得起的兵役了。
对于许多小农而言，四年或六年的兵役会让家中缺乏主要
劳动力，往往会导致他们放弃农业生产，因此他们不得不
选择逃避，而开元年间的逃户现象便是其结果。朝廷面对
这种情况，在实行括户政策的同时，也开始通过募兵来承
担兵役。有关这一转变过程，《玉海》卷一三八《兵制
三·唐府兵》所载李繁《邺侯家传》中有如下意味深长
的记载：

　　　　其戍边者，旧制三年而代。后以劳于途路，乃募
　　能更住三年者，赐物二十段，谓之召募。遂令诸军皆
　　募，谓之健儿。开元末，李林甫为相，又请诸军召募
　　长征健儿，以息山东兵士。

　　根据这一记载，可知戍边（防人）的兵役原本是三
年轮替制。然而从服役者所在地到服役地点之间的往返十

369

分不便，因此朝廷招募可以在服役地点留住三年的人，并且给予赏赐，这种方式被称为召募。而根据《邺侯家传》，在召募制的六年兵役期间里，服役者前三年按照防人制的义务服役，而后三年是领受特别赏赐的职业士兵。这一召募制与前文所述《册府元龟》开元五年五月诏令中记载的"其情愿留镇者，即稍加赐物"的措施是一致的。同时，根据《邺侯家传》，这种义务服役者与职业士兵并存的带有过渡性质的召募制，不久后随着边境诸军的扩大而被称为健儿制，以开元末年李林甫的上奏为契机，全面转变为募兵制。

应当注意的是，向募兵制转变的目的是让出自"山东"的士兵得以休养生息。众所周知，山东即河北道、河南道，而除了东都洛阳、河南府等首都圈，其他地区几乎很少设立折冲府。[10]而这一点也表明，担任戍边士兵的主力是山东即河北道、河南道一般州府的编户农民。

关于山东的戍兵，《旧唐书》卷一九六上《吐蕃传上》有如下值得留意的记载：

370　　　　　武德初，薛仁杲奄有陇上之地，至于河虏。李轨（轨）尽有凉州之域，通于碛外。贞观中，李靖破吐谷浑，侯君集平高昌，阿史那社尔开西域，置四镇。前王之所未伏，尽为臣妾，秦汉之封域，得议其土境耶。于是岁调山东丁男为戍卒，缯帛为军资，有屯田以资糗粮，牧使以娩羊马。大军万人，小军千人，烽戍逻卒，万里相继，以却于强敌。

这一记载回顾了唐代初期西北边境的领土扩张过程，以及与之相应的边防状况。其中指出，高祖、太宗两朝在西北边境进行领土扩张时，每年都征发山东的丁男去戍边。这一点说明守卫西北边境的士兵主要来源于山东，即河北道、河南道一般州府的编户农民。顺带一提，唐代兵役是基于地域的二元结构编组而成的：以两都、关中、河东、西北为中心的承担府兵宿卫任务的地带，以及以山东的一般州府编户为主要承担者的负责防人戍边任务的地带。

《邠侯家传》中提到的开元末年向募兵制的最终转变，具体是指开元二十五年至开元二十六年（737—738）的一系列措施。《唐六典》卷五"兵部尚书"条中"天下诸军有健儿"一句的注引述了开元二十五年五月的敕令：

旧健儿在军，皆有年限，更来往，颇为劳弊。开 371
元二十五年敕以为"天下无虞，宜与人休息，自今已后，诸军镇量闲剧利害，置兵防、健儿，于诸色征行人内及客户中召募，取丁壮情愿充，健儿长住边军

者，每年加常例给赐，兼给永年优复。其家口情愿同
去者，听至军州，各给田地屋宅"。人赖其利，中外
获安。是后州郡之间，永无征发之役矣。

这份诏敕改革了基于征兵制并正在向健儿制转变的边
境诸军镇兵制，规定在各类士兵及"客户"之中招募志
愿者，计划将镇兵制变为士兵长住于军镇的长征健儿制。
因此，长住士兵如果有家人陪同，会在当地得到赐予的耕
地和房屋。如同《唐六典》的作者评述的那样，"是后州
郡之间，永无征发之役矣"，开元二十五年五月长征健儿
制成立，宣告了由州郡征兵并有轮替的防人制的最终
解体。[11]

在这里对截至目前的考察内容进行总结。最初的防人
制主要由山东即河北道、河南道一般州府的编户百姓承
担，并实行在每年十月一日进行边境守卫轮换的一年轮替
制。而防人在承担兵役期间，其课役（租调正役）得以
免除。同时，五十岁以上的正丁通过缴纳庸物，可以免除
正役（岁役）以及防人的兵役。唐代初期，与军府州的
百姓承担府兵制一样，从二十一岁到六十岁的正丁也须承
担防人兵役；但到了睿宗景云二年（711），征役对象的
年龄范围缩小为从二十五岁到五十五岁；并且从开元二年
（714）开始，轮替间隔逐渐延长，从开元五年的四年轮

372

替制，最迟到开元二十年代转变为六年轮替制。轮替时间延长的同时，招募措施促使士兵职业（健儿）化的趋势也不断加强。到了开元二十五年（737）五月，防人制终止，全面转变为招募职业士兵的制度——长征健儿制，以编户农民为对象的征发制即律令制兵役解体。

在这里还有一点需要进行讨论，即防人的征发范围。截至目前的研究都将防人的征发范围称为一般州府而不是非军府州。主要是因为严格来讲，防人也会从军府州征发。从制度上讲，没有被选拔、征发为府兵的军府州编户农民应该承担防人的兵役。例如《唐会要》卷七三"三受降城"条中有如下记载：

> 景云二年三月一日，朔方道大总管张仁亶筑三受降城于河上。……睿宗竟从仁亶。留年满镇兵以助其功。时咸阳兵二百余人逃归。仁亶尽擒之，一时斩于城下。军中股栗，役者尽力，六旬而三城俱就。

这一则史料表明，朔方道大总管张仁亶修筑三受降城之时，让兵役期限已满的镇兵（防人）留下来从事修筑工程，因此二百余名咸阳士兵想要逃回家去。[12]咸阳是隶属于折冲府较为密集的京兆府的一个县，而京兆府是军府州。然而这些咸阳镇兵并不是由折冲府派遣的，而是出自

373

京兆府咸阳县，即以咸阳县为单位行动，是与府兵不属于同一系统的兵役承担者。因此，这里的镇兵应该是从被选为府兵的编户以外的那些农民中征发的。

为了避免不必要的混乱，迄今为止的研究使用的表达是军府州的农民担任府兵宿卫，一般州府的编户承担防人戍边的兵役。然而根据本章以上的考察，更加准确的说法应该是，除因被选为府兵而被纳入折冲府管辖并上番担任卫士的编户以外，其他所有农民都须承担作为防人守备边境的兵役。由此大致上可以说，以两都、关中为中心的西北、北方的编户百姓主要承担府兵的兵役，山东地区（河南道、河北道）的百姓则主要承担防人的兵役。

三 探寻防人制的起源

（一）西魏北周的军事编制与兵役负担

唐代农民承担的兵役直接发源于西魏北周时期的军事编制与兵役负担。在这里先探讨一下北周时期的兵役以及军事编制。

现有两则史料展现了北周武帝保定年间（561—565）的兵役与军事编制：

（1）自文帝为丞相，立左右十二军，总属相府。 374
文帝崩后，皆受护处分，凡所征发，非护书不行。护
第屯兵禁卫，盛于宫阙。事无巨细，皆先断后
闻。……是年［保定四年（564）］，……遂请东征。
九月，诏征二十四军及左右厢散隶［案，《周书》卷
一一《晋荡公护传》"散隶"后有"及"字］、秦陇
巴蜀兵、诸蕃国众二十万人。十月，帝于庙庭授护
斧钺。

（《北史》卷五七《宇文护传》）

（2）改八丁兵为十二丁兵，率岁一月役。

（《周书》卷五《武帝纪上》保定元年条）

史料（1）展示了保定四年北齐讨伐军二十万人的构
成：①丞相宇文护直接指挥的丞相府二十四军；②左右厢
即中央禁军及其所属的地方军；③秦陇巴蜀的士兵；④蕃
国军队。其中丞相府二十四军和左右厢禁军是构成之后府
兵宿卫制度的核心军队。蕃国军队也是唐代前期府兵制下
作为重要补充的蕃将及其所率部族军的雏形。[13]问题在于
秦陇巴蜀等地的士兵，与此相关联的史料是第（2）条。

据史料（2），《周书》记载保定元年（561）三月二
十日，由八丁兵制改为十二丁兵制，兵役期为一年一个
月。关于八丁兵和十二丁兵，在《资治通鉴》卷一六八

陈文帝天嘉二年（561）三月丙寅条中有大致相同的记载，胡三省对此的注释是"八丁兵者，凡境内民丁，分为八番，递上就役。十二丁兵者，分为十二番，月上就役，周而复始"。根据这一条注释可以看出，八丁兵制是八人为一组的兵丁每四十五日进行一次任务轮替，十二丁兵制则是十二人为一组每一个月进行任务轮替。胡三省认为丁兵制下丁兵仅承担力役，但实际上力役只是丁兵所承担赋役的一半。

众所周知，丁兵制度的首次出现，要追溯到发现于敦煌的西魏大统十三年（547）《瓜州效谷郡计账》（斯坦因613号文书）中的六丁兵。该文书写道：

都合课丁男叁拾柒人

五人杂任役

一人猎师

［一人□□］

一人防阁

二人虞候

叁拾两人定见

六丁兵卅人

乘　二　人[14]

该文书记载了瓜州效谷郡支配下的三十三户村落（二长制的里？）的情况，首先登记了课丁男三十七人，其中除去五人杂任役之外，剩余三十二人担任六丁兵。六丁兵，即六人一组担任一兵，是六丁为一番兵的制度。因此其中三十人担任五兵，其余两人"乘"（剩余），担任预备役。这一制度承袭自北魏的十五丁一兵制，并在北魏衰亡后被重建。

十五丁一兵制采用一年轮替制，主要适用于被派往毗邻南朝的南方边境进行守卫的兵队。以十五年为一轮，在不担任番兵的十四年里，则援助一匹绢给担任番兵的人，作为保障服役顺利完成的军资（本书第十章）。六丁兵承担日常的力役时以六人为一组、每两个月进行任务轮替，承担兵役时则一丁一年依次进行，六年为一轮。而在不担任番兵的五年里，则为担任番兵者提供物资援助。我认为，八丁兵制、十二丁兵制也是依照这一流程和服役内容制定的。

在某个具体时间不详的时期，西魏大统十三年的六丁兵改为了八丁兵（每年四十五日的力役，八年一周期的兵役），保定元年三月二十日又改为十二丁兵（每年一个月的力役，十二年一周期的兵役）。可以认为，瓜州效谷郡的六丁兵属于州郡兵，与保定四年的秦陇巴蜀士兵（保定元年以后的十二丁兵）间存在关联。这一点从丁兵制的后续发展即可看出。

天和七年（572）三月，北周武帝诛杀宇文护而掌握实权，他在建德四年（575）正月十七日颁布诏令，督促以州刺史为代表的地方官努力劝农、救助弱者，并且指示"逋租悬调，兵役残功，并宜蠲免"（《周书》卷六《武帝纪下》）。由此可以发现，北周的编户百姓应承担的基本赋役有租、调和兵役（滋贺秀三，2003）。这里的兵役指十二丁兵（每年十二人一组，一个月进行一次任务轮替）。

这一诏令的对象并非特殊的军户、军士，而是一般的编户百姓。其原因在于，这一诏令发布约四十天前的建德三年（574）十二月十日，改称诸军军士为侍官，募集编户百姓以补充军士（侍官），并除去新军士（侍官）原本的县籍。[15]这一政策造成北周领土内半数的汉人成为侍官并获得了军籍。有军籍者无须承担租调，[16]很明显，建德四年正月十七日，与租调一同被免除的兵役并不是侍官的兵役。北周时期的兵役中，州县编户百姓承担的租、调、兵役（丁兵）与落户军籍并免除了租调的诸军军士（侍官）承担的军事任务是截然不同的。

两年后的建德六年（577）二月，北周吞并北齐，统一华北。第二年，武帝猝然离世，随后即位的宣帝以迁都洛阳为目的开始营建洛阳宫。宣帝于大象元年（579）二

377

月二日颁布诏令，"于是发山东诸州兵，增一月功为四十五日役，起洛阳宫，常役四万人"（《北史》卷一〇《周本纪下》）。这则史料中值得注意的有三点：第一，虽然以十二丁兵制作为基础，但其承担的日数是正常情况的1.5倍（与八丁兵相同）；第二，丁兵承担的是洛阳宫的建造，此役务相当于唐代中央力役的正役（岁役）。这意味着十二丁兵及其前身六丁兵、八丁兵是由各州编户百姓承担的兵役与徭役未分离的赋役；第三，承担此役的是山东诸州的士兵，由此可以看出存在一种地域性分担结构，即以旧北周关中地区为中心的府兵（前述军士、侍官）和以旧北齐山东地区为中心的州兵（丁兵）。这种分担结构成为李繁《邺侯家传》中归纳的唐代兵役地域性分担结构的渊源。很显然，促成这一现象的是北周对北齐的征服。

（二）隋的正役与兵役——岁役的成立

北周宣帝大象元年两年后的大定元年［即开皇元年（581）］二月，篡权北周的杨坚从旧长安城迁都，为建造大兴城（隋唐长安城）而征发山东之丁。文帝在这时仍然依照周制，役丁为十二番，匠为六番。（《隋书》卷二四《食货志》载："及受禅，又迁都，发山东丁，毁造宫室。仍依周制，役丁为十二番，匠则六番。"）隋初继

378

承了十二丁兵制以及地域性的分担结构。

而在开皇三年（583）三月，情况发生了改变。文帝入主刚建成的新宫以后，"初令军人以二十一成丁，减十二番，每岁为二十日役，减调绢一匹为二丈"。[17]这一改革实现了向唐代租调役制的转变。应当注意，改革的结果是改番制为岁役，并规定了一年间徭役的天数，即力役负担由集团性上番改变为依据个人劳动日负担的形式。通过这种转变，可以设定每一个劳动日对应的报酬，加速了正役（岁役）的庸化，进而使得丁承担的租调可以被兑换为服正役的天数。

集团性上番的力役负担向以个人劳动日为服役标准转换，这对丁兵负担的兵役（征戍）究竟有何影响？答案是并无影响。需要注意《隋书·食货志》在情况发生变化的开皇三年的记载："募人能于洛阳运米四十石，经砥柱之险，达于常平者，免其征戍。"[18]这里显示，编户百姓有别于所谓军士（侍官、府兵），仍然要承担征戍兵役，其内容为征行和戍边（防人）。[19]尽管番制已停止，且丁兵的称呼早已取消，但编户百姓仍然要承担征戍之役。因此在吞并陈朝后的开皇十二年（592）诏令中，仍有"既富而教，方知廉耻。宁积于人，无藏府库。河北河东今年田租三分减一，兵减半功，调全免"（《隋书》卷二四《食货志》）的内容。其中将田租与调并列，仍然将减免的正役（岁役）写作"兵"。负担租调役（课役）的编户百姓还要作为兵承担征戍兵役。

开皇十年（590），决定性的转变发生了。五月九日有如下诏令：

> 魏末丧乱，宇县瓜分，役车岁动，未遑休息。兵士军人，权置坊府，南征北伐，居处无定。家无完堵，地罕包桑，恒为流寓之人，竟无乡里之号。朕甚愍之。凡是军人，可悉属州县，垦田籍帐，一与民同。军府统领，宜依旧式。罢山东河南及北方缘边之地新置军府。
>
> （《隋书》卷二《高祖帝纪》开皇十年条）

北魏末期以来，经过北周建德三年（574）十二月诸军军士改称侍官和大量汉人百姓充军，区别于编户百姓、属于坊府（六坊）的兵士军人的户籍数量应该已经达到一个庞大的数目。文帝将这些属于军府的兵士军人户籍与州县籍进行统一，全部作为编户百姓，仅军府的统率体系仍依旧例。由此一来，整个统率体系由兵部与户部分别管理，因而府兵（侍官）与州兵（丁兵）的二重结构仍然延续，但侍官、军人皆成为编户百姓，即全部百姓承担兵役的兵农一致原则得以确立。这一措施的实行是以开皇九年

（589）隋灭陈、再次统一全国为契机的。而如前文所见，翌年六月实施了"百姓年五十者，输庸停防"的措施，即可通过缴纳庸物来免除防人兵役。这里所说的百姓，自然是指上述开皇十二年诏令中承担租、调、兵的编户百姓。

结语：与北魏兵制相关的思考

现对上述探讨做一番总结。北魏末期以来，兵士军人和编户百姓的户籍不同，承担的兵役也不同。兵士军人担任禁军、府兵宿卫，构成国家军队的核心。编户百姓则作为州兵、丁兵，承担租调役，同时作为役的一部分，承担以边境守卫为主的兵役。开皇十年，通过将兵士军人编入州县籍，所有的民众作为编户百姓接受国家的统一支配。然而军府（唐代的折冲府）的统领与此不同，因而担任府兵宿卫的军府所属的编户百姓与担任边戍防人的其他编户百姓之间，依然保留原本的地域性分工结构，并持续至唐代开元末年律令制兵役体系瓦解。

这一分工结构的萌芽可以追溯到北魏孝文帝时期。《魏书》卷一一〇《食货志》记载了北魏太和十年（486）三长制的成立：

> 魏初不立三长，故民多荫附。荫附者皆无官役，

豪强征敛，倍于公赋。十年，给事中李冲上言："宜 381

准古，五家立一邻长，五邻立一里长，五里立一党

长，长取乡人强谨者。邻长复一夫，里长二，党长

三。所复复征戍，余若民。……"

这里对担任三长之人可优免征戍的人数做了规定。显

然，三长制是以均田制、租调制为基础，由编户百姓承担

征戍兵役的村落组织。

同时，《魏书·食货志》太和十二年（488）条也记

载道：

又别立农官，取州郡户十分之一，以为屯民。相

水陆之宜，断顷亩之数，以赈赎杂物，市牛科给，令

其肆力。一夫之田，岁责六十斛，甄其正课，并征戍

杂役。

由这则史料可以看出，在正课以外，作为选拔屯田民

之基础的州郡户（编户百姓）还要承担征戍和杂役。

这一征戍的兵役内容包括被称为"征行"的临时战

役动员，以及通过十五丁一兵（与十五丁兵相同）的方

式守卫边境。有关三长制村落与十五丁一兵制及番戍的关

系已被阐明。[20]这里对有关征行与三长制关系的史料稍做

介绍，北魏世宗宣武帝时期裴宣的上言中有如下内容：

> 世宗初，……宣上言曰："自迁都已来，凡战陈之处，及军罢兵还之道，所有骸骼无人覆藏者，请悉令州郡戍逻，检行埋掩。并符出兵之乡，其家有死于戎役者，使皆招魂复魄，祔祭先灵，复其年租调。身被伤痍者，免其兵役。"朝廷从之。
>
> （《魏书》卷四五《裴宣传》）

这里的"乡"指承担租调、兵役的各家所组成的村落。其兵役内容显然包括在外地的战斗，即征行。乡接受中央政府的符（来自尚书省的通知），乡正是由编户百姓构成的村落，在北魏迁都洛阳以后，村落均为三长制。

另外，《魏书》卷七《高祖纪下》太和十九年（495）八月乙巳条记载"诏选天下武勇之士十五万人为羽林、虎贲，以充宿卫"。孝文帝在迁都洛阳的同时，新组建了一支十五万人的宿卫禁军，并且同书太和二十年十月戊戌条载"以代迁之士，皆为羽林、虎贲"。从平城迁居的所有北族士兵全部被编入禁军。由此可见，孝文帝时期，以羽林、虎贲为主体的中央宿卫禁军规模至少在二十万人左右。

这一以羽林、虎贲为主体的禁军不仅设置于中央，也设置于地方。据我所知，横跨河南、河北的冀、定、瀛、相、徐、齐、济、青、光九州配置了约十万兵力。[21]而关于这些羽林、虎贲的士兵是否如唐代府兵一样赴中央番上，并没有明确的证据。迁都洛阳以后，北魏兵制由两大系统构成：一是配置于中央及各州的以羽林、虎贲为主体的禁军；二是在均田制和三长制下，由编户百姓承担的征戍、州兵。

据以上事实，可归纳如下：北魏兵制包括以十五丁一兵制从三长制村落中招募的州郡士兵，以及与其存在明显制度差异的约二十万中央禁军、约十万地方禁军和城民。其中，中央禁军以迁居自平城的鲜卑人（所谓"代迁"军士）为核心，地方禁军和城民则被部署于国内各州，[22]另外还有北方边境诸镇的北族系士兵。简而言之，孝文帝时期，主要有北方边境的北族系军队、以北族为中心的约二十万中央禁军、主要部署于河北河南诸州的地方禁军和城民，以及负责南方淮水一线边境守卫的州兵。

通过以上考察，本章阐明了北魏孝文帝以来特别是均田制、三长制施行之后，从编户百姓承担的征戍、兵役一直延续到唐代开元年间的防人戍边兵役的曲折变化过程。这一兵役首先由北魏的十五丁一兵制（与十五丁兵相同）奠定历史地位，虽因北魏末年的战乱而暂时解体，但在西魏、北周时期再次以六丁兵、八丁兵、十二丁兵的形式出现。随着北周吞并北齐，兵役的承担范围被扩展至华北全境，并出现了地域性分工的趋势。到了隋朝，兵役被计入了一年二十天的岁役（正役）。由于岁役的确立，丁兵制的形式由集团性服役转变为以个人为服役单位。然而直至唐代开元末年，作为岁役（正役）承担者的编户百姓依然要作为"兵"履行征戍、防人的兵役。

北魏之后直到唐代开元年间，在均田制、租调役制下被编组统治的农民一直承担着兵役。这一体制是以汉末三国时衰亡的阡陌制度为基础，对战国秦汉时期分田农民体制的重建，也由此成为贯穿整个中国古代兵农一致社会结构的基石。[23]

注　释

384

1. 唐代府兵制研究的主要成果有滨口重国（1966a）、玉井是博（1942）、栗原益男（1964）、气贺泽保规（1999）。此外，谷川道雄（1989）在论述府兵制国家论时，比起制度本身，更注重将府兵制诞生的社会动因作为考察主题。
   这种对府兵兵役的理解与中国的其他府兵制研究有共通之处。有关府兵制的先行研究有很多，难以一一介绍。前述气贺泽保规（1999）第一章「前期府兵制研究序説——その成果と論点をめぐって」中有更详细的研究史整理，阐明了府兵制研究的成果与课题，还请参阅。

2. 关于这一点，在气贺泽保规（1999）第三章「府兵制史再論——府兵と軍府の位置づけをめぐって」中有详细的探讨。

3. 参阅戴建国（1999，2000，2001）。

4. 参阅大津透（2001）。

5. 有关七庙子孙的范围，仅据管见所及很难进行确认，然而有关于九庙子孙的记录，《唐六典》卷一六"宗正寺"条载："九庙之子孙，其族五十有九。光皇帝［懿祖天赐］一族，定州刺史乞豆。景皇帝［太祖虎］之族六，……元皇帝［世祖昺］之族三，……高祖之族二十有一，……太宗之族十有三，……高宗之族六，……中宗之族四，……睿宗之族五，……"

   唐的庙制在建国初为四庙制，到太宗贞观九年（635）成为七庙制，而后到玄宗开元十年（722）变为九庙制。《通典》卷五〇《礼十·沿革》载："贞元八年（792）正月太子左庶子李嵘等七人议：'……国朝始飨四庙，宣、光并太祖、代祖神主祔于庙。至贞观九年，将祔高祖于太庙。朱子奢请准礼立七庙，其三昭三穆，各置神主。……开元十年，玄宗特立九庙，于是追尊宣皇帝为献祖，复列于正室，光皇帝为懿祖，以备九室。'"条文中的"七庙子孙"可能是"九庙子孙"的误记，而如果"七庙"是正确的话，那么开元二十五年令的条文就会承袭开元七年令以前的令文，这样又产生别的问题。

6. 关于这一记载，另有《隋书》卷二《高祖纪下》开皇十年六月条的"辛酉，制人年五十，免役收庸"。这两处记载的月份有所差异。《资治通鉴》也同样在六月辛酉条中记载了此事。开皇十年六月是丁巳朔，而辛酉是六日。因五月并没有辛酉，故应以《高祖本纪》和《资治通鉴》的记载为准。

7. 有关此事详情，参阅砺波护（1986b）。

8. 关于此事，《唐会要》卷七二"府兵"条载："十一年十一月二十日。兵部尚书张说置长从宿卫兵十万人于南衙。简京兆蒲同岐等州府兵及白丁，准尺八例，一年两番，州县更不得杂使役。仍令尚书左丞萧嵩，与本州长官同拣择以闻。至十三年二月二十一日，始名彍骑，分隶十二卫。"关于天宝八年五月九日停止向折冲府发放鱼书一事，《唐会要》卷七二"府兵"条载："天

385

宝八载五月九日，停折冲上府［案，"上府"二字误倒］下鱼书。以无兵可交。至末年，折冲府但有兵额，其军士戎器六驮锅幕糗粮并废。"

9. 《新唐书》卷五〇《兵志》记载："先天二年诏曰：'往者分建府卫，计户充兵，裁足周事，二十一入募，六十一出军，多惮劳以规避匿。今宜取年二十五以上，五十而免。屡征镇者，十年免之。'虽有其言，而事不克行。"可知这一措施并未实行。

10. 据谷霁光（1962：154）可知，全国六百七十五个折冲府中，河南道有七十四个折冲府（11%~12%），而河北道有四十六个折冲府（7%）。虽然谷霁光并未提及各道内折冲府的设立状况，但根据《新唐书·地理志》可知，河南道的三十州府中，在东都洛阳、河南府周边的设置较为密集（河南府三十九府、汝州四府、陕州十五府、虢州四府），其余大部分的州则很少设置折冲府。河北道二十九州的情况与此类似，折冲府主要设立于幽州（十四府）和易州（九府）。

11. 据开元二十六年正月的诏敕可以看出，长征健儿的招募进展顺利，达到了规定人数，因此朝廷命令停止从内地派遣士兵，并遣返全部镇兵。《唐大诏令集》卷七三开元二十六年正月"亲祀东郊德音"条记载："朕每念黎甿，弊于征戍，亲戚多别离之惨，关山有往复之勤，何尝不恻隐于怀，瘝瘝增叹。所以别遣召募，以实边军，锡其厚赏，便令长住。今诸军所召，人数尚足。在于中夏，自能罢兵，既亡金革之事，足保农桑之业。自今已后，诸军兵健，并宜停遣。其见镇兵，并一切放还。"

386　另外，玉井是博在本章注释1提到的论文中，对名为丁防的开元年间兵制进行了考察。玉井是博继承了滨口重国的观点，认为丁防是府兵制下代替防人制的制度。但他重新考察了滨口认为丁防由招募组建的观点，并通过对开元二十三年判集记述的研究，阐明丁防是征兵制下的轮替制兵役。栗原朋信也在本章注释1的论文中，利用由玉井是博首次引用的开元二十三年判集，具体说明了岐州周边丁防的实际情况，并认为丁防是在府兵制衰败后诞生的新兵种。然而丁防与其说是新的兵种，不如说是在开元年间防人制解体过程中的一个具体表现。此外，孟彦弘（1995）论述了以募集自百姓的兵募为中心的唐代前期兵制及其向募兵制转变的过程，进而谈及本章关于防人的论点，指出防人虽然主要由府兵卫士担任，但也会从百姓中征发。

12.《唐律疏议》卷一六《擅兴律》"遣番代达限"条疏议曰："依军防令，防人在防，守固之外，唯得修理军器、城隍、公廨、屋宇。各量防人多少，于当处侧近给空闲地，逐水陆所宜，斟酌营种，并杂蔬菜，以充粮贮及充防人等食。此非正役，不责全功，自须苦乐均平，量力驱使。"据唐代军防令，除了正规的军务以外，防人还会被动员参与兵器的修理、城塞厅舍的修筑以及耕种等工作。然而这些是军务以外的工作，并不是正役，因此要注意不能要求防人十全十美地完成这些事。可见在服役期间役使防人从事军务以外的工作尚且需要慎重，而此处张仁亶甚至要求已经服役期满的士兵继续承担劳役，自然会导致士兵们的逃亡。

13. 有关唐代蕃将及其军队，请参阅陈寅恪（1980）。

14. 该录文依据池田温（1979）。

15.《隋书》卷二四《食货志》载："建德二〔三〕年，改军士为侍官，募百姓充之，除其县籍。是后夏人半为兵矣。"《周书》卷五《武帝纪上》建德三年十二月条载："丙申，改诸军军士并为侍官。"《北史》卷一〇《周本纪》武帝建德三年十二月条亦载："丙申，改诸军军人并名侍官。"因此《隋书·食货志》中的"建德二年"应是"建德三年"的误记。

16. 自西魏二十四军成立之初，其府兵、军士的户籍就与州县籍不同，除了军事任务之外不承担其他赋役。关于这一点，《北史》卷六〇论赞中记载了西魏二十四军的成立过程："是为十二大将军。每大将军督二开府，凡为二十四员，分团统领，是二十四军。每一团，仪同二人。自相督率，不编户贯。都十二大将军。十五日上，则门栏陛戟，警昼巡夜。十五日下，则教旗习

387 战。无他赋役。每兵唯办弓刀一具，月简阅之。甲槊戈弩，并
资官给。"而《资治通鉴》卷一六三梁简文帝大宝元年［西魏
大统十六年（550）］记载："［宇文］泰始籍民之才力者为府
兵，身租庸调，一切蠲之，以农隙讲阅战陈，马畜粮备，六家
供之。合为百府，每府一郎将主之，分属二十四军。泰任总百
揆，督中外诸军。"这里所说的免除租庸调，依据的是唐玄宗
中后期以后的制度，因此其真实性值得怀疑。结合《北史》的
记载来看，应该是免除赋役，即租调役。

17. 《隋书·食货志》载"开皇三年正［三］月，帝入新宫。初令
军人以二十一成丁，减十二番，每岁为二十日役，减调绢一匹
为二丈"。而《北史》卷一一《隋本纪上》开皇三年正月条载
"始令人以二十一成丁，岁役功不过二十日，不役者收庸"。此
处记载有两个问题。第一是"正月"应为"三月"。《资治通
鉴》卷一七五陈长城公至德元年（隋开皇三年）条载"三月，
丙辰，隋迁于新都"，在其考异中校订为"隋《食货志》：'正
月，帝入新宫。'今从帝纪"。第二是《隋书·食货志》中的
"军人"在《北史》中写作"人"。人即民，这是为了避唐太
宗李世民的讳。《隋书·食货志》中的"军人"和《北史》中
的"人"哪一个是正确的，尚不能立刻做出判断。气贺泽保规
（1999）第三章「北朝期の『軍人』について」中，参考了隋
朝"军民""军人"的用法，认为《隋书·食货志》中"军
人"的"军"为衍字，而《北史》的记载正确。我也对开皇
十年以前的军士、庶民与百姓这些用词做了严格区分。《隋书·
食货志》中也有明确区别诸州百姓和军人的记载，即"［开皇］
五年五月，工部尚书襄阳县公长孙平奏曰，……于是奏令诸州
百姓及军人，劝课当社，共立义仓"。这是针对百姓、人民承担
租调役问题的记载，我认为气贺泽保规的校订是正确的。

18. 《隋书·食货志》载："开皇三年，朝廷以京师仓廪尚虚，议
为水旱之备。于是诏于蒲陕虢熊伊洛郑怀邵卫汴许汝等水次十
三州，置募运米丁。又于卫州置黎阳仓，洛州置河阳仓，陕州

置常平仓，华州置广通仓，转相灌注，漕关东及汾晋之粟，以给京师。又遣仓部侍郎韦瓒，向蒲陕以东，募人能于洛阳运米四十石，经砥柱之险，达于常平者，免其征戍。"

19. 征人指负担征行之役的兵士。《唐律疏议》卷一六《擅兴律》"拣点卫士征人不平"条疏议曰："征人谓非卫士，临时募行者。"可见，征人与卫士的性质不同，是临时从军参战的百姓。

20. 关于十五丁一兵的内容请参考本书第十章。有关番戍，例如《魏书》卷一一〇《食货志》载："自徐扬内附之后，仍世经略江淮。于是转运中州，以实边镇，百姓疲于道路。乃令番戍之兵，营起屯田。又收内郡兵资，与民和籴，积为边备。" 388

21. 如《魏书》卷四七《卢昶传》载："出除镇东将军、徐州刺史。永平四年夏……诏曰：'克获朐山，计本于昶，乘胜之规，终宜有寄。是以起兵之始，即委处分，前机经略，一以任之。今既请兵，理宜速遂。可遣冀、定、瀛、相四州中品羽林、虎贲四千人赴之。'"可见在冀、定、瀛、相四州，至少配置了中品羽林、虎贲四千人。

另外，《魏书》卷六四《郭祚传》记载："先是，萧衍遣将康绚遏淮，将灌扬徐。祚表曰：'……宜命一重将，率统军三十人，领羽林一万五千人，并科京东七州虎旅九万，长驱电迈，遄令扑讨。擒斩之勋，一如常制，贼资杂物，悉入军人。如此，则鲸鲵之首，可不日而悬。诚知农桑之时，非发众之日，苟事理宜然，亦不得不尔。……并宜敕扬州选一猛将，遣当州之兵，令赴浮山，表里夹攻。'朝议从之。"由此可知，中央有羽林军一万五千人，京东七州有虎贲军九万人，还有扬州州兵的存在。

再者，《魏书》卷七九《鹿悆传》记载："须臾天晓，综军主范勖、景儁、司马杨暕等竞问北朝士马多少。悆云：'秦陇既平，三方静晏，今有高车、白眼、羌、蜀五十万，齐王、李陈留、崔延伯、李叔仁等分为三道，径趣江西；安乐王鉴、李神领冀、相、齐、济、青、光羽林十万，直向琅邪南出。'"此处说明冀、相、齐、济、青、光这六州存在羽林军十万人。

22. 关于城民，请参考本章注释 1 谷川道雄（1989）第Ⅱ编第三章「北魏末の内乱と城民」。另外，《魏书》卷六五《李平传》载："平长子奖，字遵基，……元颢入洛，颢以奖兼尚书右仆射，慰劳徐州羽林及城人，不承颢旨，害奖，传首洛阳。"这里区分了徐州羽林军士与城民。

23. 关于分田农民，请参考渡边信一郎（1986）第三章「分田農民論」。可以说到目前为止有关唐代农民兵役负担的研究陷入了府兵一元论的误区，我认为其源头在于《新唐书》卷五〇《兵志》的叙述。《新唐书·兵志》的序记载："盖古者兵法起于井田，自周衰，王制坏而不复。至于府兵，始一寓之于农。……盖唐有天下二百余年，而兵之大势三变。其始盛时有府兵，府兵后废而为彍骑，彍骑又废，而方镇之兵盛矣。"其叙述将唐代兵制的沿革划分为府兵、彍骑和节度使之兵这三个阶段。近代的历史学家们沿袭了宋人的历史认识，即无视周朝王制解体以后的历史，仅将唐代府兵制与王制直接联系起来，从而陷入了误区。为了摆脱这种误区，在理解了宋人未能回顾的战国以来农民存在形态的基础之上，对兵制、兵役的负担进行整体性的历史认知是很有必要的。唐代的历史发展看似理所当然，然而我们仅靠唐代断代史的研究无法对其有真正的理解。

补注　本章的内容首次发表于 2003 年，之后，天一阁博物馆、中国社会科学院历史研究所（2006）的研究成果问世，《天圣令》原文的照片版、校录本以及唐令复原研究被公开。校录本《赋役令》（李锦绣执笔）的同条校记（四）中，对"将防年本州非者防"做出"此句多有倒误，正常顺序应为'将防年非本州防者'"的纠正，并引用《文苑英华》卷四六二《张九龄·籍田制》以及《通典》卷三五《职官十七》，认为防人的差遣分为本州的防和本州以外的防（即"非本州防"）两种（第 272 页）。确实如上所述，防人的服役地点分为本州

389

和边境两类。但是，要将"本州非者防"校订为"非本州防者"，不得不对"非者防"三个字进行复杂的调换，且没有明确的根据。这里不做出校订，保留针对原本条文的理解，一并记下两种说法，之后再做考察。

第十二章　唐代前期赋役
制度的再探讨

—— 以杂徭为中心

前言

391　　上一章以北朝至唐代前期的兵役负担为中心，分析了岁役和防人的形成过程。唐代前期律令制下的兵役和岁役一直被理解为府兵制，关于这一点我提出了不同的见解。本章将在上一章结论的基础上，对以兵役和徭役为代表的农民劳役负担进行系统探讨。

　　《天圣令·赋役令》的发现以及对开元二十五年《赋役令》进行的复原研究，促使学界再一次对唐代律令制下的徭役制度进行探讨，并取得了珍贵的新成果。特别是《赋役令》中缺少杂徭相关条文规定这一点，为重新探讨正役、杂徭和色役之间的关系以及徭役整体与兵役之间的关系提供了新的契机。

本章将首先论证，唐代农民的基本负担是由租、调、正役组成的课役，随之还产生了杂徭负担，而兵役又分为府兵卫士和诸州镇戍防人这两种兵役。唐代律令制下的徭役包含正役、杂徭以及色役。正役（岁役）与杂徭构成表里一体的关系。色役主要是从兵役、正役、杂徭演变而来的多种下级公务工作。在选拔和征发时，以色役为首的一系列赋役、兵役的差科有多种基准，如基于丁口和资产的户等标准、基于品子和勋级以及其他身份性标准。这时差科制度尚未发展到北宋时期按户等制进行征发的程度。

作为展开讨论的前提，要先对徭役制度研究以及《赋役令》结构研究进行确认，再探明其中存在的问题。

大津透认为，唐前期律令制下的徭役制度存在两种征发徭役和课税的方式：一是对正丁均等地进行课税和徭役征发的课役制，其与均田制相对应；二是以户为对象的差科制，以户等为标准，根据负担能力的不同来进行课税或徭役征发，如杂徭和色役等。唐《赋役令》包括课役和差科（包括色役、职掌人和杂徭的广义力役）两种不同的承担内容（大津透，2006b）。这一见解得到了荒川正晴等学者的赞同，是近年来颇具影响力的观点（荒川正晴，2000）。

这次《天圣令》的发现使唐《赋役令》几乎得以全

面复原。经过复原后的唐《赋役令》虽然记载了关于课役的规定，但是完全没有关于色役、职掌人和杂徭的条文规定。也就是说，大津教授提到的差科相关的规定无从考证。经过复原的《赋役令》第三十一条中的差科也只是对县令的赋役（课役等）征发方式和基准的相关规定，而不是以户等为基准征发杂徭、色役的差科制度，[1]至少后者在令文中没有相关记载。

在此我们再一次对唐《赋役令》的内容进行确认。《赋役令》的内容可以分为四个部分：①对课（租调）的收取和使用规定（第一条至第十条）；②免除课役的规定（第十一条至第二十七条）；③对役的收取和使用规定（第二十八条至第四十七条）；④各项细则（第四十八条至第五十条）。唐《赋役令》的内容基本上是与课（租、调）和役有关的规定，因此在中间插入了免除课役的诸项规定，并对课和役做了明确区分。一直以来，"课""役"两字被连用，但是从收取和运用的具体规定上看，租调和正役、杂徭并不是一回事。与田令中的给田相对应的是租调，而不是正役、杂徭和兵役。正役、杂徭和兵役的征发不仅存在于唐代，而且是源于中国古代专制国家的农民支配特质。因此，我想首先重新确认唐代前期律令制支配的特质，在其基础上再开始本章的探讨。

一　唐代前期律令制下的支配和收取

（一）律令制支配的特质

如本书序章所述，"支配"的意思是将别人的意志据为己有，即让别人的意志顺从自己的意志，使特定的人服从自己发出的命令。对没有意志的家畜和土地等动产和不动产进行支配这种说法本来就是不成立的，而且对非特定的人进行支配也是不可能的。

唐代前期律令制下的支配是以计账和户籍作为媒介而实现的。计账和户籍的上报指各户主（家长）将载有各家户口和保有地的手实提交给政府，后者以乡为单位进行统计（池田温，1979，第三章）。对手实、计账、户籍进行的申报和添附基本上是通过户主（家长）完成的，如此便预先确定了各户的户主（家长）和家族成员，并确保了他们服从命令的可能性。也就是说，通过编制户籍，可以确定百姓姓名、耕作地和居住地域，进而根据添附的特定户籍，使拥有百姓身份的人们承担劳役、租税乃至兵役。

国家以户作为制度框架，通过律令可以掌握整个家庭、家族成员乃至每个个体的情况。只有户的继承者才拥有世袭百姓永业田的权利（田令第三条、第二十五条。山崎觉士，2003；渡边信一郎，2006）。不限官员百姓，每户都被指示在永业田进行植树和耕种（田令第八条）。而且复原唐《赋役令》的第二条中有对课户征收租、调的条令。特别是关于调的征收，明确规定了通过匹、端、屯等度量单位对每户进行征收。[2] 与给田和课（租、调）的征收不同，基于户的制度框架的支配是通过征发户口中的正丁服正役、杂徭、兵役，以及征发中男服杂徭来实现的。正是由于以户的制度框架作为支配前提，中男也成为色役的征发对象。根据贞观初年的议论，可以看到中男成为兵役征发对象的可能。[3] 户役、户徭并不单指杂徭，而是"当户徭役"，[4] 即一户应该承担的所有杂徭。复原唐《赋役令》第三十一条记载的差科没有直接描述杂徭、色役，而是主要描述了民户该承担的所有税役的选拔和征发标准，并没有把差科定义为制度。[5] 那么，我们应如何系统地认识唐代百姓的负担呢？

（二）律令制下的征收——唐代百姓承担的义务

关于唐代前期百姓的负担，在《唐六典》卷三"户部尚书"条中有如下记载："凡赋役之制有四，一曰租，二曰调，三曰役，四曰杂徭。"（同《唐会要》卷八三"租税上"条，略同于《旧唐书》卷四三《职官志二》

"户部尚书"条）。我想再次对这项记载进行讨论。和《唐六典》不同，见于《新唐书·食货志》的陆贽发言为"赋役之法，曰租，曰调，曰庸"，只提及了租、调、庸三个方面，说明存在不包括杂徭的赋役史料。[6] 围绕杂徭的定位问题，学者们提出了各种意见。大津透以上述现象为依据，认为杂徭不属于课役的范畴，应该将它和色役关联起来，作为差科制度来理解。我也注意到，两条史料中，在前者的役被后者的庸替代的同时，履行杂徭的必要性也随之消失了。因此，首先应从唐代农民的整体性负担开始考察。

复原唐《赋役令》第二十四条（唐16）记载："诸文武职事六品以下九品以上，勋官三品以下五品以上父子，若除名未叙人，及庶人年五十以上，若宗姓，并免役输庸（愿役身者听之）。其应输庸者，亦不在杂徭及点坊（防）之限。其皇宗七庙子孙，虽荫尽亦免入军。"

根据上述史料，年龄在五十岁以上，或满足其他一定条件的百姓可以免除正役，并以缴庸代替。也就是说，他们不作为杂徭和点防（防人）的征发对象。从这里可以看出，唐代百姓主要承担的是①课（租调）、②役（正役），以及③附带的杂徭和④兵役（防人）。

这里首先要注意的是，缴纳庸而被免除正役的人可以

395

附带免除杂徭和防人的兵役。从这里我们可以看出，杂徭、防人的兵役与正役之间有不可分割的关系，即被免除课役的人也会被免除杂徭和防人的兵役。

《水部式》残卷（P. 2507）记载："河阳桥置水手二百五十人。陕州大阳桥置水手二百人。仍各置竹木匠十人，在水手数内。其河阳桥水手，于河阳县，取一百人。余出河清、济源、偃师、氾水、巩、温等县。其大阳桥水手出当州，并于八等以下户，取白丁灼然解水者。分为四番，并免课役，不在征防、杂抽使役，及简点之限。"

根据这一史料，在成为履行色役的河阳桥水手和大阳桥水手之前，白丁的义务包括：①课役、②杂抽使役、③征行（兵募）和防人、④简点卫士。其中色役的服役者可以被免除杂抽使役，所以可以认为杂抽使役就是杂徭。也就是说，唐代百姓应尽的义务有课役（租调、正役）和杂徭，以及包括防人、兵募或卫士在内的兵役，而这些履行色役（水手）的人可以被免除全部课役。

从这两条史料可以看出，唐代农民负担的义务包括：①课役与杂徭；②包括防人、兵募或者卫士在内的兵役；③色役。从《水部式》可见，色役是满足一定条件和标准才会被征发的徭役。因此，作为国家的基本成员，所有百姓并不会均等地承担色役的义务。在被征发的情况下，

396

作为补偿，可以免除①②的所有项目或者其中的一部分。

在下一节，我们将首先探讨徭役和兵役的关系。

二　律令制下的兵役和徭役

（一）律令制下的兵役

对于唐代律令制下的百姓来说，除了租和调，还需要承担徭役和兵役。徭役分为正役、杂徭和色役三种，而兵役分为府兵卫士和诸州镇戍防人两种。本小节我们首先讨论兵役，对徭役的讨论则放在后面。

如前所论，唐代前期百姓承担的兵役分为府兵卫士和防人（防丁、丁防）两种（本书第十章、第十一章）。除了府兵和防人这种义务征发的兵役，在遭遇突发战事时，也会从百姓中征发兵募（征行）这一兵种，构成行军结构的一部分（菊池英夫，1956；张国刚，1994b）。府兵卫士则指登记于兵部的约六十万兵力，他们隶属于全国六百余所折冲府。他们在冬季进行军事训练的同时，也负责京师的宿卫工作。和州县地方行政制度相比，府兵卫士制是相对独立的军事制度，府兵卫士构成了中央南衙禁军的核心。关于府兵，已有许多优秀的研究成果（滨口重国，1966a；谷霁光，1962；气贺泽保规，1999；等等），在此

397

不加赘述。我想强调的是，这些府兵在折冲府的日常训练包括射术练习和高唱从鲜卑系簸逻回歌演变而来的大角歌。[7]从这种模式可以看出，府兵卫士制的渊源是北魏鲜卑军团。由此可知，府兵制与从属于诸州镇戍的防人制不同，后者是从丁兵制演变而来的。

和府兵制不同，镇戍防人制是从北朝的丁兵制演变而来的兵役，和正役有紧密的关系。它与《赋役令》一样都出自《隋书》卷二四《食货志》所载隋文帝开皇十年（590）六月的诏敕："十年六月，又以宇内无事，益宽徭赋。百姓年五十者，输庸停防。"开元二十五年的《赋役令》规定，除了可以免除防人兵役，也可以免除杂徭（前揭复原唐《赋役令》第二十四条，渡边信一郎，2005b）。因此正役、杂徭和镇戍防人制之间有紧密的联系。

关于防人驻扎的镇戍，从表18和表19可以看出，镇戍是由身为品官的镇将、戍主作为主帅的军事组织。镇戍不仅存在于边境地区，在内地也有设置。开元年间，全国有245个镇、342个戍，总计587处镇戍，兵员定额约七万人（《唐六典》卷五《尚书兵部》"职方郎中"条，张国刚，1994a）。此外，在关津处和管理州兵镇戍的全国46所都督府也都配备了防人驻守。[8]那么，可以认为在开元年间至少有十数万防人长期驻守在都督府、州、镇、戍、关、津等处。

表 18　唐代天下镇戍（《新唐书》卷四九《百官志下》）

上镇	防人 500 人	20 个	上戍	防人 50 人	11 个
中镇	防人 300 人	90 个	中戍	防人 30 人	86 个
下镇	防人 300 人以下	135 个	下戍	防人 30 人以下	245 个
镇合计		245 个	戍合计		342 个

表 19　唐代镇戍组织（《唐六典》卷三〇）

上镇组织			上戍组织		
镇将	1 人	正六品下	戍主	1 人	正八品下
镇副	1 人	正七品下	戍副	1 人	从八品下
录事	1 人	—	佐	1 人	—
史	1 人	—	史	1 人	—
仓曹参军事	1 人	从八品下			
佐	1 人				
史	2 人				
兵曹参军事	1 人	从八品下			
佐	2 人				
史	2 人				
仓督	1 人	—			
史	2 人	—			

　　《新唐书》卷四九下《百官志下》叙述了都督的职责："都督掌督诸州兵马、甲械、城隍、镇戍、粮稟，总判府事。"《唐六典》卷三〇"镇戍"条叙述了镇兵曹参军事的职责："兵曹掌防人名帐、戎器、管钥、差点及土木兴造之事。"都督府统一管理治下的镇戍，镇统一管理 398

治下的戍并掌管在镇戍驻守的防人名簿，同时负责防人的征发。虽然不及唐代兵制的核心——折冲府和府兵制的规模，但都督州镇戍、防人制也成为唐代兵制中的一种常规制度。

戍位于"都督府（州）—镇—戍"这一诸州镇戍系军队的最下层，从长安周边（终南山大秦戍）到境内连折冲府都不存在的江南宣州（贵池戍）均有设置。[9]而且防人有守备州县城门的任务，因此除了边州，在有需要的州也设置了戍。[10]不过，他们最主要的任务是守备边境的军镇、镇戍、关隘，并在每年十月一日进行驻扎人员的上番和交替。如果从籍贯地到驻地的距离在千里以上，则允许执行防人任务的人从指定正丁那里得到资助（履行兵役时的补助通常是两千五百钱）。[11]而且也经常能看到"防人向防"[12]这样的描述，赴任镇戍有一定的时限范围，因此可以推断防人的驻扎地可能在距离较远的地方。在复原的《赋役令》第二十三条中，有"防人在防""将防年"这样的描述，即正式服役年和应召赴任的前一年，由此可以看出防人兵役具有一定的组织规则。[13]

399　　　防人又被称为防丁、丁防，同时如前所述，人们可以通过缴纳庸来免除服役。丁役与正役具有不可分割的关系，从这一点看与府兵卫士的性质不同。[14]

中宗年间，吕元泰指出"缘边镇守数十万众"（《册

府元龟》卷五四五《谏诤部·直谏十二》）；开元十年
（722）八月，张说提出"缘边戍兵常六十余万"（《资治
通鉴》卷二一二），他建议皇上使其中的二十余万人归
农。因为在驻扎于边境军镇的戍兵中，府兵和兵募的人数
也很多（菊池英夫，1956，1961），所以并非所有人都是
防人。不过，兵募和防人被合称为兵防，各构成边境守备
军的约一半兵力，组成其主力。[15] 不只是镇戍，而且在驻
扎边境六十余个军镇的数十万戍兵中，一定有相当数量的
防人。在开元年间共有六十万府兵和数十万兵募、防人，
合计甚至能达到一百万人，这些兵士都来自对百姓的经常
性征发。

（二）律令制下的徭役

作为州县镇戍系统的兵役，防人制和正丁须履行的徭
役之间有紧密的联系。在此，关于律令制下正丁承担的徭
役，我想对其具体项目进行区分。先说结论的话，唐代前
期的徭役包括正役、杂徭、色役三种。

《唐六典》卷三"户部尚书"条叙述道："凡赋役之
制有四，一曰租，二曰调，三曰役，四曰杂徭。"该句原
注引用了一篇开元二十三年的敕书，"开元二十二年
[案，《唐会要》卷八三'租税上'条作二十三年，《会
要》是]，敕以为，天下无事，百姓徭役，务从减省。遂

减诸司色役二十二万二百九十四",即削减了诸司色役

220294人。王永兴和大津透等人一般认为这是对"四曰杂徭"的注解,并以此来证明色役和杂徭之间的密切联系。我认为,如上文提及的百姓徭役,这篇敕文其实是对不同于赋役的徭役,特别是被称为色役的其他系统的徭役的注解。

关于这篇开元二十三年的敕书和基于该敕书进行的财政改革,我曾尽力对其内容进行过还原,并简单叙述了其意义(渡边信一郎,1989)。在此,我想再次引用复原后的内容,重新阐述自己的观点。在《唐六典》中,这篇诏敕被分别记载在四个不同的地方,各个官司条也记录了此时被废止或精减的官署与官员。现已不可能完整复原这篇开元二十三年的敕书了。这也是这场改革至今没有被学界注意到的原因。但是结合全文,可以看出在官司被废止的同时,进行过一场规模巨大的行政、财政改革。下面先展示开元二十三年敕书的原文。

①开元二十三年,敕以为,诸色补署,颇多繁冗。停废诸司监署府十余所,减冗散官三百余员。

(《唐六典》卷二"吏部尚书"条)

②开元二十二年[案,"二"当作"三"],敕以为,天下无事,百姓徭役,务从减省。遂减诸司色

役二十二万二百九十四。［案，《唐会要》卷八三作"一十二万"。《六典》是。］

（同上书卷三"户部郎中"条）

③开元二十二年［案，当作"二十三"］敕，诸司繁冗，及年支色役，费用既广，奸伪日滋。宜令中书门下，与诸司长官量事，停减冗官及色役、年支杂物等，总六十五万八千一百九十八。官吏稍简，而费用省矣。

（同上书卷三"度支郎中"条）

④每年支诸司杂物，各有定额。开元二十三年，敕以为，费用过多，遂停减光禄寺、左右羽林、左右万骑、左右三卫、闲厩使、五坊使、洛城西门、东宫、南衙诸厨及总监、司农、鸿胪寺等司年支杂物，并括少府监库内旧物四百余万［案，"百"当作"十"］。

（同上书卷一九"司农寺"条）

②③条记录的时间是开元二十二年，其中的内容是前后关联的，四则史料记录的事件明显出自同一个时期的敕诏。与这场改革相对应的，是同样颁布于开元二十三年（正月十八日）的《籍田制》（张九龄撰，收录于《文苑英华》卷四六二）中的"天下色役，爰及支用，务令节减，并诸州贡赋，先令中书门下，均融减省，宜准前敕，

401

速即条奏"。从上述条令可以看出，在这条指令前已经发布过一条同样的指令，而天下色役、经费的节减，以及诸州的贡赋改革都是以前的"悬案"。关于诸州的贡赋改革内容，《唐六典》卷三"户部"条中，有基于开元二十五年敕令的详细记录。我将在此处继续考察天下色役和经费的减免。

统合这些关于敕文的零散记录，基于开元二十三年敕书进行的财政改革事项总数达到了 658198 件，由此可以看出这场改革的巨大规模。其内容可归为以下四类：

· 官司废止十余司
· 官吏定员削减三百余员
· 诸司色役削减 220294 人
· 诸司厨粮以及年支杂物和少府监所藏旧物括出四十余万件

以上项目总计大概六十五万件。

我整理了《唐六典》中各官司条里的明确记载，总结出开元二十三年停减官司、官吏一览（表 20）。从表20 可以看出，殿中省、太常寺、少府监、司农寺等和皇帝日常生活相关的官司及所属官吏成为被废止和削减的主

402

要对象。因此，这场改革的首要特点在于它几乎没有涉及
公共行政部门三省六部。

表20　开元二十三年停减官司、官吏一览

官司·官员	件数	《唐六典》
校书郎	2人	卷8"门下省"条
尚乘局奉御	2人	卷11"殿中省"条
尚乘局直长	4人	卷11"殿中省"条
尚乘局奉乘	6人	卷11"殿中省"条
尚乘局司库	1人	卷11"殿中省"条
尚辇局掌辇	2人	卷11"殿中省"条
太常寺太祝	6人	卷14"太常寺"条
太常寺祝史	7人	卷14"太常寺"条
太常寺奉礼郎	2人	卷14"太常寺"条
太乐署太乐令	1人	卷14"太常寺"条
太乐署太乐丞	1人	卷14"太常寺"条
鼓吹署命	1人	卷14"太常寺"条
鼓吹署丞	1人	卷14"太常寺"条
廪牺署丞	1人	卷14"太常寺"条
太官署监膳	2人	卷15"光禄寺"条
少府监丞	2人	卷22"少府监"条
少府监主簿	2人	卷22"少府监"条
诸司备运车	600乘	卷5"兵部"条
天藏府		卷11"殿中省"条
沙苑监		卷17"太仆寺"条
太和宫农园监		卷19"司农寺"条
玉山宫农园监		卷19"司农寺"条
九成宫农园监		卷19"司农寺"条
舟　署		卷23"将作监"条

其次，在这场改革的约六十五万个项目中，有二十二万个是对征发百姓的色役进行的削减。可以说，开元二十三年改革中，色役削减是人力改革部分的核心。色役是徭役的一种，即为了完成各个官司、机关、官员的任务所征发的各种必要劳役。色役也因此构成了唐代行政组织的最下层（如后所述）。削减多达二十二万项的强制劳动不仅简化了行政组织，也简化了徭役体系。开元二十三年的改革以国家机构作为主要改革对象，削减强制劳动是这次改革中唯一对社会造成了巨大影响的一项。

最后，这约六十五万个项目中的大半（四十余万件）都是对光禄寺、北衙禁军、南衙禁军、东宫等部门饮食费用的削减，以及对司农寺、鸿胪寺等诸官司日常经费进行的调整。中央希望通过削减这些经费来抑制相关官吏的不正当乃至欺瞒行为。

总而言之，开元二十三年的改革以负责皇帝生活的官厅为中心，通过削减官吏色役、调整财物支出，以达到减少经费开支和简化日渐臃肿的律令制行政体系的目的。

403　　　如上所述，《唐六典》卷三"户部尚书"条记载的"凡赋役之制有四，一曰租，二曰调，三曰役，四曰杂徭"一句，其原注所引开元二十三年敕书并不是对杂徭的注解，而是为了引出开元二十三年改革的一部分，以说明在正役和杂徭之外还有一项百姓需要负担的重要徭役，即诸司色役。如开元二十三年敕提及的，在唐代前期的徭役中，色役作为重要的组成部分被包含在内，而且和正役、杂徭一起构成了百姓须履行的基本义务。但是，赋役制度的其他部分——正役、杂徭——的征发对象为全体正丁、中男，而色役是通过设定一定标准来进行选拔的，因此并不是所有正丁、中男都须负担的义务。这也是将色役列在赋役制之外的一个理由。

三　正役与杂徭

如《唐六典》卷三"户部尚书"条中"凡赋役之制有四，一曰租，二曰调，三曰役，四曰杂徭"所记载的，杂徭是组成唐前期赋役制度的一环，而在赋役制度外还存在色役这种属于其他系统的徭役。在唐《赋役令》中，虽然存在与租、调及正役相关的条文，却没有关于杂徭的条文。杂徭仅在复原后的唐《赋役令》第二十四条和第二十六条关于免除徭役的规定中被提到过。为何杂徭作为赋役制度的一环，却在《赋役令》中没有明确规定？它和正役又有怎样的关系？这些问题值得重新思考。

关于杂徭，在二战前以滨口重国《秦汉隋唐史的研究》（1966）为开端已经有了丰厚成果。但为求简略，我不在此对研究史进行深入探讨。以不存在杂徭相关条文为前提，在诸位研究者的基础上，我想考察的是杂徭的历史特质。在缺少相关令文的前提下，目前与杂徭有关的基本法令就只有著名的《户部式·充夫式》。在这里，我将再次对《户部式·充夫式》进行考察。

《户部式·充夫式》的规定如下所示：

> 《户部式》，诸正丁充夫，四十日免［役］，七十日并免租，百日已上，课役俱免。中男充夫，满四十日已上，免户内地租。无他（地）税，折户内一丁。无丁，听傍折近亲户内丁。又谓男女三岁已下为黄，十五已下为小，二十已下为中男，二十一成丁也。
>
> （《白孔六帖》卷七八"征役"条引《充夫式》）

应注意到，如前文复原唐《赋役令》第二十四条（唐16）"诸文武职事六品以下九品以上，勋官三品以下五品以上父子，若除名未叙人，及庶人年五十以上，若宗姓，并免役输庸（愿役身者听之）。其应输庸者，亦不在杂徭及点坊（防）之限。其皇宗七庙子孙，虽荫尽亦免入军"所示，五十岁以上庶民等满足了一定条件的人可以被免除正役，用缴纳庸来替代，也就是说他们不在杂徭和点防（防人）的征发对象之列。进一步看，根据"凡赋役之制有四，一曰租，二曰调，三曰役，四曰杂徭"（《唐六典》等）和"赋役之法，曰租，曰调，曰庸"（《新唐书·食货志》陆贽上奏等）这两种表述，唐代前期赋役制度存在两种定位，在前者的役被后者的庸替代的同时，履行杂徭的必要性也随之消失了，两件事之间具有相关性。也就是说，如果正丁用缴纳庸物的方式来替代服正役，那么他基本会被认为已经履行过杂徭的义务了。

以下是从上述《充夫式》的规定以及复原唐《赋役令》第二十四条、第二十六条等内容中总结出的杂徭和正役的关系。

第一，《充夫式》对正丁服杂徭和中男服杂徭的情况分别进行了规定。也就是说，杂徭指以户内二十一岁以上的正丁以及十六岁以上二十岁以下的中男作为负担对象的单纯劳役（戴建国，2006）。

第二，杂徭征发对象进行的劳动，以修剪葡萄树树枝［《吐鲁番出土文书》（叁）《史玄政牒为四角陶已役未役人夫及车牛事》］、修筑堤堰和浮桥（《水部式》残卷）、守备屯田收获（复原开元田令第五十三条）等辅助性工作居多，因此当时被称为"小徭役"（《唐律疏议·户婚律》）。这种劳动和一年总计四百万人次的输丁（《旧唐书》卷九八《裴耀卿传》）、营田丁和饲牛丁（复原开元田令第二十一条和第二十二条）、驿丁等特定劳动——正役劳动——在性质上截然不同。孔颖达通过解释《春秋左氏传》襄公九年条的"正徒"，将临时征发的使役比作唐初的夫役（杂徭），将为官府提供的恒常性徭役比作唐初的正丁。[16]杂徭是在必要时征发的不定量临时劳役，不像正役一样有确定的劳动时间（吉田孝，1983；戴建国，2006），只是对应正役二十天的定量义务，还是设置了每年四十天的标准限度。但是，对于杂徭来讲，因为有超过一百天或四十天的特殊情况，所以并没有对杂徭设立明确的服役时间上限，这也成为其特点。

第三，正丁履行杂徭时，如果一年服役了四十天就会被免除正役。宫崎市定认为缺失了"役"字（正役二十日），把"役"字补足之后，就可以理解成服四十天杂徭后，可被免除二十天正役（宫崎市定，1976）。后面的条文也写道，服役达一百天的话，课役也会被免除，所以免除正役这一点是准确的。而且在服役四十天的基础上再服役三十天，也就是总计服役七十天的话，则不仅可以免除正役，还会被免除二石的租。在此基础上再增加三十天，即总计服役一百天以上的话，会被免除正役、二石的租、两丈调绢和三两绵。也就是说，两天杂徭可以换算成丁男的一天正役（宫崎市定，1976）。这与复原唐《赋役令》第三十条"须留役者，满十五日免调，三十日租调俱免"[17]的正役留役规定相对应。《充夫式》也规定，杂徭服

役天数达四十天后，再超过三十天的话，租调都会得到免
除。杂徭和正役的劳动量比例为二比一，而从服役方式来
看，根据留役规定，可以看出杂徭和正役之间表里一体的
关系。也就是说，如果完成了其中一种劳役，就无须履行
另一种劳役了。正丁在履行二十天正役或缴纳庸之后，就
可以被免除杂徭。反过来讲，正丁履行了四十天杂徭的
话，就会被认为已经履行过正役，无须重新履行正役。杂
徭与正役的关系如表 21 所示。

表 21　唐代租调役杂徭

		役	租	调	
正丁	正役	20 日	15 日	15 日	50 日
	杂徭	40 日	30 日	30 日	100 日 ⇒
中男	杂徭	40 日	⇒		
	代替	户内地租或丁役			

从前的研究都建立于存在有关杂徭的法令这一前提之
上。因此，正役和杂徭被视为两种相互独立的力役，但从与
正役的关系这一点出发，难以解释《充夫式》中的规定。履
行杂徭以后，正役义务会得到免除。同样，履行了正役的话，
杂徭义务也基本可以得到免除。因此四项赋役（租、调、正
役、杂徭）中，关于杂徭的法律规定便有可能被忽略。在
《新唐书·食货志》等处，我们可以看到"赋役之法，曰

租，曰调，曰庸"的记载，这说明在天宝之后的赋役制度中，正役基本上已经被庸物代替了。正因为杂徭和正役存在表里一体的关系，所以杂徭在记载中也不复得见了。

407　　第四，当中男履行杂徭时，由于中男并不承担正役，杂徭和正役之间未构成直接的表里关系，那么代替措施就随之产生了，即中男履行杂徭超过四十天的话，可以被免除户内的地租（每亩二升义仓米）。户内没有地租负担时，则免除同户正丁须履行的二十天正役。若无同户正丁，则免除近亲正丁须履行的二十天正役。中男的四十天杂徭也可以通过户内或近亲户内正丁的二十天正役来代替，从此可以看出正役和杂徭之间本就存在的表里关系。杂徭构成了正役的补充，但不同于正役，杂徭并不是所有中男和正丁须履行的每年定量义务。因此杂徭不存在对应正役的代纳规定，反而在履行杂徭后，便可采取替代措施。中男的杂徭揭示了这样一个事实，即律令制支配的基础在于户籍制度，中男杂徭替代的正是户内地租或户内正丁的正役。

　　第五，与中男杂徭服役相关的是复原唐《赋役令》第二十六条："诸漏刻生、漏童、药童、奉觯、羊车小史、岳渎斋郎、兽医生、诸村正、执衣、墓户，并免杂徭。外监掌固、典事、屯典事亦准此。"其中列举的漏刻生等基本都是中男承担的色役。履行色役的中男不会成为杂徭的征发对象。[18]此外，这则史料还提到了掌固、典事这些作为在外监官的流外番官，他们也被免除了徭役。在外监官的番官中有很大一部分是由中男补任的。

此处须注意的是，在外监官的品官（长上官）、佐史（流外长上官）被免除了课役（复原唐《赋役令》第二十三条），杂徭和防人兵役也被一并免除，但在外监官的番官只被免除了杂徭。第二十六条记载的色役，例如村正，原则上从白丁中选任，如果没有合适的继任者，就从中男或残疾人中选任。因此应该说，村正等记载于第二十六条 **408** 的色役以及在外监官的番官通常是由正丁来担任的。那么，正丁仅被免除了杂徭一事究竟有怎样的意义？仅免除杂徭，意味着免除了杂徭对应的单纯辅助性劳役，但正役及与其紧密关联的防人兵役不会被免除。我认为，虽然正役、杂徭之间存在表里一体的关系，但免除正役这种定量劳动会伴有杂徭和防人兵役的免除，但免除不定量的杂徭并不意味着免除正役和防人兵役。

以上是通过《充夫式》和复原唐《赋役令》第二十四条、第二十六条等史料整理出的杂徭规定以及杂徭和正役的关系。接下来，我将参照从前的诸多研究，一一列举从其他规定中总结出的杂徭特质。

第一，县令是征发杂徭的主体，他们以乡为单位做成差科簿，对尚未服色役和兵役的白丁和中男进行征发（王永兴，1982，1993）。杂徭通常是在各县内进行征发的，如果达不到定额，县令会在向州报告后，得到在州内征发的许可。[19]正役是通过中央的户部度支司来进行统一分配的，杂徭则是在州县内部就基本可以完成的地方力役。

第二，复原唐《赋役令》第二十四条指出，纳庸者不会成为杂徭和兵役（镇戍防人）的征发对象。由此可以得知，在《赋役令》中被免除课役的对象，如官人、佐史以及履行色役者等，也一并被免除了杂徭和防人兵役。

第三，《文苑英华》卷四六二开元二十三年《籍田制》记载："两京城内，今年所有诸杂夫役，并宜免放。应须使役，以诸色钱和雇取充。"可知在开元年间，杂徭劳动有被雇佣方式取代的倾向。

409　　杂徭是和正役存在表里一体关系的强制劳动。唐代前期百姓的赋税由租、调、役、杂徭组成，换算成正役是五十天，换算成杂徭是一百天。那么，色役劳动又具有怎样的性质？

四　色役和差科

（一）关于色役

色役指国家底层公务的劳役。和杂徭相同，色役也需要在几年间每隔一定时间服役（分番上役），而且如果不服役的话需要缴纳资和课（代替钱物）（王永兴，1982）。国家的底层公务包括与运输、江河管理有关的水手工作和白直、执刀等官员仆从的工作，这些形形色色的劳役也是"色役"一词的由来（松永雅生，1956；张泽咸，1986）。此外，色役又被称为百姓徭役，可以看出色役的承担者是按一定标准从百姓中选出的。为了准确理解作为国家底层公务的色役的具体内容和特性，首先应对唐代官僚制度进行整体考察。

从《通典》卷四〇《职官二十二》对唐代官制的叙述可知，当时官员总数达到了 368668 人。其中又分为拥有品阶的内外文武官员 18805 人，内外执掌人 349863 人。内外执掌人包括被称为流外官的府史、亭长、掌固等内执掌和录事、佐史、府史等外职掌。[20]流外官指被国家赋予了告身，经各官府上报而得到任命的吏员。他们与其上级，即每日出勤的九品各级官员不同，也区别于每过一定时间就要交接工作的下层番官。[21]内外文武官员和内外的流外官员总计 57416 人（《资治通鉴》卷二一三开元二十一年六月条），在总数 368668 人的官吏中，有 30 多万人 410 是从百姓中强制征发来履行色役的。

经过王永兴、西村元佑等人对差科簿的研究，色役的组成内容已比较明晰，而《天圣令·杂令》的发现使我们可以进一步对色役的内容进行具体分析。下面就从比较

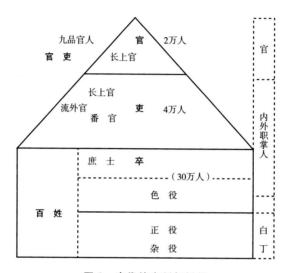

图 3 唐代的官制与徭役

纯粹的外执掌（地方吏员）展开分析。

　　根据《天圣令·杂令》不行唐令第十五条，除流外官外，地方吏员也包含里正、市吏、坊正等杂任层，以及诸州的执刀、州县典狱、问事、白直等杂职层。[22]典狱、问事指狱吏，而执刀、白直指地方官员的仆人。换句话说，除了流外官，杂任层和杂职层都由色役来征发。

　　内执掌（中央吏员）的构成比较复杂，但可以确定流外官以外的其他吏员也是通过色役来征发的。其范围包括国子监六学的学生、庶士，以及三卫、亲事、帐内等卫官，乃至陵户、渔师、散乐乐人等特殊勤务人员。卫官指在恩荫制度中为优待官员而产生的职掌、职役。

在此需要注意的是庶士。虽然庶士被包括在复原唐《赋役令》第二十三条的课役免除对象中，但其具体定义尚不明确。此番基于《天圣令·杂令》不行唐令第十五条，我们可以清楚地了解庶士的具体含义。庶士包括习驭、掌闲、翼驭、执驭、驭士、驾士、幕士、称长、门仆、主膳、供膳、典食、主酪、兽医、典钟、典鼓、价人和大理问事。[23] 可以将其内容分为三类，分别是在以皇帝和太子为首的宫中负责乘舆马政、饮食管理、时间管理等事务的吏员，在平准署负责物价管理的市吏和大理寺的狱吏等。大理问事和州县问事同属于狱吏。从上述内容可以看出，庶士与外执掌中的杂职层相当，也属于色役。

需要注意的是，庶士和卫士一样，都是卒的一种。《唐律疏议》卷一《名例律·十恶》"九曰不义"条中关于"吏、卒杀本部五品以上官长"，疏议曰"吏谓流外官以下。卒谓庶士、卫士之类。此等色人，类例不少"。也就是说，本部（官厅）不仅包括有品阶的官员和身为吏员的流外官，还包括庶士、卫士等卒。各官厅是由官—吏—卒和其他色役组成的，即所谓"九品官人—流外吏员—卒（庶士、卫士等）和其他色役"的结构。

《唐律疏议》卷二十八《捕亡律》"丁夫杂匠亡"条记载："若有军名而亡，谓卫士、掌闲、驾士、幕士之

411

类，名属军府者，总是有军名。其幕士属卫尉，驾士属太仆之类，不隶军府者，即不同军名之例。"掌闲、驾士、幕士等庶士和卫士一样，基本都被登录在军府的簿籍上。由此可知，这些色役是从兵役转化而来的。因此卫士和掌闲、驾士、幕士等庶士一样，都被分类为卒。

唐长孺在色役研究中指出，存在如门夫、烽子等由杂徭演变而来的色役以及从屯丁等正役演变而来的色役（唐长孺，1989）。守桥丁、防丁、骑丁、驿丁、输都丁和屯丁属于同一分类。这些都是正丁履行正役时，将负担的劳役特定化后，转化成的色役或与色役性质相近的劳役。唐长孺指出，除有定员规定的诸司执掌人以外，还存在通过临时性规定被征发的色役。而对于《水部式》残卷中的水手、守桥丁等广泛存在于诸司执掌人和"正役、杂徭、兵役"之间的色役，有必要对其本质做进一步探讨。循着唐长孺的观点，在色役中除了有从正役、杂徭转变而来的劳役，还存在大量像庶士这样从兵役转变而来的特定劳役，因此与色役紧密相关的不只有杂徭。

（二）差科以及色役赋课的基准

分析了色役的各类由来之后，可以推测它们的选择基准一定不同。在此，我将介绍差科的具体含义及其内容和范围。

　　大津透基于《天圣令·赋役令》的条文，坚持了之前的意见，即存在唐代差科制度（大津透，2006b）。但是，西村元佑经过对差科簿的研究，指出唐代前期律令时期的差科是指以全体赋役作为对象的课税、征发方法的规定，和北宋时期基于五等户制的职役赋课不同。《资治通鉴》卷二四九唐宣宗大中九年（855）四月的诏敕曰："诏以州县差役不均，自今每县据人贫富及役轻重，作差科簿，送刺史检署讫，锁于令厅，每有役事，委令据簿定差（胡三省注：今之差役簿始此）。"根据这项记载，北宋的差役法源自大中九年的命令（西村元佑，1968a）。西村元佑认为唐代前期和两税法之后有所不同，我也支持这个观点。

　　大津透一直以来的依据是《唐律疏议》卷一三《户婚律》"差科赋役"条疏议曰"依令，凡差科，先富强，后贫弱。先多丁，后少丁。差科赋役，违法及不均平，谓贫富，强弱，先后，闲要等，差科不均平者，各杖六十"和《唐律疏议》卷一六《擅兴律》"丁夫差遣不平"条疏议曰"差遣之法，谓先富强，后贫弱，先多丁，后少丁。凡丁分番上役者，家有兼丁，要月，家贫单身，闲月之类"。[24]这条令文在《天圣令·赋役令》第九条即北宋差役法中，与县令设定的五等户制一起被保留到了北宋时期。[25]

　　首先应考察上述提及的差科的含义。关于差科，颜师古在《匡谬正俗》卷七"差"条中有所解释：

> 或问曰："今官曹文书科发士马，谓之为差。差者何也？"答曰："《诗》云，既差我马。《毛传》云，差择也。盖谓拣择取强壮者。今云差科，取此义，亦言拣择取应行役者尔。"

颜师古参照《毛传》，认为"差"（读音为 chāi）是选择的意思，即选择强壮的人去服兵役。因为"科"与"课"同义，若把"差科"解释为先选择后征发的话，则需要同时代人的见解作为佐证。此外，还需要特别注意兵役的差科。《唐六典》卷五"兵部尚书"条对募兵的征发有如下规定：

> 凡天下诸州差兵募，取户殷丁多，人材骁勇，选前资官勋官，部分强明，堪统摄者，节级权补主帅以领之。

414　　根据颜师古的记述，该史料描述的应是兵募的征发，对于作为临时兵役的兵募征发，差科依然适用。

"差科赋役违法"条和"丁夫差遣不平"条这两处的疏议指出，差科赋役时出现的违法和不公平现象源自贫富、强弱、先后和闲要等条件差异。差遣时优先考虑富有且丁数多的户，延后贫穷且丁数少的户，需要征发正丁服番役（色役）时，若在繁忙时节就征发丁数多的户，闲散时节就征发单身且贫穷的户。也就是说，在有选择地差科赋役、指派丁夫服正役或杂徭之际，违法或者不公平的现象指无视家产贫富、户内丁数多寡等征发顺位（先后次序）、闲散月和繁忙月的征发顺位等基准，或是超越规定过度征发。

同样在《唐律疏议》"差科赋役违法"条的疏议中，有"依《赋役令》：'每丁，租二石。调绝、绢二丈，绵三两，布输二丈五尺，麻三斤。丁役二十日。'此是每年以法赋敛。皆行公文，依数输纳。若临时别差科者，自依临时处分。如有不依此法而擅有所征敛，或虽依格令式，而擅加益入官者，总计赃至六匹，即是重于杖六十，皆从坐赃科之"的记载。根据这项疏议，差科不仅包括兵役的征发，还包括《赋役令》规定的租调役征收，以及根据临时命令征发租税或派遣劳役。根据上述两项疏议，可以看出当时设定了违反令式规定和临时征发命令的基准，以及擅自增减征发和派遣数额时的处罚方式。

《赋役令》中也有与这种临时差科相关的条令。比如第四十九条记载："诸为公事，须车牛人力传送，而令条不载者，皆临时听敕。差科之日，皆令所司量定须数行

415

下。不得令在下有疑，使百姓劳扰。"由此可知，可以为公事使用牛车和人力来运输。而在没有法令规定的情况下，依照当时的敕令，所司（度支）需要在确定必要的数量后，再清晰地传达给下级官厅。在此，度支量定临时所需车牛和劳动力并进行选择和征发的流程被称为差科。差科制度适用于令式规定的赋役（租、调、正役、杂徭）、兵役以及临时的税役与兵役赋课，但并不与唐代赋役制度形成搭配。

如果说差科的本意是选择征发、派遣的话，那么一定要有和征发、派遣相关的标准。确如王永兴与大津透所主张的，户等是主要的参考基准，松永雅生已对此做了验证（松永雅生，1957）。但是户等并不是唯一的基准。差科的选择、征发、派遣流程适用于赋役和临时税役，这里将主要阐述色役的选择与征发标准。

《水部式》残卷保留了几处和色役相关的征发标准，比如一百二十名胜州转运水手的例子，他们征发自勋官，人数不足时用白丁来补足。[26]莱州海师两人和拖师四人是从有航海经验的勋官中征发的。[27]当然，也存在征发特定户等的情况。比如上文引用的两百名陕州大阳桥水手的例子，就是从陕州八等户以下的白丁中征发的，而一百二十名都水监短番渔师、一百二十名明资渔师是从白丁和五等户以下的杂色人中征发的。[28]

《唐六典》等现存文献记录了很多例子。关于卫士的选拔标准，根据《唐六典》卷五"兵部尚书"条，他们都是从六品以下者的子孙或无职役的白丁中选拔、点派充任的。在军府存有名籍的庶士与卫士同样被归类为卒，其选拔标准也和卫士相同。在这些例子中，除了白丁之外，品官的子孙——品子的身份也是选拔的标准。如亲事、帐内等卫官，有"以六品、七品子为亲事，以八品、九品子为帐内"（《唐六典》卷五"兵部尚书"条）的规定。关于里正，则规定"勋官六品以下白丁清平强干者充"（《通典》卷三《食货三·乡党》）。而且《赋役令》第二十三条中可以看到"品子任杂掌"的记录，说明在色役的征发选拔标准中，还存在以官品、勋级等官人身份体系作为标准的情况，户等并不是唯一的基准。

王永兴认为色役在参照户等进行征发的同时（王永兴，1993），色役种类也是由承担者身份决定的（王永兴，1982）。而且，根据王永兴和西村元佑的详细研究，在征发标准上，特定的劳役并不与特定的户等紧密对应。虽然有优先征发多丁、富裕的上等户赋役的差课规定，但根据差科簿，实际被征发者大多来自八、九等户。也就是说，实际的征发并没有严格地遵守差科标准。王永兴还指出，仪凤二年（677）十一月十三日颁布的《申理冤屈制》体现了当时的风潮："或征科赋役，差点兵防，无钱则贫弱

先充，行货则富强获免。"（《唐大诏令集》卷八二）

417　　唐代律令制度下，"差科"作为动词意味着"选拔、征发、派遣"。不仅固定的赋役征发，临时的税役和兵役也根据其征发内容设定了选拔标准，这说明差科制度还未如北宋的差役法那般，成为和户等制紧密关联的恒常性制度。

结语

在唐代农民的负担中，有令式规定的租、调、正役以及和正役表里一体的杂徭，当时的人们称之为"赋役之制"和"赋役之法"。因此将唐代的税役制度称为赋役制更为合适。对于农民正丁来说，除了赋役制度外，还有府兵卫士或者镇戍防人等兵役需要履行。而且对于唐代百姓来说，还有以正丁、中男、勋官、品子等群体为选拔对象的、设有一定标准的色役。色役处于九品官人、流外官（长上官、番官）的下层，又被称为番役。色役承担者有固定的人数和职务，履行国家最底层的公务。总的来说，色役与赋役属于不同的官制系统，其位置相当于《周礼》"治官（品官）—府史（流外）—胥徒"体系中的胥徒。

除了令式规定的定量赋役、兵役和色役，对唐代百姓来说，还有根据临时需要而征发的劳役和租税。根据这些正式法令和临时命令，在对税役进行征发和派遣前，要进

行名为差科的选拔。唐代律令制下，农民百姓的负担不是
直接由给田制的赋税缴纳和差科制度所规定的，其根源在
于以户为单位的登名造册，以及由此产生的国家与农民间
超经济的支配隶属关系。

注　释

1. 以下《赋役令》依照的是渡边信一郎（2005b）的复原。复原唐
《赋役令》第三十一条：“诸县令须亲知所部贫富丁中多少人身
强弱，每因升降户口，即作九等定簿，连署印记。若遭灾蝗旱
劳之处，任随贫富为等级。差科赋役，皆据此簿。凡差科，先
富强后贫弱，先多丁后少丁。（凡丁分番上役者，家有兼丁者要
月，家贫单身者闲月）。其赋役轻重，送纳远近，皆依此以为等
差，豫为次弟，务令均济。簿定以后，依次差科，若有增减，
随即注记。里正唯得依符催督，不得干豫差科。若县令不在，
佐官亦准此法。”这项条文基于《天圣令·赋役令》宋现行令第
九条和《唐律疏议》卷一三《户婚律》“差科赋役”条、养老
《赋役令》第二十二条、第二十三条等复原而来。画线处和《唐
律疏议·户婚律》“差科赋役”条引用的条文以及养老《赋役
令》第二十三条相同，在唐《赋役令》中确实存在。关于这一
条文的复原问题，请参阅本章注释25。

2. 《通典》卷六《食货六·赋税下》：“二十五年定令。诸课户，
一丁租调，准武德二年之制。其调绢绝布，并随乡土所出。绢
绝各二丈，布则二丈五尺。输绢绝者绵三两，输布者麻三斤。
其绢绝为匹，布为端，绵为屯，麻为级。若当户不成匹端屯级
者，皆随近合成。”

3. 《魏郑公谏录》卷一"谏简点中男入军"条："简点使出。右仆射封德彝等并欲令取中男，敕三四出。公执奏不可。德彝重奏称，今见简点使，云中男内大有壮者。太宗怒乃出敕，中男虽年十八，身形壮大亦取。公又不肯署敕。太宗召公，作色让之曰：'男若实小，不点入军。若实大，是其诈妄。依式点取，于理何妨邪。如此固执，不解卿意。'公正色曰：'臣闻，竭泽而渔，非不得鱼，明年无鱼。焚林而畋，非不获兽，明年无兽。若中男以上，尽点入军，租赋杂徭，将何取给。然比年来，国家卫士，不堪攻战，岂为其少邪。但为礼遇失所，遂使人无斗志。若多点取人，还充杂役。其数虽多，终是无用。若精简壮健，遇之以礼，人百其勇，何必在多。'"

4. 关于户徭，《唐开元二十一年西州都督府案卷为勘给过所事》[载《吐鲁番出土文书》（肆），文物出版社，1996]中的《为申麹嘉琰请过所所由具状上事》记载："麹嘉琰将男及作人等赴陇右，下高昌县勘责，去后何人代承户徭，并勘作人是何等色，具申者。准状责问，……又问里正赵德宗，款，上件人户当第六。……在后虽有小男二人，并不堪只承第六户。有同籍弟嘉瓒见在，请追问能代兄承户，否。"显然，户徭和户等制有关。此处被问及的六等户的责任，不仅有杂徭和色役，还包括正役等各户所应承担的责任。《元次山集》卷一〇《举处士张季秀状》记载："臣特望天恩，令州县取其稳便，与造草舍十数间，给水田一两顷，免其当户徭役，令得保遂其志。""户徭"即此处"当户徭役"二字的缩写。

5. 参阅本章注释1复原唐《赋役令》第三十一条。

6. 《新唐书》卷五二《食货志二》记载："［宰相陆］贽上疏请厘革其甚害者，大略有六。其一曰，国家赋役之法，曰租，曰调，曰庸。其取法远，其敛财均，其域人固。有田则有租，有家则有调，有身则有庸。天下法制均一，虽转徙莫容其奸，故人无摇心。"

7. 《唐六典》卷五"兵部尚书"条："凡差卫士征戍镇防，亦有团伍，……其居常则皆习射，唱大角歌。番集之日，府官率而课试。"大角歌被称为簸逻回歌，由鲜卑音乐演变而来，关于这一点，详见拙稿『北朝楽制史の研究——「魏書」楽志を中心に』第一部「天下大同の楽——隋の楽制改革とその帝国構造」第四章「北狄楽の編成——鼓吹楽の改革」（2004—2007 年度科学研究費补助金研究报告，2008 年 2 月）。

8. 关于在关津和渡河点配置兵士，《水部式》残卷（P. 2507）记载："会宁关有船五十只。宜令所管，差强了官检校，着兵防守，勿令北岸停泊。自余缘河堪渡处，亦委所在州军，严加捉搦。"另有"诸浮桥脚船，……其有侧近可采造者，役水手、镇兵、杂匠等，造贮，随须给用"和"诸置浮桥处，……所须人夫，……皆先役当津水手，及所配兵。若不足，兼以镇兵及桥侧州县人夫充"。此处的兵士多以镇兵、防人为主。

9. 《法苑珠林》卷五二《伽蓝篇》第三六记载："终南山大秦岭竹林寺者，至贞观初，采蜜人山行，闻有钟声，寻而往至焉。寺舍二间，有人住处。傍大竹林可有二顷。其人断二节竹以盛蜜，可得五升许。两人负下，寻路而至大秦成，具告防人，以林至此可十五里。戍主利其大竹，将往伐取。遣人依言往觅。过小竹谷，达于崖下。有铁锁长三丈许，防人曳锁，掣之太牢。将上有二大虎，据崖头，向下大呼。其人怖急返走，又将十人重寻，值大洪雨，便返。蓝田𡩋真寺僧省真，少小山栖。闻之便往，至小竹谷北上望崖，失道而归。常以为言。真云，此竹林至关可五十许里。"
《八琼室金石补正》卷四六《本愿寺曾庆善等造幢题名》（恒州鹿泉县、长安三年）中可以看到作为幢主的"隋本县令孙前宣州贵池主上柱国赵郡李元宗"之名。另外，《文苑英华》卷六四七张说《为河内郡王武懿宗平冀州贼契丹等露布》也记录了一位参加过这场战役的将帅——潭州花石戍主苏元晖的名字。中都督府设于潭州，花石戍也被认为处在潭州都督府的管辖下。

420

10. 《新唐书》卷五五《食货志五》记载："先是州县无防人者，籍十八以上中男及残疾，以守城门及仓库门。谓之门夫。番上不至者，间月督课为钱百七十，忙月二百。至是，以门夫资课，给州县官。"可见，在州县的城门、仓库门配置了守备的防人。

11. 《文苑英华》卷四六二开元二十三年正月《籍田制》记载："诸州应发防丁，去本贯一千里以上，比来除正课之外，给一丁充资，多不济办，宜更量与资助。"根据《水部式》残卷（P.2507）记载的"沧、瀛、贝、莫、登、莱、海、泗、魏、德等十州，共差水手五千四百人。三千四百人海运，二千人平河。宜二年与替，不烦更给勋赐，仍折免将役年及正役年课役。兼准屯丁例，每夫一年各帖一丁。其丁取免杂徭人、家道稍殷有者，人出二千五百文资助"，上述资助与屯丁的例子相同，补贴给每人二千五百文。关于对防丁的资助，围绕防丁、丁防征发，以及乡村社会的各种活动，参照《唐开元二十四年九月岐州郿县□勋牒判集》（P.2979）中的《许资助防丁》第二十八、《判问宋智咆悖》第二十九、《岐阳郎光隐匿防丁高元牒问》第三十。

12. 《天圣令·仓库令》不行唐令第八条（唐9）："诸州镇防人所须盐，若当界有出盐处，役防人营造自供。无盐之处，度支量须多少，遣防人，于便近州有官盐处，运供。如当州有船车送租，及转运空还，若防人向防之日，路经有盐处界过者，亦令量力，运向镇所。"《唐律疏议》卷二八《捕亡律》"防人向防"条记载："诸防人向防，及在防未满而亡者，一日杖八十三，日加一等。疏义曰：'防人向防，谓上道讫逃走。及在防年限未满而亡者，镇人亦同，一日杖八十三，日加一等。既无罪止之文，加至流三千里。亡日未到罪止，镇防日已满者，计应还之日，同在家亡法，累并为罪。'"

13. 复原唐《赋役令》第二十三条（唐15）："诸正、义及常平仓督，县博士、州县助教，视流外九品以上，州县市令，品子任杂掌，亲事、帐内，国子、太学、四门、律、书、算等学生、俊士，无品直司人，卫士、庶士、虞候，牧长，内给使、散使，天文、医、卜、按摩、咒禁、药园等生，诸州医博士、助教，两京坊正、县录事、里正、州县佐、史、仓史、市史，外监录事、府、史、牧尉、子、杂职，驿长、烽帅、烽副，防合、邑士、庶仆，传送马驴主，采药师，猎师，宰手，太常寺音声人，陵户，防人在防，及将防年本州非者防，徒人在役，流人充侍（谓在配所充侍者，三年外依常式）使，并免课役。其贡举人诚得第，并诸色人年劳已满，应合入流，有事故未叙者，皆准此。其流外长上三品以上，及品子任杂掌，并亲事、帐内，以理解者，亦依此例。应叙不赴者，即依无资法。"根据本章注释 11《水部式》残卷（P.2507）"沧、瀛、贝、莫、登、莱、海、泗、魏、德等十州，共差水手五千四百人。三千四百人海运，二千人平河。宜二年与替，不烦更给勋赐，仍折免将役年及正役年课役"可知"将防年"指两年的水手工作中，与正式参与工作的第二年相对的、用于准备和训练的第一年。

14.《册府元龟》卷一四七《帝王部·恤下二》记载："〔开元〕八年六月，河南府谷雒涯三水泛涨，漂溺居人四百余家，坏田三百余顷。诸州当防丁，当番卫士，掌闲厩者千余人，遣使赈恤，及助修屋宇。其行客溺死者，委本贯存恤其家。"这里诸州的防丁、卫士、庶士（掌闲，后述）明显是指三类不同身份的人。而且《唐会要》卷五九"尚书省诸司下·度支员外郎"条记载："开元二十四年三月六日，户部尚书同中书门下三品李林甫奏：'租庸、丁防，和籴、杂支、春彩、税草诸色旨符，承前每年一造，据州府及诸司计，纸当五十余万张，仍差百司抄写，事甚劳烦。条目既多，详检难遍。缘无定额，支税不常。亦因此涉情，兼长奸伪。臣今与采访使朝集使商量，有不稳便于人，非当土所出者，随事沿革，务使允便。即望人知定准，政必有常，编成五卷，以为常行旨符。省司每年但据应支物数，进书领行，每州不过一两纸，仍附驿送。'敕旨依。"这则史料记录了著名的长行旨符的实施。其中，每年从诸州征发的税役包含租庸和丁防，由此与府兵卫士有所区别。

15. 兵防是兵募和防人（丁防）的简称。《册府元龟》卷六三《帝王部·发号令二》记载："〔开元九年〕十月，诏曰：'如闻诸道兵募、丁防，年满应还，或征役处分，及在路死者，不得所縣牒报本贯，无凭破除。仍有差科，亲邻受弊。宜令今年团日，勘责同行火队，的知实死，即与破除。自今已后，每有兵募、丁防放归，令州军具存亡夹名牒本贯。'"《旧唐书》卷八《玄宗纪》开元二十年十月条曰："辛卯，至潞州之飞龙宫，给复三年。兵募、丁防先差未发者，令改出余州。"可以看出，兵募和防人会被连用，其征发被称为差科。

422

兵防是兵募和丁防的略称，《通典》卷二八《职官十·武官上·将军总叙》开元十一年二月敕"同华两州，精兵所出，地资辇毂，不合外支。自今以后，更不得取同华两州兵防"中的"外支"指的是与辇毂（京师）相对的向边境派遣士兵。从州派遣的兵种包括兵募和防人（丁防）。这篇敕文的内容是只从同州、华州征发在京师执勤的府兵卫士，严禁征发边防相关的兵募、防人。而且《唐律疏议·擅兴律》"私使丁夫杂匠"条有"诸丁夫、杂匠在役，而监当官司私使，及主司于职掌之所，私使兵防者，各计庸准盗论。即私使兵防，出城镇者，加一等"的记载，其疏议又记载："兵防并据城隍内使者，若私使出城镇，加罪一等。"这里把丁夫、杂匠统称为兵防，可知他们是从各州派遣来的士兵。而且疏议中的"兵防并据"也将"兵""防"一并记录，可以看出"兵""防"指的是为了边防而从诸州派遣的兵募和防人（丁防）。从"兵防"这一表述来看，边境军事组织中存在为数众多的兵募和防人。

16. 《春秋左传注疏》卷三〇襄公九年条正义曰："言具正徒，司里所使，遂正所纳，皆是临时调民而役之，若今之夫役也。司徒所具正徒者，常共官役，若正丁也。"

17. 复原唐《赋役令》第三十条（唐22）："诸丁匠岁役二十日，

有闰之年加二日。须留役者，满十五日免调，三十日租调俱免（役日少者，计见役日折免）。通正役并不得过五十日。"

18. 漏刻生以下的色役即中男所服的劳役，而且服色役者会被免除杂徭（戴建国，2000，2001）。由于在外监官的掌固、典事、屯典事也要遵守这项规定，所以这些职位大部分由中男来担任。

19. 《水部式》残卷（P.2507）记载："龙首、泾堰、五门、六门、升原等堰，令随近县官，专知检校。仍堰别，各于州县，差中男廿人，匠十二人，分番看守，开闭节水，所有损坏，随即修理，如破多人少，任县申州，差夫相助。"

20. 《通典》卷四〇《职官二十二·秩品五》"大唐官品"条："右内外文武官员凡万八千八百五（文官万四千七百七十四，武官四千三十一，内官二千六百二十，外官州县、折冲府、镇、戍、关、庙、岳、渎等万六千一百八十五）。内职掌，斋郎、府、史、亭长、掌固、主膳、幕士、习驭、驾士、门仆、陵户，乐工，供膳、兽医，学生，执御、门〔案，当作"问"〕事，学生，后〔案，当作"俊"〕士，鱼师，监门校尉、直屯、备身、主仗、典食，监门直长，亲事、帐内等。外职掌，州县仓督、录事、佐、史、府、史。典狱、门〔案，当作"问"〕事，执刀、白直，市令、市丞，助教，津吏，里正及岳庙斋郎，并折冲府旅帅、队正、队副等。总三十四万九千八百六十三（内三万五千一百七十七，外三十一万四千六百八十六）。都计文武官及诸色胥史等，总三十六万八千六百六十八人。" 423

21. 《天圣令·杂令》不行唐令第十五条："诸司流外非长上者，总名番官。其习驭、掌闲、翼驭、执驭、驭士、驾士、幕士、称长、门仆、主膳、供膳、典食、主酪、兽医、典钟、典鼓、价人、大理问事，总名庶士。"

22. 《天圣令·杂令》不行唐令第十五条："诸州执刀、州县典狱、问事、白直，总名杂职。州县录事、市令、仓督、市丞、府、

中国古代的财政与国家

史、佐、计史、仓史、里正、市吏，折冲府录事、府、史，两京坊正等，非省补者，总名杂任。其称典吏者，杂任亦是。"
"杂职"又写作"杂使"，如《唐六典》卷二九"亲王府参军事"条："其杂使又有执刀十五人，典狱十八人，问事十二人，白直二十四人。"

23. 参阅本章注释21《天圣令·杂令》不行唐令第十五条。注释21列举的庶士中的习驭、掌闲、翼驭、执驭、驭士、驾士、幕士、称长、门仆明显与兵役相关联，从后述内容可以看出庶士的主要来源就是卫士。而关于《天圣令》本条文和庶士，请参阅黄正建（2006）。

24. 《唐律疏议》卷一六《户婚律》"差科赋役"条有"诸差科赋役，违法及不均平，杖六十"的记载，疏议曰"依令，凡差科，先富强，后贫弱。先多丁，后少丁。差科赋役，违法及不均平，谓贫富，强弱，先后，闲要等，差科不均平者，各杖六十"，又曰："依《赋役令》：'每丁，租二石。调绫、绢二丈，绵三两，布输二丈五尺，麻三斤。丁役二十日。'此是每年以法赋敛。皆行公文，依数输纳。若临时别差科者，自依临时处分。如有不依此法而擅有所征敛，或虽依格令式，而擅加益入官者，总计赃至六匹，即是重于杖六十，皆从坐赃科之。"其中有"依令，凡差科，先富强，后贫弱。先多丁，后少丁"的表述。另外《唐律疏议·擅兴律》"丁夫差遣不平"条记载："诸应差丁夫，而差遣不平及欠剩者，一人笞四十，五人加一等，罪止徒一年。"其疏议也记载："差遣之法，谓先富强，后贫弱，先多丁，后少丁。凡丁分番上役者，家有兼丁，要月，家贫单身，闲月之类。违此不平，及令人数欠剩者，一人笞四十，五人加一等，罪止徒一年。"

424 25. 《天圣令·赋役令》第九条："诸县令须亲知所部贫富、丁中多少、人身强弱，每因升降户口，即作五等定簿，连署印记。若遭灾蝗旱劳（涝）之处，任随贫富为等级。差科赋役，皆据此簿。凡差科，先富强后贫弱，先多丁后少丁。（凡丁分番

504

上役者，家有兼丁者要月，家贫单身者闲月。）其赋役轻重，送纳远近，皆依此以为等差，豫为次弟，务令均济。簿定以后，依次差科，若有增减，随即注记。里正唯得依符催督，不得干豫差科。若县令不在，佐官亦准此法。”这项北宋法条是为规定差役法而产生的，差役法的基础是北宋五等户制。仅据这项条文还难以还原唐《赋役令》的原貌。通常来说，开元二十五年法律条文中，新项目起头时，会像该条“其赋役轻重，送纳远近”那样，添加“其”作为发语词。在这项条文中，两项差科规定都是从“凡”字发语的，这就显得很奇怪。从开元七年令开始，以“凡”字发语的条文在《唐六典》中变得很常见。在养老《赋役令》中，这两项都是作为独立条文存在的，使人不禁怀疑《天圣令》这一条文的两项差科规定直接采用了唐《开元令》的独立条文。《天圣令·赋役令》第九条可能是由唐令的差科规定与九等户制规定合并而成的。

26. 《水部式》残卷（P. 2507）：“胜州转运水手一百廿人。均出晋、绛两州，取勋官充。不足，兼取白丁。并二年与替。其勋官每年赐勋一转，赐绢三匹、布三端，以当州应入京钱物充。其白丁充者，应免课役，及资助，并准海运水手例。不愿代者听之。”

27. 《水部式》残卷（P. 2507）：“安东都里镇防人粮，令莱州，召取当州经渡海得勋人，谙知风水者。置海师二人、拖师四人，隶蓬莱镇，令候风调海晏，并运镇粮。同京上勋官例，年满听选。”

28. 《水部式》残卷（P. 2507）：“都水监渔师二百五十人。其中长上十人，随驾京都。短番一百廿人，出虢州。明资一百廿人，出房州。各为分四番上下，每番送卅人，并取白丁及杂色人五等已下户充。并简善采补者为之，免其课役及杂徭。”

第十三章　唐代前期律令制下的
财政性物流与帝国编制

前言

425　　正如前两章中所见，在唐代初期，朝廷通过向百姓（分田农民）征收税（租、调）和役（正役、杂徭）来获得国家财政收入，并根据这些收入的多少决定经费开支，同时征发兵役（府兵卫士和防人）和色役，通过组织首都和边疆的防卫与基层公务劳动，实现社会和国家的再生产。前两章的考察明确了税役征收和经费支出的动态，本章则引入财政性物流的有关内容，在前两章考察的基础上，阐明通过这种财政性物流体系和军事编制而形成的唐初帝国结构的具体样貌及历史特点。

如序章所述，本章所说的帝国是一个具有向外进行军事扩张倾向的广域国家。西汉和隋唐前期的中国是古代史上具有这种军事扩张倾向的典型帝国。问题在于，这种军事扩张倾向的必然性究竟是由何种内部契机导致的。唐初，唐帝国以国内的各种政治军事因素为契机，确立了"中心—周边"的内部结构，并通过这种结构的扩展达成了帝国化。在唐初政治军事内部编制的诸特征中，本章将探讨设置在全国各地的都督府以及以都督府为枢纽的军事财政性物流。

唐代前期的兵制由两套常备军系统组成：一是以府兵卫士为主的军府州折冲府系统；二是以防人为主的各州镇戍系统。战乱发生时，朝廷从各州临时募兵组成远征军，战争结束后，根据驻扎在当地要塞的兵力设置军镇（菊池英夫，1956，1961）。开元年间，唐帝国在全国各地设立了 594 个折冲府和 587 个镇戍，在边疆设立了 63 个军镇和守捉（《唐六典》卷五"兵部尚书"条），总兵力达100 万人。

一边是由军府州折冲府上番的府兵卫士组成的宿卫中央军（十二卫府南衙禁军），另一边是由从百姓中上番、应召的防人和兵募组成的边州都督府、镇、戍、军镇等边防军，这一结构本身就符合"中心—周边"的特征。在这种军事结构下，中心的两京地区和边境地区必然产生对士兵和军需物资的调配及转运需要。唐代前期，朝廷通过租税和徭役的征发对农民的剩余生产物和剩余劳动力进行再分配，从而满足了这一需要。并且，由户部尚书度支司

426

充当"中央司令部",以设置在全国各地的四十多个都督府作为集配枢纽,构筑了各自独立的财务运作和财政性物流体系。本章的目的正是通过阐明这些结构特征,来论述唐帝国成立与解体的必然性。

一 政治上"中心—周边"结构的形成

(一) 行政上的"中心—周边"结构

唐朝以长安的京兆府和洛阳的河南府作为帝国京师,即其政治核心区。虽然也有以太原府为北都、实行三都制的时期,但纵观唐代历史,基本上都是以洛阳、长安及其周边地区作为政治核心区的。这个核心区域之外还有三百多个州府,其外围又有八百多个羁縻州。《唐六典》卷三"户部尚书"条记载:"凡天下之州、府三百一十有五,而羁縻之州盖八百焉。"唐王朝任命归附的非汉民族首领为羁縻州都督,并令他们统治下属的各族人民,从唐朝的角度来看,这是一种间接支配的统治形式。

这 315 个州被分为若干等级,但在开元二十六年(738)撰述的《唐六典》卷三"户部尚书"条中只列举了"安东、平、营、檀、妫、蔚、朔、忻、安北、单于、代、岚、云、胜、丰、盐、灵、会、凉、肃、甘、瓜、

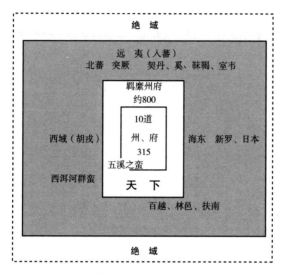

图 4　大唐帝国示意图

沙、伊、西、北庭、安西、河、兰、鄯、廓、叠、洮、

岷、扶、柘、维、静、悉、翼、松、当、戎、茂、巂、

姚、播、黔、骧、容"50 个州作为构成周边地区的边州。

　　另外，根据《唐会要》卷二四"诸侯入朝"条开元

十八年（730）十一月敕令，灵、胜、凉、相、代、黔、

巂、丰、洮、朔、蔚、妫、檀、安东、叠、廓、兰、鄯、

甘、肃、瓜、沙、岚、盐、翼、戎、慎、威、西、牢、当、

郎、茂、骧、安北、庭、单于、会、河、岷、扶、柘、安

西、静、悉、姚、雅、播、容、燕、顺、忻、平、云、临、

蓟等 59 个州被规定为边州，扬、益、幽、潞、荆、秦、

夏、汴、澧、广、桂、安 12 个州被规定为要州，[1] 该条一共
列举了 59 个边州和 12 个要州。唐朝在其统治下 315 个州的
领土中设置了 50—59 个边州，即使在直接统治区域中，也
存在内部地区和边州等周边地区的区别（表 22）。

但是，这 50—59 个边州中并没有包括周边地区所有
的州。只有将被指定为都督府或要州的数十个州考虑在
内，统计才算完整。关于核心区域外侧的内部地区与周边
地区的区别，我将在下文从其他方面进行简要分析，以便
采取更具体的区域划定。

428

表 22　开元年间的都护府、都督府、边州

（《唐六典》卷三《尚书户部》）

大都护府	单于、安西、安北	3
上都护府	安南、安东、北庭	3
大都督府	潞州、扬州、益州、荆州、幽州	5
中都督府	凉州、秦州、灵州、延州、代州、兖州、梁州、安州、越州、洪州、潭州、桂州、广州、戎州、福州	15
下都督府	夏州、原州、庆州、丰州、胜州、营州、松州、洮州、鄯州、西州、雅州、泸州、茂州、巂州、姚州、夔州、黔州、辰州、容州、邕州	20
边州	安东、平州、营州、檀州、妫州、蔚州、朔州、忻州、安北、单于、代州、岚州、云州、胜州、丰州、盐州、灵州、会州、凉州、肃州、甘州、瓜州、沙州、伊州、西州、北庭、安西、河州、兰州、鄯州、廓州、叠州、洮州、岷州、扶州、柘州、维州、静州、悉州、翼州、松州、当州、戎州、茂州、巂州、姚州、播州、黔州、骧州、容州	50

综上所述可知，唐代前期律令制下的政治统治形态是由构成核心区域的两京、构成内部区域的各州、构成周边区域的边州（59 个州）以及羁縻州（约 800 州）这四个等级组成的"中心—周边"结构。这一结构继承了两汉时期政治区域划分的原理，即将百余郡分为内郡和边郡。

（二）军事上的"中心—周边"结构

唐朝构建起了与前文中行政上"中心—周边"结构对应的军事上的"中心—周边"结构，即将折冲府系统和各州镇戍系统，以及周边各个军镇编制成"中心—周边"的结构。构成军事中心的是设置在两京周边的禁军，特别是由来自全国约六百个折冲府的上番卫士组成的南衙十二卫禁军，他们以两京周边为中心，重点集结于华北地区。相对于这个军事中心，构成军事周边的，首先是主要设置在边境地区的边州都督府、镇、戍等军队（这些都督府、镇、戍由全国各州选出的防人上番驻守）；其次，是将兵种分为卫士、防人和兵募，在战役期间临时组成行军编制，战役结束后驻留于各地要塞，并进一步发展为常驻军事组织的各个边境军镇。这一编制在景云年间至开元初年增设（表 23），后来成为节度使制度建立的基础（菊池英夫，1956，1961）。

康乐的研究认为，在开元年间前后，唐朝建立了由都护府、都督府、节度使这三种配置组成的内外两层对外防

表 23　唐开元年间十道都督、都护府一览
（《唐六典》卷三《尚书户部》）

道名	都督名	羁縻州管辖州	远夷
①关内道	灵州、原州、庆州、延州、夏州、丰州、胜州	灵、原、庆、延、夏	
②河南道	兖州		海东、新罗、日本
③河东道	潞州、代州		
④河北道	幽州、营州、安东	幽、营、安东	契丹、奚、靺鞨、室韦
⑤山南东道 西道	荆州、襄州 梁州		
⑥陇右道陇右 河西	秦州、鄯州、洮州、凉州、西州、北庭、安西	秦、鄯、洮、岷凉、北庭、安西、甘	西域胡戎
⑦淮南道	扬州、安州		
⑧江南东道 西道	越州、福州 洪州、潭州、黔州、辰州	黔	五溪蛮
⑨剑南道	益州、戎州、松州、雅州、泸州、茂州、嶲州、姚州	戎、松、泸、茂、嶲姚、黎、静、柘、翼、悉、维	西洱河群蛮
⑩岭南道	广州、桂州、容州、邕州、安南	广、桂、容、邕、安南	百越、林邑、扶南

御圈。第一层是通过设置都护府形成的外层防御圈，第二层是根据"都督府—镇戍（镇、戍、关、烽候）"系统和"节度使—军镇（军、守捉、城）"系统形成的内层防御圈（康乐，1979）。

上述政治、军事方面"中心—周边"结构的形成，必然会导致中央军与周边诸军对士兵、军粮和装备的补给需求，从而催生广域的财政性物流。那么这种广域的物流编制具体是如何实现的？

二　政治上的"中心—周边"结构与财政性物流编制的结构特质

（一）内部区域各州与周边军事各州之间的大规模广域编制

根据是否向中央政府缴纳租庸调等租赋税物，可以把唐代律令制下的 315（316）个州分为两种——贡赋州府和非贡赋州府。唐朝把各州上缴给中央政府的绢布分为九个等级，我根据《唐六典》卷二〇"太府寺"条的记载，制成了表 24。根据表 24 可知，在 316 个州中，向中央太府寺上缴这九个等级绢布的只有 138 个州。基于这项数据，表 25 分别列出了向中央上缴税物的贡赋州府和不上缴税物的非贡赋州府。《唐六典》卷二〇"太府寺"条记载的州府共有 316 个，其中贡赋州府为 145 个，其余 171 个为不向中央上缴税物的非贡赋州府。

表24　唐代诸州绢布等级
(《唐六典》卷二〇"太府寺"条)

	绢	纴	火麻	赀
第一等	宋、亳	复	宣、润、沔	黄
第二等	郑、汴、曹、怀	常	舒、蕲、黄、岳、荆	庐、和、晋、泗
第三等	滑、卫、陈、魏、相、冀、德、海、泗、濮、徐、兖、博、贝	杨、湖、沔	徐、楚、庐、寿	绛、楚、滁
第四等	沧、瀛、齐、许、仙（汝）、豫、棣、郓、深、莫、洺、邢、恒、定、赵	苏、越、杭、蕲、庐	澧、朗、潭	泽、潞、沁
第五等	颍、淄、青、沂、密、寿、幽、易、申、光、安、唐、随、黄	衢、饶、洪、婺		京兆、太原、汾
第六等	益、彭、蜀、梓、汉、剑、遂、简、绵、襄、褒（梁）、邓	鄞、江		襄（梁）、洋、同、岐
第七等	资、眉、邛、雅、嘉、陵、阆、普、壁、集、龙、果洋、渠	台、括、抚、睦、歙、虔、吉、温		唐、慈、坊、宁
第八等	通、巴、蓬、金、均、开、合、兴、利、泉、建、闽	泉、建、闽、袁		登、莱、邓
第九等				金、均、合

表25　唐代的贡赋州府与非贡赋州府
(《唐六典》卷二〇"太府寺"条)

	贡赋州府	非贡赋州府
关内道(22)	京兆、华*、同、岐、坊、宁(6)	邠、陇、泾、鄜、丹、延、庆、盐、原、会、灵、夏、丰、胜、绥、银(16)
河南道(28)	汝(仙)、郑、汴、许、郓、豫、颍、陈、亳、宋、曹、滑、濮、齐、泗、沂、淄、徐、兖、青、莱、登、密、海(24)	河南府、陕、蔡、济(4)
河东道(19)	太原、潞、泽、晋、绛、蒲*、慈、汾、沁(9)	虢、隰、石、仪、岚、忻、代、朔、蔚、云(10)
河北道(25)	怀、卫、相、洺、邢、赵、恒、定、易、幽、莫、瀛、深、冀、贝、魏、博、德、沧、棣(20)	妫、檀、营、平、安东(5)
山南道(33)	荆、襄、邓、复、郢、随、唐、均、金、梁(褒)、洋、通、开、壁、巴、蓬、渠、合、兴、利、集、阆、果(23)	商、峡、归、房、夔、万、忠、涪、渝、凤(10)
陇右道(21)	(0)	秦、渭、成、武、洮、岷、叠、宕、河、兰、鄯、廓、凉、甘、肃、瓜、沙、伊、西、北庭、安西(21)
淮南道(14)	扬、楚、和、滁、寿、庐、舒、蕲、黄、沔、安、申、光(13)	濠(1)
江南道(51)	润、常、苏、湖、杭、歙、睦、衢、越、婺、台、温、括、建、闽、泉、宣、饶、抚、虔、洪、吉、袁、江、岳、潭、澧、朗(28)	郴、鄂、汀、衡、永、道、邵、辰、削、锦、施、南、思、溪、叙、黔、费、业、巫、夷、播、溱、珍(23)

续表

	贡赋州府	非贡赋州府
剑南道(33)	益、蜀、彭、汉、绵、剑、龙、梓、遂、普、资、简、陵、邛、眉、雅、嘉、泸＊(18)	荣、戎、黎、茂、扶、文、当、松、静、拓、翼、悉、维、巂、姚(15)
岭南道(70)	广＊、端＊、康＊、封＊(4)	循、潮、漳、韶、连、冈、恩、高、春、辩、泷、新、潘、雷、罗、儋、崖、琼、振、桂、昭、富、梧、蒙、贺、龚、象、柳、宜、融、古、严、容、藤、义、窦、禺、白、廉、绣、党、牢、岩、郁林、平琴、邕、宾、贵、横、钦、浔、瀼、笼、田、武、环、澄、安南、驩、爱、陆、峰、汤、长、福禄、庞(66)
316	145	171

说明：标有星号（＊）的州未列入等级表，但在《唐六典》卷三《尚书户部》"郎中"条中有关于调物的记载。如华州（绵绢）、蒲州（𬘓）、广州（纻布）、端州（蕉布）、康州（落麻布）、封州（落麻布）等。由于除绵绢、纻布以外都是特殊纺织品，属于与贡品相近的物品，因此被排除在等级表之外。

结合表 22 与表 25 可以看出，一半中都督府、所有下都督府及边州都被涵盖在非贡赋州区域中，是其重要的组成部分。由于非贡赋州不向中央缴纳租赋税物，因此可以推测，非贡赋州也不向其他地区运输租赋。也就是说，从军事和财政的角度来看，唐代各州可以分为以下两类：第一类是将剩余生产物（调庸物、租谷等）向京师核心地区及周边各州地区进行再分配的"内部区域州"（也称内

431

州或课调州）；第二类是不将剩余生产物上缴到京师核心地区的"周边军事州"（也称边州或无课调州）。这两种类型的州呈现出"中心—周边"结构的特征。

（二）供御财政与供军财政——核心地区和周边地区的财政性物流编制

根据前文分析得出的结论，可在《唐六典》卷三《尚书户部》"度支郎中"条的下列规定中得以确认。"度支郎中"条记载了如下内容：

> 凡物之精者与地之近者以供御（谓支纳司农、　434
> 太府、将作、少府等物），物之固者与地之远者以供
> 军（谓支纳边军及诸都督、都护府），皆料其远近、
> 时月、众寡、好恶，而统其务焉。

也就是说，租赋中品质较高、离两都较近地区的物资被运送给中央政府，以作为供御财政（即中央财政），而品质较低、远离两都之地区的物资则被运送给边境都督府、都护府、边防军事组织，以作为供军（边防军事）财政（李锦绣，1995；渡边信一郎，1996）。在此我想提醒的是，作为供军财政的核心组织，都督府、都护府的地位不断上升。

由此可以看出广域编制的基础所在：一是经费依靠外部的两京核心区域与军事经费依靠外部的周边军事区域（171 个州）；二是向两京核心区域和周边军事区域运送财政物资的内部区域各州（145 个州）；三是以尚书户部度支司作为"司令部"的两京核心区域和周边军事州，通过财政性物流，它们与内部各州之间存在一种相互依存关系。

这一推论可根据唐代财政运转的基本法规《赋役令》加以确定。《赋役令》中，财物的运输形式被分为三种：①入京、送京（供御财政）；②纳入本州；③外配（送到其他州）。例如，复原唐《赋役令》的第四条（唐 3）和第七条（唐 5）中有如下规定：①

435　　　第四条（唐 3）：诸租，准州土收获早晚，斟量路程险易远近，次第分配。本州收获讫发遣。十一月起输，正月三十日纳毕（江南诸州从水路运送之处，若冬月水浅，上塘艰难者，四月以后运送，五月三十日纳毕）。其输本州者，十二月三十日纳毕。若无粟之乡输稻麦者，随熟即输，不拘此限。纳当州未入仓窖，及外配未上道，有身死者，并却还。

———

①　本章中对唐令的复原条文均以作者本人的相关研究成果（参阅书末所附参考文献）为准。——译者注

此处，向本州缴纳的租物（输本州）与向本州以外地方运送的租物（外配）之间亦有区别。

第七条（唐5）：诸输租调庸，应送京及外配者，各遣州判司，充纲部领其租，仍差县丞以下为副。不得偬勾随便杂输。若支配之后，损阙不充数，及增减废置，入城镇输纳早晚，须别回改者，度支申奏处分。

此处的意思是，不仅要上缴租物，还要把调庸物一并贡纳给中央的京师（送京），同时运向以城镇为中心的外部边防军事区域（外配）。

此外，根据复原唐《赋役令》的第三十三条（唐23）和第四十五条（唐25）可以看出，正役和租调庸物一样有入京和外配的规定，即此规定不仅适用于财物，也适用于劳动力（人力）的征发和运输。

第三十三条（唐23）：诸丁匠赴役者，皆具造 436 簿，于未到前五日内，豫送簿尚书省分配。其外配者，便送配处，任当州与作所，相知追役。皆以近及远，依名分配。

第四十五条（唐25）：诸租调庸及丁匠，应入京

> 若配余处者，尚书省预令本道，别于比州相知，量程
> 远近，以次立限，使前后相避，勿令停雍。其租，若
> 路由关河，及从水运者，亦令水未冻前，到仓输纳。
>
> （渡边信一郎，2005b；天一阁博物馆、
>
> 中国社会科学院历史研究所，2006）

就这样，通过《赋役令》规定的入京、外配物流指令，供御财政和供军财政被组编起来了。

但是，供御财政也可以随时被用于供军财政，两者并不是固定不变的。例如，陈子昂指出，朝廷原计划将租粮从江南、淮南各州输送到中都洛阳（巩、洛），并以此编制供御财政，但是又重新从巩州、洛州转送了一百万石粮草用于幽州军粮，即供军财政。[2]另外，根据《白孔六帖》卷五七"军资粮"条记载的《度支式》："又《度支式》。供军道次州郡，库无物者，每年支庸调及租并脚，并纳本州。如当州不足，以余州应入京庸调，便配重袭挟纩。"从中可以看出将本州和其他州的入京庸调（供御财物）用于供军财政的规定。武则天执政后期至开元初期，随着军镇设置的增多，用于士兵衣物和赏赐的开支也同样增加。面对这种情况，国家逐渐采取通过皇帝赏赐的方式从国库中筹钱以补充供军财政的方式（清木场东，1997）。

另外，入京（供御）用的庸调财物也被允许转用于

州县的地方经费。《天圣令·仓库令》不行唐令（唐20）中有如下记载：

> 诸州县应用官物者，以应入京钱物充。不足，则用正仓充。年终申帐。

该令文只规定了允许将入京财物用于州县经费，并规定使用经费后须于年末向户部尚书报告。这表明，州县地区没有任何经费预算制度。地方州县的经费被排除在中央政府和周边军事区域的租税再分配的国用开支（财务计划）之外，必要时朝廷会从供御财政中拨款。这种州县经费的存在表明，唐代前期所谓的预算制度是受到极大制约的。

唐代的《赋役令》将经费预算相关规定分为四个部分：①第一条至第十条，记载了由尚书、度支进行收入预算和再分配计划的相关规定；②第十一条至第二十七条，记载了免除课税（租、调）的相关规定；③第二十八条至第四十七条，记载了正役的征发预算和分配计划的相关规定；④第四十八条至第五十条则记载了其他有关规定。①③部分提到的租庸调及正役的征收与再分配，是由度支司每年计算出的国用开支（财务计划）决定的（大津透，2006）。根据复原唐《赋役令》第二条（唐1）、第二十八条（唐20），度支司基于每年各州提交的计账（户籍），对谷物、布匹、织物、劳动力进行收取和估算，并根据估算结果制订这些资源在全国范围内的再分配计划，最后再向全国下达指令。《赋役令》中使用了"支配"一词来描述这一过程。关于这种"支配"状态，即对各州租庸调分别进行收取、再分配的规定［第四条（唐3）、第七条（唐5）、第三十三条（唐23）、第四十五条（唐25）］，可做如下总结：

租谷（1）纳入本州仓库的指令（第四条）

（2）外配（运送到本州以外指定地点的指令）（第四条、第七条、第四十五条）

（3）送京（入京）（运送到首都的指令）（第七条）

调庸（1）外配（运送到本州以外指定地点的指令）（第七条、第四十五条）

（2）送京（入京）（运送到首都的指令）（第七条、第四十五条）

正役（1）外配（运送到首都以外指定地点的指令）（第三十三条、第四十五条）

（2）送京（入京）（运送到首都的指令）（第四十五条）

由此可知，调庸物、折纳物（布匹、织物）都是在本州内部直接进行再分配，然后再被运送到首都和边境军事基地的。正役也都根据中央的需要被分配到首都或者外州。与此做法相对应的是用杂徭来满足地方力役需求。不过，租谷是唯一的例外，它们被存放于本州，用于支出官僚的俸禄和交通通信经费。[3]总体而言，地方没有独自的财源和经费，因此不存在所谓的地方财政——全国都被编入了单一的国家财政。

这种依靠度支建立起来的广域物流还有另一个值得注意的特质，即国家的财物运输是在排除商人和市场贸易的情况下进行的。

关于这一点，我想首先阐明的是运输劳力的来源。每年都有大约四百万名正丁被动员起来，以充当运输劳动力（输丁）。后文也会讲到，在开元二十一年（733）裴耀卿提出的漕运改革提案中，开元年间朝廷为财物运输动员了四百万名男丁，这相当于当时国家登记正丁总数（约八百万名）的一半（《通典》卷一〇《食货十·漕运》）。

其次在原则上，要以当地生产的布匹和织物等作为贡纳物，即所谓"乡土所出"（第二条），还要缴纳当地产出的谷物作为租税，即所谓"土毛"（第五条）。[4]也就是说，租调庸的原则是：以各州本地物产为内容，由本地的正丁送到目的地。因此，作为其具体措施，前文提到的复原唐《赋役令》第七条就规定了禁止"傜勾随便籴输"。

"傜勾"指在运输租税时，州县在其管辖地内雇用车辆，让他人运输。《唐律疏议》卷一五《厩库律》"监临官儌运租税"条就规定："诸监临主守之官，皆不得于所部，儌运租税课物。违者，计所利，坐赃论。"而疏议道："凡是课税之物，监临主守，皆不得于所部内，儌勾客运。其有违者，计所利，坐赃论。除人畜粮外，并为利物。"也就是说，禁止地方官与商人勾结，在其管辖范围内委托商人运输租税，并通过这一系列商业行为获取商业利益。

而"随便籴输"是指事先运输其他商品到达输送租税的指定地区后，以此为资本购买谷物、布料等以作为租税上缴。《唐律疏议》卷一五《厩库律》"输课物费财市籴"条规定："诸应输课物，而辄费财货，诣所输处，市籴充者，杖一百。将领主司知情，与同罪。"疏议道："应输送课物者，皆须从出课物之所，运送输纳之处。若辄费财货，诣所输处，市籴充者，杖一百。将领主司，若知费物于送纳之所市籴情，与输人同罪。纵一人籴输，亦得此罪。"

关于"儌勾随便籴输"的具体事例，陈子昂叙述道：

440

> 即目江南、淮南诸州租船数千艘，已至巩洛，计有百余万斛，所司便勒往幽州，纳充军粮。其船夫多是客户游手堕业无赖杂色人，发家来时，唯作入都资料。今已到京，又勒往幽州。幽州去此二千余里，还

又二千余里。方寒冰冻，一无资粮，国家更无优恤，但切勒赴限。比闻，丁夫皆甚愁叹。又诸州行纲，承前多俶向（勾），至都籴纳。今倘有此类，向沧瀛籴纳，则山东米必二百已上，百姓必搔动。

（《陈伯玉集》卷八《上军国机要事》）

从这里可以看出，度支司负责估算收入、规划再分配和下达统一的物流指令。商业性流通被彻底排除在州县依靠正丁运作的财政性物流体系之外，从而避免物价变动而导致的混乱。与此同时，由于船夫（丁夫）是由包括商人在内的客户、流民和无赖等形形色色的人来充当的，所以财物运输的过程中也存在非法市场贸易。然而，将市场贸易排除在财政性物流体系之外以维持物价稳定这一措施，源于汉武帝时期制定的均输平准法，它早已是中国古代帝国财政性物流手段中的一贯原则（本书第一章）。

主流观点认为，由尚书户部度支司进行的支度国用制度是当时的主要预算制度（大津透，2006；陈明光，1991；李锦绣，1995）。从收入估算的角度来看，称之为预算亦无不可。但如果过度评价这点，就会误解中国古代财政运转的本质。度支司构建的财政性物流体系与财物再分配指令，其原则在于动员各州本地正役，将本州产出的财物直接运达需求地，其间排除市场交易。这是一种与市场经济不在

441

中国古代的财政与国家

同一范畴的、有组织的军国财政（即供御财政和供军财政）。它将地方开支从财政对象中移除，缺乏与预算相对应的决算制度。收支均衡是预算制度的本质性动因，而这种预算制度并没有针对收支均衡的调整办法，因此这是一种不同于预算制度的财务运作方式。接下来，我将对这种财务运作体系的特质进行分析。首先，天宝年间的年度财政状况如下：

天宝年间的财政情况：一年总额 5480 万[5]

①供御财政：2400 万

粟：300 万，代替绢布收取，纳入两京仓库（入京、供御）

粟：300 万，代替米豆收取，纳入京仓，以满足宫廷或中央诸官司的粮食开支（入京、供御）

粟：400 万，将江淮缴纳的回造米纳入京师作为义仓米，即保险性经费；或充当中央官僚俸禄和中央官司的粮食（入京、供御）

442 　布绢绵：1300 万，纳入西京（入京、供御）

布绢绵：100 万，纳入东都（入京、供御）

②供军财政：1350 万

粟：190 万，用作诸道节度使军粮（外配、供军）

布绢绵：1100 万，用作诸道节度使军费或收购军粮的资本（外配、供军）

钱：60 多万，用作诸军州收购军粮的资本（外配、供军）

③当州财政：1530 万

粟：500 万，用作当州官僚俸禄，或作为交通通信用的谷物（留存本州）

粟：890 万，储备在当州谷仓作为义仓米，即保险性经费（留存本州）

钱：140 万，用作诸道州官僚俸禄及购买马匹的经费（留存本州）

④其他财政：200 万

布绢绵：200 万，用于偏远小州的官僚俸禄及交通通信经费（外配）①

根据这一统计，在天宝年间，总计 5480 万的财物大

---

① 为方便读者理解此处所列数据的由来，特做如下说明。在本章注释 5 所引《通典》史料后，紧接着有一段记载："自开元中及于天宝，开拓边境，多立功勋，每岁军用日增。其费粟米粟则三百六十万匹段，给衣则五百二十万，别支计则二百一十万，馈军食则百九十万石。大凡一千二百六十万［按，《通典》计算有误，合计应为一千二百八十万］，而锡赉之费此不与焉。"作者在注释 5 中漏引了此段文字，加上这段文字则可看出：供军财政的 190 万石粟即上述"馈军食则百九十万石"，而布绢绵 1100 万匹则来源于"其费粟米粟则三百六十万匹段，给衣则五百二十万，别支计则二百一十万"（360 万+520 万+210 万＝1090 万），此处作者取整计 1100 万。另外，其他财政的布绢绵 200 万匹是由注释 5 引文所述"千三百万"减去上述 1100 万所得。——译者注

中国古代的财政与国家

部分通过全国的财政性物流被再分配到了中央和边境地区。总结这一财政性物流状况，可得出如下结论：

（1）在京师核心地区，2400万的财物被输入京师，体现了核心地区对内部各州的依赖，确保宫廷和中央官司的粮食需求、官司俸禄工资，或作为用粮储备。

（2）内部各州通过三种财政性物流，即输入京师、留存本州和外配，将谷物、布匹、铸币转运至全国各地，满足国家的财政和军事支出。

443　（3）周边各州除将财物存于本地，还要依靠内部各州的外配财物（1550万），这些财物主要用于军事支出和军粮补给。

（4）度支司的广域物流是排除了商人和市场交易、利用公权力动员百姓充当正役而形成的财政性物流。

在这套系统中，国家直接通过户籍从隶属于国家的农民百姓中收取剩余生产物和剩余劳动力，并根据中央尚书省和度支司制订的分配计划，动员百姓成为运送财物的劳动力，向财政需求地进行再分配。

尚书省、度支司的支度国用制度使租税的征收与再分配成为不可分割的一体。这一制度与预算、决算以及伴随着"收支补正—均衡调整"的预算制度不在同一范畴。如果重新定义这种制度的概念，则可称其为"庄宅财政"（以实物形式向团体履行被征课的义务）。正如第五章中提及的，马克斯·韦伯认为："需求的满足基本依靠从属或隶属于家的劳动力，从而自给自足，且物质的生产手段无需通过交换方式即可获得。……而具有决定性意义的一点是，庄宅的形成原理在于财产的利用，而非资本的增殖。所谓庄宅，就其决定性的本质而言，意味着组织化了的需求的满足——尽管出于满足需求这一目的，仍然会有一个个营利式经济经营被纳入庄宅体系。"（ウェーバー，M，1960：153）。虽然"庄宅财政"这一概念以满足个人的大家庭经济需求为本源，但不止于此，它还适用于满足不以经济为首要目标的政治团体或国家的组织性需求，这与古代中国财务运作的特质基本一致。

在中国古代的各个帝国中，庄宅财政可以区分出两个　444
范畴。首先，正如前文所述，帝国各地和域外进献给中央的贡品（即半成品或原材料）在少监府、将作监等中央制造官府被转化为礼服、食品、药品、建筑和日用器具，从而实现以皇帝为中心的帝国中枢的再生产，即政治框架的再生产。此范畴即"帝国的庄宅财政"，它以外部向中央的物流动向为主（渡边信一郎，1996）；而另一个范畴是指，从皇帝的整体支配领域（316个州）征发租税和劳动力，再通过入京、外配或留存本地等物流指令，实现整个"天下"的再生产。此范畴具备两个层次，即从内部向中央的物流动向和从内部向周边地区的物流动向。唐帝国以排除市场经济为前提，在上述两个范畴内，有组织地满足了自身需求（以实物形式向团体履行被征课的义务），实现了帝国全境和专制国家的再生产。

（三）《仪凤三年（678）度支奏抄·四年金部旨符》中反映的其他财政性物流

目前探讨了在律令法维度下的财政性物流体系。在此，让我们根据大津透复原的《仪凤三年度支奏抄·四年金部旨符》（以下简称《度支奏抄》）进行研究，以了解更具体的情况。大津指出，作为唐代律令制下的财政特质，中央财政与边境军事财政的组织有明显区别（大津透，2006a）。结合前文所述，可以断定大津在这一点上的理解是正确的。这里需要进一步讨论的是，《度支奏抄》及其他史料体现出的财政性物流的具体动态。经考证，我列举出如下七种财政性物流。

1. 从岭南各州输送到东都洛阳的财政性物流

445　　《度支奏抄》中有如下两则事例。第一，岭南各州的课税物被运送到桂州都督府和广州都督府，扣除两个都督府所需的自给经费后，剩下的财物被转运到东都洛阳，充当供御财政（大津透①）。[6]

第二，来自交州以南各州的课税物被运送到交州都督府，充当交州都督府辖下各州的军粮。扣除了交州都督府管辖范围内所需的自给军粮后，剩下的财物被转运至东都洛阳，构成供御财政（参阅注释6，大津透②）。

2. 以扬州都督府为集配枢纽，从江淮各州输送到东都洛阳的财政性物流

《度支奏抄》中有如下事例：来自江淮各州的庸调物被送往扬州都督府，再从扬州都督府转运至东都洛阳，充当供御财政（参阅注释6，大津透③）。

这一财政性物流在《新唐书》卷五三《食货志三》中也有记载，即"江淮漕租米，至东都输含嘉仓"，也就是说关于租粮的结论在传统文献中也能得到证实。

3. 从洛阳以东各州输送到东都洛阳的财政性物流

含嘉仓遗址出土的铭砖记载了洛阳以东各州至洛阳含嘉仓的租米运输和储备情况。其中有来自邢州、冀州、德州、魏州、沧州（以上河北道），濮州（河南道），楚州、滁州（以上淮南道），苏州、越州（以上江南道）的缴纳记录（河南省博物馆、洛阳市博物馆，1972；赵春青等，1992；砺波护，1980；清木场东，1996）。

此外，《旧唐书》卷三七《五行志》还记载道：

[开元十四年]七月十四日，瀍水暴涨，流入洛漕，漂没诸州租船数百艘，溺死者甚众，漂失杨、寿、光、和、庐[以上淮南道]、杭[江南道]、瀛、

棣［以上河北道］租米一十七万二千八百九十六石，

并钱绢杂物等。……七月甲子，……沧州大风，海运

船没者十一二，失平卢军粮五千余石，舟人皆

死。……［开元］十八年六月乙丑，东都瀍水暴涨，

漂损扬、楚［以上淮南道］、淄［河南道］、德［河

北道］等州租船。

这些事例表明，不只是江淮流域，洛阳以东各州都会

将租米、庸调物上缴到洛阳。这一支财政性物流在其他传

世文献如《唐六典》卷三《尚书户部》"仓部郎中"条

记载的"凡都之东，租纳于都之含嘉仓。自含嘉仓转运，

446 以实京之太仓"中亦可得到证明。

4. 以凉州都督府为集配枢纽，从剑南各州输送到陇右、河西地区的物流

《度支奏抄》中有如下事例：剑南各州的庸调物被送

往凉州都督府，凉州都督又转送了四万段庸调物到瓜州、

伊州等地，以充当供军财政（参阅注释6，大津透⑦）。

其他文献中也有相关记载。根据陈子昂的记录，剑南

道各州曾向陇右、河西地区输送军粮，以充当供军财政。

此外还有从剑南道各州向同道内的松、潘等都督州，或向

松、茂、翼、同昌军等运送军粮的事例。这些史料都证实

了《度支奏抄》的记述。[7]

参阅《度支奏抄》之外的文献和出土文字资料，可以了解到以下物流状况。

5. 河北海运使负责的东北海运

这里依据的是村井恭子（2006）对渤海湾一带财政性物流的研究。

第一，存在通过大运河水运将财物运送到沧州港口，然后经海运输送到营州都督府的事例。海运使由幽州节度使（大都督）兼任，另有从沧、瀛、贝、莫、登、莱、海、泗、魏、德十州选拔的 5400 人担任水手，其中 3400人负责海运，另外 2000 人负责水运。[8]

第二，存在经海运从山东半岛北岸的莱州蓬莱镇向辽东半岛安东都护府都里镇输送防人军粮的事例。[9]

第三，存在通过水运将财物从幽州（都督府）运往平州的事例。[10]

6. 朔方道水陆运使（六城水运使、代北水运使）负责的西北水运

这里依据的是丸桥拓充围绕黄河水运做的财政性物流研究。在唐代后期，这支财政性物流的意义变得更为重要，因而得以延续（丸桥拓充，2006）。我认为，六城指朔方道管辖内的东西中三个受降城——单于城、安北城、定远城。而西北水运的财政性物流圈是以灵州至胜州的黄河西段、北段流域的水运为基础的。[11]胜州是都督府的所 447

在地，朔方道水陆运使还兼任胜州都督府长史。另外，六城水运使最初也由灵州都督府长史兼任。从这一点来看，西北水运同时也是以灵、胜两个都督府为起点和终点的水运体系。这一水运体系早在北魏时期就已成立，唐代的西北水运是对它的继承（本书第九章）。

7. 长江中下游水运

《唐六典》记载了澧州、荆州（大都督府）至扬州（大都督府）的水运线路以及从荆州、夔州至黔州（下都督府）、播州的水运线路，这体现了当时长江中下游地区财政性物流圈的存在。[12]

根据对以上七种财政性物流和物流圈的总体考察，可以得出一条运输分界线，以及由此分界线划分的两个财政性物流圈。第一个物流圈以东都洛阳为终点，以扬州大都督府、荆州大都督府、幽州大都督府等官司作为物流枢纽，包括河北道、河南道、淮南道、江南道、山南道。第二个物流圈以西京长安为中心，以益州大都督府、凉州中都督府、灵州中都督府、秦州中都督府等官司作为物流枢纽，包括关内道、河东道、剑南道、陇右道。二者基本上是相互独立的，仅通过京师长安和东都洛阳两都之间的物流，尤其是从洛阳到长安的物流来连接。《唐六典》卷一九"司农寺"条记载："每岁自都转米一百万石，以禄百官及供诸司。"即在律令法规定下，每年要进行一百万石谷

物的转运。显然，这种转运并没有得到实施，两都之间的
物流调节也成为最重要的财务运作课题（详情后述）。

448

（四）以都督府为中转及储备基地的收取与分配

概观唐代律令制下的财政性物流，可以看出都督府在
其中扮演了很重要的角色。如前所述，广州都督府、扬州
大都督府、幽州大都督府等作为物流的中转、储备基地，
在财政性物流体系中发挥了重要作用。

449

《新唐书》卷四九《百官志下》记载："都督掌督诸
州兵马、甲械、城隍、镇戍、粮禀、总判府事。"这里只
提及了都督府作为军事、警察据点，以及在军粮储备方面
的作用，并没有特别指明其财政性物流中心的地位。如表
26 所示，都督府的组织与州县的组织基本相同。

表 26　唐代大都督府组织一览（《唐六典》卷三〇）

官职	定员	官衔	官职	定员	官衔
都督	1 人	从二品	士曹参军事	1 人	正七品下
长史	1 人	从三品	府	4 人	—
司马	2 人	从四品下	史	8 人	—
录事参军事	2 人	正七品上	参军事	5 人	正八品下
录事	2 人	从九品上	执刀	15 人	—
史	4 人	—	典狱	16 人	—
功曹参军事	1 人	正七品下	问事	10 人	—
府	4 人	—	白直	22 人	—
史	6 人	—	市令	1 人	从九品上

续表

官职	定员	官衔	官职	定员	官衔
仓曹参军事	2 人	正七品下	丞	1 人	—
府	4 人	—	佐	1 人	—
史	8 人	—	史	2 人	—
户曹参军事	2 人	正七品下	帅	3 人	—
府	5 人	—	仓督	2 人	—
史	10 人	—	史	4 人	—
帐史	1 人	—	经学博士	1 人	从八品上
兵曹参军事	2 人	正七品下	助教	2 人	—
府	4 人	—	学生	60 人	—
史	8 人	—	医学博士	1 人	从八品下
法曹参军事	1 人	正七品下	助教	1 人	—
府	4 人	—	学生	15 人	—
史	8 人	—			

但是，如果再参照大津透复原的《仪凤三年度支奏抄·四年金部旨符》来看，便可得知都督府的中枢作用。进一步参阅其他史料，则可以看出都督府不仅是军事、物流枢纽，还是帝国化的据点，下面将说明都督府的具体作用。

第一，无论是各都督府之间，还是从都督府到其管辖下的各镇戍，都督府在调庸物等财物的流通和集配中都发挥着枢纽作用。除上述广州都督府和交州都督府的事例外，《度支奏抄》还记载了以下事例：

（1）从灵州都督府向安北都护府运送诸驿的御赐物品，即供御财政的供军化（参阅注释6，大津透④）；

（2）从秦州（中都督府）向原州（下都督府）运送财物，以及从秦州（都督府）向其下辖长川镇运送每年所需物品（参阅注释6，大津透⑤）；

（3）从秦州（都督府）向秦州以西沿途的各个州、县、镇戍运送财物（参阅注释6，大津⑥）。

第二，都督府还充当了货币铸造和流通的基地。陈子昂曾提议，在剑南诸州开采铜矿，并将其运送到益州都督府以铸造货币，再将这些货币运往松、潘两州都督府作为其军费，同时运往长江中部流域的荆、衡、沔、鄂等州用以和籴谷物，然后把谷物储存在神都洛阳的仓库中。[13]目前尚不确定这项提议是否被执行，但至少当时应存在能将该提议落实的条件。另外，《水部式》还规定，将岭南各州的庸调物送往桂州、广州两地的都督府之后，再同两地都督府铸造的货币一同送往扬州都督府，最终转运到洛阳。[14]

第三，都督府还是其他民族进行朝贡的落脚点。例如《唐会要》卷二四"诸侯入朝"条开元十四年（726）二月敕令记载："十四年二月敕，岭南五府管内郡，武安万安等三十二州，不在朝集之限。其承前贡物者，并附都府贡进。"在《度支奏抄》中也可看到从交州都督府向各蕃发放财物的情况（参阅注释6，大津透④）。都督府的这

451

一特点应与其管辖羁縻州的职能有关。

关于这一点，陈子昂曾向武则天进言，报告西南部边境的统治情况：

> 臣伏见四月三十日敕，废同昌军。蜀川百姓，每见免五十万丁运粮，实大苏息。然松茂等州诸羌首领，二十年来，利得此军财帛粮饷，以富己润屋。今一旦停废，失其大利。必是勾引生羌，诈作警固，以恐动茂翼等州，复使国家，征兵镇守。若松茂等州，无好都督，则此诈必行。旦夕警固，必有发者，一发已后，警动蜀州。……圣历元年（698）五月十四日通直郎行右拾遗陈子昂状。
>
> （《陈伯玉集》卷八《上蜀川安危事》）

如此，陈子昂建议道，输送军粮可以解救穷苦百姓，还有助于选拔有才能的都督。文中提到的松州、茂州、翼州都是羁縻管辖州，同时松州、茂州还是下都督府（参见表22）。陈子昂还详细描述道，剑南道动员了五十万名百姓为同昌军运送军粮。正是他们输送的供军财物支撑了以松州都督府、茂州都督府为据点的对羌支配。此外，羌人首领阶层也能分到供军财物，帝国的边境秩序由此得以保持稳定。

第四，都督府还具备集结、发配流刑者的职能。《天

圣令·狱官令》不行唐令规定：①来自各州的流刑者应当
在凉州都督府集结，然后被送往西州、伊州；②来自江北
的流刑者应当在桂、广两都督府集结，然后被送往岭南；
③来自剑南以外各州的流刑者应当在益州大都督府集结，
然后被送往南宁南部与嶲州的交界地区。[15] 都督府是集结、

452

分配流刑者的据点，同时也是中转、分配财物的据点。也
就是说，都督府是集配人、物、钱的据点。另外，尽管尚
未证实，但都督府应该也是集结、分配正役和杂徭的据点。

　　都督府通过其管辖范围内的镇戍组织，成为军事和警
察基地，同时还是财政性物流的集配枢纽。唐朝通过把原
本充当军事基地的都督府作为中间枢纽，构建了供军财政
体系，推动了对外军事扩张，最终实现了帝国化。唐朝还
在新获得的领地及其非汉民族的居住区内设立了都督府，
从而进行领地支配和羁縻统治。《新唐书》卷四三《地理
志下·羁縻州》的序文对唐代前期的都督府、羁縻州做
出了如下总结：

　　　唐兴，初未暇于四夷，自太宗平突厥，西北诸蕃　453
　及蛮夷稍稍内属，即其部落列置州县。其大者为都督
　府，以其首领为都督、刺史，皆得世袭。虽贡赋版
　籍，多不上户部，然声教所暨，皆边州都督、都护所
　领，著于令式。……突厥、回纥、党项、吐谷浑隶关

内道者，为府二十九，州九十。突厥之别部及奚、契丹、靺鞨、降胡、高丽隶河北者，为府十四，州四十六。突厥、回纥、党项、吐谷浑之别部及龟兹、于阗、焉耆、疏勒，河西内属诸胡、西域十六国隶陇右者，为府五十一，州百九十八。羌、蛮隶剑南者，为州二百六十一。蛮隶江南者，为州五十一，隶岭南者，为州九十二。又有党项州二十四，不知其隶属。大凡府州八百五十六，号为羁縻云。

如果我们仔细探讨，会发现这个描述有很多问题（刘统，1998）。但同时，这篇概括性的文章记述了唐代前期通过建立都督府、州刺史体制，使非汉民族隶属于相邻道下的过程，由此展现出唐朝与非汉民族之间政治从属关系的全貌。[16]这是以都督府为节点的帝国内部军事财政向外扩张的结果，也就是说在帝国化过程中，正是都督府扮演了联结内外的据点角色。

三 开元二十五年的财政转型
——全国物流的结构转型与帝国解体

（一）裴耀卿于开元二十一年至开元二十二年进行的漕运改革

以都督府为中枢构成的财政性物流和帝国化在开元二

十五年（737）迎来了转折点，并开始走向瓦解。在探讨这一点之前，先分析一下解体前的漕运改革。前文已经提到，唐代律令制下的财政性物流以排除市场贸易为原则，并且为运输劳动力而动员了大量正丁。这些正丁的数量达到了四百万人，是当时所有正丁数量的一半。陈子昂叙述，朝廷为了从剑南道各州向道内松州、潘州等地军屯输送七万石军粮，每年都会动员十六万人次的杂徭，此外还要动员五十万正丁向同昌军输送军粮。[17]鉴于仅剑南道内的部分军屯运输就需要至少五十万正丁，那么总体动员人数很有可能达到四百万人。开元二十一年至开元二十二年（733—734），这些占正役人数一半的运输劳力正式迎来解体。

454

开元二十一年，京兆尹裴耀卿针对涝灾导致的首都长安谷物价格上涨问题，为保障长安周边地区的谷物储备，提议进行以下财政性物流改革。

首先，对洛阳至长安的漕运进行改革，增加从洛阳输入长安的谷物量，由此确保两年到三年的粮食储备。裴耀卿提议，让约四百万名负责运输的正丁每人缴付一百五十文钱，其中一百文（总计四十万贯）用作陕州和洛州之间的运输费用，另外五十文（总计二十万贯）用于司农寺、河南府、陕州等仓库的建造费用。此外，将洛阳至陕州之间的陆运转变为黄河水运。也就是说，这一提案要求取消正役，并征收总计六十万贯的新税，以确立新的租米运输方式，增加粮食储备。该提案推动了正丁输送税物这一原则的瓦解。

其次，为了将江淮地区的租米输送到洛阳和长安，还进行了水运改革。为配合第一个提案，从江南地区开始，在连接大运河、黄河、渭水的水运枢纽设置转运仓，保障通往长安的财政性物流的稳定，并大幅减少运输费用。[18]

唐玄宗委任裴耀卿担任转运都使，将上述提案付诸实施，三年内通过漕运输送了七百万石谷物，并合计削减运费三十万贯。虽然这个漕运改革案在裴耀卿离任后就被废除了，但是这一构想为之后的以江淮为起始地的财政性物流体系奠定了基础。这一物流体系实现了江淮地区财政物资的中央化，在安史之乱后的代宗广德二年（764）经刘晏的漕运改革而得以重建。由此，唐代后期的财政性物流也得以确立。刘晏的改革设置了巡院和缘水仓，采用了"军兵递运"的方式（高桥继男，1972，1973），本质上承袭了裴耀卿的漕运改革。

该提案是一个巨大的转折点，它将四百万人的运输劳动——这一数字占了八百万人正役劳动的一半——中的一部分转为缴纳临时运输税的方式，最终促使正丁的义务劳动转变为雇佣劳动（和雇送达），[19]并与市场流通（即商人承包）结合。《唐会要》卷八七"转运盐铁总叙"条中叙述，刘晏在担任盐铁转运使后，"晏始以盐利为漕佣，自

455

江淮至渭桥，率十万斛佣七千缗，补纲吏督之。不发丁男，不劳郡县，盖自古未之有也。至今为法"。由此可以看出，这的确是一场史无前例的改革。差不多在同一时期，西北边境和河西走廊地区也开始通过客商进行财物运输（荒川正晴，1992，2000），一直维持着官运的北部地区也开始采用官健（职业士兵）来进行财物运送（丸桥充拓，2006）。这意味着"傲勾随便籴输"这一禁令的解除，官方开始允许市场介入财政性物流体系。在整个开元年间，大量正役劳动全面转变为庸物上缴。也就是说，在正役解体的大背景中，以开元二十一年的漕运改革为契机，税物运输劳动从百姓服役向军队输送和雇佣劳动的转变具有极大的意义。

（二）开元二十五年的行政与财政转型

始于开元二十一年的漕运改革进行到开元二十三年（735）时，朝廷以维持天下太平为目标开展了行政和财政改革，针对六十万个项目实施了财政缩减。尤其是裁减了二十二万人次的色役，大幅削减了百姓承担的徭役（本书第十二章），由此迎来了开元二十五年（737）的财政转型。

作为转型第一步的是关中和籴法的确立。正如陈寅恪、丸桥充拓揭示的，在这一年，朝廷开始向关中、洛阳 **456**

周边的农民购买军粮，这一行为一直延续到唐代后期（陈寅恪，1971；丸桥充拓，2006）。通过《资治通鉴》卷二一四开元二十五年条可以得知这项法案引进的经过：

> 先是，西北边数十州多宿重兵，地租营田皆不以赡，始用和籴之法。有彭果者，因牛仙客献策，请行籴法于关中。［九月］戊子，敕以岁稔谷贱伤农，命增时价什二三，和籴东西畿粟各数百万斛，停今年江淮所运租。自是关中蓄积羡溢，车驾不复幸东都矣。癸巳，敕河南北租应输含嘉太原仓者，皆留输本州。

由此可知，关中和籴法的确立为财政性物流带来了不可估量的极大转变：

第一，虽然这一转型措施仅限于谷物，但是通过在畿内周边地区筹集数百万石谷物，两畿内部的供御财政实现了独立；第二，此项措施与已在西北边境实施的和籴贸易相配合，使得关中以西物流圈的自主化倾向增强；第三，通过该项措施，来自江淮地区的租米漕运被叫停，江淮地区的粮食储备倾向由此增强；第四，随着河南道、河北道的租谷被保留在本州，不再供以御用，江淮、河南、河北地区的粮食储备增加，自主化倾向增强。这些变化意味着，关中以西、洛阳以东两大物流圈的自主化和供御财政

457

的结构转型已经开始。这最终成为导致安史之乱的一大财政前提。

这种倾向不仅出现在谷物方面，调庸等纺织品方面也有所表现。在《通典》卷六《食货六·赋税下》开元二十五年三月的敕令中，有如下描述：

> 关内诸州庸调资课，并宜准时价变粟取米，送至京，逐要支用。其路远处不可运送者，宜所在收贮，便充随近军粮。其河南、河北有不通水利，宜折租造绢，以代关中调课。

此处表明，通过交易把关中地区的庸调、资课转换成粮食，从而在关中圈内部实现供御财政和供军财政的构建，然后再用河南道、河北道的部分租谷换取绢，以此来填补关中地区的纺织品缺口。另外可以得知，纺织品的课税虽然以另一种形式被保留了下来，但以谷物为中心的关中圈、河南河北圈、江淮圈的自给化倾向有所提高，因此整个帝国的财政性物流开始分化。

财政性物流转型与兵制转型是同时进行的。开元二十五年，朝廷废除了从百姓中征发防人、兵士的征兵制，开始实行官健（募兵）制度。早在开元十年（722），随着府兵的京师上番制被废除，南衙禁军便开始了向募兵制的转变。废除防人、兵士征兵制是对废除府兵上番制的继承。由于府兵、防人、兵募组成的唐代前期兵制的瓦解以及养兵费用的增长，支出结构转型迫在眉睫（本书第十一章、第十四章）。这一转型是用庸物代替正役，以确保经费的来源。根据对《通典》卷六《食货六·赋税下》天宝年间天下计账进行的收入估算，可知朝廷以八百二十余万名课丁的租庸调、税钱、地税作为推算基础，把所有正役（杂徭）都换算成了庸物。[20]可以说，通过这个过程，多达四百万人次的输丁逐渐消失，转变为以士兵和商人为主要承担者的财物运输形式。也就是说，排除市场交易、以正丁作为运输劳力并直接从生产地向消费地运送财物的这一物流形态，随着府兵制和防人制的瓦解走向了终结。

关中和籴法施行的开元二十五年九月一日，朝廷向天下颁布了新制定的令格式及事类一百三十卷，即开元二十五年令："上命李林甫、牛仙客与法官，删修律令格式成。九月，壬申，颁行之。"（《资治通鉴》卷二一四）但此文记载的兵制和财务运作方式已经产生了很大变化。

开元二十五年通过的关中和籴法以及由士兵、商人和雇佣劳动带来的物流编制转型，从根本上消除了正丁徭役的必要性，并促进了租调役体制向租庸调体制的重组，最终在本质上瓦解了"庄宅财政"。这意味着，以汉武帝时期的均输平准法为基础的财政性物流体系迎来了解体。

此外，开元二十五年，废除面向百姓的征兵制和实施官健制，意味着公元前 4 世纪中期商鞅变法以来"兵农一体"体制的解体，这也最终宣告了中国古代国家在本质上的解体（渡边信一郎，1986，2003）。但另一方面，边疆地区节度使体制的扩充也使帝国体制得以形成。与此同时，开元二十五年通过的关中和籴法以谷物层面为中心，促进了关中圈、河南河北圈以及江淮圈的区域自给化倾向，推动了帝国内部财政性物流的分化。随着不久后安史之乱的爆发，这一帝国内部的分化趋势被进一步加速，导致边境节度使体制向内部地区的渗透，并成为帝国走向军事分裂的导火索。节度使的内地化意味着内部地区的周边化，即"中心—周边"结构的瓦解，唐帝国也随之走向解体。

结语

最后，让我们回顾一下中国古代国家对全体收取物的 **459**
直接控制情况，以及再分配制度的成立和发展过程。通过这一回顾，我们可以总结出唐代前期律令制下的财务运作特质，并概览其历史结局。

在汉代，租税财物基本被储藏于地方郡国。中央政府和大司农将各个郡国的人口数乘以六十三钱算出纳税额，让地方郡国将等价于所算金额的财物作为"献费"（赋）上缴到中央，这些财物最终构成了中央财政。中央政府及大司农虽然在账面上掌握了积累在各个郡国的财物总量，却没能直接对地方郡国的储备进行再分配。只有在中央临时出现财政需求时，大司农才会下令在中央—郡国之间进行"垂直"运输，这一手段被称为"委输"。此外，在产生以边远地区军事开支为主的财政需求时，大司农会下达在内郡—边远地区之间进行"水平"运输的指令，以构成边境军事经费，而这一手段被称为"调均"（本书第一章）。献费（赋）、委输、调均这一系列运输方式，都是将商人排除、只利用百姓杂徭来进行运输的。大司农在全国范围内派遣了数十名部丞，以郡国为单位设立了均输官，以负责监督来自郡国的运输工作。在运输过程中，根据从原产地到以长安为中心的目的地之间的距离，实质性的均等输送成为可能。另外，中央政府各官府所需要的财物都以赋的形式直接从地方郡国运送到中央，该运输方式避免了商人的介入。由此，便可以防止在财物原产地或财物需求最高的京师长安周边一带出现因大量收购税物而起的物价暴涨。这就是从元封元年（前110）开始施行的均输平准法，也是基于以国家规模组织起来的庄宅经济的财务运作体系。

在汉末至三国这一时期，汉代以来的社会惯例——赋 **460**
敛，从临时的中央经费组成转变为常规的制度，并由此成
立了户调制（本书第七章）。户调制在郡县阶段，根据九
个户等来收取税物，但在向中央缴纳税物时，是将各个州
郡的总户数乘以每户应缴的既定税额后再缴纳，然而和汉
代一样，户调制并未实现中央对地方州郡所有储备的直接
再分配。

这一状况在北魏时期迎来了巨大转变。5 世纪中叶，
北魏献文帝时期实行了"租输三等九品制"，从此开始了
根据百姓户等直接将租粮运输到京师粮仓、重要州仓库、
本州仓库的制度。接下来的北魏太和年间，朝廷设置了被
称为"调外"的地方经费，并且此经费由中央进行管理。
与此同时，随着均田制和民调制度的启动，朝廷得以将租
税收入总额置于国家的直接管理之下。

5 世纪中叶以后，江淮边境地区作为最长的战线，其
军粮、士兵补给及西北边境的军粮补给问题，成为北魏面
临的重要课题。随着在江淮边境战线引进屯田制及和籴
制，黄河中游地区的各个要塞设置了作为物流枢纽的转运
仓库（邸阁），由此构建了储备军粮和武器并在必要时将
其运送到各地的物流系统。西北地区也同样，根据太和七
年（483）薄骨律镇将刁雍的提议，正式开启了将总计六
十万石的西北边境薄骨律镇、高平镇、安定镇、统万镇四

镇的屯田谷物和来自河西的谷物作为军粮运送到沃野镇的黄河水运。在北魏孝明帝神龟、正光年间，在三门都将薛钦提议下发起的官僚会议中，有人提议在洛阳与关中之间进行水运改革并与东部河南河北各州的水运系统展开联动。于是在北魏时期，以镇戍军事组织为运营枢纽的财政性物流就这样在全国范围内编制成形，但这个计划最终因北魏内乱而中断（本书第九章）。

依靠屯田制及和籴制，军粮得到保障；而基于都督镇戍体制，财政性物流得以编制，其原型早在北魏就已形成，且隋唐初期天下的再次统一使得在北魏时期形成的财政性物流和由国家对所有生产物进行直接掌控及再分配的这一制度在全国范围内更有组织地被重建。此结论在本章已经阐明，这里不再赘述。

通过开元二十一年、二十三年的漕运改革和开元二十五年关中和籴法的成立，伴随着向百姓征兵的征兵制的废除，这一财务运作体系实现了本质上的转型。鉴于由大量正丁所服正役进行的租税运输劳动变得不再必要，正役转变为庸物缴纳，同时养兵经费的筹措变得更加必要，导致帝国内部领域物流圈自主化倾向增强。最终，在准备好向以雇佣劳动、官健、商人为媒介的北宋时期财政性物流转型的同时（宫泽知之，1998，1999，2002），整个帝国也开始瓦解。也就是说，从国家财务运作的角度来看，"军事扩大倾向—帝国化"的这个过程才是将租调役体制转变成租庸调制，并进一步导致帝国解体、将旧的物流系统转变为以两税法和专卖制度及市场经济为基础的财政性物流体系的根本因素。

注　释

1. 《唐会要》卷二四"诸侯入朝"条记载："［开元］十四年二月敕：'岭南五府管内郡，武安万安等三十二州，不在朝集之限。其承前贡物者，并附都府贡进。'十八年十一月敕：'灵、胜、凉、相［案，"相"字疑误］、代、黔、巂、丰、洮、朔、蔚、妫、檀、安东、叠、廓、兰、鄯、甘、肃、瓜、沙、岚、盐、翼、戎、慎、威、西、牢、当、郎、茂、骧、安北、庭、单于、会、河、岷、扶、拓［案，"拓"当作"柘"］、安西、静、悉、姚、雅、播、容、燕、顺、忻、平、灵［案，"灵"当作"云"］、临、蓟等五十九州，为边州。扬、益、幽、潞、荆、秦、夏、汴、澧、广、桂、安十二州为要州。都督刺史，并不在朝集之例。'"

2. 《陈伯玉集》卷八《上军国机要事》载："即目江南、淮南诸州租船数千艘，已至巩洛，计有百余万斛，所司便勒往幽州，纳充军粮。其船夫大多是客户游手堕业无赖杂色人，发家来时，唯作入都资料。今已到京，又勒往幽州。幽州去此二千余里，还又二千余里。方寒冰冻，一无资粮，国家更无优恤，但切勒赴限。比闻，丁夫皆甚愁叹。又诸州行纲，承前多儌向（勾），至都籴纳。今倘有此类，向沧瀛籴纳，则山东米必二百已上，百姓必搔动。"

462

中国古代的财政与国家

3. 关于"支度国用",参阅李锦绣（1995）第一编第一章"唐前
期财务行政"。关于唐代前期财物运输体系的具体分析,参阅清
木场东（1996）第三章「運輸法」、第四章「輸送手段と輸送
費」。清木场在进行分析时,大致把运输分为财政运输和军事运
输两种,同时又分为定期运输和临时运输。

4. 复原唐《赋役令》第二条（宋1,《通典》卷六《食货六·赋税
下》）记载:"诸课户,每丁租粟二石。其调绢纯布,并随乡
土所出,绢纯各二丈,布二丈五尺。输绢纯者,兼调绵三两。
输布者,麻三斤。其绢纯为匹,布为端,绵为屯,麻为缏。若
当户不成匹端屯缏者,皆随近合成。并于绢纯布两头,各令户
人,具注州县乡里户主姓名及某年月某色税物。受讫,以本司
本印印之。其调麻每年支料有余,折一斤输粟一斗,与租同受。
其江南诸州租,并回造纳布。"复原唐《赋役令》第五条（宋
2,《通典》卷六《食货六·赋税下》）中亦有"诸贮米处,折
粟一斛,输米六斗。其杂折皆随土毛,准当乡时价"的表述。

5. 《通典》卷六《食货六·赋税下》记载:"其度支岁计,粟则二
千五百余万石（三百万,折充绢布,添入两京库。三百万,回
充米豆,供尚食及诸司官厨等料,并入京仓。四百万,江淮回
造米转入京,充官禄及诸司粮料。五百万,留当州官禄及递粮。
一千万,诸道节度军粮及贮备当州仓）。布绢绵则二千七百余万
端屯匹（千三百万,入西京,一百万,入东京。千三百万,诸
道兵赐及和籴,并远小州便充官料邮驿等费）。钱则二百余万贯
（百四十万,诸道州官课料及市驿马,六十余万,添充诸军州和
籴军粮）。"

6. 根据大津透复原的《仪凤三年度支奏抄·四年金部旨符》（大津
透,2006a）,笔者将本章参考的部分整理如下:
①S'8—9行 — 桂广二府受纳诸州课税者,［ ］供用外,并
递送纳东都,□［ ］
②H'1—3行 — 交州都督府管内诸州,有兵［ ］料,请委
交府,便配以南诸州［ ］粮外,受纳递送入东都。

③H'12—19行　一　庸调送纳杨府转运，〔　〕纲典部领，……又准救〔　〕各依常限，贮〔　〕□，宜候春水得通船之后，然〔　〕州长行部领至东都

④H7—14行　一　拟报诸蕃等物，并依色数送□。其交州都督府报蕃物，于当府折〔　〕给用。所有破除见在，每年申度支金部。其安北都护府诸驿赐物，于灵州都督府给。单于大□护府诸驿赐物，于朔州给。并请准往例相知给付，不得□〔　〕。

463

⑤F'1—4行　（前缺）勘预定，秦州相知前〔　〕至秦州日，即仰秦州，准程以近□□□送纳原州。其长川镇一年所须，亦委秦州官司斟量，便即贮纳。……

⑥E1—5行　〔　〕□配纳凉州秦州者，先尽〔　〕□并纳配所，其〔　〕秦州已西路次州县镇戍□〔　〕□夫防援，勿使失□，如有损□〔　〕□所由官人节级〔　〕

⑦A'8—14行　一　每年伊州贮物叁万段，瓜州贮物一万段，剑南诸州庸调送至凉府日，请委府司，各准数差官典部领，并给传递往瓜伊二州，仍令所在兵防人夫等防援。□任夫□发遣讫，仰头色数具申所司。其伊瓜等州准数受纳，破用见在，年终申金部度支。

7. 《陈伯玉集》卷八《上蜀中军事》记载："臣伏见，剑南诸州，缘通轨军屯在松潘等州，千里运粮，百姓困弊。臣不自恤，窃为国家惜之。伏以，国家富有巴蜀，是天府之藏。自陇右及河西诸州，军国所资，邮驿所给，商旅莫不皆取于蜀。又京都府库，岁月珍贡，尚在其外。此诚蜀国之珍府。今边郡主将，乃通轨一军，徭役弊之。使百姓贫穷，国用不赡。河西陇右，资给亦减。臣伏惟，松潘诸军，自屯镇已来，于今相继百十余年。竟未闻盗贼大侵，而有尺寸之效。今国家甘心竭力以事之。臣不知其故。伏惟念惜，臣闻，上有圣君，下得直言。贱臣敢越次冒昧以奏，臣在蜀时，见相传云，闻松潘等州屯军，数不逾万，计粮给饷，年则不过七万余硕可盈足，边郡主将不审支度，

乃每岁向役十六万夫。夫担粮轮送，一斗之米，价钱四百。使百姓老弱，未得其所。比年以来，多以逃亡。臣伏以吐蕃，陛下未忍即灭。松潘屯兵，未可废散。若准此赋敛，每年以十六万夫运粮。臣恐更三年，吐蕃未殄灭，剑南百姓，不堪此役。愚臣恐非圣母神皇制敌安人，富国强兵之神算者也。愚臣窃见，蜀中耆老平议，剑南诸州，比来以夫运粮者，且一切并停。请为九等税钱，以市骡马，差州县富户，各为屯主，税钱者以充脚价。各次第四番运辇。不用一年夫运之费，可得数年军食盈足。比于常运，减省二十余倍。蜀川百姓，永得休息，通轨军人，保安边镇。京台府库，河西军马，得利供输其资。"

此外，《陈伯玉集》卷八《上蜀川安危事》还记载道："臣伏见四月三十日敕，废同昌军。蜀川百姓，每见免五十万丁运粮，实大苏息。然松茂等州诸羌首领，二十年来，利得此军财帛粮饷，以富己润屋。今一旦停废，失其大利。必是勾引生羌，诈作警固，以恐动茂翼等州，复使国家，征兵镇守。若松茂等州，无好都督，则此诈必行。且夕警固，必有发者，一发已后，警动蜀州。……圣历元年（698）五月十四日通直郎行右拾遗陈子昂状。"

8. 《水部式》残卷（P. 2507）记载："沧、瀛、贝、莫、登、莱、海、泗、魏、德等十州，共差水手五千四百人。三千四百人海运，二千人平河。"

9. 《水部式》残卷（P. 2507）记载："安东都里镇防人粮，令莱州，召取当州经渡海得勋人，谙知风水者。置海师二人、拖师四人，隶蓬莱镇，令候风调海晏，并运镇粮。同京上勋官例，年满听选。"

10. 《唐六典》卷三"度支郎中"条载："河南、河北、河东、关内等四道诸州运租庸杂物等脚，每驮一百斤，一百里，一百文。……黄河及洛水河，并从幽州，运至平州，上水十六文，下水六文。……从澧、荆等州至杨州，四文。……其用小船处，并运向播、黔等州，及涉海，各任本州量定。"

11. 虽然不能确定全部地区，但西北水运水手的征发地已基本查明。《水部式》残卷（P.2507）描述道："胜州转运水手一百廿人，均出晋、绛两州，取勋官充。不足，兼取白丁，并二年与替……"说明当时晋、绛两州的勋官已经被任用为胜州的转运水手。

12. 参阅本章注释10《唐六典》卷三"度支郎中"条。

13. 《陈伯玉集》卷八《上益国事》载："臣闻，古者富国强兵，未尝不用山泽之利。臣伏见，西戎未灭，兵镇用广。内少资储，外勤转饷。山泽之利，伏而未通。臣愚不识大体。伏见，剑南诸山，多有铜矿。采之铸钱，可以富国。今诸山皆闭，官无采铜。军国资用，惟敛下人。乃使公府虚竭，私室贫弊，而天地珍藏，委废不用。以臣所见，请依旧式，尽令剑南诸州，准前采铜，于益府铸钱。其松潘诸军所须用度，皆取以资给。用有余者，然后使缘江诸州递运，散纳荆衡沔鄂诸州。每岁便以和籴，令漕运委神都大仓。此皆顺流乘便，无所劳扰。外得以事西山诸军，内得以实中都仓廪。蜀之百姓，免于赋敛。军国大利，公私所切要者。非神皇大圣，谁能用之。管仲云：'圣人用无穷之府。'盖言此也。"

14. 《水部式》残卷（P.2507）载："桂广二府铸钱，及岭南诸州庸调并和市折租等物，递送杨州讫，令杨州差纲部领送都。应须运脚，于所送物内取充。"

15. 《天圣令·狱官令》不行唐令第五条记载："诸流移人，州断讫，应申请配者，皆专使送省司。……专使部领，送达配所。若配西州、伊州者，并送凉州都督府。江北人配岭以南者，送付桂、广二都督府。其非剑南诸州人，而配南宁以南及巂州界者，皆送付益州大都督府，取领即还。"（天一阁博物馆、中国社会科学院历史研究所，2006）

16. 关于唐朝对非汉民族进行的都督府、羁縻州统治，刘统进行了全面的考察，具有极大参考价值（刘统，1998）。

17. 参阅本章注释7《陈伯玉集》。

465

18. 《通典》卷一〇《食货十·漕运》记载："至［开元］二十一年，耀卿为京兆尹，京师雨水害稼，谷价踊贵。耀卿奏曰：'……臣以国家帝业，本在京师，万国朝宗，百代不易之所。但为秦中地狭，收粟不多，倘遇水旱，便即匮乏。往者贞观永徽之际，禄廪数少，每年转运，不过一二十万石，所用便足，以此车驾久得安居。今升平日久，国用渐广，每年陕洛漕运，数倍于前，支犹不给。陛下数幸东都，以就贮积，为国大计，不惮劬劳，皆为忧人而行，岂是故欲来往。若能更广陕运支入京，仓廪常有二三年粮，即无忧水旱。今日天下输丁约有四百万人，每丁支出钱百文，充陕洛运脚，五十文充营窖等用，贮纳司农及河南府陕州，以充其费。租米则各随远近，任自出脚送纳。东都至陕，河路艰险，既用陆脚，无由广致。若能开通河漕，变陆为水，则所支有余，动盈万计。且江南租船，所在候水，始敢进发。吴人不便河漕，由是所在停留，日月既淹，遂生隐盗。臣请于河口置一仓，纳江东租米，便放船回。从河口即分入河洛，官自雇船载运。河运者至三门之东，置一仓。既属水险，即于河岸傍山车运十数里。至三门之西，又置一仓。每运至仓，即般下贮纳。水通即运，水细便止。渐至太原仓，泝河入渭，更无停留，所省巨万。臣常任济定冀等三州刺史，询访故事，前汉都关内，年月稍久，及隋亦在京师，缘河皆有旧仓，所以国用常赡。若依此行用，利便实深。'上大悦，寻以耀卿为黄门侍郎同中书门下平章事，敕郑州刺史及河南少尹萧炅，自江淮至京以来，检古仓节级贮纳。仍以耀卿为转运都使。于是始置河阴县及河阴仓，河清县置柏崖仓，三门东置集津仓，三门西置三门仓。开三门北山十八里，陆行以避湍险。自江淮西北泝鸿沟，悉纳河阴仓。自河阴候水调浮，漕送含嘉仓，又取晓习河水者，递送纳于太原仓，所谓北运也。自太原仓浮渭以实关中。凡三年，运七百万石，省脚三十万贯。耀卿罢相后，缘边运险涩，颇有欺隐，议者又言其不便，事又停废。"

19. 《唐六典》卷三《尚书户部》"仓部郎中"条记载："凡都之东，租纳于都之含嘉仓。自含嘉仓转运，以实京之太仓。自洛至陕，运于陆。自陕至京，运于水。量其递运节制，置使以监充之（陆路从洛至陕，分别量计十五文，付运使，于从路分为之递。应须车牛，任使司，量运多少，召雇情愿者充。以十月起运，尽岁止）。"史料中洛阳与陕州之间的运输是通过陆运实现的，所以应该与裴耀卿的漕运改革不在同一时期。虽然不能断言是改革前还是改革后，但是对于必不可少的牛车，朝廷仍采用了雇用志愿者运输的方式，即所谓"和雇送达"。

20. 《通典》卷六《食货六·赋税下》记载："按天宝中天下计帐，户约有八百九十余万。其税钱约得二百余万贯（大约高等少，下等多，今一例为八等以下户计之。其八等户所税四百五十二，九等户则二百二十二。今通以二百五十为率。自七载至十四载六七年间，与此大数，或多少加减不同，所以言约，他皆类此）。其地税约得千二百四十余万石（两汉每户所垦田不过七十亩，今亦准此约计数）。课丁八百二十余万。其庸调租等，约出丝绵郡县，计三百七十余万丁，庸调输绢约七百四十万匹（每丁计两匹）。绵则百八十五万余屯（每丁三两，六两为屯，则两丁合成一屯）。租粟则七百四十余万石（每丁两石）。约出布郡县，计四百五十余万丁，庸调输布约千三十五万余端（每丁两端一丈五尺，十丁则二十三端也）。其租，约百九十余万丁，江南郡县，折纳布约五百七十余万端（大约八等以下户计之，八等折租，每丁三端一丈，九等则二端二丈，今通以三端为率）。二百六十余万丁，江北郡县，纳粟约五百二十余万石。大凡都计租税庸调，每岁钱粟绢绵布约得五千二百三十余万端匹屯贯石。诸色资课及句剥所获，不在其中（据天宝中度支每岁所入端屯匹贯石都五千七百余万。计税钱、地税、庸调折租得五千三百四十余万端匹屯，其资课及句剥等，当合得四百七十余万）。"

第十四章　唐代后期的中央财政

——以户部财政为中心

前言

　　本章及下一章将考察帝国解体后出现的两税法之下的财政特点，并从财政史的视角确认唐宋变革的历史意义，以总括全书。本章着重论述中央财政，下一章将着重论述地方财政。

　　从唐代的财政史研究来看，德宗建中元年（780）两税法的颁行带来了划时代的变化。两税法是一种对农民实际占有、使用和获取收益的耕地进行征税的土地税。作为一种租税制度，两税法扬弃了战国以来通过给田制将土地划分给农民的世袭性土地占有方式，同时在法律层面确定了农民对私有土地的事实上的所有权（渡边信一郎，1986）。因此，唐代后期的财政便和唐代前期的律令制财政有本质区别。唐代后期财政的基本来源从分田农民负担的租调役、兵役转向了两税和专卖收入。另外，随着帝国重整的失败，全国国土被分为四十多个道，各地设置了节度使、观察使等官职。藩镇体制推进了政治和财政的分权化。财源也随之被分为三个部分：向中央政府纳贡的上供钱物、分配给节度使等道的留使钱物以及留存于州内的留州钱物。从财政结构来看，财源被分割给中央政府与地方政府，这一方面是北魏时期财政结构的历史性倒退，另一方面也意味着中央财政官司的重组和中央与地方间财物分配关系的重建。中央政府财政主权的集中再次成为政治课题。

在法制上，唐代前期的律令财政一直延续到了建中元年两税法实施。不过如前章所述，在开元二十年（732）前后，对分田农民（百姓）正役、兵役的征发已基本停止，庸物缴纳的形式变得普遍，租调役征收体制转化为租庸调征收体制。实行租庸调体制后的大约五十年间可以被视为分割唐代财政前期和后期的过渡期（中期）。[1]

本章以开元末、天宝时期至建中元年的过渡期为时间界限，以两税法下的唐代后期财政为考察对象，聚焦于以户部（曹）财务活动为主的中央财政的重组过程，旨在通过分析唐王朝农民剩余生产物再分配的过程和经费内容，来阐明这一时期国家和社会的关系。

468

一 开元、天宝时期的财政及其特征

作为理解中央财政的前提，首先要弄清唐代中期租庸调时期的财政全貌。根据目前残存的史料，有关唐王朝的财政活动，我们只能全面把握天宝时期（742—756）以后的历史。又如后文将述，因为一些重要因素，财政问题成为天宝以后政治首先需要解决的问题。因此，我认为，要想阐明这一时期的财政特性，首先需要确认国家掌握的社会总生产量和社会总生活手段量的规模。

《新唐书》卷五四《食货志四》记载了当时的平均生产力和生活手段的社会平均量：

469　　　当时议者以为，自天宝至今，户九百余万。王制，上农夫食九人，中农夫食七人。以中农夫计之，为六千三百万人。少壮相均，人食米二升，日费米百二十六万斛，岁费四万五千三百六十万斛，而衣倍之，吉凶之礼再倍，余三年之储，以备水旱凶灾，当米十三万六千八十万斛，以贵贱丰俭相当，则米之直与钱钧也。田以高下肥瘠丰耗为率，一顷出米五十余斛、当田二千七百二十一万六千顷。

由此可知，不论土地肥瘠还是作物丰歉，每顷的平均收成量是 50 斛米。不论男女老少，按人数均分，那么每人每天需要两升（每年 7.2 斛）食物。[2] 在此基础上，还需要衣料和红白喜事的费用。如果再算上应对灾害的储备量，合计所需量是食物费用（45360 万斛）的三倍（136080 万斛）。这种情况下，"余三年之储"指三年内要储存一年份（即九年积攒三年份）的费用。那么，这里的储备量就是一年经费的三分之一，即可以认为是与食物费用等额的 45360 万斛。这样一来，剩余的衣料费和红白喜事费的总和等于食物费用。由此可以推测，食物费用、衣料费用和红白喜事费用、应对灾害的储备费用三者大致等额，并且从《新唐书》的记载来看，衣料费用和红白喜事费用应该是各占一半，[3] 因此可知全部经费的各项分配比例为：食物份额为 1，衣料费用为 0.5，红白喜事费用为 0.5，应对灾害的储备为 1。其中，食物费用和衣料费用构成生活手段（必要生产物），红白喜事费用和应对灾害的储备构成剩余生产物部分。生活手段量和剩余生产物两者各占一半的结构颇值得关注。另外，要注意一斛米等于一贯钱。

470

配合天宝时期的实际总人口和耕地面积，从以上数值可以大致得出当时的社会总生产量和社会总生活手段量。根据《通典》的记载，天宝时期的应受田总数为

14303862 顷 13 亩（《通典》卷二《食货二·田制下》），天宝十四年的总管户数是 8914709 户，总管人口 52919309 人（《通典》卷七《食货七·历代盛衰户口》）。因此，如果以 1400 万顷作为耕地总面积，则 50 石×1400 万顷＝70000 万石，则平均每年有约 7 亿万斛（约 4200 万千升，1 石＝60 公升）①的社会总生产量。相应的，如果总人口数为 5300 万，则 0.02 石（一天 2 升）×360 天×5300 万＝38160 万石，食物总费用大约是 38000 万斛。再加上等于食物总费用一半的衣料总费用 19000 万斛，则社会总生活手段量为 57000 万斛。总生产量 7 亿万斛对应的总必要生活手段量是 57000 万斛，剩下的社会总剩余生产物为 13000 万斛。考虑到衣料由家庭内部手工业供应，可以预见还有一定量的剩余生产物。这些剩余生产物的部分就构成了国家财政的物质基础。

相对于上述高达 7 亿万斛（贯）的总生产量或者总剩余生产量，天宝时期国家财政的规模和特色又是怎样的呢？以下可通过基于《通典》卷六《赋税下》的记载制成的表 27 来进行思考。[4]一般情况下，财政收支相抵，均为 5400 万。加上资课钱和勾剥的 470 余万，财政规模为 5700 万—5800 万。在这种情况下，粟、绢、麻布、钱等

---

① 此处的"千升""公升"均为现代体积单位，与下文"一天 2 升"的"升"不同。唐代 1 升＝0.01 石≈0.6 公升。——译者注

财物的单位，即石、匹、端、贯都是等值的。根据《新唐书·食货志》的记载，在当时的人看来，这些单位之间具有等值关系。如果以斛为单位，则总剩余生产量为13000万斛，国家财政规模仅为其44.6%。国家对农民剩余生产量的征收比例大约为50%。此外，与总生产量相比，天宝时期的财政规模约为其8%，这与"十一而税"的传统税收观念基本一致。

表 27　天宝年间财政收支概要（《通典》卷六）

收入		支出	
粟			
租粟	740 余万石	折充绢布（两京库）	300 万端
江北纳粟	520 余万石	回充米豆（尚食、诸司官厨用、京仓）	
地税（义仓米）	1240 余万石		300 万石
		江淮回造米（官禄、诸司粮食费）400 万石	
		留当州（官禄、递粮）	500 万石
		诸道节度使（军粮、储备当州仓）	
			1000 万石
	小计：2500 余万石		小计：2500 万石
布绢绵			
调庸输绢	740 余万匹	入西京	1300 万
调庸输绵	185 余万屯	入东京	100 万
调庸输布	1035 余万端	诸道兵赐、和籴、远小州便充官费、邮驿	
江南折纳租布	570 余万端		1300 万
	小计：2530 余万		小计：2700 万

续表

收入		支出	
钱			
税钱（户税）	200 余万贯	诸道州官课税、市驿马	140 万贯
		诸军州和籴军粮	60 万贯
	小计：200 余万贯		小计：200 万贯
	总计：5230 余万		总计：5400 万

* 天宝年间度支每年所入（《通典》卷六）

税钱、地税、调庸、折租　5340 余万（贯、石、匹、屯、端）

资课、勾剥　　　　　　　470 余万

5700 万—5800 万（贯、石、匹、屯、端）

471　　　接下来，让我们看看收入结构及其特征。收入由三个部分组成：正税、地税、税钱。首先应指出，与正税（租庸调）3790 万的收入相对，地税（义仓米）和税钱（户税）的收入合计为 1440 万（27.5%），正税之外收入所占的比重相当大。高宗和武则天之后的时期亦是如此。税钱首次设置于何时尚不清楚，但该税在高宗永徽元年（650）就已存在，根据武则天长安元年（701）十月的诏敕，王公以下一律开始课赋（《通典》卷六《食货六·赋税下》）。另外，义仓米起源于隋代建立的社仓，原本储备在州县，以备歉年之用，但在高宗和武则天时期被纳入

472　经常性财政。[5]这表明到了 7 世纪后半期，律令财政在收入方面发生了变化。[6]

其次，与经费支出相同，财政收入不仅包括税钱收入，也有实物收入。这与以钱币为基础的两税法财政有共通之处。而在元和十五年（820）以后，钱币缴纳转变为实物缴纳。[7]因此，过高评价以钱币为基础的财政运转，甚至将其拔高到近世（资本主义）财政的发展水平，是非常不妥当的。

接下来让我们讨论支出结构及其特征。经费可以粗略地分为以下四类：①宫廷、祭祀费用等共 1700 万（31.5%）；②军费（包括养兵费用）1300 万（24.1%）；③官俸（包括食物）1200 万（22.2%）；④储蓄（中央、地方）1200 万（22.2%）。[8]最应该注意的是，这样的经费构成中存在大量谷物储备。如表 28 所示，每年有将近两成的经费被储存起来，数量高达约 9600 万石。[9]这相当于将近两年的财政总额，与前面《新唐书·食货志》"余三年之储，以备水旱凶灾"的表述相对应。如表 28 所示，储备粮被储存在地方，尤其集中在当时最发达的河北道和河南道。由于 400 万石回造米的运转，江淮地区的财政地位确有所提高，但不能否认，这一时期的财政中心仍在山东地区。[10]如此大规模储存的目的是将其作为一种保险性经费，从财务上克服华北旱地耕种的不稳定性（十年九旱）。如此可以想见，与其说收支平衡在每一年度内达成，不如说它是通过多年的储备运用而得以实现的。如此

表 28 天宝八年天下储藏米（《通典》卷一二）

诸色食粮	北　仓	6616840 石	和　籴	关　内	509347 石
	太　仓	71270 石		河　东	110229 石
	含嘉仓	5833400 石		河　西	371750 石
	太原仓	28140 石		陇　右	148104 石
	永丰仓	83720 石			
	龙门仓	23250 石			
	小计：12656620 石			小计：1139430 石	

	正　仓	义　仓	常平仓	小计及占比
关内道	1821516 石	5946212 石	373570 石	8141298 石（9.7%）
河北道	1821546 石	17544600 石	1663778 石	21029424 石（25.1%）
河东道	3589180 石	7309610 石	535386 石	11434176 石（13.6%）
河西道	702065 石	388403 石	(1663778)	——（—）
陇右道	372780 石	300034 石	42850 石	715664 石（0.9%）
剑南道	223940 石	1797228 石	70740 石	2091908 石（2.5%）
河南道	5825414 石	15429763 石	1212462 石	22467641 石（26.8%）
淮南道	688252 石	4840872 石	81152 石	5610276 石（6.7%）
江南道	978825 石	6739270 石	阙	——（—）
山南道	143882 石	2871668 石	49190 石	4064740 石（4.8%）
小计	16167400 石	63177160 石	4602220 石	83946780 石（100%）

总计：96062220 石

巨大的保险性经费储备保证了社会再生产。大津透通过分析吐鲁番文书，阐明了律令制时期度支、金部预算职能的实际状况，[11]以收支均衡为目标的政府预算职能也必须以此为前提。

473　　　经费支出的第二个特点是军费的急剧增加。表 29 和表 30 是根据《资治通鉴》卷二一五天宝元年正月条记载的《唐历》以及《通典》卷六《食货六·赋税下》的记录整理得来的，罗列了天宝初年军事费用的明细。[12]根据《通典》卷六的记载，可知这一时期的年度军费"自开元中及于天宝，开拓边境，多立功勋，每岁军用日增。其费……大凡一千二百六十万，而锡赉之费此不与焉"，并474且其自注的内容值得注意："开元以前，每岁边夷戎所用不过二百万贯，自后经费日广，以至于此。"由此可以看出，开元年间的军费开支从 200 万贯剧增至 1260 万贯，增长了 5.3 倍。其主要原因有二，其一是开元末至天宝年475间的远征，其二则是开元时期从府兵制和防人制向以官健、团练为基础的新兵制的转变，这一转变导致了养兵费用的增加。其中，后者是更为主要的原因，且已被诸多研究提及，关于这一点将在后文进行论述。

表 29　天下每年兵马军事费用（《唐历》）

节度使等	管兵（人）	戎马（匹）	衣赐（匹）	军粮（石）
安西	24000	2700	620000	
北庭	20000	5000	480000	
河西	73000	19400	1800000	
朔方	64000	14300	2000000	
河东	66000	14000	1260000	500000
范阳	96500	6500	800000	700000
平庐	37500	5500		
陇右	70000	10900	2500000	

节度使等	管兵（人）	戎马（匹）	衣赐（匹）	军粮（石）
剑南	35500	2000	800000	700000
岭南五府经略使	15400			
长乐经略使	1500			
东莱守捉使	1000			
东牟守捉使	1000			
约计	490000	80000	10200000	1900000

表 30　天宝时期每年军事费用（《通典》卷六）

节度使等	籴米粟（石）	给衣（匹）	别支（匹）	军食（石）
朔方	800000	1200000		
河西	800000	1000000		
陇右	1000000	1500000		
伊西北庭	80000	400000		
安西	120000	300000		
河东	400000	400000	500000	500000
群牧使	400000	500000		
幽州			800000	700000
剑南			800000	700000
约计	3600000	5300000	2100000	1900000

1100 万匹 190 万石①

毫不夸张地说，天宝时期的财政特点在于其经费结构的巨大转变，一方面是大量的储备积累，另一方面是军事费用的急剧增加。这种经费结构的变化使官僚阶层的非法

---

① 即第十三章提到的供军财政中的布绢绵 1100 万匹和粟 190 万石，见本书第 527 页译者注。——译者注

收入有所增加，国家和农民之间产生了巨大的冲突。在指出军费的剧增后，杜佑云："其时钱谷之司，唯务割剥，回残剩利，名目万端，府藏虽丰，闾阎困矣。"（《通典》卷六）可以说，这段文字准确表现了庞大的储蓄与剧增的军费剥削二者之间的矛盾。

国家财政的结构性转变始于武则天时期，并于开元、天宝年间开始显现，之后以安史之乱为契机，完成了决定性的变革。彼时杜佑对这种转变做了如下总结：

> 论曰：昔我国家之全盛也，约计岁之恒赋，钱谷布帛五千余万。经费之外，常积羡余。遇百姓不足，而每月有蠲恤。自天宝之始，边境多功，宠锡既崇，给用殊广，出纳之职，支计屡空。于是言利之臣，继进而导行矣。割剥为务，每岁所入，增数百万。既而陇右有青海之师，范阳有天门之役，朔方布思之背叛，剑南罗凤之凭陵，或全军不返，或连城而陷。先之以师旅，因之以荐饥，凶逆承隙构兵，两京无藩篱之固，盖是人事，岂唯天时。

476

（《通典》卷一二）

关于这一转变的具体情况以及导致这种转变的社会根源，将在下一节中做更深层的考察。

二 唐代中期财政至后期财政的变化

以安史之乱为契机，唐王朝的财政体系发生了重大转变，让我们按照财政规模、收入构成、支出构成的顺序对其面貌进行探讨。通过表31a可以一览建中年间之后的财政总额，表31b则展现了其收支构成。[13] 让我们参考这两个表进行讨论。

表31a　唐代后期财政汇总

建中以后两税税额（《通典》卷六）	②元和二年（807）（《通鉴》卷二三七）
钱	税户　　2440254 户
外费（留使、留州）　　2050 余万贯	籍兵　　　83 万人
京师（上供）　　950 余万贯	税　35151228 贯石
小计　　3000 余万贯	（两税、斛斗、盐利、茶利）
谷物	③开成二年（837）（《册府元龟》卷四八六）
外费（留使、留州）　　400 余万石	上供　　1200 余万（衣赐 800 万）
京师（上供）　　200 余万石	留使留州　2300 余万（士兵衣食）
小计　　600 余万贯	一年所入　　3500 余万
总计　　3600 万贯石	

①建中元年（780）（《通鉴》卷二二六）	④大中七年（853）（《通鉴》卷二四九）
税户　　3085076 户	租税　　550 万
籍兵　　768000 人	酒税　　82 万
税钱　　10898000 缗	盐利　　278 万
谷物　　2157000 石	平定河湟以后每年所入　925 万
总计	
13055000 缗石	
（不含盐利）	

表 31b　唐代后期财政概要

收入 3600 万贯（石）		支出
①两税		①养兵费用
税钱	10898000 余贯（建中元年）	②军事费用
斛斗	2157000 余石（建中元年）	③京官俸钱禄米 ⎫ 90%
②盐利	900 万贯（贞元中）	④外官俸钱禄米 ⎭
盐铁使	约 700 万贯（元和以后）	
度支（盐池）	100 万贯（太和三年定额）	⑤祭祀、宫廷费用 ⎫
③榷酒	156 万贯（太和中）	⑥赏赐 ⎪ 10%
④铸钱	15 万贯（长庆元年）	⑦和籴 ⎪
⑤税茶		⑧其他 ⎭
⑥其他（抽贯钱等）		
正税和专卖		军事、祭祀、官员俸禄

　　首先将财政总额与国家掌握的户数进行对比，从而把握唐代中期到后期的财政规模变化。若天宝时期的总户数以 900 万户计算，则唐代中期平均每户的财政负担为 5800 万石除以 900 万户，即平均每户 6.4 斛。与此相对，如果唐代后期的总户数按 350 万户计，则平均每户的财政负担为 3600 万石除以 350 万户，即 10.3 斛。由此可知，虽然财政总额从 5800 万石减少到 3600 万石，但平均每户的财政负担大大增加了。为了明确这一情况出现的原因，我们必须对其收入结构的变化进行分析。

　　由表 31b 可知，唐代后半期的财政收入由以下三种组成：两税、专卖、其他。显然，其收入构成的第一个变化 478

在于建中元年由租调役、杂徭体系向两税、职役体系的转变。根据表 27 可知，天宝时期平均每户的租调役负担为 4.2 斛（3790 万石除以 900 万户）。与此相对，根据表 31a，建中元年平均每户的租调役负担额为 4.3 斛（1300 万石除以 300 万户），几乎没有变化。至于正税部分，剩余劳动力的征收量变化没有任何意义，从财政负担方面来看，不能说国家与社会之间产生了矛盾。我们更应当关注的是，以征收为前提的国家与农民间生产关系和土地所有关系的本质变化。[14]

在收入构成方面，正是专卖收入的设立导致了国家与社会之间的巨大冲突。如果前述唐代中期到后期增加的财政负担不在正税部分，那么就只能是专卖部分。参考表 31b，可知高达一千数百万贯的专卖收入足以与两税收入相匹敌。显然，唐代后期增加的征收额基本是通过专卖得来的。唐代后期的基本社会问题——如贩卖私盐等——应该就与这种专卖制度的出现有关。[15]于是，为了让专卖能顺利进行，国家新设或增设了盐铁使、度支使、相关巡院等官职和机构。[16]

尽管有专卖收入作为基础，此时的财政负担却增加了。有关这一问题的原因，可以从经费支出结构的角度加以考察。建中二年（781）沈既济的上疏提到：

　　臣尝计天下财，耗斁之大者，唯二事焉。最多者
兵资，次多者官俸。其余杂费，十不当二事之一。
（《册府元龟》卷四七四《台省部一八·奏议五》）

　　由此可知，唐代后期的经费支出由三部分构成：军费　　479
（养兵费）、官俸、其他，前两部分占比将近 90%。《陆宣
公集》卷二二《均节赋税恤百姓六条》云："经费之大，
其流有三。军食一也。军衣二也，内外官月俸及诸色资课
三也。"陆贽于此有同样见解。在这三项费用中，官俸与
其他费用并无急剧增加的迹象，因此由专卖收入填补的新
增经费应属军费（养兵费）。

　　有关军事费用的具体规模，并未留下准确数字。根据
贞元元年（785）度支的上奏，《册府元龟》卷四八四
《邦计部·经费》云："京师经费，及关内外征讨士马，
月须米盐五十三万石、钱六十万贯、草三百八十三万围。
春冬衣赐，元日冬至立仗赐物，不在其中……"由此可
知，包括中央经费在内，度支使直接管辖的军事费用每年
多于 1350 万贯（石）。另外，当诸道军队进行跨道境行
动时，军事费用由度支供给，这被称为"食出界粮"。建
中四年（783）某一个月的费用便达到了 130 万贯。[17]可以
推测，当年内仅"食出界粮"就已突破 1000 万贯。"食
出界粮"是一种不可预测的军事费用，而且在长期内战

中，其所占比例非常大。此外，"食出界粮"属于度支的中央财政经费，不属于留使、留州等地方经费（约2300万贯石，参照表31a③）。诸如留使、留州等地方经费，大部分集中在以官俸和养兵费用为主的军事费用上。[18]综上所述，可以推测彼时军事费用已经上升到非常庞大的数额。天宝时期已达1300万贯石的军事费用，到了唐代后期仍在持续急剧增长，而这一增长部分主要由专卖收入来填补。

如果军事费用的持续增长是唐代后期财政经费的第一大特征，那么第二个特征应在于其储备的大幅减少。根据贞元十三年（797）判度支苏弁的上奏，到贞元八年（792）为止，地方道州府积累的谷物储备额为380万石，[19]这仅是财政规模的10%。此外，在中央方面，顺宗永贞元年（805）的太仓储备量为80万石，而东渭桥（北）仓的储备量为45万石，总计不过125万石。[20]这与上文天宝时期的约670万石相比，仿佛不在一个时代。很显然，储备部分的减少是由于军事费用的增加。

因此，收入和支出的平衡，并不是像天宝时期那样通过积极运用储备来维持的，而是凭借多个财政官司的并存和互补来实现。首先是皇帝的财库，也就是内库（大盈库、琼林库）。对于内库，室永芳三和中村裕一各有专门论述，[21]宪宗元和年间（806—820）内库中用来填补军事

480

费用的数额甚为庞大。其次是会昌五年（845）设置的备边库（后改称为延资库）。延资库是为了防备这一时期兴盛的南方非汉民族的战事而设立的，起初它以度支、户部分别支出的十二万贯（匹），总计二十四万贯（匹），以及各地节度使进奉的助军钱物作为经费。[22]相传即使是在懿宗咸通年间（860—874），钱帛仍是如山般堆积在大仓库里。[23]最后是户部别库的设立，关于这一点后续再进行详细阐述。如此，唐代后期的财政通过以度支为中心的四个官司和财库的运用以及它们之间的互相补足来实现，可以说其运作方式已经变得颇具流动性了。

从天宝时期到唐代后期，财政变化的特点在于每户财政负担的显著增加。军事费用的持续增加导致了专卖制的引入和储备的剧减，同时也促成了一些新财政官吏的设立。作为唐代后期财政的基本特质，军事费用的持续增加为何不可避免？下面将对这一问题的社会背景进行探讨。

不言而喻，安史之乱以后持续的内乱状态是军费增加的原因之一。然而到了宋代，军费的增长仍未停止。[24]至于其根本原因，应当在社会层面进行探究。比起战时费用，军费的增长更多地源于养兵费用，其原因在于兵制改革，即由府兵制、防人制向以官健和团练为基础的募兵制的转变。[25]关于这一点，可引用《资治通鉴》卷二一二开元十年（722）条以及胡三省注：

481

先是，缘边戍兵常六十余万，〔张〕说以时无强寇，奏罢二十余万使还农。……上乃从之。初诸卫府兵，自成丁从军，六十而免，其家又不免杂徭，浸以贫弱，逃亡略尽，百姓苦之。张说建议，请召募壮士充宿卫，不问色役，优为之制，逋逃者必争出应募。上从之。旬日，得精兵十三万，分隶诸卫，更番上下。兵农之分，从此始矣。（胡注：史言唐养兵之弊，始于张说也。）

司马光和胡三省一针见血地指出，从开元十年开始的兵农分离是养兵费用和军事费用增加的主要原因。比上述史料内容稍晚的《资治通鉴》卷二七四后唐庄宗同光三年（925）闰十二月条中有如下叙述：

帝以军储不足，谋于群臣，豆卢革以下皆莫知为计。吏部尚书李琪上疏以为："古者量入以为出，计农而发兵，故虽有水旱之灾，而无匮乏之忧。近代税农以养兵，未有农富给而兵不足，农捐瘠而兵丰饱者也。今纵未能蠲省租税，苟除折纳绢配之法，农亦可以小休矣。"帝即敕有司如琪所言，然竟不能行。

这表明，在五代时期，以士兵和农民之间的租税为媒介的分工关系依然是国家财政的成立基础，但军费不足的问题并未解决。

另外，《宋史》卷一九四《兵志八》"廪禄之制"条的开头写道："为农者出租税以养兵，为兵者事征守以卫民，其势然也。"这句话更直接地道出了兵农分工的形成。在唐代前期的律令制时期，农民成为府兵、防人后归属于折冲府和镇戍，基本装备和粮食由当兵的农民负担。因此，开元以前两百万贯的军费就已足够。张说提出建议后，募兵制得以建立，不仅士兵的装备，连其生活开支也开始由国家财政来承担。[26]应该说，司马光和胡三省的观点非常准确。

那么，此时兵农分工为何必要？根据以往研究，正如张说的建议所云，开元时期以后向新兵制转化的原因是府兵特别是杂徭的负担过重，这一理解并无问题。但是关于此时兵役、杂徭负担加重的原因，还需要更深入的说明。我认为，当时的官员们没有注意到另一个更为根本的原因，这一原因与两税法的创建紧密相关。

已经明确的是，自6世纪以来，在军府州集中的华北地区，农业生产力有了显著提高。在收获夏季作物后进行秋耕成为惯例，以两年三作制的出现为代表，农耕方式有所改进。其结果是，随着农民劳作的全年化，农民和其占有土地的关系更加紧密，实现了事实上的土地私有化。[27]基于这一事

483

实上的土地私有，从均田制、租调役体系向两税法、职役体系的划时代转变得以完成。同时，对承担府兵、防人兵役的农民来说，农业劳作的全年化和集约化必然使他们难以继续承担兵役的负担。钱物开始能够代替色役，在这个时期，代纳和雇佣得到了实质发展。但是本质上来说，兵役是不可替代的，而且府兵、防人的负担也变得更加沉重，在极端情况下甚至会导致府兵和防人的逃亡和客户化。总之，这一时期农业生产力的发展以及在此基础上实现的农民事实上的土地私有，一方面改变了税制，另一方面又使农民与士兵之间的分工不可避免，新的社会形态随之产生。

484　　　在兵农分工、两税法成立以及军费持续上涨的过程中，唐代后期中央财政运转有哪些具体特征？下一节中，我将以到目前为止其实际情况还不甚为人所知的户部（曹）为考察对象。

三　唐代后期的中央财政
——以户部财政为中心

唐代后期的中央财政是以盐铁使、户部、度支这三司为中心来运作的。众所周知，从唐代中期到后期，财务行政由"户部尚书—司农寺、太府寺"体制转变为盐铁使、户部（曹）、度支使三司分掌财权的体制。砺波护对这一问题有所研究。[28]但是，砺波护的研究是以盐铁使、度支使为中心，从贵族社会的解体这一政治社会史角度展开的，从经济史角度来看仍有探讨空间，特别是户部（曹）的实际状况及其财务活动，可以说除了在清木场东的研究中被提及外，几乎未被论述过。以下，我想先探明户部财政的实际情况，而后以此为基础，阐明唐代后期中央财政的特点。

（一）开元、天宝年间的财务运作制度

为了阐明唐代后期的中央财政特征，我们首先概述律令制下的中央财务运作制度。众所周知，尚书省的户部主管律令制下的财政。户部的长官户部尚书（一人）和次官户部侍郎（两人）统领户部、度支、金部、仓部四曹（部、局）。每曹各有郎中、员外郎、主事，他们率领流外的令吏履行职责，其任务是起草和裁决与财务相关的行政文书，实际的财物出纳和调备则由司农寺、太府寺及其管辖下的各署和各仓负责。参考《唐六典》卷三《尚书户部》等史料，这些统属关系则如图5所示。[29]

由图5可知，户部曹作为户部的首要部门，负责户籍的编审等业务，这一业务是财务行政的前提。户部的具体财务活动是以度支曹为中心进行的，因此，安史之乱以后，财政问题日趋严峻，度支曹的权限也随之扩大，财务运作的工作日益集中化。杜佑对当时的情况有所记述：

485

图5　唐代后期中央财务运作制度

　　建中三年正月，户部侍郎判度支杜佑奏："天宝以前，户部事繁，所以郎中员外各二人判署。自兵兴以后，户部事简，度支事繁，唯郎中员外各一人。请回辍郎中员外各一人，分判度支案，待天下兵革已息，却归本曹。"奉敕依。

　　　　　　　　（《通典》卷二三《职官五·户部尚书》）

　　关于这一时期的情况，《唐会要》卷五九"尚书省诸 **486** 司下·度支使"条也有记载：

　　贞元初，度支杜佑，让钱谷之务，引李巽自代。先是，度支以制用惜费，渐权百司之职，广置吏员，繁而难理。佑始奏营缮归之将作，木炭归之司农，染练归之少府。纲条颇整，公议多之。

　　由此可知，安史之乱后，事务开始集中于度支曹，在两税法创设到贞元初年这一时期（约 785 年以前）达到了顶峰，之后根据杜佑的提议，重新进行了整顿。在这样的趋势下，由于两税法的设立，户部曹的职能遭到了毁灭性打击。律令规定，户部曹的职能大致可分为：①管理十道贡赋；②户籍编成；③均田和赋役；④税钱（户税）管理等（《唐六典》卷三"户部尚书"条）。但由于两税法的设立，原本作为律令制下户部财政收入基干的③④两个职能变得不再必要。户部曹职能的重整已不可避免，根据杜佑的提案，其重整在这一时期逐渐成为事实。

（二）户部财政的成立

贞元四年（788），唐代后期的户部财政获得了新的基础并得以成立。这一情况可从有关同年二月诏敕的三份史料中加以了解。其中，基本史料是《册府元龟》卷五〇六《邦计部·俸禄二》的记载：

487

       二月，诏以中外给用除陌，及阙官俸、外官一分职田、停额内官俸，及刺史执刀、司马军事等钱，令窦参专掌之，以给京文武官俸料。……初除陌钱隶度支。帝以度支自有两税，及盐铁榷酒钱物，以充经费，是钱宜别贮之，给京官俸料之余，以备他用。自此户部别库，岁贮钱物仅三百万贯。京师俸料所费不过五十万贯。其京兆和籴物价，及度支给诸军冬衣或阙，悉以是钱充之。他用之外，尝贮仅二百万贯，国计赖焉。

《唐会要》卷五八"尚书省诸司中·户部侍郎"条记载了同样的情况：

　　贞元四年二月，上以度支自有两税及盐铁榷酒钱物，以充经费，遂令收除陌钱，及阙官料，并外官阙官职田，及减员官诸料，令户部侍郎窦参专掌，以给京文武官员料钱，及百司纸笔等用。至今行之。

另外，《新唐书》卷五五《食货志五》有如下记载：

　　李泌以度支有两税钱，盐钱使有管榷钱，可以拟　488
经费，中外给用，每贯垫二十，号户部除陌钱。复有
阙官俸料、职田钱，积户部，号户部别贮钱。御史中
丞专掌之，皆以给京官，岁费不及五十五万缗。

在这三则史料中，前两则史料属于同一系统。这些史料并非直接照搬诏敕，特别是《册府元龟》还对之后的情况做了整理。例如，元和二年（807），度支开始统管盐铁使管理的钱物。[30] 从这一点来看，比起前两则史料，《新唐书》的记述明确了度支和盐铁使的区别，更能反映贞元四年二月这一阶段的事实。[31]《册府元龟》和《唐会要》将户部除陌钱（户部财政的基本收入）被从度支移管这一时点作为户部财政成立的标志，并总结了之后的情况，但是并未提及创立于贞元九年（793）并已成为户部财政第三项组成的税茶收入（后述）。说到这三则史料之

间的关系，《新唐书》展示了户部财政的原本形态，《册府元龟》和《唐会要》则记载了户部财政成立后的整体情况。换言之，户部财政是在宰相李泌的建议下成立的，度支和盐铁使分别拥有由两税和专卖构成的独特财源，而与此相对，户部财政以户部除陌钱和户部别贮钱作为其独特的财源。[32]

那么户部财政为何成立于这一时期？实际上，有关这一问题还存在另一条史料。《资治通鉴》卷二三三贞元四年正月条和与其有关的《考异》卷一九的记载如下：

489　　　　　李泌奏，京官俸太薄，请自三师以下，悉倍其俸（《考异》：《实录》，"辛巳，诏以中外给用除陌钱，给文武官俸料。自是京官益重，颇优裕焉。初除陌钱隶度支。至是令户部别库贮之，给俸之余，以备他用"）。

司马光把户部财政的成立和京官俸禄的改定结合起来理解，并认为李泌是其提案者。户部财政是以作为中央官僚的京官的薪资改定为直接契机而成立的，而此二者都源自李泌的建议。

安史之乱后，由于优先考虑军事费用，无法稳定发放京官俸禄成了代宗大历年间（766—779）的主要政治难题之一。也就是说，户部财政的建立是为满足经费需求而采取的一种措施，可以说，这是为了确保年总额高达616855 贯京官俸禄的稳定供应。[33]因此，从财政角度来看，唐代后期的中央财政，即盐铁、度支、户部三司的财务分管制，可以说基本是以贞元四年二月户部财政的建立为标志而确立的。

那么，户部财政又有怎样的制度内容？由于没有留下相关史料，所以此处我们尝试以判户部（曹）的动向为中心来进行思考。限于管见，最早的事例见于建中二年（781）十一月，江淮转运使、度支郎中杜佑被任命为判度支、户部（《旧唐书》卷一二《德宗本纪上》）。或许在这一时期前后曾任命过判户部，但如上节所述，财政的实际业务集中于度支，所以在制度上户部仍不够独立。杜佑兼判度支、户部事就如实地反映了这一情况。

之后，判户部再次出现是在贞元二年（786）正月，宰相崔造被任命为判户部、工部。[34]在这种情况下，崔造对财务官僚的参与感到不快，他为了将财政权夺回到宰相处，就与其他宰臣一起分判六部尚书，他的对象就是户部尚书。但与此同时，元琇判诸道盐铁榷酒，吉中孚判度支两税，事实上可将二人视为判户部曹。此后，贞元十三年（797）二月，兵部郎中王召（绍）成为判户部曹（《旧唐书》卷一三《德宗本纪下》）；元和二年（807）八

490

月，宰相武元衡成为判户部事（《旧唐书》卷一四《宪宗本纪上》）。关于武元衡的任命情况，根据《册府元龟》卷三二二《宰辅部·出镇》元和二年十月的诏敕，武元衡被任命为"兼判户部侍郎事"。在宰相兼判的情况下，可以认为宰相作为户部尚书或户部侍郎来指挥户部曹。因此，直到元和初期，判户部的事例似乎只是零星可见，并未在制度上固定下来。

然而，最终在元和六年（811）二月李绛成为户部侍郎判本司之后，直到唐末类似事例都不断出现。关于李绛，《资治通鉴》卷二三八胡注云："判本司者判户部职事。唐自中世以后，户部侍郎或判度支，故以判户部为判本司。此二十四司之司也。"毫无疑问，胡三省首次注解判户部曹，是因为他认为判户部实际上成立于这个时期。[35]

正好在元和六年四月，根据户部的上奏，朝廷设立了户部巡官两人，并对下属机构进行了整顿（《唐会要》卷五八"尚书省诸司中·户部侍郎"条、《新唐书》卷四六《百官志》"户部"条）。然后，在元和十三年（818），根据中书门下的上奏，户部、度支、盐铁三司各自都将正月一日到十二月三十日作为一个会计年度，且有义务向中书门下报告各自的收入和经费支出。[36]自此，由户部、度支、盐铁三司构成的中央财政机构得以名副其实地确立。

491

与此同时，宰相府开始得到统筹管理，这为三司使的成立开辟了道路。以户部财政的成立为基础，唐代后期的中央财政在贞元年间得到实质上的确立，而后在元和年间得到了制度上的完善。

虽说户部财政的成立以稳定发放京官俸禄为目的，但如以上史料所述，其财务活动是非常多元化的。在下一小节，我将论述户部财政与掌管业务的特点，并将其与度支财政进行对比。

（三）度支财政和户部财政

三司中，盐铁使的财务范围只包括专卖事业及其收入，除去专卖事业本金的总收入则由度支进行统筹，由此构成了度支的中央财政。[37]因此，唐代后半期的财政可以说基本上被分成了度支盐铁财政与户部财政两类。下面将先对度支财政进行概述。

表 32 是基于多条史料对度支财政内容进行的总结。在时间点上可能会存在不一致甚至错误的地方，但可以据此掌握其大概情况。[38]

度支财政的收入由以下三部分构成：①两税和榷酒钱；②以中央上供份额和专卖收入为主的两税斛斗；③其他（度支抽贯钱等）。两税上供额和专卖收入额都是固定的，共计约 1200 万贯石，占国家总收入的三分之一。经

表 32　度支财政概要

收入：总计约 1200 万贯石	经费支出	
①上供钱物　　　950 余万贯	①军事费用	
·两税、榷酒钱	（a）边军费用	600 万贯石
·专卖收入	·边镇军粮费用	100 万石
②上供斛斗　　　200 余万石	·边军养兵费、装备费	500 万贯石
③其他（度支抽贯钱等）	·其他	
	（b）畿内诸镇军粮	60 万贯
	（c）食出界粮	可变部分
	（d）地方军养兵费填补	
	②京官禄米	70 万石
	③宫廷、祭祀费用	50 万匹
	④宫中、诸司使燃料、饲料等	100 万贯
	⑤中央诸司粮食费	36 万贯
	⑥其他（延资库送纳摊派，和籴等）	

费支出由以下四大类构成：军事费用；京官禄米；宫廷、祭祀费用；中央诸官司运转费用。其中虽以军事费用居多，但正如前文所说，由于"食出界粮"等可变量的存在，经费中的一部分经常发生变动，并持续挤压其他各项费用。因此，度支财政经常收支不平衡，必须从其他财政官司和地方经费中获取补贴，比如宪宗时期多有从内库获取军费补贴的事例。[39] 总而言之，收入以两税上供份额和专卖收入为主，支出则以军事费用、官俸、官厅运营费为主，以上构成了唐代后期度支财政的基本部分。

　　不仅如此，度支在制度上统管所有的两税征收，还对属于地方财政的留使、留州有一定的指导权限。[40]度支是基本的财政官司，它通过财政活动直接与广大社会产生互动。与度支财政相对，户部财政以京官俸禄的稳定发放为设立目标。表33是以上述三种史料为中心，对户部财政内容进行的总结。关于这些内容，除了清木场东（1997c）有所提及以外，至今仍有许多内容尚不清楚。下面让我们对其主要内容加以说明，并思考户部财政的特征。

表 33　户部财政概要

收入		经费支出
①户部除陌钱		①京官俸禄钱　　　616855 贯 404 文
贞元年间	120 万贯	②度支军事经费填补
长庆年间以后	480 万贯	③和籴储备军用（长庆年间以后）
②户部别贮钱		④水旱灾害储备
（a）阙官俸禄		⑤地方官课费填补（京畿周边诸道）
（b）外官抽一分职田（钱）		⑥诸司诸色本钱（充当抽贯五文钱）
（c）内外减员（停）官员俸禄		⑦诸州病坊本金
（d）刺史执刀、司马军事钱		⑧中央官司行政费（纸笔）
（e）其他（无名）		⑨京兆府经费填补
③茶税（榷茶）	50 万贯	⑩其他（延资库送纳摊派）

首先，让我们从收入方面开始思考。根据《册府元龟》，户部成立时，财政收支总额约为每年三百万贯。另外，按照李泌的建议，当初的户部收入分为户部除陌钱和户部别贮钱。其中，户部除陌钱为基本收入，也被叫作抽 493

贯钱，指的是国家向其内部机构及民间支付相关费用时要从每贯钱中扣除二十文钱。[41]虽说自天宝时期起，除陌二十文钱的存在就已为人所知，但在贞元四年（788），它的管理方由度支变为户部，并且在元和九年（814）后变为二十五文，长庆元年（821）后变为八十文，[42]与当初户部的除陌钱相比增长到四倍，所以比起贞元时期的规模，长庆时期以后的户部财政总额应颇有增长。根据裴延龄的上奏，"天下每年出入钱物，新陈相因，常不减六七千万贯"（《旧唐书》卷一三五《裴延龄传》），由此，若将国家财政的每年收支总额定为六千万贯，则贞元时期的户部除陌总额为每年一百二十万贯，元和九年时为一百五十万贯，长庆时期以后为四百八十万贯。在此基础上再加上户部别贮钱和茶税收入，则长庆时期以后的户部财政总额为六百万贯到七百万贯，即与一开始相比增长了约一倍。

作为收入的第二个部分，户部别贮钱由以下三部分组成：因职位空缺和定员减少而余出的官僚金钱俸禄（阙官俸禄）、地方官津贴、从职田钱中先行扣除的三分之一金额。其中职田钱是地方官俸禄的一部分。[43]

494 元和六年（811），户部侍郎李绛上奏："今天下州县，皆有户部阙官俸料、职田禄粟。见在计有三百余万石。"（《李相国论事集》卷五《论户部阙斛斗》）也就是说，元和六年，全国累积现粮有三百多万石。作为旧例，各道监院受命贩卖这些粮食，所得收益用于购买丝绸并将其上缴给户部。但是，由于巡院及道、州的官吏贪污横行，所以李绛提议将其存储在各个州县，由各道的一名观察判官和各州的录事参军专门掌管，以备援助地方财政或灾时赈恤农民。此提议获得批准，之后成为一般法（同上书《论户部阙斛斗》）。

由此可知，户部财政的收入并不是直接从社会征收的，而是由各官司、官僚的收入，尤其是对度支财政的再分配构成的。换句话说，度支使、盐铁使通过两税和专卖从社会征收剩余生产物，与此相对，户部财政的财源是度支所收取剩余生产物中的再分配部分。户部财政的收入特点在于它与社会基本不产生任何关系。

户部收入的第三部分是茶税（榷茶）。茶税是根据贞元九年（793）盐铁使张滂的上奏而设立的，一开始由户部负责，当初施行的茶税金额为四十万贯至五十万贯。[44]后在文宗太和九年（835）发生了变化，根据开成五年（840）九月的诏敕，从会昌元年（841）开始直到唐末都由盐铁使来管理茶税。[45]茶的专卖收入与农民有直接关系，作为户部收入来说，这虽是一个特例，但它从设立之初起就是为地方的水旱灾害而储备的。虽不知这一目的的实际达成情况如何，但作为一项与农民社会再生产相关的财源，应该对其加以关注。

495 如上所述，户部的财政总额最初是 300 万贯，长庆时期以后为 600 万贯到 700 万贯。这相当于国家财政总收入的 10% 到 20%。此外，户部财政主要转送给中央，存储在户部别库中。[46]由这一点可知，它的规模相当于 1200 万贯度支财政（上供份额）的 30% 至 50%，说是"国计赖焉"也不为过（《册府元龟》）。

下面转向经费支出方面。根据《册府元龟》，户部费用分为主用和他用。主用自然指六十多万贯的京官俸禄。至于他用，《册府元龟》提到了度支军事费用的填补和京兆府地区和籴的经费支出。[47]

说到和籴，从表 34 可以看出，长庆四年（824）以后，不仅京兆府地区，其他地方的和籴也由户部代替度支进行全面管理。这可能是因为长庆元年（821）除陌钱从二十五文改为八十文，户部财政大幅增加。正如百姓赵光奇向德宗的诉告和白居易所指出的那样，和籴、折籴造成的低价收购乃至无偿征收，给农民造成了极其严重的影响，这一问题不仅限于京兆府地区。[48]如上所述，元和六年（811）四月后，户部以下设置了两名巡官。根据杜牧的记述，赵元方出任户部和籴巡官（《樊川文集》卷一九记载，"赵元方除户部和籴巡官……等制"），由此可知，和籴在户部财政中的位置颇为重要。

表 34　和籴、折籴（《册府元龟》卷五〇二）　　　　　496

年月	主管	记事
大历八年十一月	度支	江淮转运三十万石米价并脚价，充关内和籴
大历九年五月	度支、盐铁	度支七十万贯、转运使五十万贯充和籴
兴元元年闰十一月	度支	淮南、浙东、浙西和籴三十万石至五十万石
贞元二年十月	度支奏上	京兆、河南、河中、同、华、陕、虢、晋、绛、鄜、坊、丹、延等州府，折籴粟麦，所在储积，以备军食。自是每岁行之，以赡军国
贞元二年十一月	度支奏上	京兆明年两税二十二万四千贯，度支十七万六千贯，收杂五十万石
贞元三年闰五月	度支奏上	河南、河中、同、华、陕、虢、晋、绛、鄜、坊、丹、延等州府夏税三十万贯，折籴粟
贞元八年十月	度支	增价和籴，以实边储，凡积米三十三万石
贞元十六年十月	京兆府	今年和籴百万数内，宜减三十万
元和七年七月	度支奏上	诸州和籴贮粟凡一百六十万石
元和八年九月	度支奏上	折籴同、华等八州府三十七万石、京兆二十五万石（户部填补）
长庆元年三月	度支	勒停京西、京北和籴使
长庆四年七月	户部	宜令户部应给百官俸料，其中一半合给匹段者，回给官中所籴，每斗折钱五十文，至冬籴粟，填纳太仓
长庆四年八月	户部	关内、关东折籴一百五十万石，用备饥歉

年月	主管	记事
宝历元年八月	度支	两畿、凤州……河中、陕州、河阳等道,共和籴折籴聚二百万石,以大稔故也
宝历元年十二月	户部	河东、振武,博籴米十二万石,搬送灵武收贮
大和四年七月	户部	内出绫绢三十万匹,付户部充和籴
开成元年十月	户部	请和籴一百万石
开成三年九月	户部	诏令户部,差官京西、东都、河中,共籴粟六十万石,各于当处收贮,以备水旱
咸通九年八月	户部奏上	委户部,自此择人,深须峻法,稍循前弊,必罪所司

关于其他费用,政府还需要为储备应灾、支持病坊运作等支出一部分经费,以保障农民的社会再生产。[49]一直到唐代中期,保险性经费都由庞大的地方储备组成,后期则开始转由户部财政承担。

497　户部财政收支具有一项显著特征,即收入项目和经费支出项目分别对应不同的目的。以户部除陌钱来填补京官俸禄,这是户部财政成立的原因,由此来看这一特征的出现理所当然。但此外,元和九年(814),为充当食利(公廨)本钱,每缗除陌钱增垫五文,并且作为应灾储备,新设了茶税、阙官俸禄、抽一分职田和阙官职田禄米。以上各项均是根据不同目的而设立的,因此可以看出户部财政本就以收支均衡作为运转前提。在达成收支均衡的基础上，户部财政还有另一项作用，即对成立时多达200万贯的储备做进一步扩充，以及支援弹性极大的度支财政。贞元十九年（803）六月发生了饥荒，给事中许孟容以填补京兆府费用为目的进行上疏，一语道破了度支财政与户部财政的关系：

> 户部所收掌钱，非度支岁计，本防缓急别用。今此歉旱，直支一百余万贯，代京兆百姓一年差科，实陛下巍巍睿谋，天下鼓舞歌扬者也。
>
> （《唐会要》卷五四"省号上·给事中"条）

由此看来，应灾储备是户部财政设立的另一个重要目的，即所谓保险性经费。虽然其实际效果无从得知，但自律令制成立以来，户部作为中央财政官司，一直与农民的社会再生产有密切的关系，户部在这一传统下长期维持着三年的财政储备。在十分重视传统观念的中国，户部财政作为一种意识形态装置，在巩固唐朝统治的正当性上应颇具效果。

除上述财务运营外，户部（曹）还掌管着与此相关的重要业务。首先是户籍编成，这是对律令制时期业务的直接继承。但是，天宝时期以后，并没有进行过准确 498

的户口调查，贞元四年（788）正月德宗的诏书和元和十五年（820）正月穆宗的即位诏敕都指出了这一点。这些史料还指出，户籍作为两税征收的前提，应该每隔三年进行一次编订。[50]而后，敬宗长庆四年（824）三月制敕记载：

> 三月，制曰："自今已后，州府所申户帐及垦田顷亩，宜据见征税案为定，申省后，户部类会，具单数闻奏。仍敕五年一定税。……"
>
> （《册府元龟》卷四八八《邦计部·赋税二》）

由此可知，每五年进行一次户籍编审和两税额裁定，此后这一方式持续了整个唐代。[51]两税征收作为度支财政的基本财源，是由户部对户籍的编审以及对耕种（占有）面积的确定来实现的。

其次应该指出的是，户部对常平义仓的统管。关于常平义仓，船越泰次对其实际情况有专门论述。[52]常平义仓是为应对灾害而在州县储备谷物的制度，由各州的录事参军主管。户部的职责是接受录事参军的汇报，在中央进行统管和指导。[53]即使从上述经费的构成来看，户部在中央层面统管和指导常平义仓也是正常的。

最后应指出的是，户部掌管了三川的盐铁、转运业

务，三川指山南西道、剑南东川和剑南西川。众所周知，
盐铁使和度支使分别掌管东南江淮地区和西北地区的专卖
和转运业务，但并未有人指出过户部分掌三川地区一事。
《唐会要》卷八七"转运盐铁总叙"条的记载如下：

499

> 八年诏，东南两税财赋，自河南江淮岭南山南东
> 道至渭桥，以户部侍郎张滂主之。河东剑南山南西
> 道，以户部尚书度支使班宏主之。今户部所领三川盐
> 铁转运，自此始也。

这里的"今"即大中七年（853）十月，处于崔铉编
撰四十卷《续会要》的时期。[54]河东道、剑南道、山南西道
的盐铁、转运业务由度支使统领，我认为，以贞元八年
（792）的诏敕为契机，其中三川地区在后来的某个时期转
由户部管理。[55]对于度支和户部在三川地区专卖和转运业务
的分管情况，应在今后做详细研究。无论如何，从这一记
载中可以看出，自贞元四年设立户部除陌钱后，整个贞元
年间，户部的财政和业务管理状况得到了迅速完善。[56]

以上通过与度支财政的对比，概述了户部财政的实际
情况。户部财政自贞元四年成立开始，就与度支财政有紧
密联系，并以之为基础而得以完善。在收入和经费支出两
方面，如果将度支视为国家财政运转的基本部门，那么户

部就是第二财政部门。户部将度支使、盐铁使征收剩余生产物的再分配部分作为财源，保证农民的社会再生产，支援那些度支财政无法覆盖到的方面，并通过多达200万贯的储备来维持中央财政的收支平衡。

结语

500 　　作为总结，下面将以中央财政为中心，一边回顾上述考察，一边阐明唐代后期财政的整体特征，并对宋代的情况进行展望。

　　唐代后期中央财政采用多元化的运作方式，主要是通过四所官司及其下属财库来实现的，它们分别为：①度支使、盐铁使—左藏库；②户部—户部别库；③延资库使—延资库；④皇帝（宦官）—内库。度支是基本的财政部门，户部作为第二财政部门辅助度支，国家财政在这两个官司的活动下得以运转。为避免军费膨胀导致财政破产，在度支与户部的供应下，成立了专门的军费储备财库，即没有独立财政基础的延资库。内库是皇帝的家政机构，它以度支的供应和地方藩镇的进贡等为财源，在维持中央财政的均衡方面起了重要作用，经常填补度支财政。总而言之，唐代后期的中央财政是以度支财政为运转中心的，为保障其顺利运转，会依照形势变化设立其他财务机构来进行援助。接下来，我将以这些财政机构之间的关系为中心，尝试对唐代后期财政史进行时期划分，并简单考察其对宋代财政的影响。

唐代后期的财政发展可以分为三个时期。开元、天宝年间至大历十四年（779）为第一个时期。玄宗在位时设置了琼林库、大盈库，内库随之膨胀。安史之乱不久后的至德元年（756），国家财政开始由内库统管。[57]这是内库统领国库的时代。

第二个时期是从建中元年（780）到大中末年（859），其间又以崔铉编修四十卷《续会要》的大中七年（853）作为分节点。大历十四年，国家财政再次被归入度支—左藏库，国库与内库分离。[58]次年即建中元年，两税法颁行，政府每年收入为 3600 万贯石，其中固定向中央上供 1200 万贯石，财政基础因此得以确立。贞元四年（788），户部财政作为第二财政部门得以成立。在度支使、盐铁使、户部三司的作用下，财政运转步入正轨。元和十三年（818），三司向中书门下汇报财政情况的制度成立，三司分掌制度名副其实地确立下来。这一体制至少顺利地维持到了大中年间。

军费和官员俸禄占了唐代后期财政经费的九成，尤其是最多达百万名士兵的薪水给这一时期的财政带来了巨大压力，成为重大的政治课题。当度支财政紧张时，有户部

501

财政填补，另外有内库提供援助。宪宗时期，内库填补财政最为频繁，这也是第二个时期的高峰。此外，为了能对军费中的边境军费进行独立调配，设置了备边库。备边库在会昌五年（845）成立之初由度支郎中主管，但大中三年（849）被改名为延资库后，次年变为由宰相一人主管。延资库的财源由度支、户部以及各道助军钱供应，但由于延资库没有自己独立的财政基础，所以一直因除陌钱的分配问题而与户部处于紧张关系之中。大中十二年（858）后，户部的拖欠愈加严重，在咸通五年（864）至咸通八年（867）间这种紧张关系达到了顶峰，[59]体现了户部财政状况的恶化。

咸通年间（860—874）至唐朝灭亡（907）是第三个时期。由于持续内战，咸通以后大部分赋税都没有上供，国库几近枯竭。[60]光启元年（885），度支只能依靠京畿、同州、华州、凤翔等数州的租税，国家财政彻底破产。[61]即使在这一时期，度支、盐铁、户部三司也多次出现于史料中，因此可以确认其存在，但国家财政只能通过进贡给内库的财源勉强维持。

502 在第三个时期，唐朝财政崩溃，与其说是由于财政运转体制特有的内部矛盾而破产，不如说是咸通以后外部因素的缘故，即各种叛乱以及伴随而来的漕运衰败。因此，即使进入宋代，第二个时期的财务运作体制也基本被继承了下来。到五代时期，三司进一步由宰相府统管。租庸使设立后，后唐明宗长兴元年（930）三司使成立，度支、盐铁、户部三司作为其组成部分得到了统一运作。[62]此后直到北宋元丰官制改革为止，三司使—左藏库、皇帝—内藏库的体制一直是国家财政的基础（梅原郁，1971）。

从开元、天宝时期到唐末，唐朝财政制度和财务运作经历了上述变迁。而贯穿这一变迁过程，导致其必然发生的因素是以养兵费用为中心的军费上涨。军费的增加绝不仅是持续内战的结果，其原因还在于这一时期农民对土地的实质私有化过程、农民与士兵间分工关系的成立，以及随之出现的新型社会结构。自那以后，在整个宋代，约百万名专职士兵从农民中分离，依靠农民的剩余劳动供养。新的社会形态需要新的财务运作，贞元、元和时期（8世纪末9世纪初）尤其值得注意，那正是新型财务运作方式的形成时期，也是宋代以后国家财政框架的定型时期。

注　释

1. Twitchett，D. C.（1970：97—231）对唐代财政史进行时代划分，分为第一期（618—720）、第二期（720—755）和第三期（756年至唐末），这是以安史之乱为重要节点的时代划分。不可否认，在导致帝国解体的政治进程中，安史之乱有划时代的意义，但从财政史角度来看，两税法的成立更具划时代性。

2. 关于一天两升粮食，《唐六典》卷一九"太仓署"条记载："给公粮者，皆承尚书省符。"其下注释曰："丁男日给米二升，盐二勺五撮。妻妾老男小则减之。"这可能是其依据。

3. 《新唐书·食货志》的记述来源于《汉书》卷二四《食货志上》李悝"尽地力之教"："今一夫挟五口，治田百亩，岁收亩一石半，为粟百五十石。除十一之税十五石，余百三十五石。食。人月一石半，五人终岁为粟九十石，余有四十五石。石三十，为钱千三百五十。除社闾尝新春秋之祠，用钱三百，余千五十。衣。人率用钱三百，五人终岁用千五百，不足四百五十。不幸疾病死丧之费，及上赋敛，又未与此。"粮食费用和衣料费用的比例可看作9：5。

4. 关于天宝时期的财政分析，参照滨口重国（1966k）、清木场东（1996）「序論」。

5. 参阅渡边信一郎（1994）第六章「仁孝——六朝隋唐期の社会救済論」。

6. 垂拱四年（688），户部侍郎从一人增加为两人，又在神龙元年（705）改为一人，神龙二年至唐末又采取两人体制，说明以武则天时期为界，财政问题变得重要起来（《通典》卷二三《职官五·户部尚书》、《唐会要》卷五八"尚书省诸司中·户部侍郎"条）。

7. 如《韩昌黎先生集》第四十《论变盐法事宜状》中有明确记载："臣今通计，所在百姓，贫多富少。除城郭外，有见钱籴盐者，十无二三。多用杂物及米谷博易。盐商利归于己，无物不取……"都市外几乎不见铸币流通。元和十六年后，两税全部改为布帛谷物等实物征收（《唐会要》卷八四"租税下"条元和十五年八月中书门下奏文）。另外，虽然历史评价不同，也可参阅松井秀一（1967）。

8. 计算得出的经费组成如下。①宫廷、祭祀费用等总计1700万，其中送纳两京库的折充绢布为300万，入两京布绢绵为1400

万，其中有相当大的数额被用于储备。②军费采用表 29 和表 30 的天宝时期每年军费，约为 1300 万。从总经费 5400 万中减去以上两项，剩余 2400 万。这剩下的 2400 万只有储备于当州仓的 810 万（从表 29 和表 30 可知，各道节度使的 1000 万中军粮份额为 190 万，剩下 810 万均储备于当州仓）成为④储蓄。但据表 28，正租、和籴中有相当大的部分都储存于正仓、常平仓，因此收入的约 1200 万地税（义仓米）可以看作储备总额，剩下的 2100 万则为③官俸（回充米豆 300 万，回造米 400 万，留当州 500 万，各道州官课料 140 万，总计 1340 万，与此项目相当，但是其中也有京仓、递粮、市驿马等储备和军费）。

9. 《通典》卷二六《职官八·太府卿》："凡天下仓廪，和籴者为常平仓，正租为正仓，地子为义仓。（天宝八年通计天下仓粮屯收并和籴等见数，凡一亿九千六百六万二千二百二十石。）"其数额大大增加。

10. 关于这一点，参阅トゥィチェット，D. C.（1965）。

11. 参阅大津透（2006）。

12. 本章注释 4 清木场东（1996）也有提及。

13. 关于表 31a，也可参阅日野开三郎（1982）。

表 31b 的收入数值出处如下：①两税（《资治通鉴》卷二二六建中元年条）；②盐利 900 万贯（《通典》卷一〇《食货十·盐铁》原注），盐铁使约 700 万贯（《唐会要》卷八七"转运盐铁总叙"条），度支盐池 100 万贯（《唐会要》卷八八"盐铁使"条）；③榷酒（《唐书》卷五四《食货志四》）；④铸钱（《资治通鉴》卷二四二长庆元年条）。

14. 参阅渡边信一郎（1986）第七章「小结——中国古代農村の社会構成」。

15. 关于盐专卖，有妹尾达彦（1980，1982a，1982b）。除专卖外，地方官的非法剥夺，以及羡余钱物进奉内库的做法都造成了巨大的社会问题，但由于这些不属于本章课题，所以省略。

16. 关于度支使、盐铁使巡院的研究有高桥继男（1973，1978）。另外也可参阅本章注释 15 妹尾达彦的论文。

17. 《旧唐书》卷一二《德宗本纪下》建中四年六月条：“凡诸道之军出境，仰给于度支，谓之食出界粮。月费钱百三十万贯。判度支赵赞巧法聚敛，终不能给。”同上书《德宗本纪下》建中三年四月条：“判度支杜佑曰：‘今诸道用兵，月费度支钱一百余万贯。若获五百万贯，才可支给数月。’”这表明，这一时期的度支军事经费仅“食出界粮”就多于一千万贯。另外，根据圆仁的记述，会昌三年（843）刘丛简叛乱时，国家动员了五万士兵，每天需要二十万贯军费（《人唐求法巡礼行记》卷四会昌三年九月二十二日条）。这些史料表明了军费增长的原委，值得关注。

18. 《册府元龟》卷四八六《邦计部·户籍》载：“开成二年正月，户部侍郎判度支王彦威进所撰供军图。其表略曰：‘……长庆户口凡三百三十五万，而兵额又约九十九万。通计三户资奉一兵。今计天下租赋，一岁所入，总不过三千五百余万。而上供之数，三之一焉。三分之中，二给衣赐。自留州使兵士衣食之外，其余四十万众。仰给度支。……’”

19. 《册府元龟》卷五一一《邦计部·诬谰》记载：“贞元十三年三月，［苏］介奏：诸道州府，各遭旱损。其诸州府有贞元八年已前，见贮米麦斛斗三百八十万石，请各委州府借贷。今秋成熟后，依本数却纳。可之。舆议以其米麦等，多散在百姓间，岁月已久，人户流亡，无从征得。矧此奏，但为虚妄耳。”虽然没有关于贞元九年以后四年间储备的记载，但即使现存谷物也被民间借贷，无法征收，可知当时的储备状况。

20. 《旧唐书》卷一四《顺宗本纪》贞元二十一年（永贞元年）七月条载：“甲子。度支使杜佑奏：‘太仓见米八十万石，贮来十五年，东渭桥米四十五万石，支诸军，皆不悦。……’”另外，据太和九年（835）正月甲戌中书门下奏文，当时太仓存有 2600854 石，同年七月乙巳户部尚书判度支王播奏文：“东渭桥每年北仓收贮漕运糙米一万石，以备水旱。今累年计贮三十万石。请以今年所运者换之。"（《册府元龟》卷四八四《邦计部·经费》）之后储备量虽有一定增长，但是两仓相加也不过三百万石左右。关于东渭桥仓，参阅爱宕元（1986）。关于太仓，参阅砺波护（1980）。

506

21. 参阅室永芳三（1969）、中村裕一（1971）。

22. 《资治通鉴》卷二四八会昌五年九月条："李德裕请置备边库，令户部岁入钱帛十二万缗匹，度支盐铁岁入钱帛十二万缗匹。明年减其三之一。凡诸道所进助军财货皆入焉。以度支郎中判之。"

23. 《唐语林》卷三《赏誉》："懿宗尝行经延资库，见广厦钱帛山积。问左右，谁为库。侍臣对曰：'宰相李德裕以天下每岁度支备用之余，尽实于此。自是以来，边庭有急，支备无乏。'"

24. 例如，据蔡襄《蔡忠惠公文集》卷一八《论兵十事》，治平元年（1064），总支出100399449贯（匹、石、束）中军费为69514502贯（匹、石、束）（约占70%）。当时，禁军有632339人，厢军有488193人，禁军的养兵费每人每年50贯，厢军每人每年30贯，总计养兵费46262740贯。约7000万贯军费中，养兵费约为5000万贯（占70%）。可知唐代以后，军费、养兵费一直有增加的倾向。

25. 关于向募兵制的转变开始于何时，参阅本书第十一章，以及砺波护（1986）。经典研究有滨口重国（1966），其中并未提及过渡的内在原因，但举出了几个外在原因：①纲纪颓废；②富家、奸人的逃役；③均田法的崩坏；④军镇的增加。

26. 官健（健儿）和团练兵的工资内容不同。如《唐会要》卷七八《诸使杂录上》："大历十二年（777）五月十日，中书门下状奏：'……兵士量险隘召募，谓之健儿。给春冬衣，并家口粮。当上百姓，名曰团练。春秋归，冬夏迫集。日给一身粮及酱菜。……'"

27. 参阅渡边信一郎（1986）第六章「唐宋変革期における農業構造の発展と下級官人層」。

中国古代的财政与国家

28. 参阅砺波护（1986）。

29. 其他可参阅《唐会要》卷五八"尚书省诸司中·户部侍郎"
    条："苏氏驳曰：'故事，度支案，郎中判入。员外郎判出。侍
    郎总统押案而已。'"

30. 《唐会要》卷八七"转运盐铁总叙"条："元和二年三月，以
    李巽代之。……又奏，江淮河南峡内兖郓岭南盐法监院，去年
    收盐价缗钱七百二十七万。比旧法张其估二千七百八十余万。
    非实数也。今请以其数，除为煮盐之外，付度支收其数。盐铁
    使煮盐利系度支，自此始也。"

31. 《册府元龟》卷四九一《邦计部·蠲复三》："初建中末，国家
    多难。诸道咸加诏将士，赴国难。两税外，别征资粮以给之。
    及复京师，悉罢归农。去岁，宰相李泌请自贞元二年已后，迫
    收其资费，纳于户部，谓之诸道减将士钱。乃遣度支员外郎元
    友直，巡州府搜察之。既而税输钱米百余万，人力殚竭，殆不
    堪命。使臣多恳诉。帝濡然而悟，特诏免之。"皇帝下达这份
    诏书，废除"诸道减将士钱"是在贞元四年九月（《册府元
    龟》同卷同条）。根据李泌上奏可知，贞元二年后约百万贯
    "诸道减将士钱"成为户部财源。贞元四年二月，其时户部的
    重要财源"诸道减将士钱"也从三种史料中消失了。《新唐
    书》也不能说是准确的。

    另外，当时户部财源中的刺史执刀钱在贞元九年由于王栩上奏
    而被废除，军事资粮从此由户部管理。《册府元龟》卷四八四
    《邦计部·经费》："九年五月，福建观察使福州刺史王栩奏：
    '诸州并设军额，防虞役使，更置执刀，甚为烦费。……'制
    曰：'可。其资粮，二年后，令户部，准停减例收管。诸州府
    执刀，亦宜省罢。其资粮，委户部征收。'"此资粮与"诸道
    减将士钱"的资粮是不同的东西。

32. 户部财政—京官俸禄的决策过程如下：①贞元三年六月宰相李
    泌建议（《唐会要·内外官料钱上》），同年十月二八日敕许；
    ②贞元四年正月，中书门下根据①奏文建议，改定在京文武官

员和京兆府县官 3077 人俸禄为 616855 贯 404 文，敕许（《册府元龟》卷五〇六《邦计部·俸禄二》）；③同二月二日诏敕，用除陌钱支付京官俸禄。《册府元龟》卷五〇六《邦计部·俸禄二》明确记载，中书门下奏文是通过贞元三年十一月二十八日的敕许形成的，可以想见李泌在此前后又有建言。

33. 《册府元龟》卷五〇六《邦计部·俸禄二》具体记载了官员俸禄的修订案，总计 616855 贯 404 文，限于篇幅此处不再引用。同《册府元龟》记载京师俸禄为 50 万贯，这里省略了京兆府县官的俸禄。另外，关于京官俸禄问题和户部的联系，清木场东（1997c）有详细分析。 508

34. 《资治通鉴》卷二三二贞元二年正月条："［崔］造久在江外，疾钱谷诸使罔上之弊。奏罢水陆运使、度支巡院、江淮转运使等，诸道租赋，悉委观察使、刺史，遣官部送诣京师。令宰相，分判尚书六曹，齐映判兵部，李勉判刑部，刘滋判吏部、礼部，造判户部、工部。又以户部侍郎元琇判诸道盐铁榷酒，吉中孚判度支两税。"

35. 关于《资治通鉴》卷二四九大中十年（856）九月条的户部侍郎判户部刘颢，胡三省有以下注释："唐自中世以后，天下财赋，皆属户部、度支、盐铁，率以它官分判。户部侍郎判户部，乃得知户部一司钱货谷帛出入之事。"可以说是得其要旨的叙述。

36. 《唐会要》卷五八"尚书省诸司中·户部侍郎"条："十三年十月，中书门下奏，户部度支盐铁三司钱物，皆系国用。至于给纳，事合分明。比来因循，都不剖析。岁终会计，无以准绳。盖缘根本未有纲条，所以名数易为盈缩。伏请起自今以后，每年终，各令具本司每年正月一日至十二月三十日所入钱数，及所用数，分为两状，入来年二月内闻奏。并牒中书门下。……户部出纳，亦约此为例。条制既定，亦绝隐欺。如可施行，望为常典。从之。"

37. 参阅本章注释 30。具体见《册府元龟》卷四九三《邦计部·

山泽一》："［元和］四年二月，诸道盐铁转运使李巽奏：'江
淮河南河内兖郓岭南盐法监院，元和三年，粜盐都收价钱七百
二十七万八千一百六十贯。比量未改法已前旧盐利，总约时价
四倍。加抬计成虚钱一千七百八十一万五千八百七贯。贞元二
年，收粜盐虚钱六百五十九万六千贯。永贞元年，收粜盐虚钱
七百五十三万一百贯。元和元年，收粜盐虚钱一千一百二十八
万贯。二年，收粜盐虚钱一千三百五万七千三百贯。三年，收
粜盐虚钱一千七百八十一万五千一百贯。谨具累年粜盐比类钱
数，具所收钱，除准旧例充盐本外，伏请付度支收
管。'从之。"

38. 表 32 的数值出处如下：

首先，收入的①②参阅表 31a 的上供部分。关于③其他，除了
户部、内库的填补，度支曾于会昌废佛时收管废弃的铜像
（《唐会要》卷四九"杂录"条昌五年七月中书门下奏文）。

关于经费支出①（a）边军费用 600 万贯石，《陆宣公翰苑集》
卷一九《论缘边守备事宜状》云："……朝廷莫之省察，惟务
征发益师，无裨备御之功，重增供亿之弊。闾井日耗，征求日
繁，以编户倾家破产之资，兼有司榷盐税酒之利，总其所入，
半以事边，制用若斯，可谓财匮于兵众矣。"从上述情形来看，
可认为边军费用是度支上供份额约 1200 万贯石的一半。关于
其中的边镇军粮费用，《陆宣公翰苑集》卷一八《请减京东水
运收脚价于沿州镇储蓄军粮事宜状》记载："今陛下广征甲兵，
分守城镇。除所在营田税亩自供之外，仰给于度支者，尚八九
万人。……总计贮备粟一百三十五万石。是十一万二千五百人
一年之粮。来秋若遇顺成，又可更致百余万石。"剩下约 500
万贯石，包括养兵费、装备费等。

关于①（b）畿内诸镇军粮，《册府元龟》卷四八四《邦计
部·经费》记载："［开成元年］二月，度支奏：'每年供诸司
并畿内诸镇军粮等，计粟麦一百六十余万石。约以钱九十六万
六千余贯籴之。……今请度支贵籴钱五十万贯，送京兆府，充

509

百姓一年两税。勒二十三县代缗输粟八十万石、小麦二十万石，充度支诸色军粮，则开成三年以后，似每岁放百姓一半税钱。又省度支钱一十万贯。……'"可知一百六十多万石中一百万石（大约六十万贯）是畿内诸镇军粮，剩下六十万石（约三十六万贯）是中央诸司粮食费。

关于①（c）食出界粮，参阅本章第二节。

关于①（d）地方军养兵费填补，本章注释18《册府元龟》卷四八六《邦计部·户籍》王彦威《供军图》指出，九十九万总兵费中，四十万地方军费由度支提供。因为四十万名士兵中有近十万名是边州镇兵，所以剩下三十万名应是内地镇兵。虽不知具体数值，但可以确定其数额很大。

关于②京官禄米，《通典》卷三五《职官十七·职田公廨田》原注："自大历以来，关中匮竭。时物腾贵，内官不给。乃减外官职田三分之一，以给京官俸。每岁通计给文武正员外官，及内侍省闲厩五坊南北衙宿卫，并教坊内人家粮等，凡给米七十万石。"虽然其中混杂着禄米以外的东西，但可以得到大概数目。根据《唐会要》卷九〇"内外官禄"条，"贞元七年十二月敕，郡主婿授检校四品京官，户部每月给料钱三十贯文，度支给禄粟一百二十石。县主婿检校五品京官，户部每月给料钱一十贯文，度支给禄粟一百石"，可知这种禄米在户部财政成立后也由度支负担。京官俸禄由户部分担支付，禄米由度支分担支付。

关于③宫廷、祭祀费用，目前尚不知其具体情况。建中元年（780）国库和内库完全分离时，每年由国库向内库支出三十万匹至五十万匹（参阅本章注释57《资治通鉴》及注释21中村的论文）。另外，《陆宣公翰苑集》卷二《冬至大礼大赦制》（贞元元年十一月）记载："辇谷之下，四方会同，供应既多，难为准定。急赋繁役，人何以堪。宜令京兆尹，与度支计会。长安、万年两县，每季各先贮备钱五千贯文，于县库收纳，定清干官专知。应缘卒须别索，及杂供拟，并工匠等，县令与

510

专知官，先对给价钱，季终之后，申度支勘会。"可知每年供给京兆府四万贯，以填补宫中需要。还有《唐会要》卷二九"追赏"条："［贞元］四年九月二日敕，正月晦日、三月三日、九月九日，前件三节日，宜任文武百僚，择地追赏为乐。每节宰相以下及常参官，共赐钱五百贯。翰林学士，共赐钱一百贯。……各省诸道奏事官，共赐钱一百贯，委度支，每节前五日，准此数支付。仍从本年九月九日起给，永为定制。"每逢节日有百官赏赐。宫廷费用主要由内库承担。

关于④宫中、诸司使燃料、饲料等，《陆宣公翰苑集》卷二一《论裴延龄奸蠹书》载："度支应给宫内及诸司使刍槁薪炭等，除税草之外，余并市供。所用既多，恒须贮备。……臣愚以谓，若斯之流，不过岁费国家百万缗钱。"

关于⑤中央诸司粮食费，参阅①（b）畿内诸镇军粮条。

关于⑥其他（延资库送纳摊派、和籴等），会与户部一起论述。此外，在发生灾害时度支还会进行救济。参阅《册府元龟》卷一〇六《帝王部·惠民二》贞元七年十二月诏，同卷贞元十四年六月庚寅诏，《文苑英华》卷四三六《赈救诸道百姓德音》（太和九年三月二十二日）等。

度支财政中还有存储于地方的属省钱物，且与留使、留州等地方财政区分开来。这些财物储备在巡院和州府，成为其他地方活动的财源。关于属省钱物，参阅日野开三郎（1982）第二部第三章「藩镇体制下における唐朝の振興と両税上供」。

39. 以地方经费填补为例，《册府元龟》卷四八四《邦计部·经费》记载："［元和］十五年五月壬寅朔癸卯，诏曰：'比缘用兵岁久，初息干戈。百役所资，国用多阙。……自今已后，应内外支用钱，宜于天下收两税盐利榷酒税茶及职掌人课料等钱，并每贯除旧垫陌外，量抽五十文，委本道本司本使，据数逐季计。其诸道钱使差纲部送，并付度支收管。……'"

40. 从建中元年两税法施行诏中记载的"尚书度支总统焉"（《旧唐书》卷四八《食货志上》）可知，度支负责两税法的整体实行。关于指挥权限，如《唐会要》卷六八"刺史上"条载："元和二年正月，制度支，如刺史于留州数内，妄有减削，及非理破使，委观察使，风闻按举，必当料加量贬，以戒列城。"

41. 关于唐代除陌钱，陈明光（1984）对迄今为止错综复杂的见解进行了整理，给出了清晰的阐述。陈明光将除陌分为三类：①建中四年赵赞提出的除陌法，以交易税为内容；②政府中外给用钱中的抽贯钱；③短陌（省陌）。关于这篇论文的评价及短陌惯例，可参阅宫泽知之（1998b）。

42. 《唐会要》卷六六"太府寺"条："天宝九载二月十四日，敕，自今以后，面皆以三斤四两为斗。……除陌钱每贯二十文，余面等同。"建中四年（783）赵赞提出除陌法，将其提高到每贯五十文，但第二年（兴元元年）正月除陌钱又被调回二十文，贞元四年改由户部管理。此后，《册府元龟》卷五〇七《邦计部·俸禄三》："［元和］九年八月，诏：'诸司食料钱，缘初令户部，出放已久，散失颇多。须有变通，使其均济。……宜以户部除陌钱，每贯先收二十文，数外更加五文，委户部别收贮。计其所费，逐处支给。'"这时虽然变成二十五文，但其中五文被用作诸司的食利本钱，另外储存了起来。另外《册府元龟》卷五〇一《邦计部·钱币三》："［长庆元年］九月，敕：'……其外内公私给用官钱，从今以后，宜每贯除垫八十，九百二十文成贯，不得更有加除及陌内欠少。'"之后，这一体制一直维持到唐末。元和中期以后，度支也再次恢复除陌钱，长庆元年以后抽贯二十文，户部与度支合计达到百文。

43. 关于户部别贮钱的来历和动向有以下史料。首先是（a）阙官俸禄，见《旧唐书》卷一二三《王绍传》："贞元中，为仓部员外郎。时属兵革旱蝗之后，令户部，收阙官俸兼税茶及诸色无名之钱，以为水旱之备。绍自拜仓部，便准诏主判。及迁户部兵部郎中，皆独司其务。"贞元年间（贞元九年后），阙官俸禄与茶税收入一起充当灾害用储备经费，使用目的变得更加明确。

其次是（b）外官抽一分职田，见《册府元龟》五〇六《邦计部·俸禄二》："［代宗永泰二年］十一月，诏曰：'京诸司官等，自艰难已来，不请禄料。职田苗子，又充军粮。颇闻艰辛，须使均济。其诸州府县官，及折冲府官职田，据苗子多少三分，每年宜取一分，依当处时价，回市轻货。数内破脚，差纲部领，送上都，纳青苗钱库。其阙官职田，据数尽送。'"大历元年（永泰二年，766）以来，为支付京官俸禄而采取了这一措施。《通典》卷三五《职官十七·职田》原注："自大历以来，关中匮竭，时物腾贵，内官不给。乃减外官职田三分之一，以给京官俸。"

另外，《旧唐书》卷一四《宪宗纪上》元和六年（811）条："八月癸亥朔，户部侍郎李绛奏：'诸州阙官职田禄米，及见任官抽一分职田，请所在收贮，以备水旱赈贷。'从之。"可知元和六年以后，外官抽一分职田充当了应灾储备费用。

（d）刺史执刀、司马军事钱，参阅本章注释31。

44. 《唐会要》卷八七"转运盐铁总叙"条："［贞元］九年，张滂奏立税茶法。郡国有茶山，及商贾以茶为利者，委院司分置诸场，立三等时估为价，为什一之税。是岁得缗四十万贯。茶之有税，自滂始也。自后裴延龄专判度支，与盐铁益殊涂而理矣。"《陆宣公翰苑集》卷二二"均节赋税恤百姓"第五条："近者有司奏请税茶，岁约得五十万贯。元敕令贮户部，用救百姓凶饥。"《资治通鉴》卷二三四中这一议论的提出时间为贞元十年五月。

45. 《唐会要》卷八七"转运盐铁总叙"条记载："［文宗太和］九年，……令狐楚以户部尚书右仆射主之。以是年茶法大坏，奏请付州县，而入其租于户部，人人悦焉。开成元年，李石以中书侍郎判收茶法，复贞元制也。"还有同书卷八八"盐铁"条："（开成）五年九月，敕，税茶法，起来年，却付盐铁使收管。"

46. 显然，并不是所有东西都上供了。大多数情况下，阙官俸禄和茶税等收入作为应灾储备被地方储存下来，被用作户部属省钱物。

47. 举个例子，《册府元龟》卷四八四《邦计部·经费》："宝历二年五月辛巳，敕：'如闻，度支近年请诸色支用，常有欠阙。今又诸军诸使衣赐支遣，是时须有方圆，使其济辨。宜量赐绢及绸一万匹，以户部物充。'"

48. 《白氏文集》卷四一《论和籴状》："臣伏见，有司以今年丰熟，请令畿内及诸处和籴，令收贱谷，以利农人。以臣所观，有害无利。何者？凡曰和籴，则官出钱人出谷，两和商量，然后交易也。比来和籴，事则不然。但令府县，散配户人，促立程限，严加征催。苟有稽迟，则被追促。迫蹙鞭挞，甚于税赋。号为和籴，其实害人。倘依前而行，臣故曰有害无利。"

49. 参阅表33经费支出一列。关于①—④已经举了例子。关于⑤地方官课费填补，见《册府元龟》卷五○七《邦计部·俸禄三》："〔元和六年〕闰十一月，敕：'河东、河中、凤翔、易定四道州县久破，俸给至微。吏曹注官，将同北远。在于理体，切要均融。宜以户部钱五万五千贯文，充加四道州县官课料。'"还有《唐会要》卷九二"内外官料钱下"条："会昌元年，中书门下奏，河东、陇州、鄜坊、邠州等道比远官，加给课料。河东等道，或兴王旧邦，或陪京近地。州县之职，人合乐为。只缘俸课寡薄，官同比远。伏准元和六年闰十二月十二日，及元和七年十二月二十日敕，河东、凤翔、鄜坊、易定等道，令户部加给课料钱，共六万二千五百贯文。"另据《册府元龟》卷五○八《邦计部·俸禄四》会昌六年八月敕，夏州、灵武、振武、天德四道的料钱、厨钱、赏设钱、修器械钱由户部供给。

⑥诸司诸色本钱被各官司用作运营本金，各官司用以其所得利润满足食物和行政需求。较早例子见于《册府元龟》卷五○六《邦计部·俸禄二》："〔贞元〕十二年四月，礼部尚书李济运奏：'当司本钱至少，厨食阙绝。请准秘书省大理寺例，取户

部阙职官钱二千贯文，充本收利，以助公厨。'可之。"虽然贞元、元和时期仍可以看到度支支付诸司诸色本钱的记载，但元和九年除陌钱增加五文后，该项转由户部负担（参阅本章注释42）。另《唐会要》卷九三中有由户部支付本钱的史料，如长庆元年二月敕、太和元年十二月殿中省奏文、开成四年六月条、会昌元年六月条以及同二年正月敕等。

关于⑦诸州病坊本金，《唐大诏令集》卷一〇《咸通八年痊复救恤百姓僧尼敕》记载："应州县病坊，贫儿多处，赐米十石。或有少处，即七石五石三石。其病坊据旧敕，各有本利钱，委所在刺史录事参军县令纠勘，兼差有道行僧人专勾当，三年一替。如遇风雪之时，病者不能求丐，即取本坊利钱，市米为粥，均给饥乏。如疾病可救，即与市药理疗。其所用绢米等，且以户部属省钱物充，速具申奏。"

⑧中央官司行政费（纸笔）是由在京官司支付、不同于纸笔钱等补贴的行政经费。

⑨关于京兆府经费填补，《文苑英华》卷四二〇《懿宗大中十三年七月九日嗣登宝位赦文》记载："京兆府今年秋青苗钱，宜每贯量放五百文。所放钱，如是府司占留色目，即委户部，准旧例处数支填。……河南府今年秋青苗钱，宜每贯量放三百文。如是府司占额钱数，亦委户部，准例支填。"关于京兆府、河南府的经费预定份额，按照旧例由户部财源填补。

514 ⑩其他，除延资库送纳摊派二十一万贯（咸通年间264180贯，见本章注释59）以外，建造皇陵的经费也由户部财政填补（参阅《唐大诏令集》卷五《文宗改元大和赦文》、《文苑英华》卷四二〇《懿宗大中十三年七月九日嗣登宝位赦文》）。

50. 《册府元龟》卷四八八《邦计部·赋税二》建中元年二月条记载："时宰相杨炎初定令式，国家有租赋庸调之法。开元中，玄宗修道德，以宽仁为理本。故不为版籍之书，人户浸溢，堤防不禁。丁口转徙，非旧名矣。田亩移换，非旧额矣。贫富升降，非旧第矣。户部徒以空文，总其故书，盖不得当时之实。"

另有《册府元龟》卷四八六《邦计部·户籍》："穆宗以元和十五年正月即位。敕：'天下百姓，自属艰难，弃于乡井。户部版籍，虚系姓名。建中元年以来，改革旧制，悉归两税。法久即弊，奸滥益生。自今以后，宜准例，三年一定两税。非论土著客居，但据资产差率。'"

51. 《册府元龟》卷四八六《邦计部·户籍》："梁太祖开平三年（909），中书侍郎同平章事判户部事于兢奏：'伏乞降诏天下州府，各准旧章，申送户口籍帐。'允之。"

52. 参阅船越泰次（1996）。

53. 《册府元龟》卷五〇二《邦计部·常平》："长庆四年三月，制曰：'义仓之制，其来日久。……宜令诸州录事参军，专主勾当。苟为长吏迫制，即许驿表上闻。考满之日，户部差官交割。如有欠负，与减一选。如欠小者，量加一选。欠数过多，户部奏闻，节级科处。'"同书同卷又说："大中六年四月，户部奏：'天下州府收管常平义仓斛斗，今日已后，如诸道应遭灾荒水旱，便委长吏清强官审勘。如实是水旱处，便任开仓。先贫下不济户给贷。讫，具数分析申奏，并报臣本司。切不得妄给与富豪人户。其所使斛斗，仍仰录事参军，至当年秋熟后，专勾当，据数追收填纳，不令违欠。……'从之。"

54. 《旧唐书》卷一八下《宣宗纪》大中七年条："十月，尚书左仆射门下侍郎平章事太清宫使弘文馆大学士崔铉进《续会要》四十卷。修撰官杨绍复、崔瑑、薛逢、郑言等，赐物有差。"

55. 关于户部巡院的问题，今后再做讨论。本章注释16高桥继男（1978）虽有所指出，但是只论述了归州巡院。

56. 户部其他业务还包括长春宫财务。《旧唐书》卷一七上《敬宗纪》宝历二年（826）九月条："敕户部所管同州长春宫庄宅，宜令内庄宅使管系。"同书同卷《文宗纪》宝历二年十二月条记载："长春宫斛斗诸物，依前户部收管。"其财政管理规模为"见在钱及斗斛丝绵席草等约二十九万七千五百三十余贯石两领束等"（《文苑英华》卷四三九《诛逆人苏佐明德音》开成

515

二年六月八日条），可知相当巨大。另外，与掌管户籍有关，户部对食封也有发言权（《唐会要》卷九〇"缘封杂记"条）。

57. 《资治通鉴》卷二二六大历十四年十二月条："旧制，天下金帛，皆贮于左藏，太府四时上其数，比部覆其出入。及第五琦为度支盐铁使，时京师多豪将，求取无节。琦不能制。乃奏尽贮于大盈内库，使宦官掌之。天子亦以取给为便。故久不出。由是以天下公赋为人君私藏。有司不复得窥其多少，校其赢缩，殆二十年。宦官领其事者三百余员，皆蚕食其中。……上即日下诏：'凡财赋皆归左藏，一用旧式。岁于数中，择精好者三五千匹，进入大盈。'（胡注：考异曰，《德宗实录》作三五十万匹。今从《建中实录》。）"

58. 参照本章注释57。

59. 《旧唐书》卷一九上《懿宗纪》咸通五年七月壬子条："延资库使夏侯孜奏：'盐铁户部先积欠当使咸通四年已前延资库钱绢三百六十九万余贯匹。内户部每年合送钱二十六万四千一百八十万贯匹。从大中十二年至咸通四年九月已前，除纳外，欠一百五十万五千七百一十四万贯匹。当使缘户部积欠数多，先具申奏。请于诸道州府场监院合纳户部所收八十文除陌钱内，割一十五文，属当使自收管。敕令虽行，送纳稽缓。……'"之后围绕是否撤销十五文除陌钱的论战仍在继续，咸通七年（866）九月丁酉，延资库使曹确也进行了同样的上奏。

60. 《资治通鉴》卷二五三僖宗广明元年（880）六月条："虞携、豆卢瑑上言：'大中之末，府库充实。自咸通以来，蛮两陷安南邕管，一入黔中，四犯西川。征兵运粮，天下疲弊，逾十五年，租赋大半，不入京师。三司内库，由兹空竭。……'"

61. 《资治通鉴》卷二五六僖宗光启元年闰三月条："是时藩镇各专租税，河南北江准，无复上供。三司转运，无调发之所。度支惟收京畿同华凤翔等数州租税，不能赡。"

62. 关于事情的经过，参阅砺波护（1986）。

第十五章　唐代后期的地方财政

——以州财政与京兆府财政为中心

前言

本章的课题将承接上一章"唐代后期的中央财政"，517意在探明帝国解体以后，唐藩镇体制下再次成为地方财政构成要素的留使钱物和留州钱物的实际情况，把握地方财政的中央集权化过程，进而从财政史的角度重新审视唐宋变革的意义。

综观藩镇体制下的地方财政研究，可以看出，唐宋变革期前后的唐代史研究和宋代史研究采取的是全然不同的研究方法，并且尚未达成共识。目前，有关唐代后期地方财政史研究，日野开三郎起了较大推动作用，佐伯富则在宋代方面有所贡献。日野通过研究两税法的分收制，把有关正税的地方财政作为主要问题。众所周知，随着建中元年（780）两税法的成立，唐代后期农民的剩余生产物先以两税钱物和两税斛斗两种形态被集中到州（船越泰次，1996a），再被分为三个部分，即构成中央财政的上供钱物、构成地方道财政（节度使、观察使等）的送使（留使）钱物和构成地方州财政的留州钱物，且各有定额。日野论述了在中央政府和地方藩镇的政治对立关系中，这种三分制经历的三个时期的变化，即元和四年（809）末的三分制改革、元和十四年（819）兵制改革带来的三分制变化，以及唐末五代时期三分制变革中道财政被抑制的过程。日野由此探明了上供、留使、留州的三分制向上供、留州二分制的转变，使宋代初期藩镇消亡的财政基础逐渐变得明晰。[1]

与此相对，佐伯探寻了宋代地方财政中公使钱的渊源，并阐明其实际情况，由此指出唐代后期到五代时期公廨钱和公使钱的存在。[2] 佐伯列举了唐代的例子，如国子监、御史台这些中央官司，并未直接指出地方财政的源流。但佐伯将公使钱制度的形成理解为君主独裁政治下财政中央集权化的一环，这一视角在阐明唐代后期地方财政上极具启发性。

虽说两人选择的研究对象不同，但唐宋变革时期财政的中央集权化问题是日野和佐伯的共同课题。为了从整体上准确把握这个问题，就必须探讨中央的财政指挥权是如何逐步渗透到地方并集中于中央的，而在此之前，我们先要明确地方财政本身是以怎样的具体结构来运作的。

此外，根据船越泰次（1966b）的研究，元和元年（806）以后常平义仓得到重建，由州府负责其运营。为了全面理解唐代后期地方的财务行政，有必要将常平义仓也纳入考察的范围。

综上所述，为明确唐代后期地方财政的实际情况和财政指挥权的集中过程，不仅需要关注作为两税再分割部分的留使钱物和留州钱物，还要将公廨钱、常平义仓等制度及其相互关系纳入考察范围，探查其财源、经费、收支均衡的真实情况。下面将以唐代后期地方财政的基础——州财政，以及其特殊形态——首都京兆府的财政为对象，对这些课题进行考察。[3]

一　唐代后期的州财政

（一）唐代后期地方财政的规模

在探明唐代后期地方财政的实际情况之前，首先要概述这个时期的地方财政规模。唐代后期的财政中，以两税和专卖为收入来源的部分被定额化，全国大约为 3600 万贯石（钱物 3000 万贯、斛斗 600 万石）。其中三分之一

519

即约 1200 万贯石（钱物 950 万贯、斛斗 200 万石）作为
上供钱物构成中央的度支财政。剩下的三分之二即约
2400 万贯石（钱物 2050 万贯、斛斗 400 万石）作为送使
（留使）钱物和留州钱物构成保留在道和州的地方财政。[4]

　　根据人口、地理条件等要素，各道、州被划分了等
级，其财政规模也依照等级有定额规定。除日野开三郎介
绍的苏州的例子（表 35）以外，财政规模的具体事例都
是极为零碎的记载。[5] 在此，我想以包括苏州在内的浙西
道和剑南西川道为例，概括道、州财政规模的特征。

表 35　苏州岁入、分配［乾符三年（876）《吴地记》］

苏　州	乡	户	两税茶盐酒等钱
吴　县	30	38360	99963 贯 372 文
长洲县	30	23700	98576 贯 576 文
嘉兴县	50	27054	178076 贯 120 文
昆山县	24	13981	109503 贯 738 文
常熟县	24	13820	90750 贯 774 文
华亭县	22	12780	72182 贯 431 文
海盐县	15	13200	46581 贯 058 文
合　计	195	142895	695634 贯 069 文

使司割棣酱菜钱（留使）	107720 贯 246 文
留守苏州军事酱菜衣粮等钱（留州）	178349 贯 098 文
团练使军资等送纳上都（上供）	306830 贯
合　计	（592899 贯 344 文）

据《元和郡县图志》卷二五记载，浙西道由会府润州、常州、苏州、杭州、湖州、睦州6州37县组成。拥有313772户、57932顷垦田，其规模在江南地区首屈一指。虽然没有史料记载浙西道整体的税额和财政规模，但根据元和二年（807）二月壬申的制敕"以浙江西道，水旱相乘，蠲放去年两税上供三十四万余贯"（《册府元龟》卷四九一《邦计部·蠲复三》）可知，仅两税钱部分的上供就超过了34万贯。另外，根据《旧唐书·李德裕传》，道财政的基础是留使钱50万贯，加上其他道费，整体约63万贯。[6]虽然并不清楚斛斗部分是多少，但可以推测钱物、斛斗这两部分加起来大概接近100万贯石。

浙西道管辖的多为大州，其中尤以苏州为唐朝国家财政的枢要之地："况当今国用，多出江南。江南诸州，苏最为大。兵数不少，税额至多。"（《白氏文集》卷五九《苏州刺史谢上表》）从表35可以看出，唐末苏州的两税、专卖合计岁入钱额约为69万贯，分为上供钱30万余贯、留使钱10万余贯、留州钱17万余贯三部分。斛斗部分不明，不过，可知苏州上供钱和地方财政部分大致是五五分的。至于其他州，虽然没有史料记载，但据说杭州的税钱有50万贯，其规模可与苏州匹敌。[7]

至于剑南西川道，其整体情况是比较明了的。西川道由成都府以下 26 州 112 县组成（《元和郡县图志》卷三一）。全道两税钱为 2013645 贯，常赋（上供）钱米为 70 余万贯石。上供额中，两税钱 56 万余贯，斛斗约 14 万石。[8] 单就两税钱来说，几乎全道四分之一的两税钱作为上供钱构成了中央度支财政，四分之三的两税钱构成了地方（留州、留使）财政。这一比例与前面提到的全国范围内的分配比例相近，但不能就此机械地断定全国的分配比例。

如此看来，地方和中央的两税分配比例是根据各地区和中央的具体关系设定的，并不统一。从浙西道苏州的情况来看，如"况当今国用，多出江南"所示，构成中央财政主要财源地区的上供比例较大。以上简单概述了以两税、专卖为财源的地方财政的规模。不止于此，唐代后期的地方财政还有更广泛的内容，下面将对其具体情况进行探讨。

（二）州财政的收入和支出

表 36 以诸多史料为基础制成，下面将根据此表展开考察。

州财政收入由留州、公用钱以及常平义仓这三个部分构成。以往的研究集中于阐明留州部分的分配情况，关于其经费内容，日野开三郎也只简略提及，几乎没有进行考察，公用钱部分则完全未见阐明。[9]下面将针对这三个部分考察它们在州财政中的作用和特点。

表36 唐代后期地方（州）财政

收入	经费支出
（1）留州（留使）	（1）正员官吏料钱 （2）兵士给与衣赐 （3）军费 （4）馆驿使料 （5）递乘作民课 （6）杂给用钱
（2）公用钱 ①回残羡余 ②诸色本钱（食利本钱） ③其他	（1）城郭、宿舍、机器、船车的修理、建造 （2）公私接待 （3）盗贼追捕、警察业务相关的赏赐、粮食 （4）租税未纳额的补填 （5）应灾储备 （6）令史驱使官厨料 （7）行政事务费
（3）常平义仓	○储备、赈恤

首先，留州部分是由两税钱和榷酒钱分配部分构成的定额一般性州财政，通常由州刺史裁决管理，因此中央政府不会直接参与财务运作。例如，会昌二年（842）四月二十三日的《上尊号赦文》中有如下事例： 522

州府两税物斛斗［私案"税"下当有"钱"字］，每年各有定额，征科之日，皆申省司。除上供

> 之外，留后留州，任于额内方图给用。纵有余美，亦
> 许州使，留备水旱。
>
> （《文苑英华》卷四二三）

然而在制度上，构成其财源的两税钱是由中央度支统辖的，[10]且从全局上看，是按"度支→观察使（节度使）→州"或"诏敕→道、州"的途径被管理的，还存在被临时纳入中央经费的情况。[11]虽说根据中央政府和各地方的政治力量关系，地方财政的意义各有不同，但本质上留州、留使钱是中央财政的一部分，应该将其看作在地方被消费的财物。

523　　　接下来考察留州部分的经费支出结构。最能体现这方面的史料是会昌元年（841）正月的制敕：

> 其逃户钱草斛斗等，计留使钱物，合十分中三分
> 已上者，并仰于当州当使杂给用钱内，方圆权落下，
> 不得克正员官吏料钱，及馆驿使料，递乘作民课
> 等钱。
>
> （《唐会要》卷八五"逃户"条）

根据上述史料可知，道、州财政包括正员官吏料钱（地方官僚的工资）、馆驿使料（通信、交通费）、递乘作

民课、杂给用钱（其他诸费）这四类经费项目。[12]虽然从这条史料中看不出地方财政的构成，但元和十四年（819）兵制改革以后，士兵被分配到各州，此后军费成为州财政的主要支出。表35所引《吴地记》中苏州的留州部分被称为"苏州军事酱菜衣粮等钱"就是很好的例子。[13]如此，留州部分的经费支出主要有士兵的工资、军费（装备、城墙、壕沟的修理等）、军事行动费，[14]此外还有地方官的工资和通信交通费。

首先，其中最大头的经费支出是士兵和官僚的工资。[15]士兵和官僚都有定员，除了军事行动费是不固定的之外，留州部分的经费大多有定额。太和三年（829）十一月十八日的赦文中有这样一例："天下州府两税占留钱，每年支用，各有定额。"（《文苑英华》卷四二八）这说明，留州部分的经费与中央的度支直辖财政有相同的经费结构（本书第十四章）。从经费来看，可以确认留州部分的经费是中央财政的一部分。

其次是公用钱部分，它构成了单独的地方收入和地方经费。这部分由回残羡余、诸色本钱和其他项目构成，在收入、支出上与一般财政的留州部分也有明确区别，所以被称为公用钱，下面将依次进行考察。

回残羡余指从定额化分配的留州部分中筹措（方圆）且未被使用的财物，换句话说，回残羡余是留州所分两税

524

钱中的再分配部分。[16]因此，作为地方财源，回残羡余比留州部分更具灵活性。例如太和四年（830）九月的比部奏文记载：

> 比部奏，准太和三年十一月十日赦文，天下州府回残羡余，准前后赦文，许充诸色公用。
>
> （《唐会要》卷六八"刺史上"条）

这样一来，回残羡余在构成地方财政一部分的同时，也成为两税的增收赋税（杂榷率）和向皇帝的进奉财源，具有多种多样的性质。白居易曾在诗中批判此现象：

> 昨日输残税，因窥官库门。
> 缯帛如山积，丝絮似云屯。
> 号为羡余物，随月献至尊。
> 夺我身上暖，买尔眼前恩。
> 进入琼林库，岁久化为尘。
>
> （《白氏文集》卷二《重赋》）

从此诗可以看出，羡余钱物绝不仅是常规财政的剩余之物，更包括对农民强制性的非正当掠夺。

然后是诸色本钱。在食利钱等名义下，内外各官司的本钱被交给捉钱户或官典（胥吏）灵活使用，通过在市场上进行交易、向民间借贷等手段，换取商业利润（月息4%～5%），以充作经费。例如，会昌元年（841）六月的户部奏文中有这样的记载：

> 是月，户部奏，准正月九日敕文，放免诸司食利钱，每年别赐钱二万贯文，充诸司公用。今准长庆三年十二月九日敕，赐诸司食利本钱，共八万四千五百贯文。四分收利，一年只当四万九百九十二贯文。……臣今于新赐外，更请添赐上件钱。所费不广，所利至多，则内外诸司，永得优足。伏望圣恩、允臣所奏。敕旨，宜依。
>
> （《唐会要》卷九三"诸司诸色本钱下"条）

此户部奏文与新支付的食利本钱二万贯文有关，以中央诸官司为主要对象提出了附加要求。从奏文"内外诸司，永得优足"可见，其中包含地方诸官司。地方诸官司本钱的基本财源是留使钱物和留州钱物的再分配部分或回残羡余，[17] 元和十年（815）以后，也有来自中央户部（曹）分配的部分（本书第十四章）。如后将述，通过诸色本钱换取收入这一制度直接继承于隋代，最早甚至可以追溯到汉代（本书第三章），因此是唐代后期地方财政中起源最古老的部分。但从以商业利润收益为财源的角度来看，它对社会的依存性最强。

526　　其他财源包括扬州的商税收入和税麻收入等，也有抽出官僚俸禄的一部分作为公用钱的情况。[18]

　　整体来看，公用钱的收入可以大致分为留州、留使等再分配部分和依赖商业税、高利贷等商业货币流通的收入部分。从其性质来看，其每年的收入额是不固定的。如果把留州、留使钱（以正税的两税定额再分配部分作为财源）看作一般财政的组成部分，那么可以将公用钱看作具有流动性的特别财政组成部分。

　　下面将考察与公用钱对应的经费支出。关于以回残羡余为财源的公用钱，太和四年比部的提案限定了一定范围。规定如下：

　　　　其年九月，比部奏，准太和三年十一月十日敕文，……其应合用羡余钱物，并令明立条件，散下州府者。谨具起请条件如后，应有城郭及公廨屋宇器械舟车什物等，合建立修理，须创置添换者。或有公私使客，兼遇征拜朝官，送故迎新，旧例合有供应，宴钱赠贶者。或官属将校所由等，有巡检非违，追捕盗贼，须行赏劝，合给程粮者。或百姓贫穷，纳税不逮，须有矜放，要添填元额者。或遇年丰谷熟，要收

籴贮备，以防灾救者。并任用。当州所有诸色正额数
内回残羡余钱物等，如不依此色，即同赃犯，其所费
用者，并须立文案，以凭勘验。敕旨。宜依。仍委御
史台，准此句当。

（《唐会要》卷六八"刺史上"条）

由此可知，以回残羡余为财源的经费包括以下五种：　527
①官厅建筑物、日常用具的相关开销；②公私办事人员或
官僚人事变动的相关招待费；③地方性警察业务；④未缴
纳租税的填补；⑤应灾储备。在上述五项中，特别鼓励应
灾储备这项基本经费，公用钱有剩余的情况下也鼓励购买
储备用粮。[19]以前，除上述五项之外似乎还有其他支出，
但到了太和四年则被限定到这一范围内。关于这一点将在
第三节再次进行说明。

以诸色本钱的利润为财源的公用钱经费有以下四种：
①官厅建筑物、日常用具的相关开销；②公私办事人员
和官僚人事变动的相关招待费；③令吏等下级职员的伙
食费（官厨料、公廨料）；④纸笔等行政事务费用。在
某些情况下也可能成为官吏的津贴。[20]虽然不知道其他财　528
源的公用钱是如何支出的，但可以认为与上述的经费构
成相同。

总的来说，上述两个部分的经费构成与州刺史平常的

职务有关。在大中六年（852）七月考功郎中的奏文中有如下叙述：

> 又准考课令，凡官人申考状，不得过两纸三纸。刺史县令，至于赋税毕集，判断不滞，户口无逃散，田亩守常额，差科均平，廨宇修饰，馆驿如法，道路开通。如此之类，皆是寻常职分，不合计课。
>
> （《唐会要》卷八二"考下"条）

从中可知，州刺史通常的职责可以概括为五点：①赋税的公平征收（"赋税毕集""差科均平"）；②裁判（"判断不滞"）；③保全户口与耕地（"户口无逃散，田亩守常额"）；④官厅维护（"廨宇修饰"）；⑤维护通信交通（"馆驿如法，道路开通"）。除②裁判业务以外，其他由留州、公用两部分的经费作为财政后盾。只是，留州部分是和度支财政一体的，而公用钱部分虽与宰相府（中书门下）以及户部、比部有一定关联，但是州刺史个人的自主裁断范围相对较大。[21]于是，与州府的行政需要（超出了刺史的通常业务）相对应，公用钱具有多样的经费构成。可以说，公用钱不仅从侧面支援了数额固定、不具灵活性的留州经费，也构成了独立的地方财政。

529　　构成州财政第三部分的是常平义仓。关于唐代后期的常平义仓，船越泰次进行过研究。根据船越的研究，常平义仓制度是元和元年（806）以后新创立的。依照该制度，地方各州府储存应对灾害的粮食，常平义仓在发挥赈灾功能的同时，也实现了物价的调整。元和元年常平义仓创立之初，各州府收取两税斛斗的十分之二作为储备财源。开成元年（836），根据户部的提案，以公私田地每年一亩一升的加征米作为财源，但在会昌六年（846）就没有再施行了。从元和时期到开成元年，常平义仓一直发挥着赈灾功能。此后，常平义仓制度一直存在，直到唐末逐渐沦为以义仓谷为名的斛斗收取制度（船越泰次，1996b）。常平义仓在州府由录事参军主管，在中央由户部总管。从其财源和行政系统可以看出，常平义仓与户部有密切关联，是中央财政性较强的财政制度（本书第十四章）。因此，被挪用为地方经费的情况也是根据中央指令进行的（船越泰次，1996b）。

　　常平义仓与公用钱的应灾储备一起构成保险性经费。要想动用常平义仓的储粮，需要诏敕批准，因此常平义仓可以对长期性事件发挥作用，但面对需紧急筹措物资的灾害时显得十分无力。相反，如果使用公用钱来做应对灾害的储备，州一级的裁决就能很好地做到随机应变。[22]如果常平义仓和公用钱的应灾储备能够发挥其本来的作用，那么作为保险性经费，它们将为唐代农民的社会再生产提供莫大帮助。但和唐代前期的义仓、地税一样，它们最终转化为正税的附加税，沦为对农民的掠夺，因而具有两面性。[23]

（三）州财政的均衡调整

530　如上所述，唐代后期的地方财政由留州、公用钱以及常平义仓三个部分构成。留州部分与中央的度支财政有关，常平义仓与户部财政有关联，公用钱部分虽受到一定制约，但可由州独自运营。那么，这三个部分构成了地方财政，它们相互之间是以怎样的关系进行运作的？我将以收支平衡为中心对此进行考察。

虽然不知道这三个部分各自所占比例，但毋庸置疑，留州部分是州财政的主要组成部分。留州部分的收入、支出都基本实现了定额化，原本就是以收支平衡为前提运营的。然而逃户现象导致的收入减少以及管辖地区内军事行动费负担过重，令州财政往往做不到收支平衡。如长庆元年（821）十二月乙亥诏敕记载：

> 诸道州府，每年征纳两税，除送上都外，留州、留使钱，缘草贼未泠，费用滋广。
>
> （《册府元龟》卷四八四《邦计部·经费》）

军事行动费是一笔无法预估的经费，唐代后期各地相

继镇压出现的草贼，这给地方财政带来很大负担。在军费
扩大和租税未纳导致收支不平衡的情况下，首先由留州内
部的筹措部分或公用钱部分来填补。例如前文提到的会昌
元年（841）制敕中可以看到以下记载：

> 其逃户钱草斛斗等，计留使钱物，合十分中三分
> 已上者，并仰于当州当使杂给用钱内，方圆权落下。
>
> 　　　　　　　　　（《唐会要》卷八五"逃户"条）

　　此条虽然是以道财政为中心叙述的，但通过"当州
当使杂给用钱内"可明确得知也包含州财政。逃户租税
未纳部分由留州、留使等地方财政中的杂给用钱填补，在
账本上可以抹平。对一般农民的租税未纳部分，则用以回
残羡余为财源的公用钱来填补。另外，还存在挪用常平义
仓粮以支援州财政的情况。大中元年（847）正月十七日
的赦文就是一个例子。州府奖励对二荒地营田的再开发，
提议其收获物可充当应灾储备和当地军粮，还指出可以通
过挪用常平义仓谷来筹措种子、粮食、生产用具。[24] 也就
是说，公用钱和常平义仓粮的功能之一是通过钱物、粮食
的应灾储备，维持社会再生产，同时支援构成地方财政基
干的留州部分，以维持其平衡。

　　但是，这种地方财政内部的均衡维持似乎是有限度的。

当时，中央的度支、盐铁、户部三司为了使其财务活动顺利进行，把被称为属省（系省）钱物的财物存于地方。道、州也借用这部分属省钱物。[25]例如，《册府元龟》卷一四五《帝王部·弭灾三》开成三年（838）正月乙亥条诏敕：

> 应方镇州府借使度支盐铁户部钱物斛斗，经五年已上者，并宜放免。

大中二年（848）正月三日册尊号赦文中也有这样的记载：

532

> 诸道州府，应欠开成三年终已前，因水旱不熟，贷借百姓，及军用欠阙，借便度支户部盐铁钱物斛斗，积欠相承，日月既久。……所司徒有征索之名，终无送纳之日，虚系簿书。宜并放免。
>
> （《文苑英华》卷四二二）

这一例子中，诸道州府希望通过征借三司钱物来填补地方军事经费的不足，以调整平衡，结果成了一笔死账，最后通过诏敕得以免除偿还。

如上所述，地方财政以州财政为首，同时以定额主义的收支平衡为大前提，但由于军费负担过重和赋税征收不力，收支常常失去平衡。收支不平衡时，则通过留州的杂用钱部分、来自公用钱的填补、挪用常平义仓储备来实现地方财政的内部平衡。采取以上措施后收支仍不均衡的情况下，则通过度支、盐铁、户部三司的地方留存（属省）钱物来实现均衡。从财政的定额主义来看，唐代后期财政乍看具备近代的预算功能，收支平衡有所保证，但从地方财政的实际情况来说，这种均衡是靠不停地边借资金边还债才勉强维持的。

二　首都京兆府的财政

　　上一节以州财政为中心概述了一般地方财政的情况。本节以其特殊形态——京兆府财政为对象，更具体地展现唐代后期地方财政的实际情况。根据《元和郡县图志》卷一的记载，京兆府（雍州）是总管长安城内的长安、万年两县以下 23 县 241202 户的行政机构，同时又是关内道 25 州府之一，当然也是唐王朝的首都所在地。因此，京兆府既是地方政府，也具有中央官司的特点。京兆府作为首都所在地，有较多史料留存下来，且可以被视为上节中一般州府中的一个具体的府。表 37 根据上节得出的州财政实际状况和有关京兆府的诸史料制作而成，[26] 下面将参照该表进行阐述。

表 37　京兆府财政收支

收入：两税总额 100 万贯石	经费支出
（1）租税关系（百姓纳入） 　①夏税钱　　　　224000 贯 　②秋税钱　　　（276000 贯） 　③夏税斛斗　　　29 万余石 　④秋税斛斗　　（21 万余石） 　⑤夏青苗钱　　　83560 贯 　⑥秋青苗钱　　（80000 贯） 　⑦榷酒税（长安、万年） 　　　　　　　　　15010 贯 　⑧税草　　　　300 万束	（1）上供（定额） 　○ 230 万束（税草） （2）留府（定额） 　①诸陵守当夫经费（召雇） 　②陵园钱草斛斗 　③诸军诸使钱草斛斗 ｝草 70 万束 　④诸县馆驿钱草斛斗 　⑤和市草　　　　　500 万束 　⑥在京诸司所用杂物（和市） 　⑦司农寺菜钱等 　⑧水利施设造修费 　⑨其他 　⑩杂钱 　⑪回残羡余—公用钱
（2）职田（元和十四年欠悬） 　　　　　　229001 束贯	○送纳在京百司
（3）京兆府两县贮备钱（度支） 　　　　　　　40000 贯 （4）公用钱 　①回残羡余 　②京兆府诸色利钱（本钱） 　　　　　　　48889 贯 　③长安、万年诸色利钱（本钱）	①急用诸物和市经费 ②急用特注诸工匠和雇经费 ○与诸州相同 　①府司官厨料（食料） 　②廨宇、调度修理、增设 　③京城内桥梁、道路修理 　①和雇经费 　②祭祀费 　③蕃夷赐宴费
（5）常平义仓	○贮备、赈恤

　　首先是京兆府的财政规模问题。关于总收入规模，根 **534**
据贞元十九年（803）六月给事中许孟容的上疏"京师是
万国所会，强干弱枝，自古通规。其一年税钱，及地租出
入，一百万贯"（《唐会要》卷五九"省号上·给事中"
条）可以看出定额为一百万贯石。根据刑部侍郎奚陟对
贞元九年（793）京兆府财政的监察报告也可以看出这
一点：

　　　　奏言，据度支奏，京兆府贞元九年两税及已前诸
　　色羡余钱，共六十八万余贯，李充并妄破用。今所勾
　　勘，一千二百贯已来是诸县供馆驿加破，及在诸色人
　　户腹内合收。其斛斗共三十二万石，唯三百余石诸色
　　输纳所由欠折，其余并是准敕及度支符牒，给用
　　已尽。

　　　　　　　　　　　　　（《旧唐书》卷一四九《奚陟传》）

　　贞元九年的京兆府财政收入共计百万贯石，其中两税钱
物六十八万贯，斛斗三十二万石。[27]其中包含羡余钱，可知有
羡余钱被用于经费的定额填补。更值得注意的是，京兆府的
经费支出是按照诏敕和度支的裁定执行的。这表明，与其他
地方财政不同，京兆府财政与度支财政有更加紧密的联系。**535**
贞元四年（788）正月一日的赦文更能说明这件事：

其京兆府今年巳后，准当府每年敕额，应合给用
钱物斛斗及草者，宜便于两税内比诸州府例克留，免
其重叠请受，余送纳度支。其河南府亦宜准此。

（《唐会要》卷八三"租税上"条）

据此可知，在此以前京兆府及河南府财政是中央的直
辖财政，贞元四年才开始分为留府部分和度支上供部分。
而且，从奚陟的监察报告可以看出，即使分出留府部分
后，其经费支出也需要诏敕和度支的裁定。京兆府财政与
其他州不同，只有留府和上供两部分。同时，从与度支财
政有紧密关系这一点来看，可以说京兆府财政具有中央财
政的特点。[28]

下面来看京兆府财政的构成。从表 37 可以看出，与
其他州府财政一样，京兆府财政基本上由留府、公用钱以
及常平义仓三部分构成，三者各自的收支构成也基本不
变。但是，由于首都的特殊性，京兆府有其特有的经费支
出，即陵墓陵园的维持经费、祭祀费、蕃夷的接待费
（外交费）、宫廷和在京诸司配备必要杂物的费用等，以
及它们相对应的收入。为了应对这些经费需求，度支每年
支付四万贯贮备钱给京兆府下的长安、万年两县，同时，
京兆府也另立各种本钱。[29]

此外，在与中央财政官司的合作下，京兆府财务运作

采取了特别的措施。第一，贞元四年以后，虽设置了京兆府留府钱物，但京兆府县官俸禄中的现钱部分与其他在京百官一样，由户部财政支付。[30]这说明京兆府具有中央官司的性质。

第二，常平义仓与太仓构成了对农民的双重赈恤体系，其数额从二十多万石到七十万石不等（船越泰次，1996b）。

536

第三，京兆府的和籴、折籴属于独立进行的财务运作，且与度支、户部财政的谷物需求有所联系。折籴指用谷物取代两税钱的征收，从农民那里收取等额的粮食。贞元二年（786）十月，这一折籴法由度支上奏，此后被固定下来。《册府元龟》卷五〇二《邦计部·平籴》同年条有这样的记载：

度支奏："京兆河南河中同华陕虢晋绛鄜坊丹延等州府，秋夏两税青苗等钱物，悉折籴粟麦，所在储积，以备军食，京兆府兼给钱收籴，每斗于时价外，更加十钱，纳于太仓。"诏可其奏。自是每岁行之，以赡军国。

其数额与上述诸州府共计三十万石至五十万石。

所谓和籴，指基于与农民的协商来购买谷物。京兆府为供应西北边境军需，在与度支合作后，每年缴纳一百万石和籴。[31]宝历元年（825），京兆府周围诸州府缴纳和籴、折籴合计二百万石。由和籴、折籴得来的谷物既被用作军粮，也被用作应灾储备。[32]但众所周知，强制收购和强夺粮食的情况很多，并已经成为社会问题。

537 京兆府财政的收支平衡基本依赖于与其他诸州府同样的措施。只是从此前的叙述中可以看出，中央财政特别是户部财政的援助，大多依靠的是经费填补。[33]总的说来，京兆府财政的收入与度支财政相关联，其经费支出又与户部财政相关联，京兆府财政既是地方财政，又具有中央财政机关的功能。

上节与本节勾勒了唐代后期地方财政的轮廓。最后，我将以与社会的关系为基础，考证这个时期地方财政的整体性质。对表 36、表 37 中出现的地方财政整体进行概括，则可得知州府在财政活动中的实际机能大致有以下四点：第一，通过军事、警察业务等，行使一定的武力来达到维护法律和社会秩序的目的，这一机能包括两个层面，即对非汉民族和自然威胁的防卫功能和对社会内部的抑制功能；第二，通过对城郭、厅舍、日常用品的建造维护，以及对官吏的俸禄、粮食的调配，达成国家各机关及其人员构成要素的再生产；第三，以通信、道路桥梁等交通部门的整备为主的一般生产条件的再生产；第四，以常平义

仓等应对灾害的储备来维持社会的再生产。其中，第四种
社会再生产功能形成得最晚且最早崩溃，继而转化为对农
民的掠夺（船越泰次，1996b）。另外，关于第三种机能，
即一般生产条件的再生产，从支出数额来看与第一种和第
二种机能不相上下。从财政角度来看，即使是在正常运转
的情况下，唐代后期的地方财政主体也是军费（包括养
兵费）和官僚俸禄，因此其本质机能在于对社会的抑制
和国家机关及其承担者——百万军队和数十万官员——的
再生产。这一本质机能基本得以发挥是在 9 世纪上半期元
和至大中年间。在这一时期，第三种和第四种机能，尤其
是后者的社会再生产功能基本得到实现，此后唐末社会变
得越来越混乱。进入五代以后，随着国家机构的重新整
顿，国家再次开始探索对社会的统合。下面我将以更广阔
的历史视野，从财政史的角度对其进行整理。

三　唐宋变革期地方财政的中央集权化

　　通过前两节的考察，我们概述了唐代后期地方财政的
实际情况。这里的问题在于它的历史定位。广义地说，就
是在中国历史上，上述地方财政处于怎样的历史阶段。而
且，这一时期被称为唐宋变革期，是中国历史上屈指可数
的变动期，这也意味着我将从财政史的角度来探讨其意

义。如此一来，应该回到中国古代国家财政史框架形成的汉代来开始我们的讨论。

　　与第一章"汉代的财政运转与国家物流"表明的一样，古代国家成立时期财政史的特征是：地方郡县首先以田租、更赋（更钱、算钱、口钱）等形态对农民的剩余生产物进行征收，并以"委积"的形式将征收财物储备于各郡县。四十亿钱至六十亿钱规模的中央大司农财政是通过对地方储备的再分配构成的，然而这不过相当于汉代社会总剩余劳动量的5%。通过郡国的"上计"（年初财务报告和一年四次的财务报告），作为中央财政官府的大司农对地方储备拥有初步指挥权，但并没有完全确立财政主权。根据先前的结论可知，中央政府对地方财物储备和地方财政指挥权的渗透以及财政主权的集中确立，是在整个中国古代王朝的变迁中持续摸索出来的。在这种情况下，这种财政主权集中的过程在唐代后期至北宋初期到达了最终阶段。下面我们就把形成唐代财政基础形态的北魏财政作为一个节点，揭示唐代后期地方财政的历史特征。

　　从第九章"北魏的财政结构"中可以得知：在北魏，征收的基本租调分为构成中央财政的"公调（常调）"和构成地方财政的"调外之费"，以及构成临时中央经费的"杂调"等。关于太和八年（484）俸禄制的实行，《魏书》卷一一〇《食货志》记载：

539

太和八年，始准古班百官之禄以品第各有差。先是，天下户以九品混通，户调帛二匹絮二斤丝一斤粟二十石。又入帛一匹二丈，委之州库，以供调外之费。至是，户增帛三匹，粟二石九斗，以为官司之禄。后增调外帛满二匹。

关于"公调"、"调外之费"和官俸三者的财政比例，《通典》卷五《食货五·赋税中》引《魏令》做了如下说明：

《魏令》……大率十匹中五匹为公调，二匹为调外费，三匹为内外百官俸。此外杂调［案，"此外杂调"四字据《魏书·食货志》而补入］。

除去官俸，这里中央财政与地方财政的比例为五比二，中央财政所占比例比汉代的高出许多。不仅如此，值得注意的是对于地方财政的额度已有明确规定，这说明中央对地方财政的指挥权正在加强。

与地方财政指挥权同样值得关注的是，5世纪中期献 540 文帝时期"租输三等九品制"开始实施，根据百姓的户等将租粮直接运送到京师的粮仓、重要州仓库和本州仓库的制度已经成立。这说明包括地方经费在内，所有财物都根据国家的指令从生产地区直接输送到需求地区，并在全国范围内展开财政性物流。这一财政性物流是为了确保中央政府的财政需要，以及西北边境地带和江淮东南边境地带的军事需要而组建的。

在全国性物流体制完成之前，北魏的财政性物流在六镇之乱引起的北魏末期内乱中受挫。天下重新统一后，最终完成这一过程的是隋代、唐代前期律令制下的财务运作。律令制下，以户部尚书度支司为指挥部，组成了全国性物流。所有的财物以本州、入京（输送中央）、外配（输送其他州或边疆）三种形式，直接从生产地区送达需要地区。地方经费（本州送达部分）限于地方官俸禄、通信费和保险性经费（义仓）。

始于北魏，确立于隋代、唐代前期的地方财政框架和全国财政性物流开创了唐代后期留州、留使额和上供额规定的先河。从形式上地方和中央的比例来说，目前可知唐代中期天宝年间的供御财政对供军、当州财政的比例为四比五，[34] 二者大致持平。唐代后期上供与留存地方的比例是一比二，与北魏公调对调外五比二的比例相比，可知地方财政的比例在逐渐增大。只是，不能将地方财政比例的增大单纯地看作中央财政指挥权的倒退。

唐代后期，地方财政比例增大的基本原因是：第一，开元年间兵农分离的实施；第二，由于输送财物的劳动者从百姓正丁变为士兵和商人，地方财政中养兵费用、边防军事经费大幅度增长。[35]更重要的是，随着安史之乱后唐帝国解体，藩镇林立，各地普遍开始独立保留养兵费用和军事经费，中央对藩镇的财政指挥权受到制约。

541

北魏至唐代后期，中央和地方财政的比例有所变化，但从对地方财政的限制来看，与只决定从地方到中央的再分配额的汉代财政运转相比，国家财政主权还是向前迈进了。唐代后期到宋代初期，以兵农分工这一新的社会构成为基础，中央的财政指挥权再次开始渗透到地方财政的框架内，集权的财政运作最终得以建立，下面将叙述其过程。

唐代后期的地方财政由留州、公用钱、常平义仓这三个部分构成。其中，根据船越泰次（1996b）的研究，常平义仓部分在唐末崩溃，五代虽曾试图复兴，但最终没能成功。除此之外是留州部分和公用钱部分。首先来看看具有较强独立性的公用钱部分。

公用钱的设立可以追溯到隋代开皇年间。《隋书》卷二四《食货志》叙述了开皇八年（588）的史事：

　　先是京官及诸州，并给公廨钱，回易生利，以给公用。至十四年六月，工部尚书安平郡公苏孝慈等以为，所在官司，因循往昔，以公廨钱物，出举兴生，

542

唯利是求。烦扰百姓，败损风俗，莫斯之甚。于是奏
皆给地以营农，回易取利，一皆禁止。十七年
（597）十一月，诏在京及在外诸司公廨，在市回易，
及诸处兴生，并听之。唯禁出举收利云。

可以确定的是，东汉时期地方官府将官物借给民间以
获取利润，以此作为行政经费（本书第三章）。另外，即
使到了北魏，在太和八年（484）实行俸禄制以前，仍有
让商人利用官物来筹措地方经费以支付俸禄的事。[36]通过
借贷官物来筹措经费，虽然很少在历史上出现，但有悠久
的传统。把公廨钱作为本金进行交易，买卖所得利益和高
利贷利润作为州财政，便是传承自这一传统，而这一传统
最晚也要追溯到开皇年间。公用钱之其他财源的起源至今
不明，不过，一般认为初期的原始形态是公廨钱形式的本
钱。公廨钱等食利本钱在唐代转变为地方官俸禄的财源，
到后期成为公用钱部分的重要财源。[37]

关于食利本钱最初的规定可以参见元和九年（814）
十一月以增设户部除陌五文钱充当食利本钱一事（本书
第十四章）。这一年十二月的诏敕记载：

其诸司应见征纳，及续举放所收利钱，并准今年
八月十五日敕，充添修司廨宇什物，及令史驱使官厨

料等用。仍委御史台勾当，每常至年终，勘会处分。

（《唐会要》卷九三"诸司食利本钱下"条）

食利本钱的运用规定虽是针对中央官司的，但也应适　543
用于以州为首的地方诸官司。这是因为它与本章第一节提
到的太和四年（830）以回残羡余为财源的公用钱规定有
关。如上所述，此时公用钱的正当经费支出有：①官厅建
筑物、日常用具的相关开销；②公私办事人员和官僚人事
变动的相关招待费；③地方性警察业务；④未缴纳租税的
填补；⑤应灾储备。可以认为，这意味着元和九年规定内
容的扩大。太和四年的公用钱规定是根据太和三年
（829）诏敕的指示实行的。诏敕中举出很多因州刺史未
切实执行规定，而对其以贪污问罪的事例。[38]反过来可以
说，在此之前公用钱的使用是由州刺史自由裁夺的。从这
以后的史料中已经不见关于公用钱的规定，所以可认为这
一公用钱管制一直持续到唐代末期。

接下来是留州部分。留州部分实行定额制，因此其内
容基本固定，但也存在过度支出的情况。关于对过度支出
的限制，元和二年（807）的制敕记载：

元和二年正月，制度支。如刺史于留州数内，妄
有减削，及非理破使，委观察使风闻按举，必当料加

量贬，以诫列城。

（《唐会要》卷六八"刺史上"条）

这个命令在长庆元年（821）六月比部上奏中进一步具体化：

544

长庆元年六月，比部奏，准制，诸道年终句帐，宜依承前敕例。如闻近日刺史留州数内，妄有减削，非理破使者。委观察使风闻按举，必重加科贬，以诫削减者。其诸州府，仍请各委录事参军，每年据留州定额钱物数，破使去处，及支使外，余剩见在钱物，各具色目，分明造帐，依格限申比部，准常限，每限五月三十日都结奏，旨下之后，更送户部。若违限及隐漏不申，录事参军及本判官，并牒吏部使阙。敕旨、宜从。

（《唐会要》卷五九"尚书省诸司下·比部员外郎"条）

这一阶段，中央对留州部分的限制是通过比部对州财政审查的加强、对法外支出的严格取缔来实现的。

到五代时期的后唐，这种体制迎来了根本性转变。庄宗同光二年（924）正月，租庸使担任盐铁、户部、度支三司的总管。[39]租庸使是后梁以后设置的负责财政的使职，也

是后来三司使的前身。然而同光二年前后，租庸使不单统
管中央三司财务，也开始介入地方财政，且这种介入在本
质上与以往不同。《资治通鉴》卷二七三同光二年条记载：

　　冬，十月辛未，天平节度使李存霸，平卢节度使　　545
符习言："属州多称直奉租庸使贴，指挥公事，使司
殊不知，有紊规程。"租庸使奏，近例皆直下（胡三
省注：时租庸使帖下诸州调发，不关节度观察使，谓
之直下）。敕："朝廷故事，制敕不下支郡，牧守不
专奏陈。今两道所奏，乃本朝旧规。租庸所陈，是伪
廷近事。自今支郡自非进奉，皆须本道腾奏，租庸征
催，亦须牒观察使。"虽有此敕，竟不行。

　　这打破了以往惯例，租庸使越过节度使、观察使，直
接指示诸州府调集财物。诏敕中有这样一句话："租庸所
陈，是伪廷近事。"可见自后梁以来，这种对州财政的直
接干预已经开始了。后唐以后，租庸使不仅总管中央三司
的财务，还直接指挥州财政，进一步集中财政指挥权。而
根据《资治通鉴》的记载，节度使、观察使对此颇为
抵触。

　　值得注意的是，租庸使不仅集中财政指挥权，还直接
管理作为州财政独立部分的公廨钱。在天成元年（926）

四月下达的废除租庸使的诏书中可见：

> 天成元年四月，敕，停废租庸院名额，依旧为盐铁户部度支三司，委宰臣一人专判。……仍委节度使通中，三司不得更差使检括州使公廨钱。先被租庸管系者，一切却还州府。
>
> （《五代会要》卷二四"建昌宫使"条）

根据这一说法，显然租庸使不仅管理州的公廨钱，也直接管理节度使、观察使等的公廨钱。租庸使统辖中央三司，直接干预州财政并直接管理其中的公廨钱，其目的在于确立中央财政官司对整个国家财政的集权式财务行政。但由于当时的政治状况，仅过了两年这一计划就不了了之。[40]在这个时候，宰相一人以判三司的形式实现了对中央财政的统辖，这也成为长兴元年（930）八月三司使设立的契机。[41]判三司、三司使的设立意味着租庸使阶段的后退，但是中央三司统一财务运作的确立使三司使成为渗透地方财政指挥权的桥头堡。

在北宋统一全国的过程中，后唐租庸使试图确立的集权式财务行政分两个阶段得以实现。首先是留州部分，始于乾德二年（964）。《续资治通鉴长编》中这样记载：

是岁始令诸州，自今每岁受民租，及笼榷之课，除支度给用外，凡缯帛之类，悉辇送京师，官乏车牛者，借于民以充用。赵普之谋也。

（《续资治通鉴长编》卷五乾德二年条）

及赵普为相，劝上革去其弊。是月，申命诸州，支度经费外，凡金帛以助军实，悉送都下，无得占留。

（《续资治通鉴长编》卷六乾德三年条）

除常规经费以外，留存诸州的钱物需全部上供，以便进一步将留州钱物化为系省钱物，即以往作为回残羡余钱物成为公用钱财源的部分被悉数上供（系省钱物化），州财政的自由裁量范围被彻底缩小。最终留存在地方的只有官僚工资等被规定用途的最低限度的常规经费。于是，由于开宝六年（973）公使（公用）钱物的系省钱化，州财政最终全部归中央财政直接指挥，三司使的集权式财务行政得以确立。

开宝六年八月乙巳，令诸州，旧属公使钱物，尽数系省，毋得妄有支费。以留州钱物，尽数系省，始于此。

（《玉海》卷一八六《理财》）

此记述容易引起一些误解。"留州钱物"之后的记述是对公使钱物全面系省化的评价，并没有指出事实。上述分析表明，公用（公使）钱部分和留州部分是不同系统的州财政。因此公使钱物的系省钱化并不意味着留州钱物的全部系省钱物化。根据乾德二年以来实施的政策，州刺史拥有自主裁量权的公用钱部分及其财源——留州部分的回残羡余钱物等——被系省钱物化，可以认为州财政被置于中央财政的指挥之下。剩下的留州部分是必要且不便变动的最低限度的地方经费。于是，此时州刺史的财权最终集中于中央。

唐代后期构成地方财政的三个部分中：常平义仓部分在元和元年（806）得到重建，留州部分在建中元年（780）两税法施行的同时得以成立，并在元和二年（807）开始受到管制；公用钱部分在隋代开皇年间前后成立，但在元和九年（814）实施以户部除陌五文钱为财源的食利本钱的同时，其用途得到了一定规范。由此可见，中央指挥权对唐代后期地方财政的渗透始于元和年间。如此，中央对地方财政主权的集中过程始于元和年间，以操之过急的五代后唐的租庸使为转折点，首先实现了三司使对中央财政的总管。接着到了北宋时期，留州部分的中央统辖（系省钱物化）进程开始，最后于开宝六年完成了公使钱部分的系省钱化。那么这一进程又是以什么为根据的？

中央财政指挥权的集中过程是以什么为根据的？这是一个国家层面的问题，也是政治和经济因素复杂交织的结果，但其中最值得关注的应是军事因素。由于兵农分工的实现，支付及维持约百万名士兵的养兵费成为唐代后期到北宋时期的最大财政课题。据开成二年（837）正月户部侍郎判度支王彦威提出的《供军图》，约一百万名士兵中，除用留州、留使钱物供养的六十万人以外，其余四十万人的给养费用由中央度支财政负担。[42]这个时期，如"天下有观察者十，节度者二十有九，防御者四，经略者三。掎角之师，犬牙相制，大都通邑，无不有兵"（《册府元龟》卷四八六《邦计部·户籍》之王彦威《供军图》）所记载的，全国的军事指挥权被分散了。尽管如此，养兵费用的四成还是由中央经费承担。显然，在本质上，欠缺财政基础的军事指挥权是脆弱的。从财政基础上讲，军事指挥权向中央的集中已经悄然开始。到五代宋初，分散的军事指挥权以禁军的形式被统一起来，[43]同时中央对以养兵费为基干的军事经费的管辖得到了加强，财政指挥权集中于中央。但不如说，军事指挥权和财政指挥权向中央集中其实是相互作用的结果。元和时期开始的财政指挥权向中央集中的过程，其最根本的原因还是军事。

549

结语

唐代后期的地方财政由留州（留使）、公用钱、常平义仓这三个部分构成。留州部分是从正税的两税中定额分配的，是以官吏、士兵的俸禄工资以及军事和通信费用为基础的一般财政。公用钱部分是一种特别财政，主要应对留州部分没法满足的各种财政需求，其主要财源是从留州分配出的回残羡余，以及利用食利本钱获得的利润。常平义仓部分是应对灾害的粮食储备，它与以公用钱为财源的应灾储备一起，构成了保障社会再生产的双重保险性经费。实际运作中，留州部分与中央度支财政有紧密联系，而常平义仓部分与中央户部财政有比较紧密的关系。与此相对，对于公用钱部分，州刺史个人拥有较大裁量权限，具有这一时期独特的地方财政性质。

从历史上看，构成唐代后期地方财政的三个部分是隋代开皇年间（581—600）前后形成的。常平义仓的原型是开皇五年（585）设置的社仓，其源流可以追溯到北魏。[44]公用钱的原型是开皇时期前后设置的公廨本钱，而留州部分更是源于北魏的"调外之费"。也就是说，从宏观上看，唐代后期的地方财政起源于北魏，并于隋朝统一前后出现，与同时期进行的隋文帝地方制度改革的中央集

权化政策步调相同。[45]虽然有了制度框架，但是和科举等
制度一样，这个体制的实质化和中央集权化不可避免地要
经历从唐代到宋代的长期试错。而且就地方财政而言，中
央政府财政指挥权的渗透和集中始于唐代后期，特别是宪
宗元和年间。分裂期的唐末五代，正是隋代开皇年间开始
的地方财政中央集权化的最终确立期。

注 释

1. 参阅日野开三郎（1982）第二部第一章「唐代両税法の分収
   制」、第二章「藩鎮時代の州税三分制」、第三章「藩鎮体制下
   における唐朝の振興と両税上供」。关于元和四年的改革问题，
   参阅松井秀一（1967）。
2. 参阅佐伯富（1971a，1971b）。
3. 正如本章提到的，道财政基本拥有与州财政相同的运作结构，
   可以将其看作州财政的特殊形式。
4. 参阅日野开三郎（1982）第一部第四章「楊炎の両税法におけ
   る税額の問題」和本书第十四章。
5. 参阅日野开三郎（1982）第二部第一章「唐代両税法の分収
   制」。表35的数值虽有误差，但暂且作参照之用。《吴地记》包
   括钱氏在吴越时期设置吴江县的记事，此处有省略。
6. 《旧唐书》卷一七四《李德裕传》："昭愍皇帝童年缵历，颇事
   奢靡。即位之年七月，诏浙西造银盝子妆具二十事进内。德裕
   奏曰：'……至薛苹任观察使时，又奏置榷酒。上供之外，颇有
   余财。军用之间，实为优足。自元和十四年七月三日敕，却停

551

榷酤。又准元和十五年五月七日赦文，诸州羡余，不令送使。唯有留使钱五十万贯。每年支用，犹欠十三万贯不足……'"由此可知，浙西道下属诸州羡余钱和两税钱的数额包括按一定比例征收的榷酒钱，浙西道财政中的钱币部分约为 63 万贯。

7. 杜牧《樊川文集》卷一六《上宰相求杭州启》记载："今天下以江淮为国命，杭州户十万，税钱五十万。刺史之重，可以杀生，而有厚禄。"

8. 有关上供的数额问题，《册府元龟》卷四九一《邦计部·蠲复三》元和二年（807）条记载："四月戊午朔庚申，制以剑南西川所管，新罹兵革。蠲放去年两税榷酒上供钱五十六万余贯。今年者免其半。七月辛卯，蠲剑南西川常赋钱米贯石七十余万。"如果从常赋 70 余万贯石中减去两税钱 56 万贯，则斛斗部分约为 14 万石。

   关于全道两税钱的数额问题，《册府元龟》卷四八八《邦计部·赋税二》太和四年（830）条载："四年五月，剑南西川宣抚使谏议大夫崔戎奏：'准诏旨，制置剑南西川两税，旧纳见钱。今令一半纳见钱，一半纳当土所在杂物。仍于时估之外，每贯加饶二百五十文，依元估充送省及留州留使支用者。今臣与郭钊商量，当道两税并纳见钱。军中支用及将士官吏俸衣赐，并以见钱给付。今若一半折纳，则将士请受，折损较多。今请两税钱数内三分，二分纳见钱，一分纳匹段及杂物。准诏，每二贯加饶五百文，计优饶百姓十三万四千二百四十三贯文。……'"由此可知，在两税钱总额中，织物、杂物等实物折纳约占三分之一，1 贯追加 250 文。由于将时价 1 贯的现货以 1 贯 250 文折纳，所以折扣率为 20%。其折扣总额为 134243 贯文，两税钱总额则为 134243 贯文÷0.2×3＝2013645 贯文。

9. 参照日野开三郎（1982）第二部第一章「唐代両税法の分収制」。

10. 关于度支统管两税，建中元年（780）两税法施行诏书有"尚书度支总统焉"（《旧唐书》卷四八《食货志上》）的记载。

另外，两税法施行前的度支奏文规定，禁止借入、转换未经度 552
支结算的财物。《唐会要》卷五九"尚书省诸司下·度支使"
条记载："建中元年五月十七日，度支奏，诸色钱物，及盐井
利等，伏缘财赋，新有厘革。支计阙供，在臣职司，夙夜忧
负。今后望指挥诸州，若不承度支文牒，辄有借使，及擅租赁
回换，本州府录事参军、本县令专知官，并请同入已枉法赃科
罪。……勅旨，依奏。"

11. 如《册府元龟》卷四八四《邦计部·经费》长庆元年（821）
条："［元年］十二月乙亥敕：'诸道府州，……宜令长吏，于
诸色给用中，每贯量减二百文，以资军用。事平之后，即任仍
旧。'"另外同书同卷二年正月条记载："四日辛未，诏曰：
'顷以寇贼未殄，费用滋广。先有诏敕，于诸道留使给用
钱中，每贯量抽二百文。今兵戎已戢，经费有常。其抽钱宜从
今年四月十一日已后停……'"

12. 有关馆驿，《唐会要》卷六一"御史台中·馆驿使"条整理了
相关记事。关于其具体经费问题，会昌元年二月条记载："御
史大夫陈夷行，商量条流奏，所置馆驿，鞍马什物，兼作人多
少，及功价资课。每年破用，取何色钱物，添修支遣。其驿马
数，勘每驿见欠多少，速具分析奏来者。臣今商量，请准敕先
牒诸州府，勘鞍马什物，作人功价粮课。并勘每年缘馆驿马占
留钱数，诸色破用，及使料粟麦，递马草料。待诸州府报到，
续具闻奏。"现在尚不清楚"递乘作民课"的意思，但此处
"作民课"可能是"作人功价粮课"的误写。如此一来，应该
指的是馆驿业务相关劳动者的雇佣费。

13. 关于"军事酱菜衣粮"，无须对"军事"一词进行说明。"酱菜
衣粮"指士兵的工资，尤其是生活费。《唐会要》卷七八"诸使
中"条记载："大历十二年五月十日，中书门下状奏，……士兵
量险隘召募，谓之健儿，给春冬衣并家口粮。当上百姓，名曰
团练。春秋归，夏冬追集。日给一身粮及酱菜。"

14. 关于军费中的装备、城墙、壕沟的修理等经费，见《唐大诏令

集》卷一一七乾符四年（877）九月《遣使宣慰蕲黄等州敕》：
"其有留州留使钱物，皆是十月已前，秋赋之初，须仗循良，
渐自收敛，节其横费，酌彼军需，讲于耕战之余，用济公私之
急。其须添器械，更浚城隍，犹防卫乌合之徒，重有鲸冲之
势。"在同一地区，《旧唐书》卷一七二《牛僧孺传》记载：
"以僧孺检校礼部尚书、同中书门下平章事、鄂州刺史、武昌
军节度、鄂岳蕲黄观察等使。江夏城风土散恶，难立垣墉。每
年加板筑，赋菁茆以覆之。吏缘为奸，蠹弊绵岁。僧孺至，计
茆苫板筑之费，岁十余万。即赋之以砖，以当苫筑之价。凡五
年，墉皆甃葺，蠹弊永除。"军费作为主要支出的记载见于
《旧唐书》卷一七四《李德裕传》："润州承王国清兵乱之后，
前使窦易直，倾府藏赏给。军旅浸骄，财用殚竭。德裕俭于自
奉。留州所得，尽以赡军。虽施与不丰，将卒无怨。"可见，
由刺史或观察使等人判断将经费赏与士兵还是用作军费。

15. 参照本章注释 8 所引《册府元龟》卷四八八《邦计部·赋税
二》太和四年条。

16. 关于回残，见《唐天宝九载八月至九月敦煌郡仓纳谷牒》（P.2803
背，《敦煌社会经济文献真迹释录》第一册，第 464 页）。

17. 例如《唐会要》卷九三"诸司诸色本钱下"条："会昌元年正
月敕节文。每有过客衣冠，皆求应接行李。苟不供给，必致怨
尤。……宜委本道观察使条流，量县大小，及道路要僻，各置
本钱，逐月收利。……其钱便以留州留使钱充。……其年六
月，河中、晋、绛、慈、隰等州观察使孙简奏，准敕书节文，
量大县小，各置本钱，逐月四分收利，供给不乘驿前观察使、
刺史、前任台省官等。晋、慈、隰三州，各置本钱讫。得绛州
申，称无钱置本。令使司量贷钱二百贯充置本，以当州合送使
钱充。敕旨，宜依。仍付所司。"

18. 关于以商税为财源的公用钱，《册府元龟》卷六七四《牧守
部·公正》记载："崔从为淮南节制使。权〔私案"权"下疑
有脱文〕扬州旧有货魋之利，资产奴隶交易者，皆有贯率，羊

有口算。每岁收缗钱，以益公用。"关于以税麻作为财源，《元氏长庆集》卷三九《朝论当州朝邑等三县代纳夏阳韩城两县率钱状》记载："当州税麻。右当州从前麻地七十五顷六十七亩四垄。每年计麻一万一千八百七十四两，充州司诸色公用。"关于以俸禄作财源，此处举县令的例子，《册府元龟》卷七〇四《令长部·廉俭》记载："冯元淑为浚仪、始平二县令。……俸禄之余，皆备公用，并给与穷乏。"

19. 例如《文苑英华》卷四二〇《大中十三年（859）十月九日嗣登宝位赦文》记载："……天下州郡，于所公用之余，收籴年谷，自备水旱，以救疲人。赈绝及时，免待奏请。探闻惠物，颇谓通规。"此外，《文苑英华》卷四二六《贞元九年（793）冬至大礼大赦》、同书卷四二三《会昌二年（842）四月二十三日上尊号赦文》中指示将州府的回残羡余钱物作为备灾谷物储藏起来。

554

20. 关于①③，见《唐会要》卷九三"诸司食利本钱下"条元和九年（814）十二月赦："其诸司应见征纳，及续举放所收利钱，并准今年八月十五日敕，充添修当司廨宇什物，及令驱使、官厨料等用。仍委御史台勾当，每常至年终，勘会处分。"关于②请参照本章注释 17。关于④，见《唐会要》卷九三"诸司诸色本钱上"条："大历六年三月敕，军器公廨本钱三千贯文，放在人上，取利充使以下食料纸笔。宜于数内收一千贯文，别纳店铺课钱，添公廨收利杂用。"这是对中央官司食利本钱用途的指令，应该也适用于地方州府。

关于作为官吏津贴的财源，《册府元龟》卷五〇八《邦计部·俸禄四》会昌六年（846）十二月中书门下奏文记载："应诸中下州司马军事俸料，共不满一百千者，请添至一百千。其紧上州不满一百五十千者，请添至一百五十千。其雄望州不满二百千者，请添至二百千。其先已过者，即得仍旧。并任于军事杂钱中，方圆置本，收利充给。……敕旨，依准奏。"

五代时期，明文规定地方官的工资由公使（用）钱支付。《五

代会要》卷二四 "诸使杂录" 条记载: "显德五年四月六日敕,
应诸道州府进奏, 逐月合请俸料及纸笔等钱, 宜令今后于本州
公使钱内支给。"

21. 《册府元龟》卷九〇《帝王部·赦宥九》长庆四年 (824) 三
月壬子条记载: "天下州府财物有余羡者, 委观察使及所管州
郡, 约旧事费用者条件, 縣中书门下, 便差官, 类例详定可留
可去者, 闻奏。务从宽济, 勿使难守。其余羡钱, 非两税外征
率; 并不用勘问。" 尽管对公用钱的主要财源——羡余钱进行
了审核, 但正税 (来自留州的正规羡余钱) 被排除在审核对象
之外, 侧面印证了州刺史独自裁量的范围。

22. 关于此点, 参照注释 19 引《文苑英华》卷四二〇《大中十三
年十月九日嗣登宝位赦文》)。

23. 关于其两面性, 唐代前期部分参照渡边信一郎 (1994) 「仁
孝——六朝隋唐期の社会救済論と国家」, 唐代后期参照船越
泰次 (1996b)。

24. 《文苑英华》卷四三〇《大中元年正月十七日赦文》记载:
"如闻, 州府之内, 皆有闲田, 空长蒿莱, 无人垦辟。与其虚
弃, 曷若济人。宜令所在长吏, 设法召募贫人, 课励耕种。所
收苗子, 以备水旱及处处军粮。其初建置, 或镇小力微, 不办
营备。任量常平义仓粟, 充粮食种子及耕农具。"

555

25. 关于属省钱物, 参照日野开三郎 (1982) 第二部第三章「藩鎮
体制下における唐朝の振興と両税上供」。

26. 表 37 所举各项出处如下。

收入项目:

(1) 关于租税关系。两税中, 关于两税钱币总额,《册府元龟》
卷四八四《邦计部·经费》开成二年 (837) 条记载: "二月
[案: "月" 疑当作 "年"], 度支奏: '每年供诸司并畿内诸
镇军粮等, 计粟麦一百六十余万石, 约以钱九十六万六千余贯
籴之。畿内百姓, 每年纳两税见钱五十万贯, 约以粟麦二百余
万贯 [案: "贯" 当作 "石"] 籴之。是度支籴以六十, 而百

姓枲以二十五。……今请以度支贵枲钱五十万贯，送京兆府，充百姓一年两税。勒二十三县，代缗输粟八十万石小麦二十万石，充度支诸色军粮，则开成三年以后，似每岁放百姓一半税钱，又省度支钱一十万贯。……'"所以两税钱额应为50万贯。

京兆府两税总额为100万贯石，两税钱和两税斛斗各为50万贯、50万石。关于两税钱总额50万贯中的①夏税钱，《唐会要》卷九〇"和籴"条贞元二年（786）记载："其年十一月，度支奏，请于京兆府，折为明年夏税钱二十二万四千贯文。又请度支给钱，添成四十万贯。令京兆府，今年内收籴粟麦五十万石，以备军仓。诏从之。"

从两税钱总额50万贯中减去①夏税钱224000贯，可得②秋税钱276000贯。

然后是两税斛斗部分，关于③夏税斛斗，《柳河东集》卷三九《奏状·为京兆府昭应等九县诉夏苗损状》[贞元十九年（803）]记载："臣当府夏税，通计约二十九万石已上。据所损矜免，只当三万石有余。"从两税斛斗总额50万石减去③夏税斛斗29万石，可得④秋税斛斗约21万石。

京兆府对播种地课有一定比例的青苗钱，伴随两税分夏秋两次征收。关于⑤夏青苗钱，《唐大诏令集》卷七七《景陵优劳德音》[元和十五年（820）六月十九日]记载："京兆府今年夏青苗钱，应合征共八万三千五百六十贯文，并宜放免。"关于⑥秋青苗钱没有明确记载，但应接近夏青苗钱的数额。

关于⑦榷酒税，《唐大诏令集》卷一〇《太和三年（829）疾愈德音》记载："京邑之书，本无榷酤。属贞元用兵之后，费用稍广，始定店户等弟，令其纳榷。……其长安万年两县，见征纳榷钱一万五千十贯八百文。若先欠者，并宜放免。其榷酒钱，起今亦宜停。"

关于⑧税草，《陆宣公翰苑集》卷二〇《论度支令京兆府折税市草事状》记载："臣等谨俭京兆府，应征地税草数，每年不

556

过三百万束。其中除留供诸县馆驿及镇军之外，应合入城输纳，唯二百三十万而已。……望委京兆尹勾当，别和市草五百万束，以充贮备。……其市草价直，并于年支留府钱数内，以给用不尽者充。每市满十满束，一度闻奏。……送付苑中输纳。"

（2）关于职田，虽无从得知其总量，但有关于元和十四年（819）未缴纳额的记载。《册府元龟》卷四九一《邦计部·蠲复三》穆宗元和十五年四月敕记载："京畿二十有二县，欠元和十四年京百司职田二十二万九千一石束贯等……其所欠并宜蠲免。"

（3）关于京兆府两县贮备钱，《陆宣公翰苑集》卷二《冬至大礼大赦制》［贞元元年（785）］记载："辇毂之下，四方会同。供应既多，难为准定。急赋繁役，人何以堪。宜令京兆尹，与度支计会。长安万年两县，每季各先支贮备钱五千贯文，于县库收纳，定清干官专知。应缘卒须别索及杂供拟并工匠等，县令与专知官，先对给价钱，季终之后，申度支勘会。所是［案：此二字，《文苑英华》卷四二五作"应关"］和市和雇，并须先给价钱，两税外一物以上，不得科配百姓。"

（4）关于公用钱的②京兆府诸色利钱，《唐会要》卷九三"诸司诸色本钱上"条记载："［贞元］十二年（796）御史中丞王颜奏，简勘足数，十王厨二十贯文，十六王宅三百九十二贯八百二十五文……京兆府四万八千八百八十九贯二百二十四文，京兆府御递院二千五百贯文。"关于③长安、万年诸色利钱，同卷同条记载："乾元元年（758）敕，长安万年两县，各备钱一万贯，每月收利，以充和雇。时祠祭及蕃夷赐宴别设，皆长安万年人吏主办。二县置本钱，配纳质债户，收息以供费。"《新唐书》卷五五《食货志五》也有大致相同的内容，可以看出，该项一直持续到元和时期。另外，据《唐会要》卷九三"诸司诸色本钱下"条元和九年十一月户部奏文，根据该年八月十五日的诏敕，从次年开始，与中央诸官司一起，以户部新收除陌五文钱为财源的公廨本钱支付万年县 3400 贯 600 文，支付长安县 2745 贯 433 文。

（5）关于常平义仓，《文苑英华》卷四三五《赈恤百姓德音》［元和六年（811）二月二十八日］记载："京兆府宜以常平义仓粟二十四万石，贷借百姓。"另外，同书同卷《赈贷京畿百姓德音》［元和七年（812）］记载："京畿百姓粟共赈给粟三十万石。内八万石，以京兆府常平义仓粟充。其余以太仓粟充支给。……元和六年春赈贷京畿百姓义仓粟二十四万石，亦宜放免。"又有《册府元龟》卷一〇六《帝王部·惠民二》元和九年二月丁未制条："应京畿百姓所欠元和八年税斛斗、青苗钱、税草钱等，在百姓腹内者，并宜放免。仍以常平义仓斛斗三十万石，委京兆府，条疏赈给，务及贫人。如常平义仓不足，即宜以元和七年诸县所贮折籴斛斗添给。"元和年间，约有 30 万石的义仓谷储备。

经费支出项目：

（1）上供部分应该是定额化的，但并不知道其具体内容。仅以唐末为例，《册府元龟》卷四八四《邦计部·经费》记载："昭宗乾宁四年（897），同州节度使长春宫使韩建奏：'以京兆府，于每年见征赋内，减四十万贯，充上供。'"唐末上供额是 40 万贯，相较之前的上供额究竟是何种程度，尚待商榷。

税草上供额 230 万束，参照收入（1）⑧税草。

（2）关于留府①诸陵守当夫经费，《全唐文》卷五二德宗《禁和市诏》记载："其司农寺供宫内及诸厨冬藏菜，并委本寺自供。其菜价仍委京兆尹，约每年时价支付，更不得配京兆府和市。其诸陵守当夫，宜委京兆府，以价直送陵司。令自雇召，并不得差配百姓。应寒食杂差配，及树柴修桥柴木选场棘等，便于户税钱内克折，不得更令和市。"《册府元龟》卷五〇二《邦计部·常平》太和七年（833）八月诏的内容几乎与此相同。

关于②陵园钱草斛斗、③诸军诸使钱草斛斗两项，《唐大诏令

557

集》卷七二《乾符二年（875）南郊赦》记载："从咸通十三年夏已前，京兆府所欠诸陵园及诸军诸使钱草斛斗，并诸杂物，一物已上，宜并放免。……从咸通十三年夏已前，京兆府所欠诸陵掌闲、矿骑、丁资、三卫等资钱，亦并放免。"其具体金额无从可知。

关于④诸县馆驿钱草斛斗、⑤和市草 500 万束，参照收入部分（1）的⑧税草。

再者，《册府元龟》卷四八四《邦计部·经费》长庆元年（821）条记载："四月己丑，河南尹韦贯之请，以去年夏末，至今年夏初，供馆驿外，残钱一万三千五百八十贯，草九万五百八十束。代百姓填元和十一年至十五年逋欠，及今年夏税。从之。"虽然是河南府的例子，但京兆府和河南府同级，用馆驿钱草的回残钱物填补租税未缴纳部分的方式应该也适用于京兆府。

关于⑥在京诸司所用杂物，《唐大诏令集》卷八六懿宗《咸通七年（866）大赦文》记载："应京兆府诸县，从大中八年后，至咸通六年，应欠诸司税草斛斗、糖棘番匠知食使玉苏，及府司欠延资并度支户部钱物，及赈贷折籴粟，并诸县欠填省修堰埭等钱……并从放免。"

关于⑦司农寺菜钱，《旧唐书》卷一四九《归融传》记载："寻迁京兆尹。时府司物力不充，特敕赐钱五万贯。府司以所赐之半，还司农寺菜钱。……时两公主出降，府司供帐事殷。又俯近上巳、曲江赐宴，奏请改日。"参照上文①诸陵守当夫经费的诏敕。

关于⑧水利设施（堰埭）造修费，参照上文⑥《唐大诏令集》卷八六懿宗《咸通七年大赦文》。

关于⑨其他经费，首先是公主的婚丧嫁娶经费。《旧唐书》卷一四八《李吉甫传》记载："[元和]七年，京兆尹元义方奏：'永昌公主准礼令起祠堂，请其制度。'初贞元中，义阳、义章二公主，咸于墓所，造祠堂一百二十间，费钱数万。及永昌之制，上令义方，减旧制之半。"参照前文⑦《旧唐书》卷一四九《归融传》。

上巳、曲江、重阳等宴会和官僚聚会也设有一定经费（本色钱）。《文苑英华》卷四二二《大中二年（848）正月三日册尊号赦书》记载："三公仆射，不常除官。每至上时，须有聚会，委以府县，即须扰人。宜令度支部，勾当局席。便取京兆府本色钱充，不得府司差配百姓。……上巳、重阳、曲江宴会，自有本色伍伯贯钱。费用之间，不合欠缺，每闻差配百姓，不免扰人。从今已后，宜令京兆府，先与度支盐铁计料，据所用一物已上，除以本色钱物外，如有欠少，即委度支盐铁，据数均给。府县不得到辄配百姓。"

关于⑩杂钱，据《旧唐书》卷一二九《韩滉传附韩皋传》："改京兆尹。奏郑锋为仓曹，专掌钱谷。……又劝皋搜索府中杂钱，折籴百姓粟麦等三十万石，进奉以图恩宠。皋纳其计。"可见杂钱的规模非常大，相当于留州、留使的杂给用钱。

关于收入项目（3）京兆府两县贮备钱对应的经费，参照前文《陆宣公翰苑集》卷二《冬至大礼大赦制》。

（4）公用钱对应的经费与州财政的情况相同，特别是用于修筑长安城桥梁道路这一点，见《唐会要》卷八六"桥梁"条的诏敕："大历五年（770）五月敕，……其坊市桥，令当界修理。诸桥街，京兆府以当府利钱充修造。" 559

27. 两税法之前就已存在百万贯石的规模。《文苑英华》卷四三四常衮《减京畿秋税制》记载："其京兆府所奏今年秋税八十二万五千石斛斗数内，宜即减一十七五千石。……其先欠永泰元年地头钱一十四万九千一百四十一贯，并宜放免。"

28. 京兆府、河南府与其他州府不同，直到贞元八年（792），其所属县一直受到比部的财政监察。《唐会要》卷五九"尚书省诸司下·比部员外郎"条记载："贞元八年闰十二月十七日，尚书右丞卢迈奏，伏详比部所勾诸州，不更勾诸县。唯京兆府河南府，既勾府并勾县。伏以县司文案，既已申府。府县并勾，事恐重烦。其京兆府河南府，请同诸州，不勾县案。敕旨，依。十一年正月，制令比部，复旧敕勾京兆留府税租。"

29. 详细史料参照本章注释26。

30. 关于户部支付京兆府县官费用一事，参照本书第十四章。

31. 参照本章注释26的收入（1）引《册府元龟》卷四八四《邦计部·经费》开成二年条。

32. 有关和籴、折籴的详细史料，参照本书第十四章表34。

33. 关于户部与京兆府财政的关联，参照本书第十四章。

34. 据《通典》卷六天宝年间的度支岁计可知：（1）谷物（粟）2500余万石中，中央费1000万石，地方费1500万石；（2）纺织品（布绢绵）2700万匹中，中央费1400万匹，地方费1300万匹；（3）钱币200余万贯都是地方费。整体来看，中央费2400万石匹，地方费3000万贯石匹，比例是四比五。

35. 关于兵农分工，参阅本书第十四章。另外，北魏中央与地方的财政比例为五比二，这一比例除去了俸禄。因为地方官占绝大多数，如果加上俸禄，则这一比例应接近五比五。

560 36. 《魏书》卷七《高祖纪上》太和八年条记载："六月丁卯，诏曰：'置官班禄，行之尚矣。周礼有食禄之典，二汉著受俸之秩。逮于魏晋，莫不率稽往宪，以经纶治道。自中原丧乱，兹制中绝，先朝因循，未遑厘改。朕永鉴四方，求民之瘼，夙兴昧旦，至于忧勤。故宪章旧典，始班俸禄。罢诸商人，以简民事。户增调三匹、谷二斛九斗，以为官司之禄。均预调为二匹之赋，即兼商用。虽有一时之烦，终克永逸之益。禄行之后，赃满一匹者死。变法改度，宜为更始，其大赦天下，与之惟新。'"另外《魏书》卷五《高宗纪》和平二年（461）正月乙酉条记载："诏曰：'刺史牧民，为万里之表。自顷每因发调，逼民假贷，大商富贾，要射时利，旬日之间，增赢十倍。上下通同，分以润屋。故编户之家，困于冻馁。豪富之门，日有兼积。为政之弊，莫过于此。其一切禁绝，犯者十匹以上皆死。布告天下，咸令知禁。'"可以看出，在俸禄制施行前，地方官府和商人、富豪们相互勾结，将所收官物强行借贷给民间，以瓜分利益。俸禄制的实施便是为了彻底革除这类弊病。不过，这类弊病的出现自有其基础，即为了筹措经费而将官物借贷民间的传统。

37. 其原委详见《唐会要》卷九一至卷九三。

38. 《文苑英华》卷四二八《太和三年十一月十八日赦文》记载："天下州府两税占留钱，每年支用，各有定额。其回残羡余，准前后赦文，许充诸色公用。长庆四年二月三日制亦具言。缘无分明条件可使执守，刺史每被举按，即以坐赃论。须为立程，俾无甚弊。其州府应合公用羡余物，并因循旧例，与格令不同者，并令尚书省御史台，明立条件，散下州府，使知所守，永可遵行。"

39. 《五代会要》卷二四"建昌宫使"条记载："后唐同光二年正月，敕盐铁、度支、户部三司，凡关钱物，委租庸使管辖。"

40. 关于五代后唐的租庸使，参阅室永芳三（1971）和砺波护（1986a）。

41. 参阅室永芳三（1971）与砺波护（1986a）。

42. 《册府元龟》卷四八六《邦计部·户籍》记载："开成二年正月，户部侍郎判度支王彦威进所撰《供军图》。其表略曰：'……长庆户口凡三百三十五万，而兵额又约九十九万。通计三户资奉一兵。今计天下租赋，一岁所入，总不过三千五百余万。而上供之数，三之一焉。三分之中，二给衣赐。自留州使兵士衣食之外，其余四十万众，仰给度支。……'" 561

43. 有关唐末至五代时期禁军的成立过程，参阅堀敏一（1953）、菊池英夫（1954，1958）。尤其是把禁军的成立划分为后唐明宗时期和后周世宗至宋太祖时期两期这一点十分具有启发性。

44. 参阅渡边信一郎（1994）。

45. 参阅滨口重国（1966i，1966j）。

参考文献

日文

青山定雄 1963　『唐宋時代の交通と地誌地図の研究』吉川弘文館、第一編第七章「唐代の水路工事」

青山秀夫 1950　『マックス・ウェーバーの社会理論』岩波書店

朝尾直弘 2004　『身分制社会論』朝尾直弘著作集第七巻、岩波書店

足立啓二 1990　「専制国家と財政・貨幣」中国史研究会編『中国専制国家と社会統合——中国史像の再構成Ⅱ』文理閣

足立啓二 1998　『専制国家史論——中国史から世界史へ』柏書房

阿部幸信 2004　「漢帝国の内臣—外臣構造形成過程に関する一試論」『歴史学研究』第七八四号

荒川正晴 1992　「唐の対西域布帛輸送と客商の活動について」『東洋学報』第七二巻第三・四号

荒川正晴 2000　「唐朝の交通システム」『大阪大学大学院文学研究科紀要』第四〇巻

飯田祥子 2004　「前漢後半期における郡県民支配の変化」『東洋学報』第八六巻第三号

池内　宏 1951　『満鮮史研究』上世第一冊、吉川弘文館

池田　温 1979　『中国古代籍帳研究』東京大学出版会

池田雄一 2002　『中国古代の集落と地方行政』汲古書院

市川任三 1968　「前漢辺郡都尉考」『立正大学教養部紀要』第二号

伊藤徳男 1959　「漢代の徭役制度について──董仲舒の上言と『漢旧儀』との解釈をめぐって」『古代学』第八巻第二号

伊藤敏雄 1980　「『遠夷不課田者』をめぐって──占田・課田の一考察」『東洋史論』第一号

伊藤敏雄 1982　「占田・課田制に関する諸研究」『東洋史論』第三号

伊藤敏雄 2008　「日本における魏晋期土地制度史

研究百年」『歴史研究』四五号

　稲葉一郎 1980　　「桑弘羊の財政策」『三田村博士古稀記念東洋史論集』『立命館文学』第四一八~四二一合併号

　ウェーバー，M 1960、1962　　『支配の社会学』Ⅰ・Ⅱ、世良晃四郎訳、創文社

　ウェーバー，M 1972　　『社会学の根本概念』清水幾太郎訳、岩波書店

　梅原　郁 1971　　「宋代の内蔵と左蔵——君主独裁制の財庫」『東方学報』京都第四二冊

　大櫛敦弘 1988　　「秦漢国家の陸運組織に関する一考察——居延漢簡の事例の検討から」『東洋文化』第六八号

　大櫛敦弘 1992　　「漢代三輔制度の形成」『中国礼法と日本律令制』東方書店

　大櫛敦弘 2000　　「中国『畿内』制度の形成に関する一考察」『東アジア史の展開と日本』山川出版社

　太田秀通 1979　　『奴隷と隷属農民』青木書店

　大津　透 2006a　　『日唐律令制の財政構造』岩波書店、第一部第一章「唐律令国家の予算について——儀鳳三年度支奏抄・四年金部旨符試釈」(初出 1986 年)

　大津　透 2006b　　『日唐律令制の財政構造』岩波書

店、第二部「力役制と差科制」

大津　透 2001　「北宋天聖令・開元二十五年令賦役令」『東京大学日本史学研究室紀要』第五号

岡崎文夫 1932　『魏晋南北朝通史』弘文堂

愛宕　元 1986　「唐代渭橋と東渭橋倉」京都大学教養部『人文』第三二集

越智重明 1961　「南朝州鎮の財政について」『東洋史学』第二四号

越智重明 1963a　『魏晋南朝の政治と社会』吉川弘文館、第二篇第一章「屯田廃止と税制」

越智重明 1963b　『魏晋南朝の政治と社会』吉川弘文館、第三篇第三章「租、調制」

越智重明 1976a　「前漢時代の徭役について」『法制史研究』第二五号

越智重明 1976b　「籍と賦」『史淵』第一一三輯

越智重明 1982a　「漢代の財政について」『九州大学東洋史論集』第一〇号

越智重明 1982b　『魏晋南朝の貴族制』研文出版、第五章「制度的身分＝門族制をめぐって」

越智重明 1983　「均輸法をめぐって」『古代文化』第三五巻第三号

越智重明 1985　『魏晋南朝の人と社会』研文出版、

第四章「宋の孝武帝とその時代」

　　　小尾孟夫 2001　　『六朝都督制研究』溪水社

　　　影山　剛 1970　　「均輸・平準と塩鉄専売」『岩波講座世界歴史』四

　　　影山　剛 1982　　「桑弘羊の均輸法試論」『東洋史研究』第四巻第四号

　　　影山　剛 1984　　『中国古代の商工業と専売制』東京大学出版会

　　　影山　剛 1995　　『王莽の賒貸法と六筦制およびその経済史的背景』私家版

　　　加藤　繁 1952a　　「漢代に於ける国家財政と帝室財政との区別並びに帝室財政一斑」『支那経済史考証』上、東洋文庫

　　　加藤　繁 1952b　　「算賦についての小研究」『支那経済史考証』上、東洋文庫

　　　鎌田重雄 1962　　『秦漢政治制度の研究』日本学術振興会、第三編第七章「漢代賻贈考」

　　　紙屋正和 2009　　『漢時代における郡県制の展開』朋友書店、第二編「武帝期における郡県制の展開」

　　　川合　安 1986　　「南朝財政機構の発展について」『文化』第四九巻第三・四合併号

　　　川合　安 1988　　「梁の大府創設とその背景」弘前

大学人文学部『文経論叢』第二三巻第三号

　河原正博 1964　「晋の戸調式の遠夷について」『鈴木俊教授還暦記念東洋史論叢』大安

　河原正博 1965　「西晋の戸調式に関する一研究——『遠夷不課田者』を中心として」『法政大学文学部紀要』第一〇号

　鞠　清遠 1944　『唐代財政史』中島敏訳、国書出版（初出 1940 年、商務印書館）

　菊池英夫 1954　「五代禁軍の地方駐屯」『東洋史学』第十一号

　菊池英夫 1956「唐代兵募の性格と名称とについて」『史淵』六七・六八合併号

　菊池英夫 1957　「北朝軍制に於ける所謂郷兵について」重松俊章先生古希記念『九州大学東洋史論集』九州大学東洋史研究室

　菊池英夫 1958　「五代後周における禁軍改革の背景——世宗軍制改革前史」『東方学』第一六輯

　菊池英夫 1961　「節度使制確立以前における『軍』制度の展開」『東洋学報』第四四巻第二号、同続編『東洋学報』第四五巻第一号

　菊池英夫 1976　「唐賦役令庸調物条再考」『史朋』第四号

菊池英夫 1995 「唐賦役令庸調物条に関する一試論」『鈴木俊先生古稀記念東洋史論叢』山川出版社

清木場 東 1996 『唐代財政史研究（運輸編）』九州大学出版会

清木場 東 1997a 『帝賜の構造』中国書店、第一篇第一章「財務施設」

清木場 東 1997b 『帝賜の構造』中国書店、第一編第二章「支出体制」

清木場 東 1997c 『帝賜の構造』中国書店、第二編「法定の支出」

清木場 東 1997d 『帝賜の構造』中国書店、第三篇「帝命の支出」

草野 靖 1998・1999 「隋初戸等制の成立とその意義」『福岡大学人文論叢』（上）第二九巻四号、（中）第三〇巻第一号、（下）第三一巻第一号

草野 靖 2001・2002 「魏晋南北朝時代における財政の発展（上）（中）（下）──特に課調制について」『福岡大学人文論叢』第三三巻第一号、第三号、第四号

楠山修作 1976 『中国古代史論集』朋友書店、第一章「算賦課徴の対象について」（初出 1967 年）

楠山修作 1990a 『中国古代国家論集』朋友書店、第三篇第一章「晋書食貨志記載の遠夷二字について」

（初出 1986 年）

　楠山修作 1990b　　『中国古代国家論集』朋友書店、第二編第二章「漢代における国家財政について」（初出 1986 年）

　工藤元男 1998　　『睡虎地秦簡よりみた秦代の国家と社会』創文社、第三章「秦の領土拡大と国際秩序の形成」（初出 1984 年）

　熊谷滋三 1996　　「前漢における属国制の形成──『五属国』の問題を中心として」『史観』第一三四冊

　窪添慶文 1984　　「北魏の地方軍（特に州軍）について」、西嶋定生博士還暦記念会編『東アジア史における国家と農民』山川出版

　栗原朋信 1960　　「文献にあらわれたる秦漢印璽の研究」『秦漢史の研究』吉川弘文館

　栗原朋信 1970　　「漢帝国と周辺諸民族」『岩波講座世界歴史』四

　栗原益男 1964　　「府兵制の崩壊と新兵種（Ⅰ）（Ⅱ）──前半期唐朝支配の崩壊に関する若干の考察をふくめて」『史学雑誌』第七三編第二号、第三号

　気賀澤保規 1999　　『府兵制の研究』同朋舎

　甲元眞之　2006『東北アジアの青銅器文化と社会』同成社

古賀　登 1959　「南朝租調攷」『史学雑誌』第六八篇第九号

古賀　登 1965　「北魏の俸禄制施行について」『東洋史研究』第二四巻第二号

小谷汪之 1996　『不可触民とカースト制度の歴史』明石書店

佐伯　富 1971a　「宋代の公使銭について──地方財政の研究」『中国史研究第二』東洋史研究会（初出1964 年）

佐伯　富 1971b　「宋代の公使庫について──地方財政の研究」『中国史研究第二』東洋史研究会（初出1970 年）

佐川英治 1999a　「三長・均田両制の成立過程──『魏書』の批判的検討をつうじて」『東方学』第九七輯

佐川英治 1999b　「北魏の編戸制と徴兵制度」『東方学報』第八一巻第一号

佐竹靖彦 1980a　「秦国の家族と商鞅の分異令」『史林』第六三巻第一号

佐竹靖彦 1980b　「中国古代の家族と家族的社会秩序」『人文学報』第一四一号

佐原康夫 1991　「居延漢簡に見える物資の輸送について」『東洋史研究』第五〇巻第一号

佐原康夫 2002a　『漢代都市機構の研究』汲古書院、第二部第一章「戦国時代の府・庫」(初出 1984 年)

佐原康夫 2002b　『漢代都市機構の研究』汲古書院、第四部第一章「居延漢簡月俸考」(初出 1989 年)

滋賀秀三 2003　「『課役』の意味及び沿革」『中国法制史論集——法典と刑罰』創文社(初出 1949 年)

重近啓樹 1976　「中国古代の山川藪沢」『駿台史学』第三八号

重近啓樹 1999a　『秦漢税役体系の研究』汲古書院、第四章「徭役の諸形態」(初出 1990 年)

重近啓樹 1999b　『秦漢税役体系の研究』汲古書院、第六章「兵制の研究——地方常備軍制を中心に」(初出 1986 年)

志野敏夫 1984　「漢の衛士と『饗遣故衛士儀』」『早稲田大学文学研究科紀要』別冊第一一集

杉村伸二 2004「景帝中五年王国改革と国制再編」『古代文化』第五六巻第一〇号

鈴木直美 2008「里耶秦簡にみる秦の戸口把握——同居・室人再考」『東洋学報』第八九巻第四号

杉山正明 2003「帝国史の脈絡——歴史のなかのモデル化にむけて」、山本有造編『帝国の研究——原理・類型・関係』名古屋大学出版会妹尾達彦 1980　「唐代塩専売法の規定内容とその効力——塩商への特権付与を中心に」『東洋史論叢：三田村博士古稀記念』(『立命館文学』第四一八～四二一号)

妹尾達彦 1982a　「唐代後半期における江准塩税機関の立地と機能」『史学雑誌』第九一編第二号

妹尾達彦 1982b　「唐代河東池塩の生産と流通——河東塩税機関の立地と機能」『史林』第六五巻第六号

曾我部静雄 1953　『均田法とその税役制度』講談社、第二章「晉の土地税役制度」

高津純也 2002　「戦国秦漢の支配構造に関する一考察——『外臣』『外国』と『諸夏』」『日中律令制の諸相』東方書店

鷹取祐司 1994　「漢代三老の變化と教化」『東洋史研究』第五三巻第二号

鷹取祐司 1998　「漢代戍卒の徴発と就役地への移動」『古代文化』第四九巻第一〇号

高橋継男 1972　「劉晏の巡院設置について」『集刊東洋学』第二八号

高橋継男 1973　「唐後半期に於ける度支使・塩鉄転運使系巡院の設置について」『集刊東洋学』第三〇号

高橋継男 1978　「唐代後半期における巡院の地方行政監察業務について」『星博士退官記念中国史論集』

高村武幸 2008a 　『漢代の地方官吏と地域社会』汲古書院、第四部第二章「前漢西北辺境と関東の戍卒——居延漢簡にみえる兵士出身地の検討を通じて」（初出 2000 年）

高村武幸 2008b 　『漢代の地方官吏と地域社会』汲古書院、第四部第三章「前漢河西地域の社会——辺境防衛組織との関わりを中心に」（初出 2006 年）

谷川道雄 1989 　『増補　隋唐帝国形成史論』筑摩書房、補編「府兵制国家論」（初出 1971 年）

玉井是博 1942 　「唐代防丁考」『支那社会経済史研究』岩波書店（初出 1940 年）

張　学鋒 1998 　「曹魏租調制度についての一考察——特にその租額問題を中心として」『史林』第八一巻第六号

張　学鋒 2000 　「西晋の占田・課田・租調制の再検討」『東洋史研究』第五九巻第一号

塚本善隆 1942 　「北魏の僧祇戸・仏図戸」『支那佛教史研究・北魏篇』弘文堂

トゥィチェット，D. C. 1965 　「唐末の藩鎮と中央財政」『史学雑誌』第七四編第四号

礪波　護 1980 　「隋唐の太倉と含嘉倉」『東方学報』第五二冊

礪波　護 1986a　「三司使の成立——唐宋の変革と使職」『唐代政治社会史研究』同朋舎（初出 1961 年）

礪波　護 1986b　「唐の律令体制と宇文融の括戸」『唐代政治社会史研究』同朋舎（初出 1970 年）

礪波　護 1986c　「両税法制定以前における客戸の税負担」『唐代政治社会史研究』同朋舎（初出 1972 年）

冨谷　至 1998　『秦漢刑罰制度の研究』同朋舎、第Ⅱ編「漢代刑罰制度考証」（初出 1983・1987 年）

中村圭爾 1987　『六朝貴族制研究』風間書房、第四篇第二章「晋南朝における官人の俸禄」（初出 1978・1979 年）

中村圭爾 2006　「台伝——南朝の財政機構」『六朝江南地域史研究』汲古書院（初出 1984 年）

中村　哲 1977　『奴隷制・農奴制の理論』東京大学出版会

中村裕一 1971　「唐代内蔵庫の変容——進奉を中心に」『待兼山論叢』第四号

永田英正 1989　『居延漢簡の研究』同朋舎、第二部第四章「簡牘よりみたる漢代辺郡の統治組織」（初出 1980 年）

永田英正編 1994　『漢代石刻集成　本文篇』同朋舎出版

仁井田陞 1933 　『唐令拾遺』東京大学出版会

西嶋定生 1961 　『中国古代帝国の形成と構造』東京大学出版会

西嶋定生 1966 　『中国経済史研究』東京大学出版会、第二部第二章「魏の屯田制──特にその廃止問題をめぐって」(初出 1956 年)

西嶋定生 1981 　『中國古代の社会と經濟』東京大学出版会

西田太一郎 1950 　「漢の正卒について」『東洋の文化と社会』第一輯

西田太一郎 1955 　「漢の正卒に関する諸問題」『東方学』第一〇輯

西野正彬 1976 　「北魏の軍制と南辺」『北陸史学』第二五号

西村元佑 1953 　「漢代の徭役制度」『東洋史研究』第一二巻第五号

西村元佑 1968a 　『中国経済史研究』東洋史研究会、第三篇第二章「唐代敦煌差科簿を通じてみた唐代均田制時代の徭役制度」(初出 1960 年)

西村元佑 1968b 　『中国経済史研究』東洋史研究会、第三篇第三章「唐律令における色役資課に関する一考察」(初出 1962 年)

西村元佑 1970　『中国経済史研究』東洋史研究会、第一篇第二章「魏晋の勧農政策と占田課田」（初出 1958 年）

野中　敬 1987　「魏晋戸調成立攷」、早稲田大学大学院『文学研究科紀要』別冊第一四集

浜口重国 1966a　『秦漢隋唐史の研究』上巻、東京大学出版会、第一部第一章「府兵制度より新兵制へ」（初出 1930 年）

浜口重国 1966b　『秦漢隋唐史の研究』上巻、東京大学出版会、第二部第一章「踐更と過更――如淳説の批判」、同第二章補遺（初出 1932 年）

浜口重国 1966c　『秦漢隋唐史の研究』上巻、東京大学出版会、第二部第五章「唐に於ける両税法以前の徭役労働」（初出 1933 年）

浜口重国 1966d　『秦漢隋唐史の研究』上巻、東京大学出版会、第二部第六章「唐に於ける雑徭の開始年齢」（初出 1935 年）

浜口重国 1966e　『秦漢隋唐史の研究』上巻、東京大学出版会、第二部第七章「唐に於ける雑徭の義務年齢」（初出 1938 年）

浜口重国 1966f　『秦漢隋唐史の研究』下巻、東京大学出版会、附録「唐の雑徭の義務日数について」（初

出 1965 年）

　浜口重国 1966g　『秦漢隋唐史の研究』上巻、東京
大学出版会、第二部第八章「漢代の将作大匠と其の役
徒」（初出 1936 年）

　浜口重国 1966h　『秦漢隋唐史の研究』上巻、東京
大学出版会、第一部第十章「魏晋南朝の兵戸制度の研
究」（初出 1957 年）

　浜口重国 1966i　『秦漢隋唐史の研究』下巻、東京
大学出版会、第三部第三章「隋の天下一統と君権の強
化」（初出 1942 年）

　浜口重国 1966j　『秦漢隋唐史の研究』下巻、東京
大学出版会、第三部第四章「所謂、隋の郷官廃止に就
いて」（初出 1941 年）

　浜口重国 1966k　「唐の玄宗期における江准上供米
と地税との関係」『秦漢隋唐史の研究』下巻、東京大学
出版会（初出 1934 年）

　日野開三郎 1974　『唐代租調庸の研究』1　色額
篇、私家版

　日野開三郎 1975　『唐代租調庸の研究』2　課輸篇
上、私家版

　日野開三郎 1977　『唐代租調庸の研究』3　課輸篇
下、私家版

日野開三郎 1981 『唐代両税法の研究』前篇(『日野開三郎東洋史学論集』第三巻)、三一書房

日野開三郎 1982 『日野開三郎東洋史学論集』第四巻、三一書房、「唐代両税法の研究・本篇」①第一部第四章「楊炎の両税法における税額の問題」、②第二部第一章「唐代両税法の分収制」、③第二章「藩鎮時代の州税三分制」、④第三章「藩鎮体制下における唐朝の振興と両税上供」

平中苓次 1967a 「漢代の馬口銭と口銭」『中国古代の田制と税法』東洋史研究会

平中苓次 1967b 「漢代の家族の復除と『軍賦』の負担」『中国古代の田制と税法』東洋史研究会(初出1955年)

藤家礼之助 1989a 『漢三国両晋南朝の田制と税制』東海大学出版会、第二章第二節「三国西晋の田制と税制」(初出1966年)

藤家礼之助 1989b 『漢三国両晋南朝の田制と税制』東海大学出版会、第二章第三節「西晋諸侯の秩奉」(初出1968年)

藤家礼之助 1989c 『漢三国両晋南朝の田制と税制』東海大学出版会、第三章第三節「南朝の税制」(初出1980年)

藤田勝久 2005a　『中国古代国家と郡県社会』汲古書院、第二編第一章「漢王朝と水利事業の展開」(初出1983年)

藤田勝久 2005b　『中国古代国家と郡県社会』汲古書院、第二編第三章「前漢時代の漕運機構」(初出1983年)

藤田勝久 2005c　『中国古代国家と郡県社会』汲古書院、第二編第五章「前漢の徭役労働とその運営形態」(初出1984年)

藤元光彦 1987　「『戸調』の成立をめぐって──特に貨幣経済との関連を中心に」『立正史学』第六一号

船越泰次 1996a　『唐代両税法研究』汲古書院、第二部第二章「唐代両税法における斛斗の徴科と両税銭の折糴・折納問題──両税法の課税体系に関連して」(初出1973年)

船越泰次 1996b　『唐代両税法研究』汲古書院、第三部第一章「唐代後期の常平義倉」(初出1978年)

船越泰次 1996c　『唐代両税法研究』汲古書院、第二部第六章「唐代戸等制雑考」(初出1987年)

堀　敏一 1953　「五代宋初における禁軍の発展」『東洋文化研究所紀要』第四号

堀　敏一 1975　『均田制の研究』岩波書店、第二章「魏晋の占田・課田と給客制の意義」(初出1974年)

増淵龍夫 1960 「先秦時代の山林藪沢と秦の公田」『中国古代の社会と国家』弘文堂

松井秀一 1967 「裴垍の税制改革について」『史学雑誌』第七六編第七号

松永雅生 1956 「唐代差役考」『東洋史学』一五号

松永雅生 1957 「両税法以前唐代の差科」『重松先生古稀記念九州大学東洋史論叢』

松永雅生 1969・1970 「北魏の官吏俸禄制実施と均田制」『九州学園福岡女子短期大学研究紀要』第二号、第三号

松永雅生 1987 「北魏世祖の徭役策とその後の推移」『日野開三郎博士頌寿記念論集中国社会・制度・文化史の諸問題』中国書店

松本善海 1977 『中國村落制度の史的研究』岩波書店、第二部第一編第五章「鄰保組織を中心としたる唐代の村政」(初出 1942 年)

マルクス，K. 1958—1965 『経済学批判要綱』一八五七~五八年草稿、高木幸二郎監訳、大月書店

丸橋充拓 2006 『唐代北辺財政の研究』岩波書店

三上次男 1966 『古代東北アジア史研究』吉川弘文館

三崎良章 2002　『五胡十六国──中国史上の民族大移動』東方書店

宮本一夫 2000　『中国古代北疆史の考古学的研究』中国書店

宮崎市定 1957a　「古代中国賦税制度」『アジア史研究』第一、東洋史研究会（初出 1933 年）

宮崎市定 1957b　「晋武帝の戸調式に就いて」『アジア史研究』第一、東洋史研究会（初出 1935 年）

宮崎市定 1957c　読史箚記三「漢代の郷制」『アジア史研究』第一、東洋史研究会

宮崎市定 1976　「唐代賦役制度新考」『宮崎市定アジア史論考』中巻、朝日新聞社（初出 1956 年）

宮澤知之 1998a　『宋代中国の国家と財政──財政・市場・貨幣』創文社、第一部第一章「北宋の財政と貨幣経済」（初出 1990 年）

宮澤知之 1998b　『宋代中国の国家と財政──財政・市場・貨幣』創文社、第二部第一章「唐宋時代の短陌と貨幣経済の特質」（初出 1988 年）

宮澤知之 1999　「中国専制国家財政の展開」『岩波講座世界歴史』九

宮澤知之 2000　「魏晋南北朝時代の貨幣經濟」『鷹陵史学』第二六号

中国古代的财政与国家

宮澤知之 2002 「中国専制国家の財政と物流——宋明の比較」、第一回中国史学国際会議研究報告集『中国の歴史世界——統合のシステムと多元的発展』東京都立大学出版会

宮澤知之 2007 『中国銅銭の世界——銭貨から経済史へ』思文閣

宮宅 潔 2008 「『司空』小考——秦漢時代における刑徒管理の一斑」、平成十六年度～平成十九年度科学研究費補助金研究成果報告書『張家山漢簡による中国漢代制度史の再検討』

室永芳三 1969 「唐末内庫の存在形態について」『史淵』第一〇一輯

室永芳三 1971 「五代における租庸使の成立とその性格」『東洋学報』第五三巻第三・四合併号

籾山 明 1985 「爵制論の再検討」『新しい歴史学のために』第一七八号

籾山 明 1986 「漢代結僤習俗考——石刻史料と郷里の秩序①」『島根大学法文学部紀要』文学科篇第九号-一

籾山 明 1999 『漢帝国と辺境社会——長城の風景』中央公論社

守屋美都雄 1968 『中国古代の家族と国家』東洋

史研究会、第三章「開阡陌の一解釈」

山崎　覚士 2003　「唐開元二十五年令の復原から唐代永業田の再検討へ――明抄本天聖令をもとに」『洛北史学』第五号

山田勝芳 1972　「漢代財政制度に関する一考察」『北海道教育大学紀要』第一部 B 第二三巻第一号

山田勝芳 1974　「漢代財政制度変革の経済的要因について」『集刊東洋学』第三一号

山田勝芳 1975　「王莽代の財政」『集刊東洋学』第三三号

山田勝芳 1977a　「後漢の大司農と少府」『史流』第一八号

山田勝芳 1977b　「後漢財政制度の創設について」上、『北海道教育大学紀要』第一部 B 第二七巻第二号

山田勝芳 1978a　「後漢財政制度の創設について」下、『人文論究』第三八号

山田勝芳 1978b　「漢代の算と役」『東北大学教養部紀要』第二八号

山田勝芳 1981　「均輸平準と桑弘羊――中国古代における財政と商業」『東洋史研究』第四〇巻第三号

山田勝芳 1982　「前漢武帝代の祭祀と財政――封禅書と平準書」『東北大学教養部紀要』第三七号

山田勝芳 1983　「均輸平準の史料論的研究」（一）、
『歴史』第六一輯

山田勝芳 1984a　「均輸平準の史料論的研究」（二）、
『歴史』第六二輯

山田勝芳 1984b　「前漢武帝代の財政機構改革」
『東北大学東洋史論集』第一輯

山田勝芳 1986　「後漢時代の徭役と兵役」『歴史』
第六六輯

山田勝芳 1989　「秦漢時代の復除（一）——秦の
復」『東北大学教養部紀要』第五二号

山田勝芳 1993a　『秦漢財政収入の研究』汲古書
院、第四章「徭役・兵役」

山田勝芳 1993b　『秦漢財政収入の研究』汲古書
院、第六章「専売・均輸平準、及び諸収入」

山田勝芳 2001　『中国のユートピアと「均の理
念」』汲古書院

山本有造 2003　「『帝国』とはなにか」、山本有造
編『帝国の研究——原理・類型・関係』名古屋大学出
版会

吉開将人 1998・1999・2000 年　「印からみた南越
世界——嶺南古璽考」前・中・後編、『東洋文化研究所
紀要』第一三六、一三七、一三九冊

　吉田　孝 1983　　『律令国家と古代の社会』Ⅶ、「雑徭制の展開過程」岩波書店

　吉田虎雄 1942　　『両漢租税の研究』大安、1966 年再版、第六節「徭役及び更賦」

　吉田虎雄 1943　　『魏晋南北朝租税の研究』大阪屋号書店

　吉田虎雄 1973　　『唐代租税の研究』汲古書院

　米田賢次郎 1957　　「漢代徭役日数に関する一試論」『東方学報』京都第二七冊

　鷲尾祐子 2007　　「秦の『戸』『同居』『室人』について——秦における国家と血縁集団」『中国古代史論集』第四集

　鷲尾祐子 2009　　『中国古代の専制国家と民間社会戸——家族・風俗・公私』立命館東洋史学会叢書九、第一章「漢代における更卒と正——徭役・兵役制度に関する試論」(初出 2005 年・2006 年)、第二章「漢初の戸について」(初出 2006)、第三章「出土文字資料にみえる秦漢代戸籍制度」(初出 2007 年)、第四章「日本における中国家族研究の基本概念について」(初出2006 年)

　渡辺信一郎 1983　　『中国史像の再構成』文理閣、総論第二章「中国前近代社会史研究の課題と小経営生産様式」

中国古代的财政与国家

渡辺信一郎 1986 　『中国古代社会論』青木書店、第一章「古代中国における小農民経営の形成」、第二章「阡陌制論」

渡辺信一郎 1989 　「開元二十三年の行財政改革について」『三島海雲記念財団研究報告書』第二七号

渡辺信一郎 1990 　「国家的土地所有と封建的土地所有概念をてがかりに」『中国専制国家と社会統合——中国史像の再構成Ⅱ』文理閣

渡辺信一郎 1993 　「中国古代専制国家と官人階級」、中村哲編『東アジア専制国家と社会・経済』青木書店

渡辺信一郎 1994 　『中国古代国家の思想構造——専制国家とイデオロギー』校倉書房

渡辺信一郎 1996 　『天空の玉座——中国古代帝国の朝政と儀礼』柏書房

渡辺信一郎 2003 　『中国古代の王権と天下秩序』校倉書房

渡辺信一郎 2005a 　「百姓の成立——中国における国家の形成によせて」、前川和也・岡村秀典編『国家形成の比較研究』学生社

渡辺信一郎 2005b 　「北宋天聖令による唐開元二十五年賦役令の復原並びに訳注（未定稿）」『京都府立大

学学術報告』人文・社会第五七号

　渡辺信一郎 2006　「北宋天聖令による唐開元二十五年田令の復原並びに訳注」『京都府立大学学術報告』人文・社会第五八号

　渡辺信一郎 2008a　「古代中国の支配と身分」、広瀬和雄・仁藤敦史編『支配の古代史』学生社

　渡辺信一郎 2008b　『『魏書』食貨志・『隋書』食貨志訳注』汲古書院

中文

蔡次薛，1990，《隋唐五代财政史》，北京：中国财政经济出版社。

陈明光，1984，《唐代"除陌"释论》，《中国史研究》第 4 期。

陈明光，1991，《唐代财政史新编》，北京：中国财政经济出版社。

陈明光，1997，《六朝财政史》，北京：中国财政经济出版社。

陈寅恪，［1940］1971，《隋唐制度渊源略论稿》，中研院历史语言研究所特刊之三《陈寅恪先生论集》。

陈寅恪，［1957］1980，《论唐代之蕃将与府兵》，

《金明馆丛稿初编》，上海：上海古籍出版社。

陈玉屏，1988，《魏晋南北朝兵户制度研究》，成都：巴蜀书社。

陈直，1979，《史记新证》，天津：天津人民出版社。

陈直，1980，《关于两汉的徒》，《两汉经济史料论丛》，西安：陕西人民出版社。

村井恭子，2006，《唐代东北海运和海运使》，张金龙主编，《黎虎教授古稀纪念中国古代史论丛》，北京：世界知识出版社。

村井恭子，2007，杨振红、井上彻编《中日学者论中国古代城市社会》，西安：三秦出版社。

戴建国，1999，《天一阁藏明抄本〈官品令〉考》，《历史研究》第 3 期。

戴建国，2000、2001，《天一阁藏〈天圣令·赋役令〉初探（上）（下）》，《文史》第 4、第 1 辑。

戴建国，2006，《唐〈开元二十五年令·杂令〉复原研究》，《文史》第 3 辑。

谷霁光，1962，《府兵制度考释》，上海：上海人民出版社。

广濑薰雄，2005，《张家山汉简所谓〈史律〉中有关践更之规定的探讨》，《人文论丛》2004 年卷。

广州市文物管理委员会，1991，《西汉南越王墓（上下）》，北京：文物出版社。

郭大顺、张星德，2005，《东北文化与幽燕文明》，南京：江苏教育出版社。

何兹全，1982，《魏晋南朝的兵制》《府兵制前的北朝兵制》，《读史集》，上海：上海人民出版社。

河南省博物馆、洛阳市博物馆，1972，《洛阳隋唐含嘉仓的发掘》，《文物》第3期。

黄正建，2006，《〈天圣令（附唐杂令）〉所涉唐前期诸色人杂考》，《唐研究》第12卷。

纪春华、乔国荣、王震、杨以平，2006，《安徽天长西汉墓发掘报告》，《文物》第11期。

康乐，1979，《唐代前期的边防》，台北：台湾大学出版委员会。

劳幹，1957，《居延汉简·图版之部》，台北：台湾中研院历史语言研究所。

劳幹，1960，《居延汉简·考释之部》，台北：台湾中研院历史语言研究所。

劳幹，[1935] 1976，《两汉郡国面积之估计及口数增减之推测》，《劳幹学术论文集》甲编上册，台北：艺文印书馆。

李锦绣，1995，《唐代财政史稿》（上卷），北京：北京大学出版社。

李锦绣，2001，《唐代财政史稿》（下卷），北京：北京大学出版社。

李青淼，2007，《20世纪以来唐代都督府研究综述》，《中国史研究动态》第5期。

李昭和、莫洪贵、于采芑，1982，《青川县出土秦更修田律木牍——四川青川县战国墓发掘简报》，《文物》第1期。

连云港市博物馆、东海县博物馆、中国社会科学院简帛研究中心、中国文物研究所，1997，《尹湾汉墓简牍》，北京：中国建筑工业出版社。

刘统，1998，《唐代羁縻府州研究》，西安：西北大学出版社。

鲁才全，1991，《北朝的兵役、番兵和资绢》，《魏晋南北朝隋唐史资料》第11辑。

马大英，1983，《汉代财政史》，北京：中国财政经济出版社。

孟彦弘，1995，《唐前期的兵制与边防》，《唐研究》第1卷。

彭浩、陈伟、工藤元男，2007，《二年律令与奏谳书——张家山二四七号汉墓出土法律文献释读》，上海：上海古籍出版社。

彭信威，1988，《中国货币史》第三版，上海：上海人民出版社。

　　唐长孺，1955，《魏晋户调制及其演变》，《魏晋南北朝史论丛》，北京：生活·读书·新知三联书店。

　　唐长孺，1983，《读史释词》，《魏晋南北朝史论拾遗》，北京：中华书局。

　　唐长孺，1989，《唐代色役管见》，《山居存稿》，北京：中华书局。

　　滕昭宗，1996，《尹湾汉墓简牍概述》，《文物》第8期。

　　天一阁博物馆、中国社会科学院历史研究所，2006，《天一阁藏明钞本天圣令校证（附唐令复原研究）》，北京：中华书局。

　　王万盈，2006，《转型期的北魏财政研究》，北京：光明日报出版社。

　　王永兴，1982，《唐天宝差科簿研究——论唐代色役制和其他问题》，北京大学中国中古史研究中心编《敦煌吐鲁番文献研究论集》，北京：中华书局。

　　王永兴，[1957] 1993，《敦煌唐代差科簿考释》，《陈门问学丛稿》，南昌：江西人民出版社。

　　王毓铨，1957，《我国古代货币的起源和发展》，北京：科学出版社。

　　王宗维，1983，《汉代的属国》，《文史》第20辑。

　　吴慧，1985，《中国历代粮食亩产研究》，北京：农业出版社。

许敬参，1936，《鲁山县新出二石记》，《考古社刊》第 4 期。

严耕望，1961，《中国地方行政制度史上编卷上 秦汉地方行政制度》，台北：台湾中研院历史语言研究所。

杨宽，1997，《战国史（增订版）》，台北：台湾商务印书馆。

俞伟超，1988，《中国古代公社组织的考察：论先秦两汉的单、僤、弹》，北京：文物出版社。

《云梦睡虎地秦墓》编写组，1981，《云梦睡虎地秦墓》，北京：文物出版社。

袁仲一、程学华，1980，《秦始皇陵西侧刑徒墓地出土的瓦文》，中国考古学会编《中国考古学会第二次年会论文集》，北京：文物出版社。

张国刚，1994a，《唐代防丁制度考述》，《唐代政治制度研究论集》，台北：文津出版社。

张国刚，1994b，《关于唐代兵募制度的几个问题》，《唐代政治制度研究论集》，台北：文津出版社。

张家山汉墓二四七号竹简整理小组，2006，《张家山汉墓竹简（二四七号墓）：释文修订本》，北京：文物出版社。

张泽咸，1981，《六朝徭役制度》，社会科学战线编辑部编《中国古史论集》，长春：吉林人民出版社。

张泽咸，1983，《魏晋北朝的徭役制度》，中国社会科学院历史研究所魏晋南北朝隋唐史研究室编《魏晋隋唐史论集》第二辑，北京：中国社会科学出版社。

张泽咸，1986，《唐代赋役史草》，北京：中华书局。

赵春青、谢虎君、谢新建、尚巧云、郑虹，1992，《洛阳含嘉仓1988年发掘简报》，《文物》第3期。

中国科学院考古研究所洛阳工作队，1972，《东汉洛阳城南郊的刑徒墓地》，《考古》第4期。

钟长发，1993，《甘肃武威旱滩坡东汉墓》，《文物》第10期。

英文

Serruys, Paul. 1959. *The Chinese Dialects of Han Time according to Fang-Yen*, University of California Press.

Twichett, D. C. ［1963］1970. *Financial Administration under the Tang Dynasty*, Cambridge.

后　记

　　在二十多年来财政史相关研究成果的基础上，我对本书做了必要修订，又增添了一些新稿。已发表的旧稿如下所示：

　　①「唐代後半期の中央財政——戸部財政を中心に」『京都府立大学学術報告』（人文）第四〇号、1988 年（本书第十四章）

　　②「漢代の財政運営と国家的物流」『京都府立大学学術報告』（人文）第四一号、1989 年（本书第一章）

　　③「唐代後半期の地方財政——州財政と京兆府財政を中心に」『中国専制国家と社会統合——中国史像の再構成Ⅱ』文理閣、1990 年（本书第十五章）

　　④「漢代更卒制度の再檢討——服虔‐浜口説批判——」『東洋史研究』第五一巻第一号、1992 年（本书第二章）

　　⑤「漢魯陽正衛弾碑小考——正衛・更賤をめぐって」一九九二年度科学研究費補助金総合 a 報告書（永田

英正研究代表）『中国出土文字資料の基礎的研究』1993
年（本书第三章）

　　⑥「占田・課田の系譜——晋南朝の税制と国家的
土地所有」『中国中世史研究続編』京都大学学術出版
会、1995 年（本书第六章）

　　⑦「三五発卒攷実——六朝期の兵役・力役徴発方
式と北魏の三長制」『洛北史学』第二号、2000 年（本
书第十章）

　　⑧「漢代国家の社会的労働編成」『殷周秦漢時代史
の基本問題』汲古書院、2001 年（本书第四章）

　　⑨「戸調制の成立——賦斂から戸調へ」『東洋史研
究』第六〇巻第三号、2001 年（本书第七章）

　　⑩「北魏の財政構造——孝文帝・宣武帝期の経費
構造を中心に」平成十一年度~平成十四年度科学研究費
補助金研究成果報告書『北朝財政史の研究——『魏書』
食貨志を中心に』2002 年（本书第九章）

　　⑪「唐代前期における農民の軍役負担」『京都府立
大学学術報告』人文・社会第五五号、2003 年（本书第
十一章）

　　⑫「唐前期賦役制度の再検討」『唐代史研究』第十
一号、2008 年（本书第十二章）

　　⑬「唐代前期律令制下の財政的物流と帝国編成」

中国古代的财政与国家

『国立歴史民俗博物館研究報告』第一五二集、2009 年
（本书第十三章）

除上列章节以外，本书序章、第二章补论、第五章以及第八章都是新稿。成书之际，我又增加了文中引用古文史料的现代日语意译。另外，对错误之处的订正和内容的增补、修改之处也不少。虽然没有改变原有的基本论旨，但我在有必要的地方都新增了补论或补注以做说明。

本书完成于 2009 年 9 月末，参考的研究论著也基本止于此时。当年 12 月末之前，趁重新核对引用史料是否有误之机，我又尽可能参考了一些新看到的重要研究。尽管今年以来又出了一些应该参考的研究，但除了杨振红对松柏出土木牍的研究之外只好暂且放弃。

在我二十多年的研究历程中，中国史研究会的诸位同事，特别是宫泽知之教授，对我的各篇论文都给出了很多建设性意见。本书认为唐宋变革在财政史领域的主要表现是从非市场流通性质的财政性物流转变为以市场性商品流通为基础的财政性物流，这一主张正是受到宫泽教授观点的极大影响而形成的。而且早在 2009 年 12 月末，宫泽教授也作为本书的第一位读者阅览了书稿全文，并再次提出了一些建议。

另外，京都府立大学共同研究员目黑杏子女士和该校大学院博士后期课程学生冈田和一郎帮忙核查引用史料，

并参与了全部书稿的初校工作。

继拙著《〈魏书·食货志〉〈隋书·食货志〉译注》之后，本书的出版再次受到汲古书院石坂叡志社长的特别关照；在出版、编辑的具体办法和事务方面，三井久人和小林诏子两位助力甚多。作为全书结尾，请允许我对以上诸位表达衷心的感谢。

渡边信一郎

2010 年 7 月 1 日

译者后记

　　本书的作者渡边信一郎先生是日本东洋史学界极负盛名的老学者，出身于京都大学东洋史学专业，长期任教于京都府立大学东洋史、东洋文化史专业，曾任该校校长，现已荣退多年。渡边先生出生于中华人民共和国成立的当年，与共和国同岁，似乎也正因如此，先生与中国有了不解之缘，不仅从大学时代开始一直深耕于中国史研究领域，而且与中国学界之间有很紧密的学术交往，和很多中国知名学者保有持久的友谊。

　　说到渡边先生的学术成就，我在京都大学留学时的导师曾在课上给予盛赞，说渡边先生在日本学界是一位天才人物，其对史料解读的精细程度和叹为观止的想象力是常人难以企及的。从如此之高的评价中，渡边先生在日本学界的地位可见一斑。先生的研究几乎遍及先秦至唐代的政治制度史、政治思想史、经济财政史等领域的各个重要议题，迄今为止的主要代表作除了本书之外，还有《中国古代社会论》（『中国古代社会論』青木書店、1986）、

《中国古代国家的思想结构：专制国家与意识形态》（『中
国古代国家の思想構造：専制国家とイデオロギー』校
倉書房、1994）、《天空的玉座：中国古代帝国的朝政与
仪礼》（『天空の玉座：中国古代帝国の朝政と儀礼』柏
書房、1996）、《中国古代的王权与天下秩序：从中日比
较史的视角出发》（『中国古代の王権と天下秩序：日中
比較史の視点から』校倉書房、2003）、《中国古代的乐
制与国家：日本雅乐的源流》（『中国古代の楽制と国家：
日本雅楽の源流』文理閣、2013）等，可谓著作等身，
其中多部已在国内翻译出版，学界反响热烈，本书则是渡
边先生自 20 世纪 80 年代以来的三十年间对汉唐财政史研
究成果的集录。

为了帮助读者更清楚地了解本书的学术价值，在此引
用日本东洋史学界众多著名学者合力编写而成的《中国
经济史》（『中国経済史』名古屋大学出版会、2013）中
对本书主要成就的简介，这足以代表日本学界对本书的普
遍认可：

本书拥有不计其数的具体实证成果。举一些例子
来说，对整个汉唐时期徭役劳动之演变的追索，发现
了地方上对征税和向中央上供存在不同立场的这种两
重结构，认为府兵与防人并立的学说，对唐代前期财

政性物流网络的复原，等等。这本书不仅具备强有力的实证，在理论方面的缜密性也是无人能及的。例如，财政主权（指中央政府对地方留存财产的指挥权）、社会必要劳动的编制（指对服役劳动力的调配是使用徭役还是雇佣的形式）、财政性物流（根据中央指示将财物在地方之间转移输送而产生的物流）、庄宅财政（由韦伯提出的"庄宅"是用于解释个人在家计上确保需求的一种方式，本书将此概念应用在对古代中国的考察中）等独特的概念贯穿整体，使我们得以连贯地透视汉唐之间长时段的财政史景象。渡边先生的视野不仅限于本书所展示的各种财政概念，其他著作还涉及农业经营论和历代王朝的社会编制、思想结构等方面，有许多理论性的观点。只是可惜还有不少尚未被学界充分消化吸收的部分，期待今后学界对其理解的深化。

实际上，如果想更进一步把握渡边先生对中国经济史、财政史研究的内在理路，必须将其置于以他为核心成员之一并自 20 世纪 70 年代末以来一直活跃于日本学界的中国史研究会所秉持的共通理论之中才能有更准确的认识。在始自 20 世纪 40 年代末、持续了几乎三十年之久的日本学界对中国历史分期的大论争逐渐消退的背景下，受当时京都大学经济学部中村哲教授对马克思历史理论重新诠释的影响，主要由共同出身于京都大学东洋史学专业的渡边先生与岛居一康、足立启二、大泽正昭、宫泽知之等一批青年学者组成的中国史研究会开始在学界崭露头角。

通过一系列的共同研究，该会在 20 世纪 80—90 年代之交提出了独特的中国专制国家论，为重新理解中国古代国家的历史特质提供了极具普遍意义的理论构架。该论强调中国自战国以来的整个"前近代"（即中国学界所说的古代）时期，都是由主权集中的国家作为公共机能的执行者直接支配社会，通过对小农家庭剩余生产物的收取和再分配达到维持社会再生产的目的。也就是说，国家财政行为是国家实现社会统合的关键所在，通过对从剩余收取到社会再分配这一全过程的分析，得以阐释前近代中国作为专制国家的性质及其存在的基础，首次展现了基于财政视角来深入把握中国历史发展脉络的重要性。可见对财政体系的研究，能够帮助我们窥见传统中国支配秩序中特有的性质和结构。

可以说，在渡边先生等多位中国史研究会成员持之以恒的多年钻研下，20 世纪 80—90 年代以来日本学界的汉唐宋财政史研究，就主要是在中国专制国家论框架下进行的，其关注的重点是中央如何试图通过主动地吸收地方的财政权力从而构建财政主权绝对集中的、完全一体化的国家财政体系。这对我们整体把握中国古代国家对社会、民众的统治结构而言，无疑是展现了十分鲜明的、有迹可循的一条主动脉。本书便是通过如此视角观察汉唐国家财政体系的思路下的产物。

但需要注意的是，上述研究思路里实际上存在理论引导的因素，即在专制国家论中，从社会经济史、财政史的角度出发构建中国专制国家与小农社会直接对应的高度两极化统治结构时，基于专制国家主权集中的原理，几乎将中央的角色属性与专制国家的概念重合，天然地认为中央的财政行为就是专制国家的自我追求和实现，进而忽略了国家内部中央和地方各自所处的位置，尤其过分强调了地方对中央的服从性，导致相对轻视了地方与中央在财政问题上利益诉求的不同以及互相之间隐含的制约关系。譬如，渡边先生在本书的第三部强调，唐代前期并无地方财政，只存在直接囊括整个国土的国家财政，而唐代后期尽管出现了地方财政，它却一步步被中央财政权力所侵蚀，渡边先生由此得出从唐至宋在财政上显示出中央集权趋势的强化这一结论。然而，我的博士学位论文则对此提出了一些异议，通过对唐代前期的支度使、私铸钱、唐代后期的两税法成立史、税额分配原理等具体课题的研究，试图弥补作为渡边先生财政史研究核心的专制国家论中"专制国家—小农社会"这样高度二元化理论的影响下对地方政府定位的模糊。

本书的日文原著出版于 2010 年，引进国内的事则缘起于 2017 年。当时，我正在京都大学的东洋史学研究室学习，刚硕士毕业，开始读博的第一年。彼时的我，因硕士期间拜读了渡边先生以及其他几位中国史研究会主要成员的一些论文，包括本书第三部的几章后，深为感佩，立刻就迷上了贯穿他们对中国经济史、财政史研究始终的专制国家论，后拜托好友帮忙引荐，在读博伊始也加入了老先生们的读书班。大概都是出身于京都大学的缘故，老先生们对我们这些外国留学生非常照顾，即使我在这期间发表的论文多以批判他们研究中的某些问题作为起点，他们也丝毫不以为忤，总是表示鼓励。每次持续三四个小时的读书班活动虽然辛苦，但对我而言，实在受益匪浅，不仅是在经济史、财政史研究的学识功力方面有所提升，更是被老先生们在七十岁左右的高龄仍然坚持一丝不苟地做学问的态度所感动。截至新冠疫情暴发前，这大约三年时间的读书班经历，不得不说是我学术上和人生中的宝贵财富。

在加入读书班的第一年，我就受渡边先生委托，帮助翻译了他前往中国参加学会发表的论文，然后有幸在同年又结识了社会科学文献出版社的编辑沈艺前辈，她正打算策划引进一系列日本学术名著，正沉迷于渡边先生研究的我毫不犹豫地强烈推荐了本书，幸运的是立项和版权引进事宜都十分顺利。承蒙渡边先生和出版社的信任，我受托主持翻译，本书的翻译工作便在 2018 年初正式展开。只是，自己低估了读博期间的忙碌，尤其在 2018 年 10 月孩子出生之后，更是学业、家庭的双重压力扑面而来，此后翻译上进展缓慢，劳烦沈编辑多次督促，才能坚持下来，但也导致译稿经过了整整四年才在 2021 年底完成，然后又经一年多的反复审校和编辑，才终于得以定稿。无论是对渡边先生还是沈编辑，我都深感抱歉！

本书的翻译由我和台湾政治大学历史学博士吴承翰分担，我负责第一部和第三部，吴博士负责第二部。得益于吴博士本人也是中古经济史、财政史研究的专家，这项翻译事业最终得以顺利推进并告成功。同时，在本书的翻译和校对过程中，得到了研究室后辈王苏博士（主攻秦汉史）和肖天扬硕士（主攻隋唐史）的鼎力相助。在此，对以上各位表示由衷的感谢。另外，我们在中文版中修正了原著中的一些技术性错误，如年号纪年对应的公元纪年、历史地名对应的当代地名、史料中数字的抄写或计算错误等，但这些完全不影响本书的实质性学术内容和学术价值。

另外，需要敬请读者留意的是，本书中使用的二十四史多为百衲本，与中国学界常用的中华书局点校本有些许出入，并且渡边先生对于很多史料的句读都有自己独特的看法，故而本书中出现的所有史料均保留渡边先生引用时的原始样貌，不做修改。引文中的小括号内多为既有的原注或古注，以及渡边先生在引用时纠正的一些字词，方括号表示的则是渡边先生的按语。

最后，必须感谢沈艺编辑，是她这么多年来的宽容、理解、鼓励与支持，才使本书中文版最终能够呈现在世人面前，在我一度因各种压力而萌生放弃的念头时，是她始终抱有一定要做好这部名著译本的坚定信念，让我能够重新拾起当初为开启本书翻译事业而奔走的热情。在此表示十二分的感谢！

吴明浩

2022 年 11 月

图书在版编目（CIP）数据

中国古代的财政与国家 /（日）渡边信一郎著；吴
明浩，吴承翰译 . --北京：社会科学文献出版社，
2023.4（2024.6 重印）
ISBN 978-7-5228-0653-2

Ⅰ.①中… Ⅱ.①渡… ②吴… ③吴… Ⅲ.①财政史
-研究-中国-古代 Ⅳ.①F812.9

中国版本图书馆 CIP 数据核字（2022）第 166481 号

中国古代的财政与国家

著　　者 /〔日〕渡边信一郎
译　　者 / 吴明浩　吴承翰

出 版 人 / 冀祥德
责任编辑 / 沈　艺
文稿编辑 / 王　敬
责任印制 / 王京美

出　　版 / 社会科学文献出版社·甲骨文工作室（分社）（010）59366527
　　　　　　地址：北京市北三环中路甲 29 号院华龙大厦　邮编：100029
　　　　　　网址：www.ssap.com.cn
发　　行 / 社会科学文献出版社（010）59367028
印　　装 / 三河市东方印刷有限公司

规　　格 / 开　本：889mm×1194mm　1/32
　　　　　　印　张：22.5　字　数：411 千字
版　　次 / 2023 年 4 月第 1 版　2024 年 6 月第 2 次印刷
书　　号 / ISBN 978-7-5228-0653-2
著作权合同
登 记 号 / 图字 01-2020-5175 号
定　　价 / 118.00 元

读者服务电话：4008918866